浙江大学土地与国家发展研究院

全球土地2014
热点与前沿

主　编　吴次芳

副主编　叶艳妹　吴宇哲　岳文泽

ZHEJIANG UNIVERSITY PRESS
浙江大学出版社

图书在版编目(CIP)数据

全球土地2014：热点与前沿 / 吴次芳主编. —杭
州：浙江大学出版社，2015.11
ISBN 978-7-308-15320-1

Ⅰ.①全… Ⅱ.①吴… Ⅲ.①土地问题－研究－世界
Ⅳ.①F311

中国版本图书馆 CIP 数据核字（2015）第 266117 号

全球土地2014：热点与前沿

主　编　吴次芳

责任编辑　王　波
责任校对　朱　玲
封面设计　十木米
出版发行　浙江大学出版社
　　　　　（杭州市天目山路 148 号　邮政编码 310007）
　　　　　（网址：http://www.zjupress.com）
排　　版　杭州中大图文设计有限公司
印　　刷　德清县第二印刷厂
开　　本　787mm×1092mm　1/16
印　　张　17.75
字　　数　438 千
版 印 次　2015 年 11 月第 1 版　2015 年 11 月第 1 次印刷
书　　号　ISBN 978-7-308-15320-1
定　　价　54.00 元

"薛定谔猫"的佯谬
（代前言）

　　"薛定谔猫"是由著名奥地利物理学家薛定谔（Erwin Schrödinger，1887—1961）于1935年设计的一个颇具困惑性的思想实验。实验是这样设计的：在一个封闭的匣子里，有一只活猫和一瓶毒药，后者由放射性原子控制。当放射性原子发生衰变时，通过一组仪器会让一个装有毒气的小瓶破碎，从而毒死这只猫。如果放射性原子不发生衰变，这只猫就处于活的状态。放射性原子既可能发生衰变，也可能不发生衰变，因而这只猫既可能是死的又可能是活的，这是猫的两种本征态。如果用薛定谔方程来描述"薛定谔猫"，结论是这只猫处于一种活与不活的叠加态。只有当人们打开匣子往里看时，才能确切地知道此猫是死还是活。也就是说，当你打开匣子的一瞬间，猫的波函数由叠加态立即跃变为特定的本征态。实验阐述了一个结论：匣子中猫的生或死是在打开盒子的那一刻才决定的，最终的结论不再由整个实验过程所控制。薛定谔根据量子力学规律所设想的这只死活叠加的猫是否存在，在日常生活中为什么没有见到过如此处于死活叠加态的猫，猫在宏观世界里所呈现出来的确定状态是否只是肉眼观察的结果，如此等等，围绕着薛定谔那只"既死又活的猫"，理论界针对量子力学问题开展了一场关于主观论与客观论、实在论和反实在论等理论基本问题的大论战，不同学派的观点迥异，甚至引起了强烈的感情冲突。可是新近单原子级"薛定谔猫"的成功制备、"薛定谔猫"渐近退相干的微腔 QED 实验、"薛定谔猫"变胖了——SQUID 宏观量子叠加实验等一系列研究证明，原本的"薛定谔猫佯谬"只是源于科学上的认识不足而引起的，日常生活中看不到宏观量子叠加效应，是因为自然界存在着自动的退相干效应。所谓退相干效应，是量子力学的基本数学特性之一，指的是原本连续分布的波函数概率幅，在经历"观测"之后的瞬间退变为离散分布于某一特定点的 δ 函数（狄拉克 δ 函数，在特定的一个点值为无穷，其余所有点值为 0，整个函数图形总面积定义为 1）的现象。

　　土地是一个复杂的自组织系统，其形成演化服从整体的动力学规则。人类不能为了追求经济效益而超越生态承载力，否则土地系统将会崩溃。人类也不能为了提高资源配置效率而违背土地适宜性法则，否则土地利用将不可持续。人类更不能还没有从根本上认知土地这个复杂系统的基本运行规律，就做出土地制度或土地利用行为正确与否的认定，否则可能会造成"再回头是百年人"的遗恨。如果，仅仅根据哈丁设想的"公地"会发生悲剧，就认定土地公有制会发生悲剧，殊不知由于信息不对称、理性的时间限度和人性的贪婪，"私地"也会发生悲剧，而且这种悲剧可能更惨烈；再如果，仅仅根据科斯的产权逻辑，就认定只有"明晰土地产权"才有资源配置效率，殊不知对于复杂系统而言，系统的序参量——对于土地制度系统而言可能是治理结构，更具有决定性的作用，"模糊土地产权"在一定治理结构下也可以提高资源配置效率。如果缺乏对土地系统的整体和深刻认知，会很容易产生类似于"薛定谔猫"的佯谬。

因此，人类需要从整体上认识土地系统运行规律，深刻阐明人类需求与土地系统之间的相互作用过程、时滞、惯性和动力机制，确定不同类型和不同区域土地系统的脆弱点、恢复力、限制、边界、退化风险、激励结构、可持续性轨迹、长期趋势和演变规律，将土地系统中独立的规划、监测、评价、决策支持、市场结构、产权制度、社会标准、政治准则和科学信息最大限度地整合成为更有效的社会学习和管理系统，揭示土地系统安全运行的尺度效应、层级、测度、评价、利益平衡、权利关系、行动结构及其生态学、社会学、管理学和政治学原理，遵循土地运行的整体法则，土地才能不断地带给人类享受物质和文化的自由。以印度为例，这是一个按照西方标准的制度经济学框架建立起明晰土地产权制度的国家。印度人为了满足人口增长对粮食的需求，在市场价格的导向下各产权主体大面积发展水稻。种植水稻需要大量用水，而为了解决水资源短缺，通过地下水的开采解决农田需水平衡。一位专家表示，为了种植水稻每年抽水量达2500亿立方米。然而不幸的是，印度的降水每年只能补充1500亿立方米的水量。因为地下的水资源已经枯竭，印度泰米尔纳德邦和古吉拉特邦大片大片的土地现在都已经荒芜。农民只好来到城市，成为贫民窟的一员。可以说，这是违背土地系统运行整体性法则的一例教训，而这样的教训不胜枚举。所以，你不能还没有进入到土地世界，或者刚进到土地的世界，就退出来告诉世人：薛定谔的那只猫既死又活。果真如此的话，古老的东方智慧会笑着说，这叫"只见树木，不见森林"。

吴次芳

2015 年 6 月

目　录

新常态下土地管理面临的 12 道基础命题

吴次芳

摘　要:"舟循川则游速,人顺路则不迷"。新常态的应然指向,就是要遵循规律、回归理性,促进科学发展、可持续发展和包容性发展。那么,土地管理的发展规律是什么,如何发现和挖掘规律,如何使土地管理在新常态下更有国家意义、更有社会认同和更具发展功能? 这既是机遇也是挑战。本文从问题辨析和应对策略两个方面探索新常态下土地管理面临的 12 道基础命题,旨在有助于寻找规律、发现法则和建构创新意识,共同面对土地管理的未来。12 道基础命题包括:土地制度改革的理论自信问题、土地发展的生态文明模式问题、自然资源管理的体制改革问题、土地管理的国家话语体系问题、空间规划重构的理论逻辑问题、土地节约集约的综合机制问题、土地市场化改革的方法论问题、土地整治的功能和体制问题、土地管理的技术支撑体系问题、土地复合人才的培养问题、土地治理现代化的路径问题和土地科学的学科地位问题。

关键词:新常态;土地管理;基础命题;问题辨析;应对策略

Basic Propositions Faced by Land Management in the Situation of "the New Normal"

WU Cifang

Abstract: The proper orientation of "New Normal" is to follow the rules, to return to reason, to promote scientific development and to develop sustainably and inclusively. What is the law of land management development, how to discover and mining the rules, how to make land management more meaningful and maintain more social identity and functional development in the situation of "New Normal", all these questions are both opportunities and challenges. This article is trying to explore 12 propositions in the angle of problem analysis and coping strategies, which land management is facing under the situation of "New Normal", aiming to find rules and principles and to build an innovative consciousness, in order to face the future of land management. The 12 basic propositions are following behind: theory confidence problem of land system reform, problem of ecological civilization mode of land management, problem of natural resource management system reform, problem of national discourse system of land management, theoretical logic problem of space planning and reconstruction, comprehensive mechanism problem of land saving and intensive use, methodological problem of land market reform, functional and system problem of land consolidation and rehabilitation, problem of technological supporting system land management, path problem of land management modernization, problem of compound talents training and subject status of land science.

Key words: new normal; land management; basic proposition; issues analysis; coping strategy

一、土地制度改革的理论自信问题

（一）问题辨析

对我国现行的土地制度，尤其是土地管理制度，在理论界基本上可认为是抨击超越认同，某种程度上似乎已经达到了类似于 1930 年法国精英界的失败主义状态。国内外的强烈质疑主要集中在 10 个方面：一是土地公有制度导致了土地利用效率低下、城市蔓延和城市形态扭曲；二是征地制度剥夺了农民的财产权，导致了大量失地农民，农民和其他居民是受害者；三是建设用地的计划配置，计划经济色彩浓厚，造成土地资源浪费，违背了市场配置资源的规则；四是土地出让制度导致了高地价，高地价引起高房价，这是农民工不能市民化的重要原因；五是城乡土地市场分割，违背了社会公平和正义原则；六是卖地财政刺激了地方政府多圈地，造成大量腐败，扩大了贫富差距和城乡差别；七是土地整治导致生态环境退化，造成新增耕地质量低下；八是土地财政不可持续，运作过程存在很多腐败；九是土地行政治理能力低下，交易费用高，监管成本巨大；十是耕地资源被低估，粮食需求的实际状况被扭曲。

但是，30 多年改革开放的实践表明，我国现行土地制度对于促进整体经济快速增长、推进城市化和工业化进程、提高全社会福利、提升资源利用效率等方面都起到了关键性的作用；在实现中央政府与地方政府之间的"合约效率"、实现地方政府与用地者之间的"合约效率"方面也是富有成效的。如何阐述我国土地制度的正当性和必然性，阐明其理论逻辑和社会价值，建构中国特色的土地管理思想、理论和制度体系，并将其推介给国际社会，是新常态下国土资源管理的当代任务，也是历史责任。事实上，理论自信程度将会决定着土地管理的未来命运和前途。

（二）应对方案

1. 在方法论上，建构中国土地的理论自信问题，不能零打碎敲，不能"头痛医头，脚痛医脚"。目前由于缺乏系统的研究，各类专家从自身熟悉的领域出发，各执一词、争论不休。法学专家聚焦土地法规的缺陷和完善，经济学家关注土地收益的分配，农业专家盯住耕地质量，社会学家则重在研究政府与民众之间的关系等等。这种自成逻辑、各有说辞、褒贬不一的学术观点、研究局面，影响着舆论的导向，影响着群众的判断，也影响着政府的决策。因此，要把土地制度的理论问题作为一个系统，从整体和全局出发，通过全面深入的考察、分析和研究，彰显中国土地制度特色理论的超前性、系统性、专业性、示范性、操作性和实效性。

2. 在具体运作上，建议政府行政主管部门组织能深刻理解中国国情和特色、具有 10 年以上土地管理实践和潜心理论修养的专家，以"当代中国土地制度的理论逻辑"为主题，花 2～3 年或更长的时间，出版系列专著，深刻阐明中国土地制度的本质、生成、演化、价值、功能、系统、机制，以及领域意义和文化认同，建构当代中国土地制度的逻辑基础、社会基础、经济基础、文化基础和生态基础，正面回答国际社会的各种质疑，同时也为中国的和平崛起与和平发展提供理论支撑。

3. 在现实应对上，组织相关专家重点阐明现阶段"三块地"等改革的理论逻辑、国情依据、政府与市场边界、不同制度改革成本、制度绩效测定、多元利益协调机制、配套制度建设等重大问题。需要特别指出的是，市场机制原本只是配置资源的一种途径或手段，市场经济理论也只不过是描述和解释资源配置行为的一种理论,可是目前国内理论界的主流观点把市场经济作为目标而非手段或途径对待,并由此得出一套普世价值,如此发展下去将可能会使公共价值受到很大损害,应当引起各方的广泛关切。

二、土地发展的生态文明模式问题

(一)问题辨析

人类已进入生态文明时代,这是一种人与自然全面和谐的更高层次的崭新文明形态。建设资源节约型和环境友好型两型社会、建设美丽中国、建设山水林田湖生命共同体,是党中央国务院站在新的历史高度所谋划的重大战略和伟大事业。当代社会人地系统失衡,水土流失、沙漠化、沙尘暴、次生盐渍化、湿地消退、耕地污染、生物多样性减少、气候变暖、乡村消失等直接与土地利用相关的生态问题,已直接影响人类的生存和发展,业已成为国家可持续发展的重大软肋。因此,土地管理从数量向数量、质量和生态并重管理是新常态下落实国家战略的历史选择。可是到目前为止,对土地生态管理的对象、内涵、定位、功能、结构、策略等理论问题还处于"朦胧"甚至是"黑箱"状态;有关土地生态调查、分类、评价、规划、设计、核算、恢复、监测、工程、管理、技术支撑等实务问题也都处于"灰色"状态。从生态文明的历史高度,建构土地管理的新模式和新制度,任重而道远,也是新常态下土地管理需要特别关注的基础问题。

(二)模式重构

1. 以土地资源环境承载量为核心重构土地生态文明发展模式。土地资源环境承载量研究直接关系到国家的可持续发展、全社会的幸福指数、土地管理事业的根基和土地管理的科学化水平。但是,土地承载力研究存在着先天性的缺陷:假设存在一个封闭系统,在封闭的系统内进行人口承载量的计算,可现实中任何区域或城市都是一个开放系统,都在不断地与外界进行物质和能量的交换。在现有的大量研究中,基础理论和方法论研究不足,始终没有突破"假设存在一个封闭系统"的缺陷。不仅如此,现有研究大多没有充分体现土地的多功能性,没有充分体现土地系统的特色和特点,没有充分考虑城市土地和农用地的类型差异,也没有充分考虑结构和空间尺度的影响,因此现有土地人口承载力研究成果的实用性就大受影响,需要在认识论和方法论上有新的突破。未来的行动一是要突破土地资源承载力研究的固有认识论。包括对承载力内涵、承载力功能、边际土地承载力、耦合土地承载力、社会承载力、文化承载力等认识论的突破。比如城市土地资源承载力,这是一个由资源环境影响、城乡基础设施服务、公众感知、制度环境以及社会支持五部分组成的承载力与水、能源等耦合后的承载力,本质上是一个在节约集约框架下不同时间和不同空间的用地标准、用地结构和公众幸福感受问题,如果没有认识论的突破,就很难揭示土地资源承载力的本体世界。二是要重新建构土地承载力研究的理论逻辑。应当突破"假设存在一个封闭系统"的缺陷,从人地关系、结构功能、时空尺度、生命周期和可持续性角度重新建构理论逻辑。三是要推进土地资源环境承载力研究的方法论创新。要在资源途径、环境途径、社会途径和文化途径四重框架下重新建构土地资源承载力研究的方法论。区域土地资源人口承载力可以从生产—消费—环境建构研究的方法论;城市土地资源人口承载力可以从标准—结构—成本—排放建构研究的方法论，主要的理论依据是人类工效学、景观生态学和感受经济学。在创新土地资源环境承载力研究的基础上，按照土地承载力的现状和发展趋势，建构不同时空条件下的土地发展生态文明模式。

2. 借鉴德国的经验，建立土地生态管理的"生态账户"制度。"生态账户"制度是一种基于生态景观规划，能够以灵活的方式来满足严格的生态保护要求并协调开发与保护之间关系的"占补平衡"机制。它由三个关键要素构成。第一，"适宜开展补偿项目的地块集合"（Flächenpools，以下称"PAL"）。"PAL"由诸多适合进行补偿活动的地块组成。它们一般是依据生态景观规划确定的具有生态价值增值潜力的地块。"PAL"整合了个别的、零散的生态补偿项目，是构建"生态账户"的物质基础。第二，"生态账户"（Ökokonten）。在对"PAL"内的地块实施了补偿措施后，如果提高了这些地块的生态价值，那么其增值部分就可以某种形式（如"生态指标"）存储在"生态账户"之中。第三，"生态指标"（Ökopunkten）。在德国的许多州，土地的生态价值通常以"生态指标"的数量来表示。实际上，"生态账户"类似于传统的银行账户。在进行土地开发活动时，应根据其影响大小扣除"生态账户"中相应数量的"生态指标"，以保持规划区内生态质量的动态平衡。但是，与银行账户不同的是，"生态账户"不能"透支"。

3. 应用生态足迹模型、土地利用标准模型、多目标决策模型、仿真模型、三维可持续模型等推进土地资源人口承载量的研究。通过测算不同时段、不同区域和不同层级的土地资源人口承载量，促进人与自然和谐、土地与生态平衡，强化对土地的生态管理，让人民共享同一片洁净的天空和大地。

4. 以生态法学和生态德学推进土地管理的制度建设。土地生态管理，既需要运用必要的法律制度，也需要倡导更加优良的土地利用伦理和品德。法学与德学并用，符合人类文明的文化和传统。未来需要建设一系列有关土地管理的生态法律制度，也需要弘扬中华传统文化的生态智慧，倡导并建立土地生态德学的非正规制度。

三、自然资源管理的体制改革问题

（一）问题辨析

党的十八届三中全会决定指出："健全国家自然资源资产管理体制，统一行使全民所有自然资源资产所有者职责。完善自然资源监管体制，统一行使所有国土空间用途管制职责。"这是国家对协调和治理人类需求与自然资源稀缺性矛盾的重大思路调整和战略部署。可是，对于如何推进自然资源管理体制改革，社会各界在意义世界、功能定位、目标取向、逻辑起点、主客体界定、路径选择、方法论、分配机制、配套制度、立法技术和补偿救助等方面都存在重大分歧。比如，是以私法为基础建立自然资源立法体系，还是以公法优位理念建立自然资源立法体系；如果建立政府和市场相融合的自然资源管理新体制，如何划定政府与市场的边界，这是一个持续争议了100多年尚未定论的命题；改革必然涉及利益调整，在市场结构条件下，自然资源表现出明显的资产化属性，如何协调社会公益与个人私益、经济利益与生态利益、中央利益与地方利益、区域与区域利益、地方与地方利益等，可能是一个剪不断理还乱的命题。

（二）改革路径

1. 从中国国情和中国特色出发。各国有各国的文化基础、制度环境和资源禀赋，人的行为特征和规则体系也很不相同。可以借鉴但不要简单地从西方那里寻找体制改革的答案。例如圈地运动在英国是成功的，在法国就失败了。中国共产党的发展历史表明，共产国际在中国行不通，毛泽东的土办法很有效。邓小平没有按照西方标准的制度经济学理论推进改革开放，而是坚持中国特色使改革取得了巨大的成功。二战以来，菲律宾和印度都按照西方的民主模式管理国家，但结果都很糟糕；而日本、韩国、中国等国家，都采用政府主导的发展模式，使经济社会发展取得了令世人瞩目的成就。自然资源管理体制的改革，必须依据中国国情和发展历史，详细分析研究中国的资源禀赋和文化基础，建构中国特色的体制改革模式和运行机制。

2. 从促进资源可持续利用出发。在当下人与资源环境的关系上升为主要矛盾的时代，自然资源不是普通的商品，它具有更多的公共资源或公共池塘资源的性质。有利于促进自然资源的可持续利用，是自然资源管理体制改革的核心准则。人类在自然资源利用与管理方面出问题了，这在 21 世纪的今天已是不争的事实。反思影响自然资源可持续利用的人类因素，主要是源于人类反叛自然、良知退让和欲望失控三大问题。更具体地说，是因为在市场经济环境条件下，人类的欲望进取、抽象思维、折腾索取、进化文化和过度文明五大因素导致了当代的资源环境灾难[1]。因此，从促进资源可持续利用的角度出发，体制改革应该有利于规避市场缺陷并对人的贪婪进行限制。

3. 从多元化和多样性出发。自然资源类型多样，大类上可分为耗竭性资源和非耗竭性资源，耗竭性资源又可以分为可更新资源和不可更新资源。矿产资源是属于不可更新资源的一种，它又可以分为矿物原料和化石燃料。矿物原料又可以分为金属矿产和非金属矿产，金属矿产又可以分为黑色金属、有色金属、轻金属、贵金属、放射性元素和稀有金属等等。总体上说，自然资源不仅类型多样，而且质量、分布和用途都浑然不同，规模、品位、储量、区位、价值、开发难易、生态功能和人类需求也有巨大差异。因此，自然资源管理的体制应该是多元化和多样化的，产权制度安排也应该是多元化和多样化的。私人产权、共同产权、开放资源和国有产权等不同的产权形式，都应该纳入理性选择的范围。

4. 从集中统一管理和共同治理出发。自然资源在地球上是作为整体系统而存在的。首先，任何一种资源的改变都会影响其他资源的存在状态。例如土地资源，它是由气候、土壤、水文、地质、动植物等构成的综合体，系统中任何一种资源的变动，都会影响土地资源的属性和功能。其次，不同区域的自然资源是一个相互制约的整体，例如黄土高原的水土流失，不仅影响黄河和黄海的水文动态，也影响华北平原的自然资源开发利用，还影响黄河上、中、下游的国土资源综合治理。最后，自然资源在时间上的变化，也是一个连续整体。例如，过去城市化工业化对优质耕地资源的占用，会影响现在耕地资源的生产能力，还会影响未来以食物链为基础的人口承载量。可见，自然资源是一个有机整体和生命共同体，如果由多个部门分头管理，很容易顾此失彼，最终造成生态系统的破坏和资源可持续利用程度的降低。因此，自然资源管理体制改革的出发点是由一个部门进行集中统一管理，统一行使所有国土空间用途管制职责。鉴于自然资源家底的重要性，应当成立副部级的自然资源调查局，统一行使调查评价任务，避免由于体制的部门和上下分割所造成的"糊涂账"和

"多本账"问题。由于自然资源管理体制改革涉及众多利益相关者的权益调整,它不仅仅需要以治理结构为基础的内部治理,而且需要利益相关者通过一系列的内部、外部机制来实施共同治理,才能更好地促进自然资源的可持续利用。

四、土地管理的国家话语体系问题

（一）问题辨析

土地是立国之本和财富之母,地政、人政和财政,是治国的三大基本要务。从历史上看,历代兴亡,多与土地管理得当与否有关。因此,历代贤相莫不以解决土地问题为治国第一要务。当今世界上无论何种主义的国家,都会在国家话语体系中给予土地问题极大的关注。在我国,"合理利用土地,切实保护耕地"业已上升为国策,土地管理在国家战略中占有一定的地位。

在中国和平崛起的过程中,国际社会持续热议和关注所谓"中国模式"。我国独特的土地产权、利用和管理制度,是中国特色社会主义制度和"中国模式"的重要组成部分。在国家层面上建构中国特色的土地管理思想、理论和制度体系,提炼出中国和平崛起的土地开发利用思想、理论和贡献,阐述中国和平崛起的正当性和必然性,是国土资源管理部门的重大时代责任和历史使命。可是,现阶段有关土地模式与中国模式、土地制度与国家制度、土地特色与中国特色等重大理论问题并没有得到更深刻、更信服和更有体系的阐述。现行土地使用制度、耕地保护制度、土地配置制度、土地用途制度、土地财产制度、土地市场制度、土地节约集约制度以及土地调查、地籍管理、土地开发、土地整理、土地复垦、土地督查、土地监察、土地征收、土地扶贫、土地救灾等制度、政策和举措,对国家发展的贡献度、对城市化工业化的促进度和对社会公共福利的提升度等,也缺乏更有理论逻辑、更有证据力和更有社会倡导价值的系统成果。相反,在不少场合,从中央到地方,对土地问题抨击超越认同的现象并不少见。因此,无论从历史使命、时代责任还是现实需求的角度看,阐明我国现行土地管理对人类文明、国家发展、社会进步和人民福祉的贡献度,提炼中国土地管理的核心概念、社会象征和国家语言,在国家层面形成话语体系,已成为关乎土地管理系统生存和发展的基础命题。

（二）行动策略

1. 建构新的土地管理认知学习系统。应从土地管理的领域意义、文化认同和国家发展三位一体角度构建认知学习系统。要把目标放在开发人们潜在的、处在心灵最深处的理解能力和学习能力上来,将土地管理系统中独立的调查、评价、规划、监测、开发、利用、决策支持、市场结构、管理标准和大数据最大限度地整合成一个学习系统,建立分布式、异构共享的学习信息资源库。通过学习提高土地管理对国家发展和社会进步的功能认识,辨识这些土地管理功能对那些社会主动或被动参与者的含义,以便人们在对待土地问题时能更好地将"国家意识"代替"个人本能",如此也会减少"土地盲"或"半土地盲",使土地管理工作者和社会公众更加充满国家责任和民族激情。

2. 阐明土地管理对国家发展的贡献。按照证据学思维,建立土地利用和管理对国家发展的贡献度分析框架和模型。通过实证分析,阐明土地利用管理对促进国家城镇化工业化进程和生态文明建设,统筹区域和城乡协调发展,建立资源节约型和环境友好型社会,应对自然灾难和资源环境灾害,提高生产力和收益,提升公共和社会福利,公平公正分配公共资源,降低社会交易成本,缓解社会矛盾和社会冲突,保障食物安全、社会稳定和劳动力迁移等直接关系到国家发展的贡献状态,从而为土地管理发展确立更好的国家生态位、社会基本样式和未来努力方向。

3. 提炼土地管理对国家发展的核心语言。核心语言的基础是核心概念,一个核心概念是在时空流变中提取的一个共有和抽象的表征。它可能是一个新观念,也可能是一个包罗其他抽象观念的概念。不管如何,它是建立理论与实践之间一种对话性关系的媒介。好的语言能够改变价值判断、调整心境、建立关系、区分活动和引导恰当的行为。提炼土地管理对国家发展的核心语言,能够更好地让社会认知"土地管理究竟是什么"、"土地管理为国家发展做了什么"、"土地管理还将做什么"。比如,建构土地用途管制、土地生产能力、土地产权产籍、土地公平正义、土地可持续利用、土地生产生活生态功能、土地发展指数、土地市场、土地征收征用、高标准基本农田、土地规模经营、土地整治、土地人口承载力、土地文化承载力、土地生态环境承载力等核心概念,在此基础上形成对国家发展的核心语言,突出这些语言的广度和深度以及它们之间更为显而易见的彼此关联,还可以附以简短的有关延伸阅读的注释,可为社会与土地管理之间建构一种更加语境化的解读和更具有思考力的理解,提供有用的窗口和通道,从而促进国家话语体系的形成。

4. 充分运用情感工作模式和社会倡导工具。社会基础和公众接受度是在国家层面上形成土地管理国家话语体系的必备土壤。历史经验表明,中国共产党之所以能够用小米加步枪战胜飞机加大炮,其中关键的因素之一是充分运用"情感提升"的社会情感工作模式。土地管理是一项巨大的社会工程,几乎涉及所有部门和全体大众。要充分认识社会情感的诉求和回应,通过不同群体和地区文化的诸种向度而变化的各种方式,深刻理解意识形态、组织形式、符号体系,甚至阶层划分等受到情感影响的多种方式。通过丰富和发展情感工作模式,充分运用社会倡导工具,让社会理解、包容和信任土地管理,才能更好地促进在国家层面形成土地管理的话语体系。

五、空间规划重构的理论逻辑问题

(一)问题辨析

按照中央的统一部署,国家发展改革委、国土资源部、环境保护部和住房和城乡建设部等部委正在联合开展多规合一的试点工作,以推进空间规划重构,解决规划自成体系、内容冲突、缺乏衔接协调等突出问题,其本质是空间规划重构问题,也是新常态发展的内在诉求。可是,关于空间规划重构的意义世界、价值取向、目标定位、学理基础、逻辑起点、理论证明、概念框架、体系结构、逻辑向度、方法论选择等基本理论逻辑问题缺少研究,多规合一的实践可能很难实现预期效果。事实上,我国的空间规划重构是涉及历史和未来的重大事件,如果缺乏科学理论指导,"革命"是很难取得成功的。

(二)逻辑框架

要实现科学的空间规划重构,必须阐明空间规划重构的理论逻辑。要阐明理论逻辑,从方法论上说,首先应当建立以下四重分析框架:

1.建构制度分析框架。要把空间规划重构优先纳入制度分析框架,而不是看作一个技术操作过程。空间开发利用行为是一种无法完全模块化(full modularity)和完全分解(full decomposability)的人类利用行为——没有一种技术能够以清晰的边界来定义这个行为,而且空间开发利用干扰自然系统或人类社会系统所产生的反馈是一种事后信息,当期决策时几乎无从得知。为了降低空间开发利用系统的不确定性和风险,需要建立新的制度分析框架,通过判断影响制度绩效的若干因素和决定制度成本的若干因素,对空间规划重构的制度体系展开相应的制度分析,包括基础性制度、治理结构、配套制度等。

2.建构生命共同体分析框架。从人类学角度和历史进程的角度分析,社会已经进入生态文明时代。建立人与自然和谐的山水林田湖生命共同体,实现"物我同源"、"物我齐一"和"物我两忘",最终指向"天人合一"的终极旨归,这是人类发展的内在要求和存在境界。正如《关于〈中共中央关于全面深化改革若干重大问题的决定〉的说明》中指出的那样,如果种树的只管种树、治水的只管治水、护田的单纯护田,很容易顾此失彼,最终造成生态的系统性破坏,也就无法建构起山水林田湖生命共同体。因此,由一个部门负责领土范围内所有国土空间用途管制职责,对山水林田湖进行统一保护、统一修复是十分必要的。或者说,由国土规划统合多规、重构空间规划体系,是人类发展和生态文明时代的本质要求。

3.建构国情分析框架。国际上空间规划可以分为两种模式:美国模式和日本模式。美国是一个典型的人少地多国家,而且是一个优质国土资源十分丰富的国家。美国没有全国统合的国土空间规划,其空间开发利用的基本特点是:产业全国分工,交通网全国均衡发展,森林和农田等自然资源破坏严重,但基本适合该国国情。日本是一个典型的人多地少国家,人口密度比美国高出12倍以上。日本有全国统合的国土空间规划,迄今已经编制了第六次国土规划。日本空间开发利用的基本特点是:用地和经济活动集中,公共交通也得以在人口密集的都市圈广泛建立,森林和农田等自然资源保护相对较好,符合该国的基本国情。我国空间开发利用存在的最主要问题是:类似于日本人多地少的国情,选择了美国分散化的开发利用模式。在新常态下,未来必须认清自身的国情条件,改变"日本国情,美国开发模式"的战略怪圈,重构以国土规划为框架的空间规划体系,实现国土空间的集约、高效和可持续利用。

4.建构地缘政治分析框架。在全球化和后全球化胶着的历史进程中,从全球的空间背景来认识、观察和研究各国或国家集团之间的政治格局和相互关系,是国家存在和发展的重要形态。现代地缘政治更加重视世界的多级化分析,更加关注海权、陆权和边缘地带的政治重要性。随着多极化、文明冲突和失控世界的日益显化,地缘政治更加受到各国的重视。国土空间是一个国家存在的象征和边界,按照地缘政治的价值情境和国土规划的知识结构建构空间规划的理论逻辑,有利于应对全球危机并促进一个国家的长治久安。

在建构以上四重分析框架的基础上,研究在国土规划统合下的多规合一理论依据、国情基础、模式优势、制度绩效、管理体制、运行机制和近期行动方案等。

六、土地节约集约的综合机制问题

(一)问题辨析

经过10多年的理论和实践发展,对土地节约集约利用内涵的理解上却一直存在误区。

不仅是理论上没有发展出能够广泛接受的节约集约评价方法,现实中也经常出现有偏甚至错误的管理实践,因而我国土地粗放利用现象并没有得到根本性的遏制。近年来在全国开展的开发区土地节约集约利用评价,其核心是设计了一套包括土地利用效益和管理绩效的节约集约利用程度评价指标体系,用以评价和敦促各地土地节约集约利用的实现。但是,依赖于"地均税收"、"地均投资强度"等指标的评判在实践中造成了很多不合理现象:实际用地行为没有改变,仅因为税收的增加就带来了地均税收(即集约度)的增长;甚至有些地方存在通过调集可移动的固定资产来提高投资强度以应付上级检查等现象。出现这种情况的原因就是理论本身一直局限在传统的基于要素投入产出的土地经济学理论上。事实上,土地节约集约利用在现阶段已经是一个公共管理问题,它是生产、生活和生态三个方面总和效益的最大化,同时还应是一个动态的过程,存在阶段性和区域性的差异,本质上是指在不影响国家经济社会发展、不降低人类健康水平和不带来生态环境损害的前提下,通过节省土地资源的耗费、增加生产要素的投入、整合区域内外资源、优化空间结构等措施,从而使土地利用效率达到一个合理水平的行为。因此,有关土地节约集约利用的理论发展和实践操作都需要进一步的完善创新。

(二)机制创新

现阶段我国土地粗放利用有着深刻的制度成因:一是地方政府管理职能和经济职能的胶着和对立,二是土地利用方式和强度的多头管理,三是中央利益和地方利益的矛盾冲突,四是土地管理工作基础支撑不到位,五是节约集约用地的政府考核与社会监督机制不健全。未来土地节约集约利用的机制创新需要从公共管理的视角,通过建立包含资源配置、治理结构、制度环境和社会基础四个层次的分析框架,探讨不同经济社会发展背景下的土地节约集约利用内涵,在此基础上设计出推进土地节约集约利用的综合机制。具体措施包括:改革土地调查和土地登记体制、按用途建立相关部门考核责任制、大幅度提高建设用地保有成本、建立职业和非职业的社会监督者制度、将城乡建设用地综合整治纳入政府职责范围、完善综合配套制度改革、建构各种"合作伙伴"再开发模式、建构土地节约集约"红利获取"制度、建构合作博弈条件下的土地收益分配机制、建构风险责任机制和综合审计机制等。需要特别指出的是,不要把节约集约利用仅仅看作是土地利用方式的转变,而应该看作是在经济、社会和生态发展大格局中或者是在人类生态进程中的历史使命和时代任务,在评价绩效的指标选取时,不仅要考虑现状性指标,还要考虑滞后性指标和前导性指标。

七、土地市场化改革的方法论问题

(一)问题辨析

目前,土地市场进出秩序、交易秩序和中介服务机构等均不完善,尤其是二级市场中非法进出和非法交易行为较普遍。不仅如此,还明显存在着土地市场与房产市场和金融市场不配套、城乡土地市场发育不平衡、土地市场调控具有明显的末端管理特征、局部房地产价格泡沫不容忽视等问题。推进土地市场化改革的最大难点,在于从理论上解决和突破土地产权制度安排问题。这些问题包括:(1)如何明确土地产权的范畴及其特征、土地产权的性质及其结构、土地产权的基本功能、土地产权的结构运动规则,并按照物权原则规范其各项权益。(2)如何进行土地产权的法律确认和法律保障,土地产权同公民财产权制度的融合与衔接。(3)按照现代产权制度优化资源配置的基本规律,探索解决因土地他物权制度结构缺陷带来其制度运行成本、效率、效益与风险诸多的难题,进行土地用益物权和担保物权制度的创新设计与完善配套。(4)如何通过制度创新,寻求规范与限制行政规则的适用范围,引入或扩大市场机制的适用条件,从而减少土地产权及其相关产权的隐形交易成本与交易风险,增加显性产权交易净收入。(5)任何形式的土地产权制度都会产生对土地进行公共管理的内在要求,土地之上的个体权利总是要受到公共权力的干预和限制。然而,所有的公共干预都包含着价值判断,如何建立明晰、科学和合乎社会需要的价值判断标准,目前并无答案。(6)一个完整、有效的土地产权制度,有赖于土地产权市场的有效运行。它需要建立规范和可操作的市场规则,客观、公正的市场信号反馈系统,与劳动力市场、资本市场的协调运作体系,所有这些规则和系统都有待于探索和开发。(7)保障土地权益需要建立哪些正规制度,这些正规制度对土地投资和收益会产生什么影响。哪一些非正规制度能在节约成本的前提下有效保障产权,并消除土地冲突。这仅仅是一个土地产权制度安排的问题,要推进土地市场化改革,还会涉及城乡土地制度二元结构消解、政府与土地市场的关系和土地价格竞争机制等理论难点。面对如此复杂的问题,按照形而上的理论指引,首先要解决认识论的问题,但认识论取决于采用何种方法论。因此,方法论的选择至关重要,它直接影响对土地市场化改革的认识,进而影响土地市场化改革的路径选择。

(二)方法论创新

1.结构主义的制度分析方法论。在一个稳定运行的制度结构体系中,不同层次以及同一层次的各项制度安排都有其相应的功能,但它们之间是相互联系、内在贯通、自洽的。对其中的一项制度安排进行改革,势必引起不同层次上或者同一层次内制度安排之间的连锁反应。推进土地市场化改革,必须要坚持结构主义的制度分析方法论。坚持结构主义的制度分析方法论,就是把土地市场化改革放在我国已经建立起的经济社会制度和土地管理制度的基本框架中予以统筹谋划,力戒将土地市场化改革看作一个孤立的制度创新。既要考察现行经济社会制度和土地管理制度基本框架的内在规定性及发展趋势对土地市场化改革的约束和要求,也要考虑土地市场化改革对现行经济社会制度和土地管理制度基本框架合理内核的可能冲击以及对其他相关制度的连锁影响。

2.群体主义的制度分析方法论。马克思运用阶级分析法对资本主义社会生产关系进行分析,建立了科学社会主义理论。建设社会主义和谐社会是时代发展的新要求,阶级分析法于我们这个时代总体上可能已经不适用了。但是,中国特色社会主义的各个阶层、不同社会群体的利益冲突和矛盾仍然广泛存在。社会群体是客观存在的,同一个群体往往有着相同的价值观和利益诉求。土地市场化改革势必造成既有利益格局的调整,产生新的冲突和矛盾。因此,需要摒弃基于"经济人"假设的个体主义分析方法,将社会群体作为基本分析单位,分析不同群体对改革的不同诉求和反应。应阐明土地市场化改革在不同阶层之间的利益再分配这本大账,以抓住土地市场化改革的主要矛盾和矛盾的主要方面,切实避免循入"一方得利,满盘皆输"或者"为了一张树叶,毁坏一片森林"的改革乱局。

八、土地整治的功能和体制问题

(一)问题辨析

目前,我国的土地整治以增加耕地为主要目标,属于典型的"实体形态"整治。这种实体形态的土地整治,适合于起步和探索阶段。从德国、荷兰和俄罗斯等发达国家的经验看,土地整治目标是规划一个区域的功能。理论逻辑是:资源效率是逻辑起点、生命景观是逻辑演绎、区域发展是逻辑向度、可持续性是逻辑主线。区域规划决定了区域土地整治的功能和选用土地整治的方式。也就是说,土地整治是实现区域功能的有效途径和工具,有其独特的功能系统,包括资源保障功能、粮食安全功能、资源节约功能、统筹城乡发展功能、环境友好功能、社会和谐功能以及文化维护功能,是一个多功能叠加在一起的集合体,这是国际土地整治的一般经验和规律。为了实现土地整治的多功能目标,荷兰、德国和中国台湾地区等都专门设置了土地整理局,例如在威斯法伦州 7 个地区,就设 7 个土地整理局,每个局配置 350 人的土地整理官员。可见,在我国要推进土地整治的多功能目标实现,现行的体制机制将无法适应和满足这种多功能需求。

(二)体制设计

土地整治作为保障国家粮食安全、建立节约型社会、推进社会主义新农村建设和统筹城乡发展的基础性战略工程,是一项公共决策行为和集体行动,必须加强土地整治的体制机制创新,包括行政体制、规划、投入、监管、协调、绩效评估、沟通和信息反馈等内容。体制设计需要实现目标达成、适应、整合和潜在模式维持的基本功能,力求主体明确、机构完整、层级分明和政策有效,推进责任(responsibility)、义务(obligation)、能力(capacity)和激励(incentive)的四者统一。就组织机构而言,未来随着自然资源管理体制的改革,应该建立类似于国家测绘局这种副部级单位的国家土地整治局或国土整治局,推进土地整治在区域发展、生态文明建设、资源节约集约、食物安全保障、统筹城乡发展、空间振兴和再生产等关系到国家发展的进程中发挥更大的作用。

九、土地管理的技术支撑体系问题

(一)问题辨析

作为土地管理对象的土地,是一个不以人的主观意志为转移的客观实在和物质实体,它不像发改、外交、教育、民委、监察、司法、文化、审计等部门,这些部门的管理对象大多是非物质实体。土地管理实体的存在,即人类对土地生产性、居住性、生态性、储藏性、承载性、缓冲性、净化性、景观性和安全性的需求,以及地球其他生物对土地作为栖息场所、作为养分提供、作为制约迁徙、作为生命感应的需求,无不内生着人类需要通过借助科学技术来探索土地实体的形成和演化规律。随着土地管理工作的深入发展,几十年来已经积累了大量的调查和观测数据。如何提高这些数据的使用价值,提高工作成果的理论推断解释水平,更合理、更充分地发掘隐藏在大数据中的经验规律和自然法则,迫切需要应用大数据的技术手段,对观测和调查数据做科学的整理和分析,以提高土地管理的科学化和现代化水平。另一方面,从土地利用管理的目标和发展趋势看,如何提高土地资源调查的速度和可靠性,如何提高土地利用动态监测的精度和可行性,如何提高土地利用的预报预警等前瞻性水平,如何适应土地管理从数量管理向数量、质量和生态综合管理的方向转型,都需要强大、有效的现代技术体系支撑。

可是,现阶段土地管理不足的重要方面,就是缺乏技术支持体系的有力支撑。现有的支撑技术,主要是遥感和计算机技术,存在着明显的结构性缺陷。如高标准基本农田建设,缺少工程技术参数、新材料等技术支撑,导致建设质量难以保障,投资效益发挥欠佳。矿山土地复垦,目前尚无规范的工程技术标准引领,影响了复垦工程质量。日益严重的土地污染,已经直接影响人体健康和环境安全,但目前应用于土地污染修复的产业化工程技术较少,不能从根本上满足土地污染修复的巨大需求。同世界上其他发达国家相比,我国土地管理的技术支撑还存在较大差距。如国外的土地整治,路沟渠材料的强度和寿命、路沟渠建造的工艺水平、土体构造的精细化程度等都远高于我国。国外土地整治已普遍采用生态工法,注重通过工程技术手段营造土地的生态机能,但我国在这方面尚处于起步阶段。在矿山土地复垦的工程技术方面,发达国家有严格的土地复垦流程和标准,普遍采用无覆土复垦技术、生态复垦技术、抗侵蚀复垦工程技术等。在土地污染修复方面,国外大量采用植物和微生物修复工程技术、土壤淋洗技术、化学氧化技术、钝化/稳定化技术。总体上,我国的土地整治工程技术与国外相比,差距至少在 20 年以上。

(二)推进路线图

首先需要从方法论构建的角度对土地管理技术知识增长问题进行反思,按照治理能力现代化的认识论构建能够揭示土地资源演化过程与规律的技术体系;强化模式化、数量化和公理化研究,将定性分析技术和定量分析技术整合成"高阶系统技术"。其次是按照大项目、大人才和大数据的模式,以现代高新技术为支撑,通过遥感、电子、光学、精密机械、计算机、信息与控制、大数据等技术集成,在现有基础上开发土地管理现在和未来急需要的关键测控技术。再者是要从超技术性的角度,建构土地工程技术的支撑体系。要不断推进土地整治工程技术系统和平台研发,土地整治新型材料和实用装备研发,强化典型区域土地整治关键工程技术研究,大力开展耕地质量工程和定位观测网建设,建构土地质量和土地生态管理需要的现代技术体系。最后是从人类世的视角,建构能够探索人地系统演化、陆地生物地球化学循环、新生地球环境脆弱区、山水林田湖生命共同体形成、土地空间和土地市场自组织图景的高端土地管理技术支撑体系,阐明土地系统的物质迁移和能量循环机理,从而预测人类世的未来动态,形成土地管理持续性的价值、独特性的社会功能和发展能力。

十、土地复合人才的培养问题

(一)问题辨析

人才是土地管理系统实现国家目标的重要保障,是提高执政能力、提升核心竞争力和治理现代化水平的重要支撑,也是坚持以人为本、促进人的全面发展的重要途径。目前,土地资源系统在人力资源问题上还存在以下突出问题:一是人力资源配置状况不理想,与土地资源管理工作任务不相适应;二是干部学习教育制度还不完善,规范化的学习教育体系尚未形成;三是地方国土资源干部能力标准体系建设相对滞后,人才考核评价体系尚需进一步完善;四是基层队伍整体素质不高;五是人力资源管理手段比较落后;六是复合型人才尤其缺乏,与综合部门的统揽全局要求不相适应;七是高层次人才缺乏,专业化程度较低。比如,全国省以下国土资源行政机关中,土地管理本科人才占比不到 10%;事业单位中具有土地资源管理研究生学历的人才占比不到 5%,这在一定程度上已经影响到了土地治理体系和治理能力现代化建设的进程。其中最突出的问题是,缺乏能够总揽全局、在宏观调控上具有点刹车能力、在社会生态位中具有确定空间和影响力的高端复合型人才。

(二)政策规划

国土资源部门肩负着参与宏观调控,国土资源调查、评价、规划、管理、保护和合理利用的职能,切实履行好这一职能,需要综合运用经济、法律、行政、科技等手段,提高资源监管和调控的有效性。针对土地管理的复杂性和综合性,20 多年来的发展实践表明,单一型人才在解决某项具体实务时可能有其独到之处,但因受框架理性的影响,对问题的洞察和分析容易出现片面性,缺少对宏观形势做出客观判断和总揽全局的能力。因此,未来人才培养除了在一般意义上提升人才的素质和能力以外,政策规划的战略重点是要培养能够总揽经济大格局、社会大格局和生态大格局的文理交叉、理论和实践相结合的复合型人才。战略路径是要通过建立政产学研协同创新平台和高端人才培养基地,着力理论和实践培养相结合,二者不可偏废。不仅要提高复合型人才的实践能力,也要提高其理论水准。战略举措的核心是要优化人才发展环境,建立常态化的复合型人才培养投入机制、激励机制、竞争机制、交换机制,建构突出能力和鼓励创新的评价机制。

十一、土地治理现代化的路径问题

(一)问题辨析

如何协调土地与人口、土地与城镇化、土地与工业化、土地与生态环境、土地与经济社会发展的相互关系,如何尽职尽责保护国土资源、节约集约利用国土资源、尽心尽力维护群众权益,其复杂性和不确定性与日俱增。为了更好地应对土地管理发展面临越来越复杂的发展环境、越来越难以协调的多元利益和区域利益矛盾冲突、越来越难以承担的社会和政治责任,必须大力推进土地行政治理体系和治理能力的现代化,其必要性和紧迫性日益突出。毋庸置疑,这是一项极为复杂的系统工程。它需要系统性、整体性和协同性设计,需要着力转变土地治理的方式,着力土地治理的法制化和制度化建设,着力明确土地各治理主体的责任和义务,着力培育土地各治理主体按制度办事、依法办事的意识与能力,着力提高土地治理的实际效果。

(二)路径选择

1.基础业务的现代化。主要包括土地调查、土地评价、土地规划、土地利用、土地整治、土地保护、土地权益、土地登记、土地统计、土地监测、土地监察、土地执法、土地督察等基础业务。现阶段土地管理的基础业务还存在大量结构性、关联性、协调性和实操性不足的问题。例如土地变更调查,其边界并不清晰,经常与违法用地考核、批而未用土地消化、耕地保护考核等捆绑在一起,承载了太多的土地管理功能,使土地调查数据变得很敏感,有些地类的数据是地方政府反复商量的结果,如此数据就很容易失真。又例如土地整治,由于该项工作范围广、内容多、涉及利益复杂,但目前缺乏规范的法律制度保障,普遍出现的功能单一和局部出现的质量问题自然是无法避免的。未来应当推进土地管理基础业务的系统性、整体性和协同性设计。否则,很容易出现"拆东墙补西墙"或"头痛医头,脚痛医脚"的局面。

2. 监管模式的现代化。土地行政向监管型转变,这是未来治理体系和治理能力现代化建设过程中的重要内容,更是一种历史发展逻辑。需要在深刻认识从新公共管理到后新公共管理转变的历史事实、土地资源异质性对治理体系和治理能力现代化的诉求、土地资产专用性与土地治理结构选择等关键问题,完善土地监管体系和监管模式。监管模式的现代化,需要推进以下各项制度改革:(1)建立分级管理与督办性垂直管理相结合的新体制;(2)强化调查、规划和监管三大职能的中央集权;(3)按土地用途建立部门考核与共同责任机制;(4)下放或部分取消国土资源微观事务审批;(5)推进土地管理政策的区域化、地方化和社会化;(6)着力划清土地管理的政府与市场边界;(7)完善土地监管的激励机制、约束机制、监控机制、信息机制、利益分配机制、沟通协调机制、临时调整机制、绩效评估机制;(8)推进土地全生命周期监管;(9)防止监管的结构性制约问题,比如冲突的监管意愿、高昂的监管信息获取成本、行政色彩过于浓重的监管风格、寻租导向严重的监管腐败、滞后的监管基础设施建设等。

3. 社会组织系统的现代化。土地管理与政治、经济、社会、生态、文化、工程、技术等各个领域密切联系,在实务上关乎经济社会发展的各种产业和各个部门,在空间上覆盖城市和乡村,在主体上涉及千家万户和全体居民,社会组织参与共同治理就显得更有必要性和重要性。随着全面深化改革目标的提出,社会阶段与主要矛盾的变化,政府职能逐渐从集中走向分散、从一元走向多元、从垄断走向参与,土地治理的社会组织系统建设,对推进土地治理体系和治理能力现代化就更具有战略意义和现实需求。未来需要优化制度环境,激发社会组织活力,加快实施政社分开,适合由社会组织提供的公共服务和解决的事项,交由社会组织承担,让社会组织承担更多的社会责任和历史使命,助推社会组织快速发展,推进土地治理体系和治理能力的现代化。

4. 学习创新系统的现代化。"古来世运之明晦,人才之盛衰,其表在政,其里在学"。在新的历史起点上,我国经济发展进入新常态,处于经济增长换挡期、结构调整阵痛期、前期刺激政策消化期"三期叠加"的阶段,土地资源管理工作面临新的严峻形势和复杂局面。推进学习创新系统的现代化建设,是实现土地治理能力现代化的持续保障和关键环节。未来应着力构建全员终身教育、宽领域多层次人才、先进文化和创新发展等四大体系,建立健全组织领导、学习培训、资金投入、考评督察、激励约束、政策保障六大机制,增强土地管理的生命力和可持续发展能力。

十二、土地科学的学科地位问题

(一)问题辨析

当代任何事业的发展主要取决两个因素,一个是该项事业的应用价值,另一个是该项事业是否有学科支持。我国人多地少,土地管理的应用价值是充分的。但是,土地行业至今缺少一级学科支持。现有的土地资源管理是公共管理一级学科下的二级学科,可按照2013 年国务院学位委员会发布的《学位授予和人才培养一级学科简介》,对公共管理学科的表述是:"目前,我国公共管理一级学科包括以下 6 个学科方向:行政管理、土地资源管理……"而不是"6 个二级学科",由此土地资源管理只是作为公共管理下的一个研究方向了。事实上,在以对象性资源为主要管理对象的部委,大多在理工农医等自然科学门类下设立一个或多个一级学科,例如环境保护部在工学门类下设环境科学与工程一级学科;农业部在农学门类下设农业资源利用等多个一级学科;住房和城乡建设部在工学门类下设城乡规划等多个一级学科;水利部也在工学下设多个一级学科,等等。但是,国土资源部作为实施国家可持续发展战略的重要政府职能部门,土地又是国家实现可持续发展的最重要对象性资源之一,却至今没有一个一级学科。按照上述提及的 2013 年国务院学位委员会的文件,仅有的土地资源管理二级学科位置也"悬"了,这是远不能满足发展需要的。从宏观和长远来看,一项事业如果一直缺乏学科支持,其发展前景是不容乐观的。

自 1980 年成立中国土地学会算起,推进土地科学学科建设的进程至今已经持续了 30多年。但迄今为止关于土地科学是不是学科依然没有形成共识,土地学科作为一级学科的地位也没有得到社会认同,这需要进行认真的反思和探究。事实上,人类的知识形态划分为自然科学、社会科学和人文科学。自然科学以"物"作为研究对象,社会科学和人文科学以"人"作为研究对象,其中管理学则以"组织"作为研究对象。土地学科是一个交叉学科,既研究物也研究人。如果总是强调交叉和综合,是找不到学科归属的,也是建不成一级学科的。如果要择其一,土地学科应该主要以"物"作为研究对象,兼顾人和组织的研究。这样,土地学科只能在自然科学里寻找学科位置。自然科学下面可以分成理学和工学,理学作为基础学科,是为各类学科研究提供基础的,诸如数理化天地生,土地学科显然不具备这样的功能。按照排除法,土地学科只能在工学下寻找生长点。从人类发展的历史看,是水与土地的融合产生了人类的文明。水土犹如硬币的正反两面密不可分,都是人类不可或缺的基础性资源,两者对人类可持续发展的重要性和生产实践的需求都是难分伯仲的。可是,当下水利已成为一门成熟的一级学科。为什么重要性、需求性和生产性都相当的水和土地,前者早已成为一级学科,后者尚未成为一级学科。究其原因,很重要的方面就是水利在选择学科建设路径方面走的是工程路线,而土地走的是管理路线。如果研究水的学科主要侧重管理,那命运很可能也是在公共管理学科下设一个水资源管理二级学科,现在演变为一个方向,与土地资源管理的学科命运相同。问题是水利学科走的是工程路线,经过长时间的工程研究积累,形成了自己特有的研究对象和研究方法。从学科比较的角度看,土地科学之所以没有成为一级学科,可能是学科成长的路径选择发生了方向偏离。另一个与土地学科近似的学科是环境学科,其走的也是工程路线,定名为环境科学与工程,也早已建成一级学科了。土地学科有很强的工程与技术特性,如土地开发工程、土地整理工程、土地复垦工程、土地防治工程、土地保护工程、土地修复工程、土地勘测工程、土地制图技术、土地规划技术、土地设计技术、土地信息系统技术、土地专家系统技术、土地空间定位技术、土地利用动态监测技术、土地预警预报技术等。未来土地学科的走向何去何从,已成为土地行政主管部门和科学工作者必须面对的重大抉择问题。

（二）未来出路

1.优化学科发展环境。发展环境是学科进步的土壤条件和生态因素，它为学科的整合及迁移激发了运动活力和时空效应，也为学科的更新及代谢增添了系统态势和相关纤维，对学科的趋势和未来渗透着年轮推力。诚然，学科发展环境是客观的，它是由社会环境、经济环境、科技环境以至文化大环境综合决定的，但它是可以被认识并在某种程度上可以被改革的。因此，发展环境的建设对学科的生长发展至关重要。首先，要促进科学、教育、行政的相互融合，建立政产学研合作对话平台，积极争取政府主管部门和社会的广泛支持。其次，要创造良好宽松的学术氛围。要按照社会分工区分学术与行政两个不同的概念，学术从来都不是少数服从多数的，也从来都不是下级服从上级的，应当正确处理好学术与行政的互动关系。最后，要形成重视基础研究的发展环境。现在过于强调成果应用，或成果转化。从学科建设的角度看，现阶段面临的首要任务就是建立理论与验证理论，挖掘出土地学科的最一般原理，阐明土地学科的研究对象、逻辑起点、学科内涵、研究范式、研究方法论、学科地位与社会功能、学科体系、核心理论、核心概念、术语变量、发展历史、与其他学科的关系等基础问题。反思土地学科建设的发展历程，要问"压死骆驼的最后一根稻草"是什么，是基础研究与应用研究的失衡。其实，没有基础研究做支撑，应用研究很可能只是"头痛医头，脚痛医脚"，成果转化也容易成为"忽悠"。只有把基础做扎实了，才能建起学科大厦。

2.统一研究对象的认识。土地首先是一个不以人的主观意志为转移的客观实在和物质实体，它不像经济学、法学、管理学或政治学等社会科学，这些社会科学的研究对象都是非物质实体。土地学科中"物"的存在，即人类对土地生产性、居住性、生态性、储藏性、承载性、缓冲性、净化性、景观性和安全性的需求，以及其他生物对土地作为栖息场所、作为养分提供、作为制约迁徙、作为生命感应的需求，所有这些都内生着人类或其他生物对土地客观需求的基本规律性。这种规律性是一种客观实在，与人们是否已经认识到它其实是无关的，与认识的程度也是无关的。人们对土地经济学或土地法学的研究，应该要有利于调校、深化和揭示对土地客观需求的规律性认识，以实现人类对土地可持续利用和其他生物对土地可持续生存的终极旨归。可见，土地学科中的科学本真首先应该是上述"物"的存在的规律性。只有明确土地学科的客观实在定位，不断提高土地学科的实证水平，而不是"虚化"土地学科研究，才能促进土地学科不断前行。当然，土地学科并不排斥对于实证科学以外的知识来源的关注，强化实证与查明不可实证的内容，对于提升土地学科的科学性，目标是一致的。

3.在历史与未来的融合中选择未来。人类要世代繁衍，最基础和最关键的就是要解决吃和住两大问题，土地的实体功能正好能满足解决这两大问题的需要。因此从实物系统看，人类历史很大程度上是一部土地开发利用史（解决吃）和土木工程建设史（解决住），其核心都是土地工程史。从西安半坡遗址的发现可知，人地关系首先发端于建设用地开发工程，解决先民的居住问题。之后为了更好地保障食物供给，先民开始实施农用地开发工程。无论是大禹的"平治水土"，西周时期的"井田制"，东汉末年的"屯田制"，西汉时期的"代田制"；无论是秦都咸阳的选址建设，西汉长安城的选址建设，东汉洛阳城的选址建设，还是隋唐长安东西两市的选址建设；也无论是江汉平原与洞庭平原的变迁，西北与东北的屯垦，还是珠江三角洲和长江三角洲的"基塘"形成,土地开发利用和工程的实体形态始终处于核心地位。在国外,无论是古希腊古风时代的大开发运动,西欧中世纪的垦荒运动,美洲的新发现和西部拓殖,加拿大拓殖地的形成和大草原崛起,澳大利亚 6 大开发中心的形成,还是苏联时期对西伯利亚地区的开发;在国内外,无论是密西西比河流域的治理,亚马孙流域的治理,尼罗河流域的治理,还是中国古代的治土治田和水土保持,或是中国当下每年投资超过几千亿元的土地整治工程,实体形态的土地工程建设都起到关键性的作用。在未来,人类进入了与自然和谐相处的新纪元,土地变化与全球变化,土地资源承载能力和生态效应,土地退化防治和可持续利用,干旱区、风沙区、喀斯特区、地质灾害区、快速城市化区等特殊地区人地关系演化,已上升为人类最重要的优先研究领域。无论是从历史演化的正向设计,还是按照人类未来的逆向设计,土地学科的未来科学化路径,都应该站在当今科学的前沿,面对全球变化、土地承载能力、土地与自然共生这些人类共同面临的最严峻挑战,加强土地过程研究和机理揭示,为解决土地实体化面临的重大问题做出应有的贡献。

4. 推进科学和工程技术能力建设。由于长期以来土地问题较多地置于经济学、政治学、管理学或社会学的框架下进行,对土地科学和工程技术的规律挖掘和实践能力都较弱。要提高土地学科的科学化程度,强化科学和工程技术能力建设具有特别重要的学科意义。首先需要尽快摆脱管理框架的局限,建立土地科学和工程技术发展的战略框架。在美国等发达国家,城市土地开发工程、土地治理工程等是土地工程公司的主要业务板块,值得在建立战略框架时学习和借鉴。其次是要加强土地科学和工程技术多学科联合攻关,将土地科学和工程技术作为土地学科的核心领域,不断推进土地科学和工程技术系统及平台研发,强化典型区域关键土地科学与工程技术研究。再次是强化空间化、工程化、模式化、数量化和公理化研究,将定性、定量、定位和定序分析技术整合成"高阶系统技术",寻找新的科学和工程技术学科生长点,这应该成为未来土地学科建设的一个根本性方向。最后是要大力加强土地科学和工程技术人才培育、科研机构和外部环境建设。包括积极推进设置土地科学与工程一级学科,在大学建立土地科学和工程专业或成立土地科学和工程学院,争取设立多种类型的省级以上土地工程研究中心和土地研究重点实验室等,以适应学科建设和发展的需要。需要指出的是,强调土地科学与工程的能力建设,并不排除从社会科学角度强化对土地管理的系统研究。土地学科本来就是自然科学与社会科学交叉的产物,两者是相辅相成的。这里提出对科学和工程技术研究的强化,主要是针对现状研究中"硬"和"软"的结构失衡而采取的一种补救措施。

"行到水穷处,坐看云起时"。在新常态下,相信土地管理更能够为国家治理、民族复兴和可持续发展做出新的贡献!

参考文献

[1]石军.人类问题的由来与出路[M].上海:格致出版社,2013.

试析自然资源管理体制改革的"道"

叶艳妹　　吴次芳

摘　要：自然资源管理体制改革必须遵循大自然的规律（道），而不是以所谓的"效率"为名忽视大自然的警告。从自然资源异质性和自然资产专用性、资源利用外部性等角度分析，自然资源管理体制的改革，市场模式难以解决自然资源管理的根本性问题。哈丁解决公地悲剧的模式不能生搬硬套地纳入实际应用或政策制定，国情和文化是选择自然资源管理体制的决定性因素。自然资源管理体制改革的路径选择应该是多元化和多样化的，产权制度安排也应该是多元化和多样化的，总基调应该有利于规避市场缺陷并对人的贪婪进行限制。由于自然资源是一个有机整体和生命共同体，建立由一个部门统一管理的体制是十分必要和迫切的。

关键词：自然资源；管理体制；尊重自然；路径选择；多样性

The Way of Natural Resources Management System Reform

YE Yanmei，WU Cifang

Abstract：The reform of natural resources management system must follow the law of nature (Dao)，instead of ignoring the warming of nature in the name of so-called "efficiency". In the analysis of natural resource heterogeneity，natural capital specificity，resource use externality and many other angles，market mode is hard to solve the fundamental problem of natural resource management system reform. What Hardin has done in solving the tragedy of the commons model can't be applied mechanically in practical application or policy formulation，national conditions and culture are decisive factors for choosing natural resource management system. Both the reform path of natural resources management system and the arrangement of property rights system should be diversified，the general ton must be conducive to circumvent the market defects and to restrict the greedy of people. Due to the fact that natural resources are an organic whole and also a community of life，it is necessary and urgent to establish a one-apartment unified management system.

Key words：natural resource；management system；respect for nature；path choice；diversity

　　《中共中央关于全面深化改革若干重大问题的决定》第51条指出：健全国家自然资源资产管理体制，统一行使全民所有自然资源资产所有者职责。完善自然资源监管体制，统一行使所有国土空间用途管制职责。习近平总书记在三中全会上对此进行了专门的说明。他指出：健全国家自然资源资产管理体制是健全自然资源资产产权制度的一项重大改革，也是建立系统完备的生态文明制度体系的内在要求。我们要认识到，山水林田湖是一个生命共同体,人的命脉在田,田的命脉在水,水的命脉在山,山的命脉在土,土的命脉在树。用途管制和生态修复必须遵循自然规律,如果种树的只管种树、治水的只管治水、护田的单纯护田,很容易顾此失彼,最终造成生态的系统性破坏。由一个部门负责领土范围内所有国土空间用途管制职责,对山水林田湖进行统一保护、统一修复是十分必要的。这是国家对自然资源管理体制改革确定的总基调和战略部署。可是对如何推进自然资源管理体制改革,首先在理论上各方面就存在着重大分歧。比如,是政府主导还是市场主导,如何划定政府与市场的边界等等。本文从"道"的角度,这里不是指哲学上的道,而是在形而上和形而下之间寻找对自然资源管理体制改革的道理、道路、道德、出发点等认知和轨迹,试图为体制改革提供多样性的参考。

一、大自然的警告:不可不遵的道

20世纪以来,世界人口剧增,人类对自然资源的需求大幅度增加。在人均资源占有量不断降低的情况下,人类为了生存和发展,一方面大肆开发自然资源,另一方面又滥用技术去任意支配和利用自然资源,造成资源消耗过度,地球生态环境急剧恶化。地球上生物资源正以前所未有的速度迅速减少,有些甚至面临着灭绝的危险。生物灭绝的数量,自恐龙时代(大约6500万年前)每1000年消失1种,到1900年每年消失一种,到2000年每年消失大约4000种[1]。2000年全世界共有40多个国家存在水资源短缺,到2050年将有60个国家的70亿人口面临周期性或长期性水资源供应限制[2]。从非洲赤道地带至中东阿拉伯沙漠,经过中亚细亚,直至我国西部在横穿两大洲地带的沙漠化,几十处古代文明如今已成为一片废墟,这是几千年来自然资源过度利用和管理不当造成毁灭的证据[3]。

1934年春天美国的黑色尘暴震惊了国际社会。据《纽约时报》报导:"来自远在蒙大拿州以西1500英里的受旱各州一般高达数千英尺高的尘云,昨天部分地遮蔽了太阳光线达5个小时。""纽约一片朦胧,好像日偏食时投出的阳光一样。大气尘粒达到通常数量的2.7倍,尘粒装进了流眼泪和咳嗽的纽约人的眼睛里和喉咙里。"在首都华盛顿的上空,布满了一层厚厚的浓密的尘云。整个美国东海岸好像被大雾笼罩着。从大陆内部的大平原飘来的3.5×10^8 t肥沃表土,跟随着横贯大陆的气流来到这里。在离海岸300英里以外的大西洋中的船只,也遇到了这场来自大平原的尘雨。风停以后,半个国家铺上了一层尘土。5月11日那天,芝加哥堆积了12×10^6 t尘土,平均每个市民可分得4磅。黑色尘暴是美国20世纪20年代开始对水土资源的过度开发利用造成的,已有很多文献进行分析讨论,这里不再赘述[3]。2005年8月29日大西洋"卡特里娜"飓风袭击美国。这是历史的第一次。美国旧金山地震死亡达6000人,而死于"卡特里娜"的人数比那次地震还多(美国《洛杉矶时报》8月21日报道)。一座座化学品仓库不断发生爆炸,爆炸引起的火焰照亮了这个城市的上空,未撤退的居民感到震惊,丧生的超过旧金山地震。"卡特里娜灾难"究其原因,也是对自然资源,尤其是海洋资源和湿地资源的过度利用和不当管理造成的。事实的教训是:新奥尔良是一座地势低于海平面,依靠复杂的大坝系统建筑起来的城市。最早是建于靠近密西西比河口仅有高地的法国区,接着是住宅区不断扩大,依靠大坝继续发展,于是三角洲越来越少,地势越来越低,湿地作为天然缓冲带的功能越来越低,周围水位则慢慢升高,成为一座低于海平面10英尺的城市。正如环境专家所指出的那样,这座城市的灾难是蓄势待发的,绝不是一次单纯的自然灾难，与自然资源管理不当密切联系[4]。灾难导致人口急剧下降，由 2004 年的 79 万人到现在仅有 37 万人。

大自然的警告表明，人类的"反叛自然"和"欲望失控"是造成人类生态环境灾难的根本性原因[5]。由此可以认为，尊重自然，应该成为天道；控制欲望，应该成为人道。如果"个体理性"任其发展，人类可能变得"禽兽不如"，更大的生态环境灾难将会毁灭人类自己。因为"禽兽"猎取食物、用水或使用其他自然资源时均处于需要，而不是为了利润，后者是一个可以无限膨胀的欲望。据调查观察，动物也会储备少许食物以防干旱或其他特殊情况，但绝不是为了投机获利。动物对领地的占领也有节制——基本以体力为度。如非洲狮子的领地范围大致是 6 英里，与其体力所及范围相当，而人类则以意念为度，后者会导致无限制的索取和扩张，这种扩张所带来的最大损失就是对自然资源的破坏[5]。《圣经》中描述的"诺亚方舟"就是神为了惩罚人类不顾自然规律的自我生产和生活行为，而引发了洪水，唯有在"诺亚方舟"上的生物才得以延续。所以，自然资源管理体制改革必须遵循大自然的规律（道），有利于促进人与自然共生，有利于促进人与自然资源承载量相适应，有利于形成对自然资源保护的神圣感和历史责任，而不是以所谓的"效率"为名忽视大自然的警告。

二、改革道论的纷争：不可背离本体

关于自然资源管理体制改革，理论上最大的纷争是围绕着政府主导还是市场主导而展开的，这是一个持续争议了 100 多年尚未定论的命题。我们的研究曾经指出，自然资源管理体制问题本质上属于公共管理研究范畴。公共管理的前沿理论主要有新公共管理和后新公共管理理论。新公共管理在理念上强调以"效率"为中心，在政策主张上强调民营化。后新公共管理在治理结构方面的主要理论模式是"整体政府"，其典型特征是大部门式治理、重新政府化和强化中央过程[6]。自然资源作为一种稀缺性很强的准公共资源，采用新公共管理模式进行管理体制改革，最大优点可能是有效率的。但必然会导致自然资源配置过程中公平正义的缺失，尤其是自然资源开发利用过程中负外部性的增加和蔓延。后新公共管理模式带有较多的计划经济色彩，能够较好地解决自然资源开发利用和自然资源配置的负外部性问题，但可能会影响效率问题，而且在一般意义上历史也证明，计划经济是失效的。争论可以持续，也可能有利于对问题的深化。采用"既……，又……"的模式，在宏观上、政治上或理念上不失为一种智慧的表达，但现实必须面对，改革需要做出选择，需要有实操方案。研究者自知自身能力尚不足以面对如此宏大的理论命题，也无力建构更加清晰和更有说服力的理论框架。但有一点应该是可以辨识的，就是自然资源管理不同于一般的商品管理。因为自然资源有很强的异质性、资产专用性和利用外部性，这些特殊本体对管理体制有着特殊的诉求。

自然资源的显著特点是区域分布很不均衡，实体本身有很强的异质性。例如，我国自然资源东西差异极其明显，南北资源组合的差异也很大。90％以上的耕地资源、森林资源和水资源分布在东南部的湿润和半湿润地区，其余 10％的耕地资源、森林资源和水资源分布于全国其他 67.8％的地区；长江、珠江、浙、闽、台及西南诸河流域的水资源占全国水资源总量的 82.3％，而这些地区的耕地资源，仅占全国耕地资源的 36％；黄河、淮河及其他北方诸河流域水资源约占全国水资源总量的 17％，而耕地资源却占全国的 63.7％。长江以北煤炭占全国的 90%,仅山西、内蒙古、新疆、陕西、宁夏五省(区)就占全国总储量的 70%;而长江以南则严重缺乏能源。磷矿绝大部分储量集中分布在西南,铝土矿集中分布在华北、西南[7]。自然资源要素不同于资本和劳动力,不仅在宏观层面上存在着巨大的异质性,在微观层面上每块地也是异质的。就像世界上找不到完全相同的两张树叶一样,地球上可能也找不到完全相同的两块地。例如同一块地,是沿街还是背街,是处在十字路口还是处在丁字路口,是形成在湖积相上还是形成在河积相上,其适宜性、价值和改良措施等都有很大不同。从总体上看,自然资源市场不能形成统一价格的全国市场。以价格作为信号的市场机制,很难完全适应于对自然资源的管理。

在市场结构条件下,自然资源具有很强的资产专用性。所谓资产专用性是指用于特定用途后被锁定很难再移作他用性质的资产,若改作他用则价值会降低,甚至可能变成毫无价值的资产。例如土地,就是具有很强专用性的自然资源资产。无论是何种制度的大部分国家,都会采用用途管制制度来确定土地资产的专用性。如把城乡土地划分为商业用地、住宅用地、工业用地、生态保护用地、耕地、林地、交通用地等等。在用途管制的框架下,土地的价格首先不是取决于土地固有的价值属性。如果一块地规划为耕地用途,市场交易价格可能很低;如果规划为商业用地,市场交易价格可能上升几十倍;如果规划为工业用地,市场交易价格又不同于商业用地;如果规划为禁止开发的生态保护用地,市场价格可能会变为零。研究认为,当资产的专用性弱,财产的公共性较低,交易规模小时,宜由市场发挥作用;当资产的专用性较强,财产的公共性较高,交易规模较大时,宜由企业发挥作用;进而当资产的专用性很强,财产的公共性很高时,宜由政府发挥作用[8]。

土地利用具有很强的外部性,任何一块土地的利用活动都会对相邻土地的质量、利用方式的选择和土地价值等产生深刻的影响。例如,公共设施和绿地的建设会使附近住宅用地升值,飞机场的兴建则会严重地限制附近土地利用方式的选择并降低土地的价值,高楼的建设会影响附近住宅用地的采光,某些工厂兴建会对相邻的土地甚至大范围的用地造成污染,从而降低这些用地的价值和使用价值。尤其是某些厌恶设施的建设,比如垃圾处理厂或高压变电所的建设,会大大降低周边土地利用的价值和价格。可见,土地作为一种财产,一旦投入使用,尤其是当人类进入追求环境品质和生态健康的时代,就具有很强的公共性。各国都会对土地使用进行严格的管制,这种管制的法权依据就是"警察权"。普遍对土地使用采取"警察权",就说明土地资源具有很强的公共性[9]。由此可见,由于土地资产专用性的特点,更适宜采用政府主导的治理结构。

综上所述,从新公共管理、后新公共管理、自然资源异质性和自然资产专用性、资源利用外部性等角度分析,自然资源管理体制的改革,不同于经济资源、社会资源、信息资源、人力资源等管理体制的改革,政府应当处于治理结构的主导地位,至少不是单一的市场模式就能够解决自然资源管理的根本性问题,这是由自然资源的特性或本体所决定的。

三、改革路径的起点:国情和文化

改革应当沿着同一个起点前行,才能不断向前推进深化。如果各方的改革起点不相同,或者说各方的探索不在同一个起点上进行,最后将很难实现同一个目标,也难以形成改革的逻辑系统。这里试图特别指出的是,我们讨论的自然资源管理体制改革是中国的自然资源管理体制改革，而不是欧美的自然资源管理体制改革。因此，改革路径的起点应该围绕着中国的国情逐步展开并向前推进。按照 Williamson[10] 划分的社会科学研究的四个层次，产权、政体、司法、行政等正式制度的建构，必须充分考虑社会基础的非正式约束，后者是第一层次的问题。社会基础的核心是文化，它"具有长期的对社会行为的监督作用"[11]，同时对"经济系统的长期特征产生长远而深入的影响"[12]，是整个社会中人与人之间、人与自然资源之间等行为规范的纽带。可见，文化也应该成为探索改革路径的起点。中国的文化与欧美的文化存在很大差别。总体上中国是"象棋文化"，欧美是"围棋文化"。虽然都是"棋"，但这两种棋根植于人的意识形态和行为准则是不相同的，游戏规则更是完全不相同。按照 Williamson 的理论，文化差异应该成为改革路径起点不同选择的根据。

中国是一个自然资源严重短缺而人口压力巨大的国家。据统计分析，我国人均资源占有量远低于世界平均水平。如人均占有的土地和耕地、淡水、林地、牧草地、矿产和海洋资源仅分别为世界人均水平的 33％、27％、14％、50％、58％和 25％，人均占有的煤炭、石油、天然气、水能资源分别为世界人均水平的 70％、10％、4％、63％等[13]。不仅如此，正如上文所述，中国自然资源数量、品质和种类在地域上的分布极不均匀，质量和品质都相对较低。在这种国情下，建构有利于促进自然资源节约集约利用、优化自然资源在产业之间和地区之间的配置、大幅度降低自然资源利用负外部性的体制和机制，就成为自然资源体制改革的核心和关键。欧美一些国家则不同，例如美国是排名第 4 的领土大国，适宜耕作面积高达 90％，平原面积在 70％以上，是一个优质国土资源十分丰富的国家。因此，美国自然资源利用模式的基本特点是：产业全国分工，交通网全国均衡发展，缺乏国家统一管理。其结果是，自然资源利用和经济活动分散，分散又造成在大部分地区公共交通无利可图，严重依赖私人小汽车和高速公路运输，森林和农田等自然资源破坏严重。总体上，美国自然资源利用的效率是低的，可持续性也很差。研究表明，在美国的自然资源自由经营阶段，已造成对水资源、草地资源、森林资源、石油和天然气资源等的低效利用，并对环境产生不良影响[14]。虽然如此，美国自然资源管理体制基本上是适应该国国情的。因为美国自然资源十分丰富，资源稀缺问题并不突出，以市场机制为主导配置自然资源，可以降低行政成本和交易费用，何乐而不为。可是日本就不同，日本的平原面积仅占国土面积的 24％，人口密度比美国高出 12 倍以上。因此，日本自然资源利用模式的基本特点是：在国土规划的统一控制和强烈干预下，至今已经编制了五次国土规划，在严格的计划下开发利用自然资源，产业、人口大部分集中在都市圈，都市圈内部交流紧密，而都市圈之间的交流较少。其结果是，资源和经济活动集中，公共交通也得以在人口密集的都市圈广泛建立，森林和农田等自然资源保护相对较好，可持续性较高。

可见，国际上大多数国家，都是根据自己的国情和文化，选择自然资源管理的体制和模式，日本和美国是两个典型的案例。虽然这两个国家实行的都是市场经济，但日本与美国不同，根据自己国情采用计划模式管理自然资源。有识之士卢梭的研究也认为，民主制适合小国，君主制适合大国，贵族政治适合中等规模之国[5]。也就是说，不同的国情应该采用不同的管理体制。

需要指出的是，早期的自然资源管理体制，主要以公地悲剧理论为核心。这一理论认为，在产权不清晰的情况下，自然资源必然面临人们的过度利用而最终耗竭，而随着人口增加，这种耗竭的速度也会加快。如果进行彻底的私有化，将所有资源分给确定的私人主体，因为当权利主体确定之后,个人才可能基于自己利益最大化保护属于自己的财产,从而物尽其用而避免过度开发[15]。但是,资源被私有化后也同样会导致资源过度使用而产生私地悲剧。美国太平洋上空的尘暴、苏联中亚的黑色风暴、黎巴嫩雪松的消失、美洲新大陆土地的破坏、热带森林加速毁灭的生态灾难、玛雅文明的毁灭、黄土高原的变迁等等,都是私地悲剧的历史证明。奥斯特罗姆从理论上深刻分析了哈丁解决公地悲剧模式的局限性,并认为不能对这一理论生搬硬套地纳入实际应用或政策制定,而应该更多地关注模式与实践的关系,制度细节、地理特征以及不同资源体系特征的关联等[16]。德国、西班牙和葡萄牙水资源管理模式的比较研究,以及澳大利亚不同自然资源管理模式的比较研究都表明,国情和文化才是选择自然资源管理体制的决定性因素[17,18]。尼加拉瓜的研究表明,只有当发言权不仅仅局限于经济精英时,自然资源管理的制度设计才能更加有效[19]。

四、改革道路的选择:生物多样性的启示

生态学家通过群落和种群层次多样性与稳定性相关机制的大量研究,表明多样性有利于系统的稳定性[20]。社会学家的研究表明,后现代社会是一个多样性的复杂系统。非线性、不对称、权力和竞争等多样性的存在,是社会系统稳定和前行的发动机。如果不是在婴儿与成人之间存在不对称关系,婴儿便不会存活;如果女人与男人完全一样,世界便会毫无情趣[21]。

自然资源是一个极富多样性的复杂系统。第一,自然资源类型多样,按照存在的形态不同,可以分为土地资源、水资源、矿产资源、森林资源、牧草资源、物种资源、海洋资源、气候资源、旅游资源和自然信息资源等。矿产资源又可以续分为矿物原料和化石燃料。矿物原料又可以续分为金属矿产和非金属矿产,金属矿产又可以续分为黑色金属、有色金属、轻金属、贵金属、放射性元素和稀有金属,等等。第二,自然资源用途多样。例如水资源,电力部门可以用作水力发电,农业部门可以用作农田灌溉,城市部门可以用作生活饮水,交通部门可以用于航运,旅游部门又可以把它当作风景资源,卫生部门还可以把它用于去污,等等。森林资源的多样性表现就更加丰富,它既有原料(木材)功能、燃料(薪柴)功能,还有生态功能、娱乐功能、旅游功能、养生功能、美化功能,等等。第三,自然资源质量的多样性。例如水资源,由于色度、硬度、碱度、pH、含盐量、含铁量、含锰量、含硅酸量、含氯化物量、含微量元素含量、放射性元素量等的不同,可以划分出多种多样的水质类型。矿产资源更因其矿石中金属或有用组分的不同,划分出多种多样的矿产资源类型。第四,自然资源分布的多样性。山地、丘陵、盆地、江河、平原、海洋,地上、地面、地下,东西南北中,都有自然资源分布。第五,科学技术进步、需求和文化的多样性也影响自然资源多样性的存在。例如不同的信仰、宗教、风俗习惯等文化因素会影响"食物资源"的多样性。总体上说,自然资源不仅类型多样,而且质量、分布和用途都浑然不同,规模、品位、储量、区位、价值、开发难易、生态功能和人类需求也有巨大差异。

还需要特别指出的是,自然资源不仅存在多样性,还存在整体性。各种自然资源相互联系、相互制约,构成一个整体系统。人类不可能在改变一种自然资源的同时,又使其周围的环境保持不变。正如我们在另一项研究中指出的那样,自然资源在地球上是作为整体系统而存在的。首先,任何一种资源的改变都会影响其他资源的存在状态。例如土地资源,

它是由气候、土壤、水文、地质、动植物等构成的综合体，系统中任何一种资源的变动，都会影响土地资源的属性和功能。再例如开采铜矿，即使是富矿，其含铜量一般也不超过 0.7% 左右。这样，每炼出 1t 铜，就需要消耗 143t 矿石，同时产生 142t 废渣。此处还要消耗大量能源，据统计，每生产 1t 铜约需要消耗相当于 35t 煤的能量。开采矿石使土地废弃，排出废物和消耗能源也不可避免地给环境带来影响[7]。其次，不同区域的自然资源是一个相互制约的整体，例如黄土高原的水土流失，不仅影响黄河和黄海的水文动态，也影响华北平原的自然资源开发利用，还影响黄河上、中、下游的国土资源综合治理。最后，自然资源在时间上的变化，也是一个连续整体。例如，过去城市化工业化对优质耕地资源的占用，会影响现在耕地资源的生产能力，还会影响未来以食物链为基础的人口承载量。

综上所述可见，从生物多样性形成生态系统稳定性得以启示，由于自然资源极其丰富的多样性，自然资源管理体制改革的路径选择应该是多元化和多样化的，产权制度安排也应该是多元化和多样化的。私人产权、共同产权、开放资源和国有产权等不同的产权形式，都应该纳入理性选择的范围。如此，才可以建立自然资源系统的稳定性。同时，由于自然资源是一个有机整体和生命共同体，如果由多个部门分头管理，很容易顾此失彼，最终造成生态系统的破坏和资源可持续利用程度的降低，建立由一个部门统一管理的体制是十分必要的。

五、结语

自然资源是有限的，人类个体的需求和欲望是无限的。如果自然资源管理简单地采取激励个体行为的体制，必然进一步加大自然资源有限与人类需求无限之间的矛盾。人类在自然资源利用与管理方面出问题了，这在 21 世纪的今天已是不争的事实。这种不争的事实是与制度经济学理论研究的结果，可能是正好相反的。比如在美国，产权是明晰的，市场机制也应该是完善的，但自然资源的利用效率是低的，可持续利用程度也是低的。在俄罗斯北西伯利亚，采取私有化模式对草场进行管理，卫星图像表明，草场退化十分严重。而在自然条件相似的毗邻地区蒙古，采用传统集体经营模式，草场退化问题则轻很多。在市场经济环境条件下，是人类的欲望进取、抽象思维、折腾索取、进化文化和过度文明五大因素导致了当代的资源环境灾难[5]。因此，从促进资源可持续利用的角度出发，自然资源管理体制改革应该有利于规避市场缺陷并对人的贪婪进行限制。

当然，将自然资源管理体制简单地回归到计划经济模式是不可行的。因为如此很容易会导致审批事项多、审批费用高、审批周期长，不仅增加了交易费用，而且降低了行政效率，还可能导致更多腐败。重构自然资源管理体制的核心是：实行分级管理与督办性垂直管理相结合的体制。总体上，将自然资源统一管理体制纳入到规范的政府体制中去，按照现行政府的层级管理体制，转变职能，创新机制，加强监管，提高服务效率和效能。国际经验表明，单一制国家的政府事务大多属于共管事务，政府垂直管理也大多是督办性的。与实体性垂直管理相比，督办性垂直管理能更好地协调条块之间的矛盾，也能更好地适应经济全球化和市场经济发展的需要。

在推进体制改革的进程中，关注与制度相关的细节因素具有特别的重要性。比如关注制度与个体行为的关系、权力不对称性对制度发展和工作模式的影响、路径依赖、非预期结果以及其他影响政治的因素。自然资源管理体制是一个复杂自适应系统,因为这一体制内部的不同单元具有动态的相互依赖性,并在组织机构、生态、技术以及社会经济各单元的互动之中协同进化。自然资源、组织与社会机构以及个体行为是这一管理体制的要素,而它们三者相互之间,都存在着协同进化的关系[22]。因此,建立自然资源管理体制的适应性管理模式有着重要的理论和现实意义。对自然资源的管理是人与自然系统动态循环的过程,而在这一过程中,社会学习是提高适应能力的重要途径。决策与社会学习之间的相互反馈是适应性管理的关键特征。适应性管理中的社会学习分为技术学习与制度学习两个阶段。决策制定后,可以通过监测与评价的结果对原始策略进行修正,完成技术学习;而经过多次技术学习之后,通过评价结果的反馈,可以进行制度性改善[23]。

为了协调平衡政体管理需要和自然资源特别管理需要,强调将自然资源管理体制纳入到规范政府体制中去的同时,应更加强化调查、规划和监管职能,加强调查和规划的中央集权。如此可以切实掌握自然资源家底,为自然资源可持续利用的决策提供真实依据。按照资源环境的硬约束,做好科学规划,明确用途管制,合理安排各类重大自然资源开发项目。在家底清楚、用途明确、监管到位的基础上,国家的自然资源管理目标才能够更好地实现。

参考文献

[1] 章俊华. Landscape 思考 [M]. 北京:中国建筑工业出版社,2009:102-129.

[2] 佩特拉·多布娜. 水的政治[M]. 强朝晖译. 北京:社会科学文献出版社,2011:39-41.

[3] 吴次芳,鲍海君. 土地资源安全研究的理论与方法[M]. 北京:气象出版社,2004:29-41.

[4] 沈守愚,孙佑海. 生态法学与生态德学[M]. 北京:中国林业出版社,2010:159-160.

[5] 石军. 人类问题的由来与出路[M]. 上海:格致出版社,2013:65-169.

[6] 唐兴霖,尹文嘉. 从新公共管理到后新公共管理[J]. 社会科学战线,2011(2):178-183.

[7] 蔡运龙. 自然资源学原理[M]. 北京:科学出版社,2000:6-9.

[8] 罗必良. 市场、企业和政府:功能边界与作用范围——基于交易费用经济学的考察[J]. 学术研究,2000
(7):41-45.

[9] 吴次芳,叶艳妹,吴宇哲,等. 全球土地 2013:热点与前沿[M]. 杭州:浙江大学出版社,2014.

[10] Williamson O E. The new institutional economics:taking stock, looking ahead [J]. Journal of
Economic Literature,2000(38):595-613.

[11] Williamson O E. Transaction cost economics:How it works; Where it is headed [J]. De Economist,
1998(146):23-58.

[12] North D C. Institutions [J]. Journal of Economic Perspectives,1991(5):97-112.

[13] 吴次芳,潘文灿. 国土规划的理论与方法[M]. 北京:科学出版社,2003.

[14] 陈伟光. 美国的自然资源立法和管理[J]. 资源科学,2001(2):93-96.

[15] Hardin G. The tragedy of the commons [J]. Science,1968,162(3859):1243-1248.

[16] 佩特拉·多布娜. 水的政治 [M]. 强朝晖译. 北京:社会科学文献出版社,2011:171-179.

[17] Thiel A. Constitutional state structure and scalar re-organization of natural resource governance:The
transformation of polycentric water governance in Spain, Portugal and Germany [J]. Land Use
Policy,2015,45:176-188.

［18］Lockwood M，Davidson J. Environmental governance and the hybrid regime of Australian natural resource management ［J］. Geoforum，2010，41(3)：388-398.

［19］Ravnborg H M，Gómez L I. The importance of inequality for natural resource governance：evidence from Two Nicaraguan Territories ［J］. World Development，2014，73：72-84.

［20］王国宏. 再论生物多样性与生态系统的稳定性 ［J］. 生物多样性，2002(1)：126-134.

［21］保罗·西利亚斯. 复杂性与后现代主义[M]. 曾国屏译. 上海：上海世纪出版集团，2006：165-170.

［22］Rammel C，Stagl S，Wilfing H. Managing complex adaptive systems—a coevolutionary perspective on natural resource management ［J］. Ecological economics，2007，63(1)：9-21.

［23］Williams B K. Adaptive management of natural resources—framework and issues ［J］. Journal of Environmental Management，2011，92(5)：1346-1353.

世界各国(地区)土地价格比价研究

杨遴杰　　饶富杰

摘　要:【研究目的】通过收集并比较中国大陆以及周边主要国家与地区最新的土地价格,探索不同土地管理体系、产业发展阶段与土地价格关系,为中国大陆土地管理制度的改革提出有益建议。【研究方法】比较政策研究法;政策评估法;调研与案例分析法。【研究结果】就住宅地价而言,中国大陆除少数特大城市外,其余城市的地价上升潜力较小;就商业地价而言,中国大陆地价有一定上升空间;就工业地价而言,中国大陆地价已经显著超越东南亚发展中国家,与美国、韩国等发达国家相当,但显著低于日本、新加坡、中国香港地区与台湾地区。【研究结论】为了更好地适应工业化中期的产业发展特征,中国大陆土地管理制度应引入更多的市场化机制,重点包括:在土地一级市场中引入多元供给主体;提升土地管理体系的法治化水平;构建差异化的产业用地政策。

关键词:土地价格;比价;土地管理;市场化

一、前言

在经济发展与城市化进程中,土地是最为重要的生产资料之一。在我国,尽管各类土地的出让必须采用"招拍挂"机制,但由于地方政府垄断土地一级市场的供给,使之能够通过对土地资源的配置主导与其制度激励相适应的经济发展与城市化模式。

一方面,地方政府的财权与事权不对等,必须积极追求体制外财政资源。土地财政模式应运而生。自2000年以来,随着房地产市场的繁荣发展,住宅、商业等用地价格明显提升,为地方政府提供了丰富的体制外财政资源。在土地财政的刺激下,中国的城市建设规模显著增长。另一方面,为了在区域招商引资的竞争中获得优势,满足地方政府对于GDP、财税收入等经济指标的政绩追求,工业地价被强制压低。自20世纪90年代起,我国主要通过修建开发区的形式供给工业用地,提供廉价的工业用地与配套的优惠政策(大量地方政府甚至通过各项税费补贴等优惠措施进行实质性的地价返还)。

尽管工业用地出让必须遵守"最低价标准",但工业地价持续偏低、增长缓慢的问题并未得到有效改善:地方政府或是按照最低价标准压线出让,或是利用优惠政策进行地价返还继续压价供地。工业用地与住宅、商业等用地的价格差距不断增加,这对土地利用带来了显著的负面影响。偏低的工业地价使得土地使用权人缺乏集约用地的约束,引致了工业用地利用模式的粗放。由于工业地价与商业、住宅地价的巨大差异,使得部分土地使用权人假借工业投资之名圈地,以期通过土地用途转换获得高额的土地投机回报。

为了改善这一困境，中央政府推出了系列政策。在供地配置上，加大保障性住房用地供给，满足中低收入家庭的住房需求。在土地利用上，通过"工业项目建设用地控制指标"提升工业用地的集约利用程度。2013 年，党的十七届三中全会发布的《中共中央关于全面深化改革若干重大问题的决定》强调："建立有效调节工业用地和居住用地合理比价机制，提高工业用地价格。"这要求对土地价格机制进行深化改革，力求从根本上解决工业用地与住宅、商业等用地之间不合理的价格差异，并使得工业地价回归到正常的市场水平。

本研究选择若干有关代表性的国家（地区），通过资料收集与实地调查获得国家（地区）不同类型用地的土地价格的绝对值与相对水平，利用比较政策研究法（适用于跨文化研究）、政策评估法（数据分析探讨的基本框架）和调研与案例分析法（突出研究重点）探讨不同土地管理体系与产业发展阶段中工业与其他用地价格之间的合理比例关系，并对我国土地管理改革提出政策建议。研究对象的国家（地区）主要包括（见图 3-1）：已经走过工业化和城镇化发展阶段的韩国、日本、新加坡以及中国台湾地区、香港地区，以及主要发达国家美国、澳大利亚等；与中国大陆处于类似发展阶段的泰国、马来西亚等；经济落后于中国大陆但保持较快发展的菲律宾、越南等。

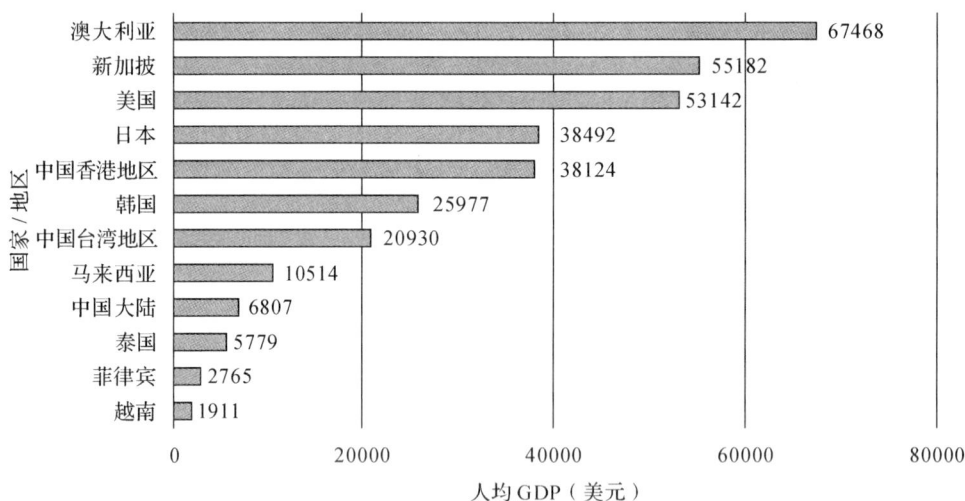

图 3-1　案例国家（地区）的人均 GDP（2013 年）

数据来源：世界银行国家数据库 http://data.worldbank.org/indicator/NY.GDP.MKTP.CD

二、土地价格的影响因素理论

在微观尺度（范围一般为城市），经典理论认为，土地价格的影响因素包括供求关系、土地品质、距离市中心距离等。英国古典政治经济学创始人威廉·佩蒂（William Petty）认为，土地价格受到土地肥沃程度、距离市场的远近等因素的影响[1]。约翰·杜能（Johann Thünen）针对农地利用提出了"同心圆理论"，认为随着与市中心距离的增长，农业生产将呈现出不同的圈层[2]。基于"杜能圈"的基本模型，威廉·阿兰索（William Alonso）将市场距离与土地价格的关系引入城市土地开发的分析当中[3]。随着城市的快速发展与土地经济学理论的成熟,影响地价的微观因素能够被更加详细地界定。卓金华、周刚华等确定了区位因素(交通条件等)、邻里因素(学校设施等)等指标作为土地价格的影响因子[4,5]。

在宏观尺度,土地的市场价格由供求关系、政策影响、经济发展、人口增长、城市化与工业化水平、基础设施条件、房价、消费者预期等决定[1]。李涛将上述影响因子简化为"经济条件、政府决策与区位条件"三大门类[6]。上述影响因素相互作用,共同对土地价格的波动产生复杂影响[7]。例如,经济下行并不一定意味着土地价格的下跌。政策诱导的流动性过剩将刺激土地价格逆市上涨。

本文的研究单元为国家(地区),适用于选择宏观尺度的地价影响因子。本文着重关注土地管理体系与产业经济发展对于土地价格的影响,分别对应着"政府决策"与"经济条件"两大地价影响因素门类。

(一)土地管理体系

由于政治、社会与经济等条件的显著差异,不同国家和地区对于土地管理的理解存在区别。例如,在美国,土地管理主要意味着联邦土地保育、国家公园管理等技术性职能。在新加坡,土地管理意味着政府集中、集约的开发利用土地(经济职能)。在我国,土地管理包含土地利用规划、土地市场供应与管理、土地资源保育等多元职能。为了实现各国(地区)的相互比较,本文采用"土地管理体系"进行归类。土地管理体系由三个职能模块构成,包含土地市场供给、土地利用规划与相关经济政策。

依照土地产权制度的差异,可以将各国(地区)的土地管理体系分为"英美式的土地管理体系"与"混合式的土地管理体系"。大部分的国家和地区采用英美式的土地管理体系(如美国、澳大利亚、日本、泰国、马来西亚、菲律宾等),以土地私有制为最典型的标志。土地管理本身主要针对公有土地自然价值的保育。由于公有土地上可能存在矿产资源,土地管理过程中也会涉及矿权的交易。交易所得纳入政府收入,用于支持公共开支。尽管市场在私有土地资源的配置过程中一般起到决定性的作用,但政府政策亦发挥显著影响。针对私有土地的直接管理主要依靠市场与城市规划(土地利用规划);间接管理主要依靠财税政策(相关经济政策)。混合式土地管理体系一般以土地公有制为基础(如中国香港地区、新加坡、越南等),除土地利用规划与相关经济政策制定以外,还强调政府对于土地市场的严格管控(土地市场供给)。以下将分析每一种土地管理职能的具体内涵。

1.土地市场供给①

政府通过控制土地市场供给,可以依照行政目的,自由调节地价。例如在越南,土地市场供给完全由政府掌控。城市国有土地使用权由政府统一出让;农村土地转用的价值完全归于公共。如此,政府可以通过土地市场供给轻松调节土地价格,既可以限制住宅用地供给,抬高住宅地价,获得城市建设资金;亦可以放开工业用地供给,无偿出让工业用地使用权,吸引外商投资。

然而,这样的土地市场管控极易造成社会不公与贫富分化。例如在中国香港地区,土地批租的制度使得政府可以高效地控制土地供给,显著提升住宅地价,促成了高容积率的

---

① 政府涉足土地供给的行为被认为是行政力量对于自由市场的干预,属于政府决策的一部分,而非"基本供求关系"。同样,国家公园、沙漠等特殊土地类型不在此讨论范围之内。

住宅开发模式。然而,高昂的住宅价格使得许多香港居民望而却步[8]。富人可以居住山顶豪宅,而中低收入者只能蜗居在不足 20 平方米的贫民窟内。此外,为了主导农地的转用开发,政府面向新界土著居民实施"丁屋"制度。这些居民的后代男丁只需成年即可获得修建 210 平方米低容积率大宅的福利(香港人均住宅面积仅约 15 平方米)。这笔基于"身份"的天赐财富与香港一直提倡的自由公平的市场价值完全相悖。

政府通过控制土地市场供给,也可以实现"与民分利"[9]。例如在新加坡,绝大部分的居民居住在政府修建的组屋内。组屋的住宅在达到一定条件后可以在二手房市场自由出售。如此,房地产投机在新加坡几无可能。住宅市场中流动的是自住型与改善型的需求。同时,新加坡利用国家资本主义的模式整合新加坡资本投资本国实业与海外产业,并积极发展本国旅游业。前者带来的国家收益用于补贴民众的购房成本;后者带来的地价增值经过二手房市场渗透于每户居民。

新加坡政府对于土地市场的控制甚于越南与中国香港地区,但却并未造成商品房市场中贫富分化的困境。最核心的原因是:新加坡政府控制土地市场的目的在于排斥房地产投机,政府还原了一个充满自住型与改善型需求的住宅市场;越南与中国香港地区政府控制土地市场的目的包含了显著的卖地激励,对投机资本不设防。

2. 土地利用规划

政府通过土地利用规划,可以决定一块土地的发展条件,也就在很大程度了决定了土地的市场价值。一般而言,商业用地的价格高于住宅用地,并大幅高于工业用地。对于同类型的土地而言,不同的公共基础配套也会影响土地价值的高低。因此,不同的规划体系将带来不同的利益分配机制。

以美国为例,土地利用规划的权限被下放到市一级[10]。国家与州政府仅在最低限度确定土地利用的原则。美国地方政府的决策机构为市议会(大致约每 10 万人配比一位议员)。如此,一座百万人口的城市大致拥有 10 位议员。一方面,议会议事的效率较高;另一方面,议会容易被垄断利益集团操控。地方政府虽不具备卖地的权力,但地方政府的财税收入离不开土地。在许多州(以加州为著),由于不动产税的收取受到极大的限制,使得地方政府的财源主要依靠零售税(retail tax,针对零售额的税项)。为了巩固本地税基,各地方政府纷纷出台优惠政策吸引沃尔玛等大型垄断零售企业。如此,大型垄断零售企业对于地方政府形成强大的控制力。议员会不断更替,但大型垄断零售企业的优待地位不会受到影响。目前,美国零售业态以仓储式零售(多在郊区,方便汽车通勤)为主。这意味着其可以直接在工业用地上修建(仅存在转用的问题)。大型垄断零售企业可以先行购置价格较低的工业用地,再游说市议会批准转用。

以澳大利亚为例,土地利用规划的权限被下放到州一级[11,12]。各州要确定严格的城市发展战略,协调各个城市之间的公共资源建设与分配。我们熟知的墨尔本(435 万人口)是一个虚拟的行政概念(墨尔本大都会区,相当于我国地级市),其由 31 个市组成(多元管理)。墨尔本市为其中的核心城市,人口约为 9 万人。墨尔本大都会区的公共交通、道路建设等公共资源的开发建设由州政府统一协调(不失效率)。每一项土地开发利用决议有双重保证(地方与州政府双向制约)。大型垄断集团需要同时游说省政府与本地市政府才能获得超额利益。省议员的选举面向本州内所有的公民,使得其天然考虑每个地区民众的切实感受,不至于被地方利益所掣肘。同时,尽管州政府主导大都会区的公共设施建设,但州政府的权力也受到地方政府的约束,例如州政府按照专业知识确定的轻轨线路常常遭到本地商业街的质疑。规划师眼中完美的混合交通模式有时过度苛求公共交通资源的渗透,可能会伤害本地商户的利益。本地商户往往联合在一起,在地方市议会表达自己的见解:例如残疾人与老年人需要一定的停车位。如此,墨尔本的混合交通模式充分考虑各种利益的需求。表面上,这科学、合理地解决了不同人群的交通需求;本质上,这公平、正义地协调了不同土地利用的市场利益分配。

3.经济政策

为了刺激经济增长,政府可直接在经济发展过程中扶持房地产的发展。例如在美国,"美国梦"几乎被所有政客引用。"美国梦"的衡量标准被深深地塑造为"每家每户都有独幢住宅"。在2000年初,房利美与房地美大幅下调房产贷款申请人的财产资质要求,刺激房地产的火热发展。美国民众几乎被"捆绑着"参与到购房热潮当中。穷人付出了比租房更高的成本(贷款买房)。然而,金融危机爆发,房贷大量断供,穷人的房产被银行没收。美国联邦政府向银行家伸出援手,帮助他们度过危机,但却任由穷人在"自由市场"中挣扎[13,14]。

为了发展经济,政府还着力通过财税政策调节宏观市场。当政府放松财政监管,降低市场利率,增发货币时,市场货币流动性便会提升。如此,过剩的资本往往选取稀缺性较高的产品进行投资,以期获得超额利润。在现实生活中,土地资源的稀缺性较高,且几乎不会灭失,为投机资本提供了理想的获利空间。当政府加强财政监管,提高市场利率,稳定货币发放时,市场货币流动性便会得到控制,乃至下降。如此,投机资本将退出房地产领域,寻求其他获利机会,土地价格则顺势下调。

(二)产业发展阶段

各国在工业化进程中的土地价格以及策略的变化呈现显著的阶段规律性。在工业化初期,工业用地与劳动力的价格一般较低,主要配合大型工业园区的开发模式,对应劳动与资本密集型产业。在工业化中期,工业用地与劳动力的价格逐步上升,主要配合专业工业地产(集群经济)的开发模式,对接技术代工产业。部分产业工人开始朝服务业过渡。在工业化发达阶段,工业用地的价格几乎完全由市场配置,主要配合"产城融合"的开发模式,对接自主研发与创新产业。工业工人的数量急剧减少。以往的工业就业人口大量朝服务业转移;从事工业研发与创新的往往是薪酬水平较高的高技术人才。

三、各国(地区)土地价格的比较与分析

(一)各国(地区)土地价格的变动特征

1.住宅用地

2001—2013年各国(地区)住宅用地(住宅)价格的变化如图3-2和表3-1所示。

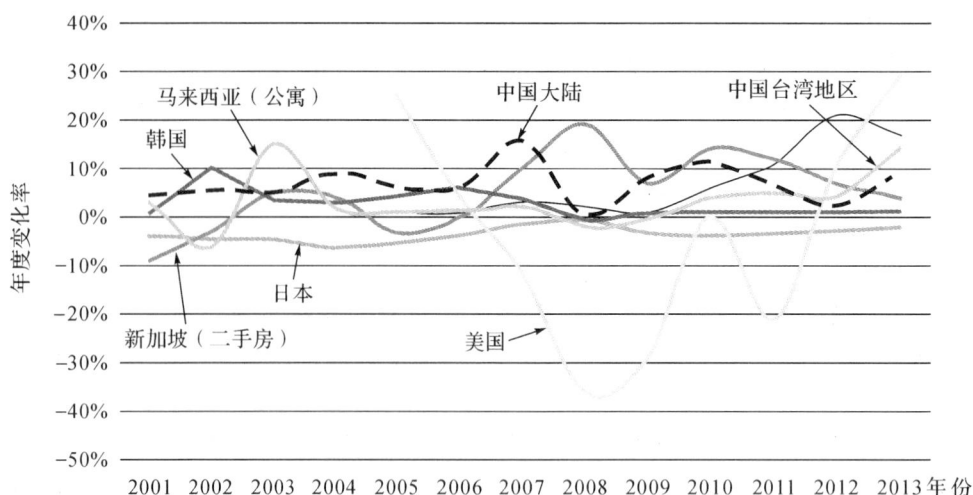

图 3-2　各国（地区）住宅用地（住宅）价格的变化（2001—2013 年）①

表 3-1　各国（地区）住宅用地（住宅）价格的变化（2001—2013 年，%）

年　份	美国	日本	韩国	中国台湾地区	新加坡（二手房）	马来西亚（公寓）	中国大陆
2001		−4.0	0.7		−9.0	3.0	4.4
2002		−4.5	10.1		−3.0	−6.0	5.6
2003		−4.8	3.4		5.0	15.0	5.1
2004		−6.4	3.0		4.0	2.0	8.9
2005	25.0	−5.4	4.2	1.0	−3.0	1.0	6.0
2006	4.0	−3.9	6.0	1.2	0.0	1.0	6.3
2007	−12.0	−1.5	4.0	2.1	10.0	3.0	15.4
2008	−36.0	−0.7	−0.9	−1.7	19.0	2.0	0.2
2009	−29.0	−3.4	1.1	−0.5	7.0	1.0	7.9
2010	0.0	−4.0	0.9	3.8	14.0	6.0	11.0
2011	−21.0	−3.3	1.1	4.8	12.0	11.0	6.6
2012	10.0	−2.9	0.7	4.6	7.0	21.0	2.3
2013	29.0	−2.2	1.2	14.1	4.0	17.0	9.0

　　从 2001 年至 2007 年，案例国家（地区）住宅用地/地产价格变化相对平稳。与此不同，

---

①　无特别说明则指地价，下同。各国（地区）地价数据来源请见文末附表，下同。

中国大陆住宅地价在 2007 年出现显著增长(增幅为 15.4％)。中国大陆住宅地价变动展现出不同特征的原因与房地产的战略定性与土地出让制度的市场化改革有关。2003 年,我国国务院发布《关于促进房地产市场持续健康发展的通知》,将房地产业定义为国民经济的支柱产业。2004 年 3 月,国土部与监察部联合发布《关于继续开展经营性土地使用权招标拍卖挂牌出让情况执法监察工作的通知》,要求"自当年 8 月 31 日起,所有经营性用地必须公开竞价出让"。从 2004 年至 2006 年,各地房地产市场主要消化前期协议取得的土地;房地产企业土地购置面积逐年下降。直至 2007 年,由于房地产销售十分景气(住房供求比为1∶1.96),使得房地产企业拿地意愿显著增加;公开竞价的"招拍挂"机制带动了土地价格的上涨。

2008 年,受国际金融危机影响,案例国家住宅用地/地产价格增长普遍停滞,甚至出现负增长(如美国,住宅地价大幅下跌 36％)。唯独新加坡住宅地价逆市而上。2008 年,新加坡住宅地价增幅为 19％。这与新加坡征地制度的改革有关。2007 年,新加坡修改征地规则,确认政府购地的价格以当时当地的市场价格为准(此前的征地补偿标准为"政府定价")。这将显著增加政府的征地成本,进而带动房产价值的提升。

与新加坡类似,中国大陆住宅地价展现出逆势而上的特征。2008 年 11 月 4 日,国务院常务会议确定了"扩大内需,促进经济增长"的十项措施,以应对国际金融危机的不利影响。为此,国家投入 4 万亿元支持相关项目的实施。由于 4 万亿救市资金的注入,使得中国经济逐步呈现出流动性过剩的问题。房地产市场成为过剩资金的"蓄水池",进入新一轮的扩张发展阶段。土地市场随之繁荣;土地价格快速增长。

2.商业用地

从 2000 年至 2013 年,亚洲发达国家(地区)的商业地价变动相对平稳(如日本与韩国)。日本的商业地价持续低迷,一直保持负增长的态势。韩国的商业地价变动以 2008 年为分水岭。2008 年以前,商业地价快速增长(与中国大陆类似)。2008 年以后,商业地价基本持平,年均增幅小于 1％。与上述国家(地区)不同,澳大利亚的商业地价展现出显著的起伏。2008 年以前,其商业地价呈现波动上升的态势。2008 年国际金融危机爆发后,其实体经济受到显著打击,影响了商业景气,使得商业地价十分低迷。

得益于房地产被列为国民经济的支柱产业,以及"招拍挂制度"的全面落实,中国大陆商业地价在 2007 年增长(增幅为 10.5％)。与住宅地价类似,伴随着 4 万亿救市资金被注入市场,商业地价从 2009 年至 2012 年经历了一轮显著增长。其中,商业地价在 2010 年与2011 年的增速分别高达 10％与 9％。

2001—2013 年各国(地区)商业用地价格的情况如图 3-3 和表 3-2 所示。

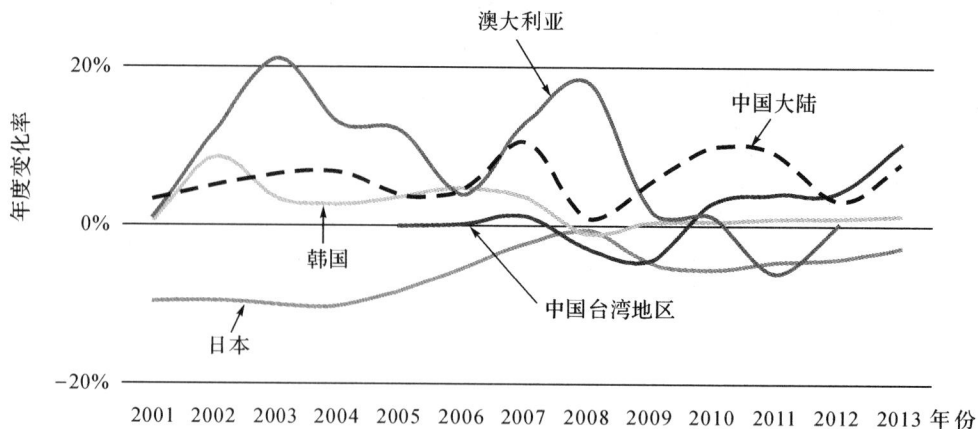

图 3-3　各国(地区)商业用地价格的变化(2001—2013 年)

表 3-2　各国(地区)商业用地价格的变化(2001—2013 年,%)

年　　份	日　　本	澳大利亚	韩　　国	中国台湾地区	中国大陆
2001	−9.5	1.0	0.6	—	3.4
2002	−9.6	12.0	8.7	—	5.1
2003	−10.0	21.0	3.4	—	6.5
2004	−10.2	13.0	2.6	—	6.7
2005	−8.3	12.0	3.5	0.0	4.0
2006	−5.4	4.0	4.7	0.3	4.6
2007	−2.3	13.0	3.5	1.2	10.5
2008	−0.7	18.0	−1.1	−2.8	1.0
2009	−4.7	2.0	0.4	−4.2	5.5
2010	−5.5	1.0	0.4	2.9	10.0
2011	−4.6	−6.0	0.8	4.0	9.0
2012	−4.0	0.0	0.9	4.3	3.3
2013	−2.8		1.2	10.3	7.9

3.工业用地

从 2000 年至 2007 年,日本与韩国工业地价的变动均相对平稳。2007 年,中国大陆工业地价出现显著提升,与"最低价政策"和"招拍挂"制度的强制实施有关。2008 年,国际金融危机爆发,各国工业地价出现显著下跌。

从 2009 年至 2012 年,中国大陆工业地价总体平稳,增幅略高于前期(2000 年至 2006 年),也略高于周边发达国家和中国台湾地区。2013 年,中国台湾地区前期政策("五都升格"与"台商回流")①累积的流动性转化为地价增长的动力,驱动工业地价大幅上涨19.2%。

2001—2013年各国(地区)工业用地(地产)价格的变化如图3-4和表3-3所示。

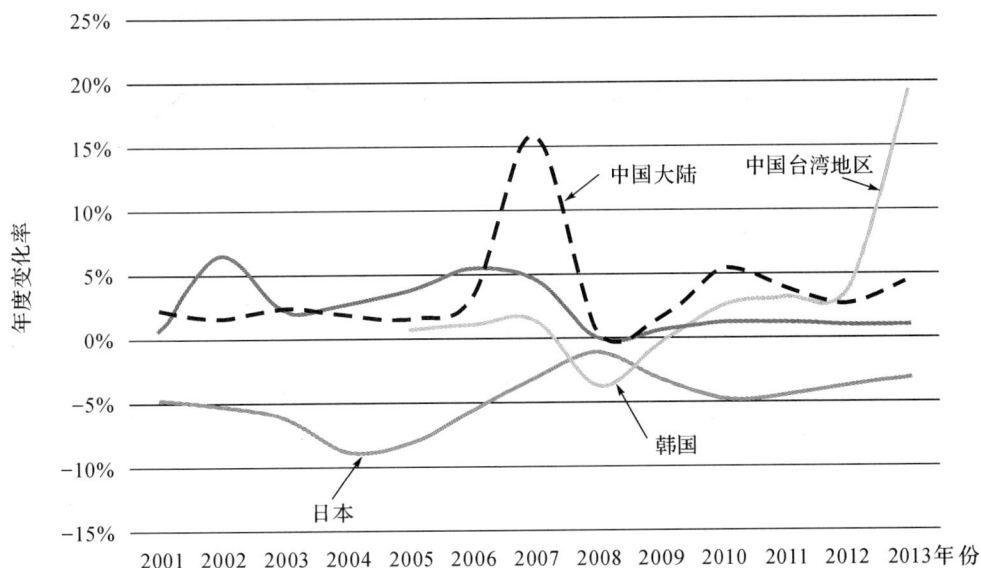

图 3-4　各国(地区)工业用地(地产)价格的变化(2001—2013年)

表 3-3　各国(地区)工业用地(地产)价格的变化(2001—2013年)

年　份	日　本	韩　国	中国台湾地区	中国大陆
2001	−4.7%	0.8%	—	2.2%
2002	−5.2%	6.6%	—	1.7%
2003	−6.1%	2.3%	—	2.4%
2004	−8.7%	2.8%	—	1.9%
2005	−8.0%	3.9%	0.8%	1.6%
2006	−5.5%	5.5%	1.2%	3.3%
2007	−3.0%	4.6%	1.4%	15.8%
2008	−1.1%	0.1%	−3.7%	0.5%
2009	−3.2%	0.7%	−0.3%	1.6%
2010	−4.7%	1.3%	2.6%	5.3%
2011	−4.4%	1.3%	3.2%	3.9%
2012	−3.7%	1.1%	3.8%	2.7%
2013	−3.1%	1.1%	19.2%	4.5%

---

① "五都升格":2010年,新北市、台北市、台中市、台南市及高雄市升级为台湾地区的"省辖市"。"台商回流":2012年,台湾当局颁布系列优惠政策(土地、财税等),鼓励台商返回台湾投资实业,重振经济,增加就业。

4. 小结

从 2001 年至 2013 年,中国大陆各类地价的变动幅度强于周边发达国家和地区(尤其是日本与韩国)。体现出土地市场蓬勃发展但不够成熟的一面。

就住宅用地与商业用地而言,中国大陆的相关地价在 2008 年国际金融危机爆发后并未出现崩盘,这与 4 万亿投资的落实有关系。从 2009 年起,中国大陆与美国住宅地价变动的趋势十分类似,反映出中国大陆加速融入国际市场的现实。同期,中国大陆商业地价的增长速度高于住宅与工业地价,与繁荣的商业地产开发情况形成呼应。中国大陆商业地价的增长幅度也高于周边国家和地区。

从工业用地的价格变动来看,2008 年的经济危机造成了各国(地区)工业地价的普遍下跌。经济危机以后,中国大陆工业地价增长平稳,略高于周边发达国家和中国台湾地区。随着各国(地区)救市政策的出台,部分地区的工业地价伴随着市场流动性的增长有所反弹,尽管工业生产的实际情况并无显著改善,例如中国台湾地区工业地价在 2013 年的显著增长。

(二)各国(地区)土地的最新价格

1. 住宅用地

发达国家与地区的核心城市住宅用地均价普遍高于 10000 元/m²。美国与澳大利亚具有广袤的国土,故一般城市的住宅用地并不昂贵,但其主要城市的住宅用地均价在 10000 元/m² 左右波动。日本仅三大都市圈的住宅用地均价超过 10000 元/m²,全国平均水平仅为 3004 元/m²,除三大都市圈以外的地区仅为 2446 元/m²。中国台湾地区的住宅用地均价为 6853 元/m²。台北与新北的住宅用地均价超过 10000 元/m²。其中台北高达 52113 元/m²。中国香港地区地价最为昂贵,可达 140446 元/m²。中国大陆住宅用地的平均价格为 5033 元/m²,虽低于中国台湾地区,但高于日本。核心城市上海的住宅用地的平均价格[①]为 28066 元/m²,相比台北、香港等同类别城市仍有一定的上升空间。具体如表 3-4 所示。

2. 商业用地

中国大陆目前的商业地价水平相对合理,平均价格为 6306 元/m²,低于日本(8220 元/m²)与中国台湾地区(13310 元/m²)。核心城市上海的商业地价(36713 元/m²)贴近日本三大都市圈(42565 元/m²),但显著低于台北(101375 元/m²)与中国香港(395770 元/m²)。可见,中国大陆整体以及核心城市上海的商业地价均具备一定的上升空间。具体如表 3-5 所示。

3. 工业用地

中国大陆的工业地价水平(700 元/m²)与韩国(817 元/m²)及美国(1000 元/m² 左右)相似。上海的工业地价水平(1780 元/m²)与日本平均水平(1657 元/m²)相当。日本三大都市圈(7012 元/m²)、中国台湾地区(3955 元/m²)(尤其是台北,33176 元/m²)、新加坡(11379 元/m²)与中国香港地区(58486 元/m²)的工业地价大幅超出中国大陆平均水平。东南亚的发展中国家的工业地价普遍低于中国大陆,大约在 200 至 600 元/m² 之间波动。具体如表 3-6所示。

---

① 数据来源:中国城市地价动态监测网(上海 2013 年年度住宅地价)http://www.landvalue.com.cn/L_LandPriceMonitor.aspx? Menu_ID=16&PID=1&ColumnID=0.

表 3-4　各国(地区)最新的住宅用地/地产价格

类　型	国家(地区、城市)		价格(元/m²)
土地	美国	休斯敦	441
		西雅图	4481
		纽约	9553
土地	日本	均价	3004
		三大都市圈	11358
		其他	2446
土地	澳大利亚	悉尼	12853
独幢住宅		墨尔本	10400
		珀斯	10781
公寓	韩国	首尔	32842
土地	中国台湾地区	均价	6853
		台北	52113
		新北	11916
		台南	3684
土地	中国香港地区		140446
公寓	新加坡		49651
公寓	越南		9321
公寓	菲律宾	马卡蒂	18888
土地	中国大陆	均价	5033
		上海	28066

表 3-5　各国(地区)最新的商业用地价格

类　型	国家(地区、城市)		价格(元/m²)
土地	日本	均价	8220
		三大都市圈	42565
		其他	5962
土地	中国台湾地区	均价	13310
		台北	101375
		新北	18932
		台南	7908
土地	中国香港地区		395770

续表

类　　型	国家（地区、城市）		价格（元/m²）
土地	中国大陆	均价	6306
		上海	36713

表 3-6　各国（地区）最新的工业用地/地产价格

国家（地区、城市）		土地价格（元/m²）
美国	均价	391
	休斯敦	117～363
	西雅图	333～767
	纽约	1034～1358
日本	均价	1657
	三大都市圈	7012
	其他	1308
韩国		817
中国台湾地区	均价	3955
	台北	33176
	新北	7464
	台中	4066
	台南	1634
	台东	646
中国香港地区		58486
新加坡	工业用地	11379
	多用户立体工厂	28157
马来西亚	净地	200～400
	工业地产	400～500
泰国		200～500
越南	均价	200～600
	胡志明市	559
	河内	628
菲律宾：主要工业区（Cavite、Laguna 与 Batangas）		560
中国大陆	均价	700
	上海	1780

4. 小结

中国大陆的住宅地均价已经增长至一个相对饱和的水平,超过日本,低于中国台湾地区。在常规的市场状态下,住宅地价均价缺乏进一步大幅上涨的空间。与国际化大都市(如东京、纽约等)相比,中国大陆核心都市区(如上海)的住宅地价仍有一定的上升空间。2015年,中国大陆住宅地价已经出现了核心都市区与一般城市的分化。前者显著增长,后者增长乏力。

总体而言,中国大陆的商业地价水平相对合理,有一定的增长潜力。由于新兴业态的出现(互联网零售、仓储式零售等),商业用地的开发模式需要更新。在商业地产的竞争力构成中,商品与服务的价格的重要性在不断缩小;体验式消费的品质的重要性在持续提升。专业的商业地产运营需要精细化的土地开发,对于商业选址有更精准的要求,势必驱动商业地价的提高。

中国大陆的工业用地均价同韩国与美国类似,但显著低于周边发达国家(例如日本)与中国香港地区、中国台湾地区等。因此,中国大陆工业用地与住宅、商业用地之间的比价关系的合理性相对不足;工业地价具备明显的上升空间。此外,中国大陆的工业地价(尤其是东部沿海地区)已经超过东南亚发展中国家。这意味着依托廉价工业用地吸引外商投资的工业发展策略的失效。中国大陆已经进入工业化中期,主要依托的是技术密集型的代工产业与新兴制造业。

(三)各国(地区)土地价格的比价情况

1. 美国

在特大城市与新兴产业城市,高端工业用地价格与住宅用地价格的比值类似,为0.14~0.17;低端工业用地价格与住宅用地价格的比值浮动于0.07~0.12。

在传统工业城市,低、高端工业地价在住宅地价中的比重显著高于上述两类城市,分别达到0.27与0.82。传统工业城市住宅用地的供给力度显著超出新兴工业城市与特大城市(政府对于农地转用的规划审批力度更加宽松),使得其价格相对偏低。如此,传统工业城市低、高端工业地价在住宅地价中的比重高于其余两类城市。具体如表3-7所示。

表3-7　休斯敦、西雅图、纽约的工业地价与住宅地价

城　　市		工业地价 (元/m²)	住宅地价 (元/宗)	工业地价/住宅地价 (假设1宗地 = 400/300/200m²)[①]
休斯敦	低端	117	176309	0.27
	高端	363		0.82
西雅图	低端	333	1344291	0.07
	高端	767		0.17
纽约	低端	1034	1910686	0.11
	高端	1358		0.14

---

① 该面积值为估值,参考房产中介公司Realtor.com 2014年新近交易案例的算术平均值:休斯敦每宗地约为400平方米;西雅图每宗地约为300平方米;纽约每宗地约为200平方米。

2. 日本

从 1970 年至 2013 年，日本三大都市与其他地区工业地价与住宅地价的比值（以下称工住比价）显著降低，分别从 1.29 下降为 0.62，从 0.89 下降为 0.53。1991 年，日本房地产泡沫破灭后，三大都市工住比价显著提升（从 1991 年的 0.77 增长为 1997 年的 0.89），反映了住宅地价的显著回落。而在其他地区，工住比价并未出现显著增长（1991 年为 0.6，此后最高增长至 0.63），反映出住宅地价相对稳定的格局。

从 1970 年至 2013 年，三大都市工业地价与商业地价的比值（以下称工商比价）相对稳定，从 0.14 调整为 0.16。其他地区的工商比价出现显著增长，从 0.13 调整为 0.22。在三大都市，1991 年房地产泡沫集聚前，工商比价在 0.15 上下浮动。当泡沫形成，商业地价迅猛增长，使得工商比价下降为 0.08 左右。泡沫破灭后直至 2003 年，商业地价显著降低，工商比价显著提升，增长至 0.22。2004 年起，商业景气开始恢复，工商比价有所下跌。在其他地区，从 1970 年至 1997 年，工商比价一直相对稳定（0.12 至 0.15）。1998 年起，工商比价显著提升。2002 年，工商比价超过 0.2，反映出商业相对不景气的格局。

综合来看，在三大都市，历经 1991 年房地产泡沫破灭后，住宅景气的回暖早于商业景气，符合市场规律（先有人气，再有商业增长）。在其他地区，商业景气并未有效恢复。这与日本的老龄化进程有关。随着老龄化趋势的增强，日本中小型城市人口萎缩，消费能力减弱。但在三大都市，由于其独特的产业优势，吸引着大量的年轻人集聚，使得自身商业景气显著恢复，形成对其他地区商业发展的"虹吸效应"。具体如表 3-8 所示。

表 3-8　日本工业地价与住宅地价、商业地价的比值（1970—2013 年）

年　份	工业地价/住宅地价		工业地价/商业地价	
	三大都市	其　他	三大都市	其　他
1970	1.29	0.89	0.14	0.13
1971	1.27	0.86	0.15	0.13
1972	1.24	0.86	0.16	0.13
1973	1.16	0.83	0.16	0.14
1974	1.14	0.81	0.17	0.14
1975	1.12	0.80	0.16	0.14
1976	1.10	0.80	0.16	0.14
1977	1.06	0.77	0.16	0.14
1978	1.02	0.75	0.16	0.14
1979	0.94	0.71	0.16	0.14
1980	0.85	0.67	0.15	0.14
1981	0.82	0.64	0.15	0.14
1982	0.81	0.62	0.15	0.14
1983	0.81	0.61	0.14	0.14

年 份	工业地价/住宅地价		工业地价/商业地价	
	三大都市	其他	三大都市	其 他
1984	0.81	0.60	0.14	0.14
1985	0.79	0.60	0.13	0.14
1986	0.76	0.60	0.10	0.13
1987	0.70	0.59	0.09	0.13
1988	0.68	0.59	0.08	0.12
1989	0.78	0.59	0.08	0.12
1990	0.76	0.60	0.08	0.12
1991	0.77	0.60	0.08	0.11
1992	0.82	0.61	0.08	0.12
1993	0.88	0.62	0.09	0.12
1994	0.89	0.63	0.11	0.13
1995	0.89	0.62	0.13	0.13
1996	0.89	0.62	0.16	0.14
1997	0.89	0.62	0.17	0.15
1998	0.87	0.62	0.19	0.16
1999	0.86	0.62	0.20	0.17
2000	0.85	0.62	0.21	0.18
2001	0.81	0.62	0.21	0.19
2002	0.78	0.61	0.21	0.20
2003	0.75	0.60	0.22	0.21
2004	0.71	0.59	0.20	0.21
2005	0.67	0.57	0.19	0.22
2006	0.64	0.56	0.17	0.22
2007	0.61	0.56	0.14	0.22
2008	0.62	0.55	0.13	0.21
2009	0.64	0.55	0.15	0.22
2010	0.64	0.55	0.16	0.22
2011	0.63	0.54	0.17	0.22

续表

年 份	工业地价/住宅地价		工业地价/商业地价	
	三大都市	其他	三大都市	其 他
2012	0.62	0.54	0.17	0.22
2013	0.62	0.53	0.16	0.22

3. 中国台湾地区

从 2004 年至 2013 年，中国台湾地区工业地价与住宅地价、商业地价的比值相对稳定，分别在 0.58 与 0.28 上下浮动。各地的土地比价情况有所差异，具体如表 3-9 所示。

表 3-9 台湾地区各类用地的比价情况（2004—2013 年）

		2004	2005	2006	2007	2008	2009	2010	2011	2012	2013
工业：住宅（价格比）	台湾地区	0.59	0.59	0.59	0.58	0.57	0.57	0.57	0.56	0.55	0.58
	台北市	0.62	0.61	0.61	0.6	0.62	0.62	0.6	0.59	0.59	0.64
	新北市	0.73	0.72	0.72	0.71	0.71	0.7	0.68	0.66	0.64	0.63
	台中市	0.61	0.61	0.61	0.62	0.58	0.58	0.57	0.56	0.57	0.56
	高雄市	0.5	0.51	0.51	0.5	0.57	0.57	0.56	0.55	0.54	0.53
	台南市	0.46	0.45	0.45	0.44	0.45	0.45	0.45	0.45	0.44	0.44
	云林县	0.47	0.45	0.44	0.45	0.47	0.46	0.46	0.45	0.46	0.49
	台东县	0.5	0.51	0.52	0.52	0.48	0.47	0.47	0.47	0.48	0.5
工业：商业（价格比）	台湾地区	0.27	0.27	0.27	0.27	0.27	0.28	0.28	0.28	0.27	0.3
	台北市	0.31	0.31	0.31	0.3	0.32	0.32	0.31	0.31	0.31	0.33
	新北市	0.49	0.49	0.48	0.47	0.48	0.48	0.47	0.45	0.43	0.39
	台中市	0.34	0.35	0.35	0.35	0.31	0.31	0.31	0.31	0.31	0.3
	高雄市	0.3	0.3	0.3	0.3	0.31	0.31	0.31	0.31	0.3	0.3
	台南市	0.2	0.2	0.2	0.2	0.19	0.19	0.19	0.19	0.2	0.21
	云林县	0.18	0.17	0.17	0.18	0.18	0.17	0.17	0.17	0.17	0.19
	台东县	0.19	0.2	0.21	0.21	0.22	0.22	0.22	0.23	0.23	0.23

就工业地价与住宅地价的比值而言，台北与新北显著地超出台湾地区整体水平；台中与高雄接近台湾地区整体水平；台南、云林以及台东则显著低于台湾地区整体水平。这与台湾地区各地工业发展的实力相符合。值得关注的是，2010 年起，新北市工业地价与住宅地价的比值显著下滑，从 0.7 下滑至 0.63（2013 年）。这与台湾地区城市的行政级别调整有关。"五都升格"使得新北（原台北县）获得"省辖市"级别的公共资源配套，显著提升其居住条件，进而引致住宅地价高涨。而对于工业发展而言，行政级别的提升所带来的实惠相对较小。工业地价增长的幅度低于住宅用地。

就工业地价与商业地价的比值而言，新北显著超出台湾地区整体水平；台北、台中、高雄与台湾地区整体水平大致相当;台南、云林、台东则显著低于台湾地区整体水平。值得关注的是,新北的工业地价与商业地价的比值超过台北。新北环绕台北,其商业发展机会被台北制约(虹吸效应;类似浦东与上海老三区的关系,商业重心仍旧在老三区);同时,由于环绕台北,使得新北工业发展极具优势(工业地价相对较低),因此,新北工业用地的稀缺性十分突出,而商业用地的稀缺性则相对较小。

总结起来,就工业用地与住宅用地的比值而言,台湾工业发达地区与工业欠发达地区的数值分别为 0.5～0.65 和 0.4～0.5。就工业用地与商业用地的比值而言,台湾工业发达地区与工业欠发达地区的数值分别为 0.3～0.4 和 0.2～0.3。

4. 中国香港地区

由于香港的地价水平存在两个阶段的特征(勾地制度前后),故采用 1991 年至 1995 年、2011 年至 2013 年两个区间的地价数据分析各类地价的比价。从 1991 年至 1995 年,工业地价与住宅地价的比值为 0.53;工业地价与商业地价的比值为 0.21。从 2011 年至 2013年,工业地价与住宅地价的比值为 0.33;工业地价与商业地价的比值为 0.15。

5. 小结

就工业地价与商业地价的比价而言,中国大陆(0.11)与日本(0.16～0.22)、中国香港地区(0.15)十分接近,反映出中国大陆商业地价相对合理的情况(与工业发展水平大致相当)。就工业地价与住宅地价的比价而言,中国大陆显著低于日本(0.53～0.62)、中国台湾地区(0.4～0.65)与中国香港地区(0.33)。可见,中国大陆住宅地价水平在一定程度上与工业地价水平不相匹配。此外,上海工业地价与商业地价、住宅地价的比值(分别仅为 0.05与 0.06)均显著低于发达国家和地区,甚至低于中国大陆平均水平,体现出上海工业用地过于廉价(相对值意义上),与其亚太经济重要节点的地位不相符合。

表 3-10　各国(地区)工业地价与商业地价、住宅地价的最新比价情况

案例国家(地区)		工业地价∶商业地价	工业地价∶住宅地价
美国	特大以及新兴产业城市	—	0.07～0.17
	传统工业城市	—	0.26～0.83
日本	三大都市圈	0.16	0.62
	其他	0.22	0.53
中国台湾地区	发达城市	0.3～0.4	0.5～0.65
	欠发达城市	0.2～0.3	0.4～0.5
新加坡(住宅价格)		—	0.37
中国香港地区		0.15	0.33
越南(住宅价格)		—	0.06
中国大陆	平均	0.11	0.14
	上海	0.05	0.06

四、分析与讨论

(一)土地管理体系与土地价格的关系

市场在土地资源配置过程中的主导地位已经得到所有案例国家(地区)的认可。在当今时代,很少有国家(地区)完全脱离市场对土地资源进行计划分配。一般而言,土地市场化程度越高,土地资源的利用效率亦越高。例如,土地市场化水平相对较低的泰国、马来西亚与菲律宾的土地管理体系相对低效,其城市规划水平与财税管控能力十分有限。泰国存在土地过度分散经营的问题[15]。马来西亚土地存在过度集中与种族歧视("马来人至上")现象[16]。菲律宾存在土地高度集中的问题[17]。

然而,当土地的市场化水平达到一定高度后,科学规划的重要意义显著提升。例如澳大利亚的土地利用效率以及美国俄勒冈州的土地利用效率优于美国全国性的土地利用效率。同时,相关经济政策的科学水平亦影响着土地市场的运行。例如在 20 世纪 80 年代末期,韩国出现了类似日本的房地产过热现象。韩国政府对此十分警惕,适时收紧了财税政策。伴随着利率上调,韩国房地产市场过热的问题得到缓解,平稳度过了 1991 年日本房地产市场泡沫破灭所带来的区域性危机[18]。

不管采用何种土地管理体系,政府对于土地市场的影响均十分显著。提升政府在土地管理体系中的施政水平,对于土地高效利用有突出的积极意义。尽管英美式的土地管理体系以"自由"与"私有"为基础,但这并不妨碍政府影响力的施加。借由城市规划与财税政策等途径,政府意志可以有效地在土地市场中表达。在混合式的土地管理体系中,政府直接掌控土地供给,确保了政府对于土地市场强有力的影响。

中国大陆目前的土地管理体系与香港地区十分类似,属于混合式。值得关注的是,混合式土地管理体系中土地利用效率较高的案例的行政尺度为城市国家(地区),例如我国香港地区与新加坡。它们的人均土地面积显著低于中国大陆。日本、韩国与我国台湾地区皆采取了英美式的土地管理体系。可见,中国大陆土地管理体系当中仍具备一定的市场化提升潜力。

(二)产业发展阶段与工业地价的关系

在工业化初级阶段,资本属于稀缺资源,而土地与劳动力相对廉价。工业化初级阶段的工业地价水平约在 500 元/m² 以下,劳动力平均价格(月薪)约在 3000 元以下。20 世纪 60 年代,新加坡工业经济起飞的主要抓手便是裕廊镇工业园。依靠政府的力量,新加坡以其弹丸之地打造了区域内面积最大、服务设施最全的工业园区,为石化等企业提供廉价且丰富的土地。同时,配合大量廉价劳动力的存在,以及马六甲海峡要冲的经济地理区位,新加坡成功吸引了大量国际石化企业进驻。2000 年以来,我国"世界工厂"地位的获取大致也沿袭了这一路径。

工业化中期是一个关键的转型阶段。当一国走过工业化初级阶段后,国民经济将积累一定的财富。工业经济的升级转型需要大量的资本投入。故政府将把精力集中于产业培育,而把工业园区开发打包给专业地产开发商。同时,由于国民经济的发展,使得商品房市场显著繁荣。如此,房地产投机的机会对社会资本形成强势的吸引。毋庸置疑,房地产投资必须加强,进而改善居住条件,但其力度必须在一定可控的范围以内。工业化中期的工业地价水平约在 5000 元/m² 以下,劳动力平均价格(月薪)约在 5000 元左右。目前,我国工业发展水平正处于该阶段[19]。

以韩国与我国台湾地区自 2000 年以后的不同发展轨迹为例。2000 年初,我国台湾地区的经济发展实力强于韩国,在亚洲四小龙当中领军。2002 年,台湾地区人均 GDP 高达 12533 美元;韩国仅为 6681 美元。然而,在随后 10 年中,台湾地区资本更多地朝着本地房地产市场集中(台北的住宅用地均价高达 52113 元/m²,超过首尔的公寓售价均价 32845 元/m²),而韩国资本持之以恒地坚守实业。2012 年,台湾地区人均 GDP 为 20328 美元;韩国则大幅上升至 23113 美元。台湾地区企业停滞在技术代工的阶段;韩国企业则拥有较强自主创新能力,与日本、美国企业在国际市场正面竞争。韩国汽车(以起亚为代表)冲击日本汽车在美国的市场份额;韩国智能手机与平板电脑(以三星为代表)与美国苹果公司势均力敌。

在工业化发达阶段,工业地价对于产业发展的影响微乎其微。在工业发达的美国,工业地价并不高昂(与美国土地资源极为丰富有关系)。拥有硅谷的加州的工业用地均价仅为 692/m²,甚至低于中国大陆(700 元/m²)。由此可知,加州吸引企业进驻的核心竞争力不在于土地价格,而在于引领全球的研发实力。此外,现代工业注重科技研发,并不会与其他土地利用相矛盾。最新的规划理念强调住宅、商业与工业的有机结合("产城一体")。工业地产与商业地产的边界变得十分模糊:普通的商业写字楼就是现代工厂。在现代工业发达的我国香港、新加坡与日本三大都市圈,工业用地的均价超过万元每平方米,但丝毫不影响企业对它们的青睐。可见,在工业化发达阶段,企业的发展导向不再主要依靠劳动力与土地价格,而更加依赖科研实力与人才。工业化发达阶段的核心城市的工业地价水平约在 10000 元/m² 以上①,劳动力平均价格(月薪)将超过 10000 元。

再以韩国和我国台湾地区为例,2008 年世界经济危机发生后,韩国鼓励本国企业把握欧美企业实力衰退的机会,扩大市场份额(更好地走出去);台湾地区则采取"台商回流"的经济决策,试图导入台资振兴本地产业。韩国的策略更加适应工业化发达阶段的产业生态:哪里有科技与人才,哪里就有企业。三星公司的研发实力不是体现在韩国,更体现在美国。台湾地区的策略相对落后,比较适合工业化初期与中期的发展理念,即依靠资本堆积驱动产业增长。"台商回流"的理念与网络时代分散化的发展潮流相抵触,难以取得预期效果。目前,台湾地区的经济增长并无起色,但地价却显著提升。2013 年,台北住宅、商业与工业地价分别猛涨 23.8%、25.4% 与 34.2%。可以推知的是,"台商回流"极有可能带来台湾新一轮的地产投机。

五、结论与启示

(一)结论

基于对案例国家(地区)地价数据的对比分析可知:就住宅地价而言,中国大陆除核心

---

① 由于传统工业、研发、商业等土地利用的融合,这里的工业地价代表着综合土地利用的价值。

城市外，其余城市的地价上升潜力较小；就商业地价而言，中国大陆目前的地价水平相对合理，有一定上升空间（需引入更加科学的土地开发利用方式）；就工业地价而言，中国大陆地价已经显著超越东南亚发展中国家，与美国、韩国等发达国家相当，但显著低于日本、新加坡、中国台湾地区与香港地区。

各国（地区）主要采用两种土地管理体系：英美式土地管理体系与混合式土地管理体系。两种土地管理体系的核心差别在于对土地产权与土地市场的定位。前者承认土地私有，强调政府对土地利用的科学规划；后者推崇土地公有制，强调政府对土地供给的强力控制。两种土地管理体系均认可市场配置资源的基础性作用。两种土地管理体系的效率均离不开政府土地管理水平的提升。根据实证数据，采用英美式土地管理体系的国家（地区）的土地利用效率相对较高。在采用混合式土地管理体系的国家（地区）中，土地市场化配置水平较高的国家（地区）也具有相对更高的土地利用效率。中国大陆采用混合式的土地管理体系，有进一步提升土地市场化水平的潜力。

在工业化初级阶段，资本是相对稀缺资源；土地与劳动力相对廉价。这一时期，中国大陆工业地价均价约在500元/m²以下，劳动力平均价格（月薪）约在3000元以下。进入工业化中期，土地的稀缺性显著提升，工业用地均价最高可上涨至约5000元/m²；劳动力平均价格（月薪）约在5000元左右。目前，中国大陆工业发展水平正处于该阶段。在工业化发达阶段，工业地价对产业发展的影响显著降低。产业发展主要依赖大量的创新与创意人才。核心城市的工业地价水平约在10000元/m²以上[①]，劳动力平均价格（月薪）将超过10000元。

(二)对我国土地管理改革的启示

1.强化市场在土地资源配置过程中的作用

在城市范围内，我国目前面临着一定的棚户区与旧厂改造压力。旧城改造已经进入攻坚阶段。容易改造的区域（土地价值较高）已经基本完成改造。剩下的区域拥有明显的改造压力。从新增建设用地的角度来看，我国耕地（尤其是优质耕地）的减少情况相当严峻。与之相对的，我国农村建设用地存在大量的闲置。

在棚户区改造过程中，我国应当充分发挥公私合作模式（Public-Private-Partnership，PPP），撬动社会资本共同参与城市土地更新。可以考虑在旧城改造工程中增加一定的经营性物业（并在土地供给上予以一定支持）与公共基础设施更新（水网与电网改造），将未来一定期限的稳定收益作为一个资金池，配以一定的信用担保上市（资产证券化，吸收社会资本），成为可以在市场上自由流通的信用较高的债券型证券。社会资本与公共资本共同担负项目建设。为了获得超额利益，社会资本有激励按照市场化的方式高效提升棚户区改造的效率。如此，公私合作完成，公私共赢实现。在旧厂改造过程中，应当考虑因地制宜地发展文化旅游地产，使得旧厂本身成为可租物业（具备收益能力），再利用与棚户区改造类似的资产证券化模式，实现公私合作共赢。

在对待农村建设用地大量闲置的问题上，应当通过一套类似新加坡组屋"与民分利"的机制使得农村建设用地合法入市。地方政府应当根据当地实际，与农民协商农村建设用地进入城市建设用地市场后的利益分配机制，设置一定的政府收益比例形成实质的"确权

[①] 由于传统工业、研发、商业等土地利用的融合，这里的工业地价代表着综合土地利用的价值。

税"，使得大部分人的经济行为合法化，以此刺激农村建设用地的开发利用。在温州乐清，民间盛行的农房入市抵押得到了民间契约的普遍认可。当地政府顺势而为，从法律上确认相应权利的合法，既解决了民间集资的问题，也促进了土地资源的高效利用。

2.提升土地管理体系的法治化程度

我国的土地管理体系需要进一步提高法治化水平。国有土地使用权的续期存在一些"模棱两可"的规定。例如，《物权法》规定住宅用地使用权期限届满时自动续期，但未明示续期的价格细节。目前，我国已经出现住宅用地使用权期限届满的实际案例，其续期事宜悬而未决。不同的续期方式将对居民的房产价值产生巨大的影响。在实际的交易案例中，土地使用权期限的长短并未被反映到房价高低当中。民众默认的是"自动免费续期"，但这仅是目前法律解释的一种。当绝大部分住宅用地使用权到期，任何其他的自动续期方式都极有可能在市场中造成混乱。新加坡的二手房市场可作为正面参考。尽管组屋带有福利房性质(组屋土地属于公有性质)，但其在满足一定条件后可以在二手房市场交易。新加坡政府依法明确居民对于组屋房产的完整所有权，主动设立专门的交易平台，帮助居民更高效且更安全地交易房产。

我国农村土地利用需要更为完善的法律支持。目前，农村土地制度改革进一步推进，农地所有权、承包权与经营权"三权分置"的格局成为改革的方向。经营权的独立有助于农地更加自由流转。这需要相关法律的有力支持，确保经营权流转有法可依。此外，农村规划法律亟须完善。在广大的农村地区，集体建设用地的使用相对无序：农村道路等公共设施设计欠佳；农房布局混乱；农房造型单一且闲置严重。韩国的农地管理体系可作为借鉴。一方面，灵活且明确的农地产权提升了农业生产的规模化，带来了更高的效益。另一方面，良好的农村规划不仅增加了乡村的居住品质，也减少了农村建设用地的浪费。

3.增加土地管理体系中政治权力的多元性

澳大利亚以"州自治"为核心的土地管理体系值得我国借鉴。我国幅员辽阔，各地的土地管理实际存在巨大差异。例如新疆的土地保育与城市建设思路与浙江显著不同。因此，有必要增强各省土地管理体系的自主性。适当缩减全国范围内的土地管理硬性指标，将更多的土地管理权限下放至各省区。多元化的土地管理体系不仅有助于化解系统风险，也更加符合我国各地土地利用复杂多元的现状。

此外，土地管理的基础单元应为县级市。诚然，地级市层面的土地管理有助于集中、高效地协调区域公共设施的建设。然而，这样的土地管理模式天然刺激城市的单核发展。同时，尽管城市公共设施的建设有速度保证，但在质量上却存在"行政大于市场"的问题。较好的公共设施配置往往不是规划出来的，而是各个县级市，乃至各个社区相互讨论、争吵之后诞生的。若土地管理的基础单元定为县级市，则会促进城市"组团式"的发展，有助于人口与产业的合理分散，也能够更加充分地发挥市场配置资源的能力。

4.建立与市场经济发展水平相挂钩的权责体系

目前，我国的土地管理权限主要依照行政级别进行配置，带来了一定的权责不相匹配的矛盾。沿海地区的一些中心镇发展迅速，拥有超过十万的人口，但其土地管理权限却相对薄弱，难以满足现实的土地管理需要。

在美国，许多大企业选择到大城市周边的小城镇落户，因为城市的基本公共服务和城市规划水平与自身的市场经济相挂钩。当微软到距离西雅图(Seattle,WA)29km 的雷德蒙德(Redmonton，WA)落户后,数万名雇员亦选择去这个小城镇安家落户。雷德蒙德的市议会规模扩大;城市行政机构的雇员增加。如此,城市的学校等公共设施建设得更好,城市规划水平更佳,才会使得微软雇员愿意就地就近安家。

对于我国的新型城镇化进程而言,中小城镇将发挥更加积极主动的作用,承载着分担大城市过度集中的人口的任务。因此,我国有必要依照市场经济的发展水平,而非单纯的行政级别,来对土地管理权限进行重构,"强镇扩权"势在必行。要让具备发展潜力的中小城镇获得充分的土地管理权限(也就使它们获得更强的土地利用规划的能力),使得这些中小城镇具备承接大企业以及让其雇员安家落户的资质。只有产业真正朝中小城镇转移,人口过度集中的情势才会得以好转。只要产业仍旧集中于核心城市,中小城镇供给再多的廉价住宅也是徒劳。

5.科学疏导市场货币流动性

理论上,实体经济的发展需要充足的资金支持,尤其是在产业转型升级的阶段。然而实体产业资本投资回报存在边际递减的现象。倘若市场中流动性过剩,资金过度充裕,就会使得部分资本无法在实体产业获得可观收益。资本的逐利性将驱使它们前往稀缺性较高的房地产市场。

自2008年以来,4万亿救市资金使得我国货币显著超发,刺激了房地产价格的过快增长,给民众购房增加了巨大压力。实际上,这并非我国一国所面临的情形。澳大利亚、马来西亚等国家和地区均在2008年国际金融危机后采取低利率的政策对冲投资不景气,结果毫无例外地造成房地产市场过热。可见,我国应当适当收紧货币供应,缓解流动性过剩的局面。

此外,我国应当减少房地产市场的稀缺性,使得资本逐利的能力下降,疏导过剩资本离开房地产领域。这要求我国在土地供给过程中增添更多的市场化因素,例如促进供地主体多元化。

6.利用差异化的工业用地开发政策引导产业升级转型

我国已经进入了工业化发展的中期阶段,存在产业升级转型的客观需要[20]。在沿海地区,应当显著减少地方政府在工业园区开发中的主导地位,转而引入专业的工业地产开发商,根据市场需求打造工业园区。地方政府应当集中更多的精力透过财税政策引导既有产业链条的延伸与新兴产业的崛起。多元且偏重于新兴产业的经济结构有助于提升土地市场在面对风险挑战时的韧性。在核心城市(北京、上海、广州、深圳),工业发展已经涉足发达阶段。工业地产要全面依赖市场进行开发,并逐步促进"产城融合"式的新型工业化进程。政府对于新兴产业发展的扶持应更加市场化,采取与行业协会、银行等机构共同设立产业发展基金的模式,强化市场力量的发挥,促进公私共赢。

在中、西部地区,地方政府应当着力打造政策稳定的工业园区,切实对接沿海地区劳动与资本密集型企业的转移,防止在国家层面上出现"产业空心化"。在这一过程中,一定要总结前期工业开发的经验,注重环境保护。中部地区应作为承接东部地区产业转型的主力,西部地区应在环境承载能力以内承接污染相对较小的转移产业。西部地区生态资源相对脆弱,自然恢复能力欠缺,一旦污染破坏则带来不可逆的损失。西部地区又是中、东部地区生态系统的源头(例如大江大河源头),环境破坏后将带来全国性的负效应。

特别说明

本文为中国土地勘测规划院地价所委托课题《日、韩、新加坡等周边国家与地区土地管理法律政策及其与经济产业关系比较研究》中的部分内容。

附表:各国(地区)地价数据来源

附表 1　美国地价数据源

数据来源		数据内容	数据格式	网址链接
政府统计	房屋价格统计(十年一周期)	住宅房屋价格	宗地整体价格	http://www.fhfa.gov/DataTools/Downloads
	联邦住房金融局季度房价报告			http://www.lincolninst.edu/subcenters/land-values/
学术机构	林肯土地政策协会数据库			
企业报告	NAI公司发布的各类地价报告	各类土地价格	美元/平方英尺或者英亩	http://www.naiglobal.com/research http://www.naiglobal.com/properties

附表 2　澳大利亚地价数据源

数据来源		数据内容	数据格式	网址链接
政府统计	澳大利亚统计局	实时价格指数	%	http://www.abs.gov.au/ausstats/abs@.nsf/mf/6416.0
	新南威尔士州州政府(New South Wales)	2007年至2013年住宅用地均价	澳元每宗	http://www.valuergeneral.nsw.gov.au/your_land_value/historical_land_values
	维多利亚州州政府(Victoria)	1985年至2014年各类住宅均价	澳元每宗/平方米	http://www.dtpli.vic.gov.au/property-and-land-titles/property-information/property-prices
	西澳大利亚州州政府(Western Australia)	2010年至2014年住宅均价	澳元每宗	http://www.landgate.wa.gov.au/corporate.nsf/web/Median＋House＋Price
专业NGO	繁荣澳洲(Prosper Australia)	1984年至2012年澳大利亚各州的土地总价(住宅＋商业)	澳元	http://www.prosper.org.au/land-data-series/

附表 3　日本地价数据源

数据来源		数据内容	数据格式	网址链接
政府统计	日本统计年鉴	各类土地价格	日元每平方米	http://www.stat.go.jp/english/data/nenkan/1431-17.htm
	日本土地综合信息系统	各类土地价格	日元每平方米	http://www.land.mlit.go.jp/webland_english/servlet/MainServlet

附表 4　韩国的地价数据源

数据来源		数据内容	数据格式	网址链接
政府统计	韩国国家统计局统计信息服务网站	各类土地价格	指数	http://kosis. kr/eng/statisticsList/statisticsList_01List. jsp? vwcd＝MT＿ETITLE&parentId＝H
	首尔市政府官方网站	公寓楼价格	韩元每 pyeong（约合 3.3 平方米）	http://english. seoul. go. kr/get-to-know-us/statistics-of-seoul/seoul-statistics-by-category/

附表 5　中国台湾地区地价数据源

数据来源		数据内容	数据格式	网址链接
台湾当局统计	台湾地政相关管理部门：全球资讯网	各类土地价格	台币每平方米	http://www. land. moi. gov. tw/chhtml/hotnews. asp? cid＝102&mcid＝2764
	台湾工业相关管理部门：台湾工业用地供给服务资讯网	工业地价	台币每平方米	http://idbpark. moeaidb. gov. tw/

附表 6　中国香港地区的地价数据源

数据来源		数据内容	数据格式	网址链接
政府统计	香港地政署	各类用地出让情况（每年：当年 4 月 1 日至下一年 3 月 31 日）	土地面积：平方米土地总价：港元	http://www. landsd. gov. hk/sc/landsale/records. htm

附表 7　新加坡的地价数据源

数据来源		数据内容	数据格式	网址链接
政府统计	建屋发展局	各类住宅（组屋）价格中位数（1990 年至 2013 年）	新元每套	http://www. hdb. gov. sg/fi10/fi10321p. nsf/w/BuyResaleFlatMedianResalePrices? OpenDocument
	裕廊镇工业园	工业地产市场价格（2009 年至 2013 年）	新元每平方米	http://www. jtc. gov. sg/Publications/Industrial-Property-Statistics/Pages/Prices. aspx
		土地产值（2011 年）		http://www. jtc. gov. sg/Publications/Land-Productivity/Pages/default. aspx

附表 8　泰国的地价数据源

数据来源		数据内容	数据格式	网址链接
政府统计	泰国中央银行	各类住宅与土地价格（2008 年至 2012 年）	指数	http://www2. bot. or. th/statistics/ReportPage. aspx? reportID＝680&language＝eng
企业报告	世邦魏理仕（CBRE）	工业地价价格区间	泰铢每莱（1600 平方米）	http://www. cbre. co. th/en/ResearchCentre/ListResearch/30

附表9 马来西亚的地价数据源

数据来源		数据内容	数据格式	网址链接
政府统计	国家房产信息中心	各类住宅价格(1988年至2013年)	指数	http://napic.jpph.gov.my/portal/portal/eps/default
	彭亨州招商局	Gebeng工业园区地价(实时)	林吉特每平方英尺	http://www.investinpahang.gov.my/index.php? ch=en_investinpahang&pg=en_industrialareas&ac=9

附表10 菲律宾的地价数据源

数据来源		数据内容	数据格式	网址链接
私人公司	高力国际	最新住宅价格与租金工业地价与租金	比索每平方米(每月)	http://www.colliers.com/-/media/744B9AD8151F49A2B9E2AD2972E02B4D.ashx
	全球物业指南	公寓价格变动情况(2005年至2013年)	增长率	http://www.globalpropertyguide.com/real-estate-house-prices/P#philippines

附表11 越南的地价数据源

数据来源		数据内容	数据格式	网址链接
私人公司	高力国际	最新住宅价格与租金	美元每平方米(每月)	http://www.colliers.com/-/media/Files/APAC/Vietnam/pdf/Vietnam%20Research%20Forecast%20%20Report%202Q2014%20EN
	越南投资网络公司	工业用地租金	美元每平方米	http://industrialzone.vn/lng/2/industrial-zone-search/149/0/0/0/p_2.aspx

参考文献

[1]毛芳韬.土地市场价格影响因素分析及管理对策研究[D].杭州:浙江大学,2004.

[2]郝木兰,杨立华.土地价格的规律及影响因素——以呼和浩特市的实证研究为例[J].北京航空航天大学学报(社会科学版),2014,27(2):79-84.

[3]石楠.西方新古典主义城市地租论浅析[J].城市规划,1990(5):28-32.

[4]卓金华.我国城市土地价格的微观影响因素实证分析[D].合肥:安徽农业大学,2013.

[5]周刚华.城市土地价格的微观影响因素及其实证研究[D].杭州:浙江大学,2004.

[6]李涛.城市土地市场运行与政策控管研究[D].南京:南京农业大学,2004.

[7]华文,范黎,吴群,等.城市地价水平影响因素的相关分析——以江苏省为例[J].经济地理,2005,25(2):203-218.

[8]戴双兴.香港土地批租制度及其对大陆土地储备制度的启示[J].亚太经济,2009(2):117-120.

[9]王江雨.新加坡土地和房屋管理制度——私权、民生和国家利益之间的平衡[J].行政法论丛,2011(14):39-54.

［10］Sandercock L，Dovey K．Pleasure，politics，and the "public interest"：Melbourne's riverscape revitalization［J］．Journal of the American Planning Association，2002，68(2)：151-164.

［11］车凤善．澳大利亚土地管理情况［J］．国土资源情报，2009(12)：7-14.

［12］李元．管好土地必须要有好的体制与机制——考察新西兰、澳大利亚土地管理的一些思考［J］．中国土地科学，1995，9(4)：39-44.

［13］Wyly E，Moos M，Hammel D，et al. Cartographies of race and class：mapping the class-monopoly rents of American subprime mortgage capital［J］．International Journal of Urban and Regional Research，2009，33(2)：332-354.

［14］Hackworth J．The limits to market-based strategies for addressing land abandonment in shrinking American cities［J］．Progress in Planning，2014，90：1-37.

［15］马小军．论近代泰国土地制度的变革——与日本明治维新的比较研究［J］．东南亚南亚研究，1991(1)：15-26.

［16］郑焕宇．马来西亚土地问题［J］．东南亚研究资料，1982(1)：47-51.

［17］杨卫民，祁可前．马科斯独裁下的菲律宾土地改革(1972—1986)［J］．史学月刊，2005(5)：105-109.

［18］高姝君．韩国城市化历程及其经验分析［D］．兰州：兰州大学，2013.

［19］Sirkin H L，Zinser M，Hohner D．Made in America，again：why manufacturing will return to the U. S.［R］．New York：Boston Consulting Group，2011.

［20］柴志春，赵松，杨遴杰．周边国家工业地价挑战我国竞争力［J］．中国地产市场，2011(7)：84-86.

城乡冲突中的土地：产权、资源和发展

吴宇哲　罗娇娇

摘　要：发展中国家在城市化快速推进过程中，以土地冲突为核心的城乡冲突成为当前研究的热点。本文从资产冲突、资源环境冲突和发展冲突等三个视角切入，回顾该领域已有和最新的研究进展，综述了城市化进程中城乡冲突的各种表现及城市化对城乡冲突的影响，对各种冲突因素进行梳理，并重点阐述了渗入文化层面、治理层面和制度层面的分析框架，提出缓解城乡冲突的土地利用相关政策建议。

关键词：城市化；城乡冲突；二元结构；政治稳定；资源

Urban-rural land conflict：property rights，resources and development

WU Yuzhe, LUO Jiaojiao

Abstract：During the rapid urbanization process in developing countries，land conflict has been the core of the urban-rural conflict and becomes a hot research topic. The paper reviews the latest researches in the field of property conflict，resource conflict and development conflict to describe various manifestations of urban-rural conflicts as well as its reflection towards urbanization. Then it sorts out all kinds of conflict elements，in addition，proposes the response of land use policy for urban-rural conflict which based on an analysis framework including culture，governance and institution. For huge developing countries like China，it is a potential threat to political stability if urbanization and urban-rural conflict go hand in hand.

Key words：urbanization；urban-rural conflict；dual structure；political stability；resource

一、引言

城乡泛指城市和乡村，这是两个相对存在的地域空间概念，承载着不同的社会功能，生活着不同理念的人群。两者既是一个同生的关系，也是一种竞争的关系。在城市化快速推进过程中，城乡间的竞争关系更加凸现，如果在治理结构、制度、文化等方面与城市化不相适应，将形成城乡冲突，而土地往往又是这种冲突最重要的载体。

共生理论研究的是复杂种群之间信息传递、物质交流以及合作共生的模式和环境[89]。城市和乡村的共生关系于漫长的历史变迁中得以佐证。早在新石器时代，"与生产不发达的阶段相适应，当时人们是靠狩猎、捕鱼、畜牧，或者最多是靠耕作为生"[64]。农耕的生产需要定居，而人类以土地作为生产对象，因此这为聚落的出现提供了可能[96]。定居促进了农业技术发展，产生剩余农产品，使得手工业、建筑业、服务业等崭露头角；单个生产者之间的物品交换逐步成为社会的主流需要，促使聚落人口日益增长，乡村逐渐演变为集镇，最后出现城市，城市文明开始传播。在城市从农村分离的过程中，城乡的共生性主要表现为乡村通过提供剩余农产品支持工业化和城市发展；城市为乡村提供工业制品，满足乡村的生活需求，两者相互依存。该特征在计划经济时期表现尤为明显。新中国成立初期，城乡之间团结互助，平等互利。这一时期农业恢复较快，迅速积累的农产品及时保证了城市供给。同时农民对工业品的需求扩大，购买力提升，从而成为城市工业品的主要消费对象。因此，尽管这一阶段依然存在一定的城乡差别，然而鉴于城乡之间合理分工以及城乡"二元"结构体制，城市与乡村之间形成和谐共荣发展的局面。

随着我国城市化的快速推进，城市和农村从相互封闭走向频繁互动，城乡社会经济系统发生了深刻变化，这使城乡关系也暗藏诸多风险，城乡之间的竞争愈加频繁。诺贝尔得主美国经济学家斯蒂格利茨将中国的城市化进程和美国的高科技产业发展，看成是影响 21 世纪世界进程和改变世界面貌的两件并列大事。根据国家统计局最新公布的数据，2014 年我国城市化率已达到 54.77%，仅用了 30 年时间便赶上西方国家 200 年的城市化历程。Friedman(2006)[18] 评价中国的城市化进程为"危险的高速度"。陆大道院士课题组(2007)[61] 将我国城市化进程称为"大跃进"城市化，认为我国城市化速度虚高，不利于经济可持续发展。城市化在时间维度上被极度压缩，将带来一系列严重后果。这种后果表现在城乡之间则是城乡差距扩大，对立冲突加剧。换言之，随着城市化进程的推进，乡村与城市之间逐渐呈现一种竞争关系。在资源占用方面，改革开放以后，我国开始打破城乡"二元"结构。大量农村剩余劳动力涌入城市，占用城市基础设施；城市为加快建设，将城市化发展途径紧紧与圈地捆绑，大量占用农村土地。城区快速扩张，大批量开发区建设、大学城建设、旅游开发项目建设、农业开发项目建设、房地产开发项目建设等高密度、高频度进行，使得大量农村土地被征收。除此之外，城乡在经济、环境、文化等方面存在的一系列冲突随着城市化进程的加快而凸显出来。

关于城乡冲突的研究，2014 年的热点主要集中在城乡冲突的内涵及其作用形式。如 Ann 等(2014)[2] 从政治冲突、教育冲突、环境冲突和资源冲突等四方面概括城乡冲突。李云新(2014)[54] 指出制度的模糊性导致城镇化进程中分配地位和势力结构的差异，并由此引发社会冲突，他将城乡冲突纳入社会冲突范畴内，将其细化为以土地资源征收、房屋拆迁等为主要表现的资源冲突和以未来人口与市民冲突、非正规就业群体为主要表现的经济利益冲突。王耀中等(2014)[79] 指出发展中国家许多大城市存在大型贫民窟，就业、资源和公共服务方面从农村转移到大城市的弱势群体在很大程度上受到排挤，城乡冲突使社会动荡风险骤增。张海鹏和曲婷婷(2014)[92] 从城乡冲突的资源、产权方面切入，详尽阐述了城乡冲突的核心问题——"土地"，包括城乡建设用地供给、土地征收补偿冲突、土地财政和农民工市民化等在内的六大困局。

总结相关研究和报道可发现，在城市化进程中，城乡冲突表现在政治、文化、资源、环境等各方面，而且往往交织在一起，形成错综复杂的局面。根据 Scott Campbell(1996)[6] 的可持续发展三角理论，可持续城市化发展其实是在经济增长、社会公平和环境保护三者之间寻求一个平衡点。但是这三个目标彼此之间存在对立关系(见图 4-1)：经济—社会冲突链代表产权冲突，表现为经济增长与社会公平正义之间的冲突；经济—环境冲突链代表资源环境冲突,发展经济需要更多地攫取资源,在经济利益导向下不可避免地破坏环境;社会—环境冲突链代表发展冲突,不同社会阶层的人群都希望过上更好的生活,但由于缺乏环保意识和技术手段,很可能对环境造成更严重的破坏。这三条冲突链是当前我国城市化进程中城乡冲突的主要根源。因此,基于科学内在的逻辑,我们从以下三方面对城市化背景下的土地冲突展开论述:(1)城乡个人为主体的产权冲突;(2)城乡团体为主体的资源冲突;(3)城乡代际间为主体的发展冲突。

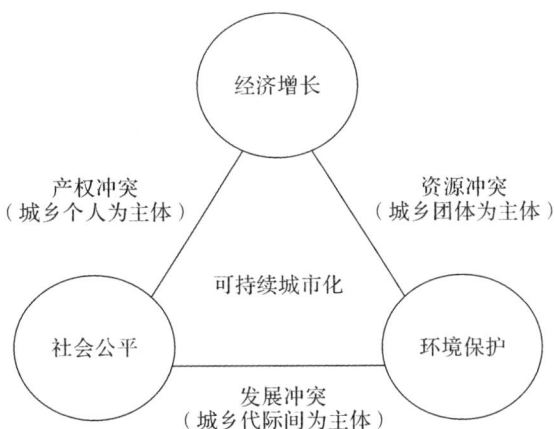

图 4-1　基于可持续城市化的城乡冲突分析框架[6]

二、城乡冲突之产权冲突

起初村庄进化成城市源于区域居住人口的增长,城市文明传播需要充足的劳动力支撑[2]。研究显示,未来中国劳动力人口数量还会不断攀升,到 2025 年左右,劳动力人口可能达到高峰,约 10 亿人[83]。随着劳动人口规模未来将不断扩大,农村人口大量迁移到城市,驱动大部分城市迅速扩大城市发展规模[7,20]。而以产权变动为基础的城乡冲突,由于直接关系到利益的分配,总体上表现为以个人为主体的城乡冲突。

(一)城乡土地二元结构

城市化在宏观空间上的表现包括人口不断涌入城市和城市土地向周边扩展两方面。其中城市扩展指的是农村土地向城市土地转变,农村景观向城市景观转变的过程[66]。众所周知,中国的土地所有权制度分城市和农村两种情况。《中华人民共和国土地管理法》第二章第八条规定:"城市市区的土地属于国家所有;农村和城市郊区的土地,除由法律规定属于国家所有的以外,属于农民集体所有;宅基地和自留地、自留山,属于农民集体所有。"农村土地是集体所有,城市土地归国家所有,因此农村土地转变为城市土地涵盖了土地所有权主体转变的过程。显然,产权的转移必然带来资本的交换,政府利用土地征收获得集体土地的所有权并不是无偿行政行为,而是通过相当的资金或其他货币等价物与集体交换所得。

城市化需要土地是明确的,在这一过程中究竟有多少其他用途的土地转换成建设用地却难以用规划来控制[13]。根据浙江省相关资料,1997—2010 年国家下达建设占用耕地控制指标为 667km²，然而实际上 1997—2003 年浙江省合计批准建设占用的耕地就有 1150km²，相当于整个香港的陆地面积(1104km²)。可见，城市发展要以空间土地上的扩展作为依托，而城市本身的土地有限性和城乡土地结构二元体制促使"征地"行为在城市化过程中的地位变得举足轻重。

（二）城乡土地产权冲突

在经济利益的驱使下，土地资源用途改变的背后是土地产权的变化，这正是城乡冲突最容易发生的时候。因为在土地征收过程中，一方面，农民失去了因土地使用权性质变更而产生的财产权利，另一方面，他们失去了未来对土地进行开发利用或改造而产生的增值利益。土地产权不只是经济资本的实务产权和象征资本的象征地权[109]。乡村实践中的土地产权在经济社会发展进程中逐渐暴露出许多冲突与矛盾，这些冲突和矛盾主要存在于两方面：一是推进农业规模化经营和新型社区建设过程中集体成员内部间由土地流转、房屋拆迁和土地征收所引发的关于土地承包经营权权属纠纷、宅基地使用权和房屋所有权之争及土地征收补偿分配争议；二是存在于中国等发展中国家，地产资本力量与地方政府权力对农村土地的任意强征，从而引发大规模的群体性冲突[57]。

1.集体土地分配冲突

1982 年中央 1 号文件确定"土地承包期一般应在 15 年以上"，此为"一轮"承包。在第一轮承包即将到期前，1993 年中央农村工作会议上提出"在原定的耕地承包到期之后，再延长 30 年不变"。该政策的本意是为了稳定农地使用权以及农地使用权资源、有偿转移的可能性和必要性[63]。但刘传玉(2014)[55]以湄潭农村为例，指出随着时间的推移，即 1987 年至 2010 年来，"增人不增地、减人不减地"造成新增人口再也没有分到土地的局面，全县无地人口占总人口的 25%。可见，当前农地制度背景下农地分配的确存在不均情况。由于人口增长、原先放弃耕种的农户回村要地、公共设施占地以及土地征收等原因，部分农村地区相对人地矛盾日益严重，农民内部甚至存在争地现象[62]。

2.征地利益分配冲突

征地制度是公有制下土地产权变更的唯一途径，为中国快速城镇化、工业化提供了重要的空间载体。然而强制性的征收方式、粗暴的征收程序以及过度的补偿标准却衍生出愈发尖锐的土地冲突[37]。经统计，2004 年至 2010 年 7 月中国征地冲突共造成 38 人死亡，近千人不同程度受伤，其中仅 2010 年 1—7 月全国范围内就大约造成 17 死、180 伤[67]。征地矛盾往往具有集体性特征。任何一起农地征收都会涉及较大的土地面积，很少是只涉及某一户或某几户的。一旦无序的征地冲突无法在体制内得到解决，弱势一方势必会寻求非制度化解决渠道，现实表现就是群体性事件。当前具有暴力表现的征地冲突事件中，既有村民与开发商之间的直接对抗，也有村民和基层政府官员之间的直接对抗，大都归咎于征地利益分配问题。

一方面，我国征地利益分配带有中国式乡村政治的烙印，简单来说，就是村委会、开发商、地方政府容易达成利益共识，利用征地等相关制度缺陷和信息不对称优势，竞逐巨额土地利益，而被征地村民只能被动接受失地补偿[94]。另一方面，政府征收农民土地所给予的征地补偿标准往往是一刀切的方式，并没有充分考虑到农村土地地域、农村经济发展的状况以及市场条件等因素，因此，失地农民的权益遭受到不同形式和不同程度的侵害[52]。何元斌等(2014)[110]通过一个简化的完全信息静态博弈分析政府权力参与集体土地权利分配的征地过程中，地方政府与村民及集体组织之间在集体土地发展权实施与交易的博弈。地方政府利用权力进行土地发展权的交易收益的策略为"不让出"和"让出"，村民及集体对此的行为选择为"不抗争"和"抗争"。假设集体土地发展权交易给政府带来的收益为 a，政府采取"不让出"策略和村民及集体采取"抗争"策略都会产生成本 c_1 和 c_2，其中一方只要采取进攻性策略都会使得集体土地发展权收益的损失，即社会利益总和将小于 a（见图 4-2）。集体土地发展权的收益不可避免会受到政府权力的掠夺，村民和集体最终获得的权益大小取决于村集体对其发展权保护的强度以及能支付的成本。

		村民集体	
		不抗争	抗争
地方政府	不让出	$(a-c_1,\ 0)$	$(a-c_1,\ -c_2)$
	让出	$(a-w,\ w)$	$(a-w,\ w-c_2)$

图 4-2　地方政府和村民集体在集体土地发展权收益分配的博弈矩阵[110]

祝天智和张文壕(2014)[108]将土地利益分配失调概括为过程失调和结果失调两部分。其中过程失调表现为征地过程中土地利益边界的模糊和规则混乱；结果失调表现为初次分配农民与政府开发商之间围绕土地利益的分配严重失调和再次分配中被征地农民与村干部及村集体之间的冲突。简而言之，这种征地利益分配使被征地农民、地方政府和开发商三者间形成复杂的利益博弈关系[107]。

三、城乡冲突之资源冲突

城市化进程中，城乡冲突的资源冲突一直是研究的重点。人们对资源的认识过程和路径历经自然资源—经济资源—社会资源，大体指人类社会发展可利用的一切有形的或无形的、物质的或非物质的、自然的或者社会的要素或价值[65]。世界各国，普遍都有城市和乡村的区域存在以及城市居民与农村居民的区分，城乡居民可以自由流动和迁移，城与乡、居民与农民之间不存在制度上的限制，只不过是居住地点和职业分工的不同[101]。然而1958年1月，我国《中华人民共和国户口登记条例》颁布，建立中国特色户籍二元制度，使得社会整体利益向城市人口倾斜。正是在这样的背景下，户籍仍在农村、生活地在城市的产业工人，在城市内往往缺少住房、教育、医疗等社会保障。可见，以城乡资源竞争为基础的城乡冲突，由于涉及区域内部利益协调问题，往往表现为城乡团体为主体的冲突形式。

(一)城乡户籍二元结构

在中国，通常将劳动人口划分成两类，城市劳动人口和农村劳动人口。城市劳动人口一般在城市居住，在城市就业；农村劳动人口不一定全部都在农村创造劳动价值。有一定比例的农村劳动力迁移到城市，在城市就业，为城市提供服务[35]，但我们不将其等同于城市人口。城市化率计算通常是以城镇人口除以总人口数，城镇人口统计口径一种是以城镇常住人口计算，另一种是以城镇户籍人口代替。两种口径计算得到的城市化率其实并不相同，甚至有些地区的计算结果会有很大差异。因为农村人口进入城市并不意味着可以成为城市户籍人口，进城务工人员不直接等于市民。

农村和城市生产生活资料在数量上的不均衡直接导致农村人口出于追求更高生活品质的目的进入城市寻求栖身之所。地方政府为了地区经济发展自然也欢迎农村剩余劳动力加入。然而,人力资本要素流入后也给城市管理增添了不少麻烦。我们可以做一个简单的类比,地方政府对农村人口流入的态度与农户养鸡类似。对农民来说,单纯从收益来看,养鸡的数量越多,预计可获得的销售收入越多。但是,鸡越多,相对而言,笼子就越拥挤,"鸡多笼小"并不是一个好现象。原因有二,其一,城市的基础设施和服务设施有限,人们对有限资源的恶性竞争会诱发潜在的社会矛盾,政府无奈只能扩大"笼子",增加公共服务供给。其二,城市公共服务提升增加城市对外吸引力,更多的农村人口进入城市,循环往复,势必加重政府公共财政负担。因此,为进一步控制农村劳动力过度流入,将其排除在城市住房、医疗、教育等一系列福利体系之外,保证城市居民充分就业及其他的福利不外溢,户籍制度应运而生[111]。农村进城务工人员不是市民,户籍仍然在农村,于城市内难以享受到平等的社会保障制度。

(二)城乡土地资源冲突

M. Jerry 和 M. Alvin(1979)[22]通过对奥尔贡土地利用规划(Oregon's Senate Bill 100)项目的民主投票进行数据调查,向我们展示了围绕土地规划展开的问题本质上是一场针对土地资源的城乡阶级冲突。E. H. John 和 G. L. Richard(2003)[23]探讨了美国新泽西州城市蔓延过程中的资源流失问题,发现美国城市低密度的扩张方式占用大量农地、自然湿地等土地资源,引发社会和环境等问题,并呼吁政府加强土地利用规划。可见,土地资源冲突不能单纯理解为城乡对土地资源的争夺,而应囊括由这种资源争夺行为引发的对自然环境的破坏。据此,本文将城乡土地资源冲突分解为城乡自然资源争夺、城乡资源占用不公、城乡产业转移冲突、城乡污染扩散冲突和其他城乡资源环境冲突等五部分。

1. 城乡自然资源争夺

城乡自然资源争夺指城乡为经济发展竞争耕地、林地等资源。在发展中国家,城市化带来的消极效应之一就是耕地的减少[14]。Liu 等(2014)[27]认为大城市,尤其是经历着快速经济增长和城市化发展的地区,是耕地减少的罪魁祸首。詹玲(2011)[90]亦指出在城市优先发展战略的惯性推动下,大量农村土地资源被廉价地用于城市建设,农民依法享有的经营权、收益权等被剥夺。于华江和杨飞(2011)[85]明确提出,城市化进程中土地资源的占用使财产冲突和发展冲突凸显。首先失地农民在土地征收阶段失去了因土地使用权性质变更而产生的财产权利,其次则失去了对土地进行开发利用或改造而产生的增值利益。

2002—2011 年,我国城市化率以平均每年 1.35 个百分点的速度发展,城镇人口平均每年增长 2096 万人,预测至 2020 年我国的城市化水平将达 58%。伴随城市人口的增加,城市建设用地的需求也会随之扩大,城市集聚人口需要相应的医疗、卫生、教育等配套设施以及电、暖、水等基础设施建设,大量的农业用地面临着转化为城市建设用地的风险[58]。一般而言,城乡用地争夺的焦点区域是城市化前沿阵地——城乡接合部。从城市的角度来看,它位于城市的边缘区,是城市扩张的前沿阵地;从农村角度来看,它是耕地保护的最后一道防线[106]。城乡接合部居住人口的复杂性和多元性制约了地区社会治理工作的开展和运行[112],尤其是土地市场管理十分混乱。上文提到我国城乡土地二元结构,集体土地只能通过征收的方式将其转为国有,然而村集体拥有实际土地的使用权,按照正常征地手续征收建设用地过程十分烦琐,因此在城乡接合部往往出现土地未征先建的情况,大量农村集体土地以各种方式流入隐形市场,造成土地市场混乱[106]。

2.城乡资源占用不公

资源占用不公意指农村宅基地面积大与城市住房面积小的对比冲突。宅基地是农村的农户或个人用作住宅基地而占有、利用本集体所有的土地。总体上,我国农村宅基地由1996年的905.15万hm^2增长到2005年的911.61万hm^2,户均宅基地面积由386.19m^2/户减少到361.43m^2/户[74]。目前农村宅基地闲置、一户多宅和户均宅基地实际使用的面积过大是我国农村宅基地超标的主要原因[40,73]。城市住房指在城市国有土地上建设的可供人居住、生活或者是工作的房子。2001年中国人均城市住房面积为20.8m^2,2007年上升到30.1m^2,2008—2012年增长较为缓慢,2012年为32.9m^2(见表4-1)。李昕和徐滇庆(2014)[53]以住房和城乡建设部的数据为基础推算我国人均住房面积的时序可比数据,再根据Gompertz模型预测未来我国住宅市场的供求关系,得出结论在相当长的时间内,我国的房地产市场将处于供不应求的态势,只有当城镇化比例达到75%以后,商品房建设的速度才会有所减缓。

农村宅基地面积和城市住房面积之所以存在如此大的差距,是因为城乡各异的住房制度。城市住房以商品房的方式深入人心,已逐步形成合理有效的住房更新方式和住房链;而农村宅基地是作为福利无偿授予村民,允许村民在集体土地上建设房屋,因不能自由转让而不称其为商品。近几十年来,虽然农村人口大量外流,但长期的城乡分割造成农民除了土地几乎没有任何保障和资本,换句话说,他们缺乏像城市移民的资本,无力在城市中购买住房,这也从侧面证明了城市住宅商品化程度高,买房成本远高于进城农民可支付的能力的事实[99]。

表4-1　2002—2012年城镇居民人均住房情况

年　份	城镇居民人均住房建筑面积(m^2)
2002	24.5
2003	25.3
2004	26.4
2005	27.8
2006	28.5
2007	30.1
2008	30.6
2009	31.3
2010	31.6
2011	32.7
2012	32.9

数据来源:中国统计年鉴(2003—2014)

总而言之,首先城市住房建在国有土地上,农村宅基地建在集体主体上,那么单位面积城市住房势必远远高于单位面积宅基地的价格。其次，随着城市化推进，大量人口离开农村流向城市，受不完善的宅基地退出机制和城乡二元户籍结构的影响，城乡住房现象出现城市住房变得愈加拥挤，农村宅基地面积反而大规模超标的态势。

3. 城乡产业转移冲突

城乡产业转移冲突指产业发展的空间推移，形成地区间的产业分工和协作关系[39]，城市将产业转移给乡村企业，乡村企业缺乏环境治理从而影响农村原有环境。尽管产业承接区存在基础设施建设落后，传统产业结构层次低，产业基础薄弱，劳动力素质低级化等劣势[113]，随着环境治理效果越来越受到局限，资源的供给越来越紧缺，环境的自净能力越来越低下，产业转移和转型势在必行[59]。

区域间的产业转移往往是通过投资表现出来的[86]，农村地区要素成本低、市场潜力大，承接城市的产业转移不仅有利于加速农村地区的经济发展，而且有利于推动城市地区经济转型升级，优化城乡产业分工格局，促进城乡协调发展。不过，肖雁飞等（2014）[81]根据投入产出原理，结合中国 2002 年、2007 年区域间投入产出表基本数据，对中国八大区域间以出口和消费为导向的产业转移规模、流向和行业进行测评，探讨产业转移对区域碳排放的影响问题时发现随着转出区产业转移，产业承接区成为碳排放转入和碳泄露重灾区。因为城市工业向城外、向农村转移，其中不乏污染型工业，使得工业污染向农村转移趋势加剧，一些城郊接合部成为城市生活垃圾及工业废渣的堆放地大量掠夺式的采石开矿、挖河取沙、毁田取土、陡坡垦殖、围湖造田、毁林开荒等行为，使很多生态系统功能遭到严重损害[71]。产业迁入必定会伴随一系列的环境问题，而这些问题在技术较为发达的城市尚不能解决，那么在技术基础相对薄弱的农村又谈何容易。近 20 年来，长三角、珠三角、京津冀等成熟型城市群污染密集型产业逐步由核心城市中心城区→核心城市郊区→外围城市→城市群腹地渐进式或跳跃式转移扩散，这改变了城市群核心城市和外围城市的污染排放格局。1990—2010 年，长三角、珠三角、京津冀城市群核心城市工业废水排放量占比均呈大幅下降趋势，而外围城市工业废水排放量占比则快速上升[60]，详见表 4-2。

表 4-2　1990—2010 年三大城市群核心城市和外围城市工业废水排放量占比变化情况（％）[61]

年　份	1990		1995		2000		2005		2010	
	核心城市	外围城市	核心城市	外围城市	核心城市	外围城市	核心城市	外围城市	核心城市	外围城市
长三角	76.6	23.4	67.2	32.8	59.5	40.5	40.2	59.8	35.6	64.4
珠三角	57.6	42.4	39.4	60.6	37.6	62.4	24.8	75.2	25.8	74.2
京津冀	57	43	48.9	51.1	37.1	62.9	30.3	69.7	24.1	75.9

4. 城乡污染扩散冲突

城乡污染扩散冲突包括城市污染向农村扩散和农村污染向城市蔓延两大类。

城市污染向农村扩散的现象有城市的空气污染影响农村，城市将污水废料排向农村等。不久前，中共中央、国务院印发了《国家新型城镇化规划》。该规划要求，推进农村垃圾、污水处理和土壤环境整治，加快农村河道、水环境整治，严禁城市和工业污染向农村扩散[102]。2013 年底全国城市污水处理率为 89.21％，比例逐年上升（见表 4-3），但仍有尚未经过无害化处理的污染物质通过大气、水系和人力运输等形式向农村地带转移，造成城市污染物质扩散。这些污染物随区域大气流动、进入农村地区的河流水系或者直接堆置于农田中，构成农业生态环境的主要污染源，引起周围群众的强烈不满[104]。特别是城市和工业污水对流域内的农村产生了很大影响，王晓毅(2014)[78]曾统计近年来数次爆发的河流湖泊污染使流域内农民蒙受巨大损失的重大事件，企业排污造成的污染一般在重大事件中占10%到15%，多数的环境重大事件都与水污染有关，在2012年环保部直接处理的33件重大环保事件中，水污染就占了30件。

表4-3　2000—2013年全国城市污水处理率

年　份	全国城市污水处理率(%)
2000	34.3
2001	36.43
2002	40
2003	42.4
2004	45.7
2005	52
2006	55.89
2007	62.9
2008	70.2
2009	75.3
2010	82.31
2011	83.63
2012	87.3
2013	89.21

数据来源：中国第三产业统计年鉴(2001—2014)

农村污染向城市蔓延现象有农业污染对城市用水、对城市食品安全的影响。由于农民在农业生产过程中，过多地使用农药、化肥等，不科学地或者过量地使用农药、化肥，导致河流、海洋水质富营养化，严重污染地下水和土壤[103]。农村水污染泛指在农村生产和生活的各个环节中产生的对地表水体和地下水体水质污染的现象，不仅包括农村源水体污染的控源减排，也包括农村受污染水体的水质修复，控源减排是当前农村水污染治理的重点任务。我国占世界9%的耕地，6%的水资源，需要养活世界22%的人口，农村是食品和饮用水的主要来源地，同时也是生态环境产品的主要供给者，农村水污染治理不仅是农村环境卫生改善的内部需求，也是我国水环境质量整体改善的重要需求[44]。

5.其他城乡资源环境冲突

其他城乡资源环境冲突包括城乡生活习惯差异，如城市居民消费浪费意识，或者农村居民不注意个人卫生等恶习。在物质产品相对匮乏、社会贫穷的农村，人们必然会养成崇尚节俭和保守的文化观念。Tremblay和Dunlap(1977)[33]调查城乡居民环保意识调查时发现，相比农村居民，城市居民更具有环保意识；而在经济社会快速发展的城市，人们的收入得到有效提高,消费的欲望和能力也不断增强。张绍波和付伟(2014)[95]在对城市居民进行消费行为的调查中总结发现城镇居民购买行为存在浪费性、盲目性和攀比性问题。

工业项目对环境的危害,亦是城乡资源环境的冲突表现之一。如项目环境评估流于形式,项目建设危害农民健康等。将公众参与引进工业项目环境影响评价中,对项目研发建设部门或决策者而言,有利于集思广益,剖析项目存在或可能存在的问题及其危害程度,便于及早发现问题,避免在已经做出决策后才发觉问题,陷入进退两难的境地,提高决策的质量。我国目前的公众参与机制尚处于探索阶段,很难波及大部分与项目有利害关系的群体,公众接入时机和方式过于单一[38]。

四、城乡冲突之发展冲突

城乡发展冲突来源于社会—环境冲突链,即社会公平和环境保护。不同社会阶层的人们在为获得更好的生活而奋斗着、拼搏着的同时对社会公平的敏感性也在持续上升。经济增长无法像"看不见的手"一样解决社会的公平问题。在改革发展的进程中,政府需要消除制度上的歧视,应把更多的精力投入到社会弱势群体扶助之中。我们这里说的弱势群体和优势群体并非单指"人",而是放大到"物",放大到"地域",如农村和城市。除社会公平外,发展冲突的另一个重要源点是环境保护。与资源冲突中侧重城乡团体间的竞争关系对环境造成影响不同,发展冲突的环境问题强调城乡代际间冲突如何作用于由于缺乏环保意识和技术手段,对环境可能造成的破坏。

(一)城乡规划二元结构

L. William(1954)[25]研究发展中国家的现代化路径时,基于人类社会存在的维持生存和资本投资两个对立的部门提出"二元结构模型"。其中维持生存部门可映射为农业部门,资本投资部门则指向工业部门。我国自计划经济时期以来就形成了重城市轻农村的发展思路,从某些政策可以看出,城市和农村实施的是内容和标准完全不同的制度[50]。2008年1月1日起,《中华人民共和国城乡规划法》开始实行,它与《中华人民共和国城市规划法》虽仅一字之差,却体现了将城乡融入同一个编制体系以实现城乡统筹发展的理念。客观而言,《城乡规划法》所构建的城乡规划编制体系不能解决我国实际存在的城市、农村差异[77]。很大一部分地区的城乡规划倾向于城市发展,牺牲农村利益。

规划是城乡建设和管理的重要依据,在经济社会发展中发挥着重要调控作用。小到一座村庄,大到一座城市,都离不开科学合理的规划先行,否则只会徒增资源浪费,引发社会矛盾。近些年我国城乡建设领域发生了一系列的变化,城乡规划建设中的问题不能满足于当前我国城市化进程的需要。黄凌(2014)[49]就城乡规划建设问题提出两点:第一,大中城市许多污染项目不断从沿海地区向小城镇转移,小城镇无力达到严格的产业环保要求,其直接排放的有害气体和废水给附近村民的生活和生产造成重大伤害;第二,城乡规划研究的前瞻性不足,对城市定位不清晰,特别缺乏对农村的深度研究。乡村孕育城市,城市应该反哺乡村,然而长期的城乡二元体制使得城乡分割严重,城市和乡村站在"非此即彼"的对立面上。杨保军等(2014)[82]在解读《国家新型城镇化规划》的基础上,点明我们的规划理念经常局限在"城市文明"的思维框架里,一方面把乡村的发展诉求简单替换为"乡村对于城市文明的追求"，另一方面又把"城市"问题移植到农村去，也因此忽略了脱胎于农耕文明特征的乡村真实需要。陈昭和王红扬（2014）[114]亦支持上述观点，城乡规划下的乡村空间一直作为城市空间的"背景"存在，未能引起人们的足够重视。

(二)城乡土地发展冲突

1.城乡土地发展权转移

土地发展权转移（Transfer of Development Rights，TDR）的观念起源于集中建筑群的做法，指土地使用受限制的土地所有者将其土地上的土地发展权转让给受让人，土地发展权受让人因此获得土地发展权并支付相应价格[56]。在这一个过程中，发展权从被保护地区割离出来，被转移到可允许开发的区域[24]。一般认为 TDR 是土地利用管制的手段，既能够用于保证市政府规划中开发空间的要求，又不会造成土地所有者的财政负担。Cuomo（2011）[10]指出一个经过深思熟虑的 TDR 计划最终产生的发展会更具备高效益和高效率的特征，同时它避免用市政资金购买土地，有助于农地保护。

汪晖等（2010）[75]收集多位研究者对相应地区的土地发展权转移调查，发现无论是天津的"宅基地换房"，嘉兴的"两分两换"，还是成都的"三个集中"，抑或是重庆的"地票交易"，本质上是地方政府通过推动农村宅基地拆迁、复垦和农民集中居住来获得建设用地指标的行动。那么，这就涉及农户集中居住补偿安置问题，如何完成村民原有住房的价值估算，市场定价的依据又在何方，农民能否参与估价过程，怎样参与谈判？衡爱民（2014）[47]肯定了成都、天津和嘉兴为代表的土地发展权转移的地方改革试验确实改善了农村基础设施和居住条件，但他对类似的激进、大规模、运动式的整村拆迁复垦是否有必要提出质疑。政府不顾实际条件效仿改革试点的做法则可能造成对农民土地发展权的剥夺，激化城乡冲突。

在最新的研究进展中，Boffard（2014）[5]以纽约市为例，检测发展权转移项目的实施基础和调控结构，摒弃原始可转让发展权的不足之处，研究影响发展权转移的主要因子，重点突出不同地区接受发展权的优缺点。Nallathiga（2014）[28]对比蒙哥马利县、新泽西州、芝加哥、弗吉尼亚州和孟买等地区土地发展权项目的标的物、转移限制、所有权人等特征（见表4-4），阐述孟买市政管理机关利用 TDR，而不是加重财政负担来发展市民设施的方式。柴泽和董藩（2014）[37]提出土地发展权合理利用关键点在于土地发展权价值评估。本质上，发展权是土地要素本身的利用价值，而现实中，土地任一利用状态下的价值生产过程均包含了土地主和其他社会成员共同的资本、劳动和管理要素投入。他总结了美国土地发展权制度的运行机理，认为土地发展权转移补偿的根本途径在于用市场机制替代土地利用强制性干预和交易壁垒，应建立和完善集体土地发展权交易制度和市场平台，厘清土地要素的充分价值。

2.城乡基础设施建设冲突

城乡基础设施建设冲突多指城乡基础设施不均衡冲突，如公共物品供给。在发展中国家，政府仍旧在贫困和可持续发展问题上扮演重要角色。Cobbinah 等（2015）[8]注意到大多数发展中国家受相关机构支配，将资源分配给由经营控制的高产出的活动，而没有考虑到更大一部分人群的需求。我国作为世界上最大的发展中国家，城乡要素不平等交换和公共资源不均衡配置严重制约了"三农"发展[45]，宏观上的一个基本事实是：城市的公共交通、供电、信息、教育、卫生等基础设施齐全，性能优越，这不仅为城市居民的日常生活带来了极大便利,也为城市居民私人生产奠定了良好的基础,积累了优越的人力资本,或多或少节约了生产成本,提高了城市居民私人生产力水平和收入水平;相反中国广大农村基础设施缺乏,公共交通、信息、农田水利、供电等基础设施难以满足农村居民的生产生活需要,生产基础条件差、人力资本积累缓慢,使得生产成本高,生产效率低,收入增长缓慢[88]。赵配影(2014)[98]指出2006—2010年五年间,虽然农村公共文化服务的财政收入增长明显加快,但是从财政投入总数和农村与城市所占投入比重来看,农村公共文化服务基础设施的投入远远低于城市,且保持在3∶7左右。樊瑞哲(2014)[43]分析城乡基本公共物品供给差异时同样斥责目前我国的医疗卫生资源严重向城市倾斜,农村公共医疗卫生状况严重滞后于现代化进程,该不合理的失衡状况大大越过国际公认的警戒线。关慧和郑舒婷(2014)[46]以美国、日本、韩国农村公共物品供给财政政策为鉴,结合中国国情,提出政府在农村公共物品建设方面的有力手段是税收优惠和资金补贴。在财政方面对农村的支持可以提高本国农业在国际上的竞争力,减少国内城乡经济差距,提高区域总体福利水平。

表 4-4 不同都市区 TDR 项目比较[24]

地 区	蒙哥马利县	新泽西州	芝加哥	弗吉尼亚州	孟买(印度)
TDR 标的物	农业保护区	环境保护区	地段保护区	可替代区域	因公共设施需发展的预留土地
转移限制	县内	跨县	地区内	县内	孟买市政管理机关的允许内
发展权基础	面积	适合发展的土地	实际需要和允许的建筑面积指标差	面积	可允许建设区
所有权人	农业区农民	所有农民	地段所有者	土地所有者	预留地土地所有者
发展权银行	有	没有	有	没有	没有
发展权价值	5 英亩倍数	随土地类型变化	与闲置土地建筑面积指标相等	根据具体利用情况而定	与可允许建成区面积或建筑面积指标相等

3.城乡文化和教育冲突

在现代社会,人的社会权益是多方面的,但教育与社会保障通常构成了两大基本社会权益,前者决定人们参与社会的起点,后者决定着人们的生活安全权和福利平等权[100]。优质基础教育资源分布在城市,农村教育资源相对匮乏现象被称为城乡文化和教育冲突。表4-5 为2003—2008年我国教育业农村固定资产投资额和教育业城镇固定资产投资额的变化。因教育业农村固定资产投资额2008年之后若干年的数据变化幅度过大,因此不予分析。从表4-5和图4-3可以看出,2003—2008年我国农村教育业投资止步不前,维持在一个较低的水平,相反,观察期内城市教育业投资稳步提升,城乡差距逐年增大,农村教育资源未受到政府足够重视,教育资源处在极度紧张状态。那么,这种城乡教育文化资源的两极分化会产生怎样的后果呢?教育在城乡冲突中又扮演的是何种角色?

表 4-5　2003—2008 年我国教育业农村、城镇固定资产投资额

年　份	教育业农村固定资产投资额(亿元)	教育业城镇固定资产投资额(亿元)
2003	197	1474.1223
2004	221.8	1803.0146
2005	242.3	1966.9027
2006	141.4	2128.8448
2007	154.7	2220.9
2008	168.4	2355.4

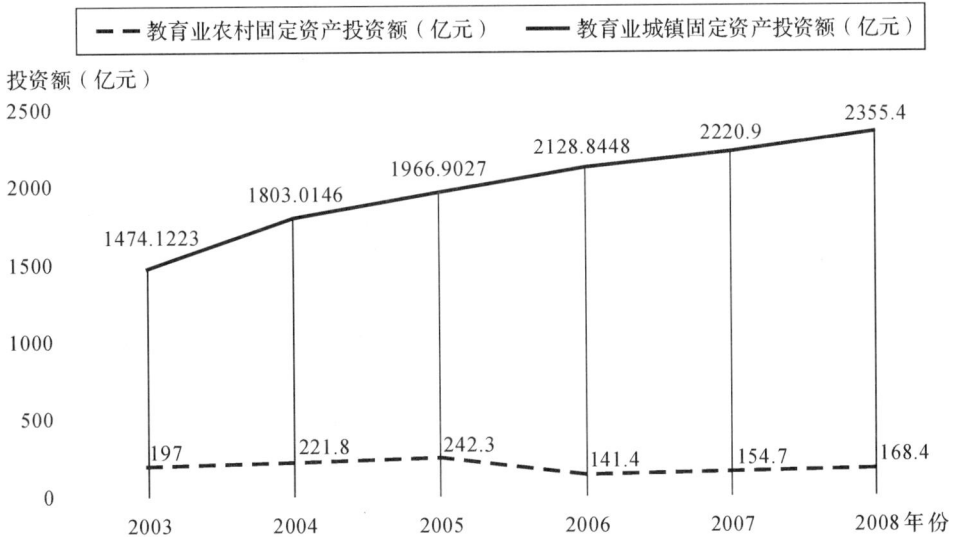

图 4-3　2003—2008 年我国教育业农村、城镇固定资产投资额变化趋势图

数据来源:中国统计年鉴(2004—2009),中国农村统计年鉴(2004—2009)

　　Terry Sicular 等(2007)[32] 在调查 1995—2002 年中国城乡差距的过程中发现,教育是影响城乡收入差距的唯一家庭特征。同样,Yaohui Zhao(1997)[34] 通过研究中国 1970—1980 年的相关教育数据发现,在城乡二元结构体制下,接受教育是农民从农村走向城市、获得高收入的唯一捷径,因此该时期农村教育需求高。然而城乡间资源禀赋的差异以及政府政策的导向,造成城乡教育质量差距逐渐扩大。Michael L. Arnold 等(2005)[3] 对美国乡村教育状况进行深入研究,分析发现农村地区由于面临地理隔离和缺乏财政力量的挑战,无法吸引或留住优质的师资力量,导致教育质量低劣。Emily Hannum(1999)[16] 则认为政治是影响城乡教育的重要因素。她发现中国在 1949—1990 年,即"文化大革命"前、中、后三个不同的政治阶段,中国的城乡教育从追求平等向追求效率与竞争转变,这种转变事实上给予了城市特权,导致城乡教育不平等。张乐天(2004)[93] 则从制度安排层面分析,认为我国城乡之间在教育机会、教育资源配置方面均存在不平等。

　　最新的研究也显示城乡文化和教育冲突对城市发展和社会公平的危害。自中国普及高等教育以来,教育公平和教育普及的程度一直成为学者讨论的热点,Li 等(2014)[26] 研究

不同地区高等教育差异,发现在欠发达地区,高等教育的差异仍在加大。赵亮(2014)[97]认为城乡教育显著差异的部分原因来自文化,边远地区的农村受特定的生存条件、生存方式和思维定势的长期影响,民众对教育缺少正确的认知,加之交通闭塞、信息不对称等现实问题,农村家庭对教育公平的意识较为淡薄。王朝明和马文武(2014)[76]构建了一个两部门经济模型,证明在城乡二元结构条件下,城乡教育的均等化发展虽然会放缓城市化的速度,但有利于促进城镇化质量提高。类似的,邸玉娜(2014)[41]运用阶层线性模型实证分析父代职业对子女教育收益率存在显著影响,机会不平等阻碍代际流动,因此政策改革需保障教育机会的平等,促进收入分配结构合理化。

4.其他城乡发展冲突

其他城乡发展冲突包括城乡环境治理差异和退耕还林与农村发展。

城乡环境治理差异是指城乡在环境治理能力上存在差异导致承受的污染程度不同,不仅影响当代城乡团体关系,还会波及城乡代际冲突。未来时代的权益依赖于当前时代的作为,当人们的行动影响到无辜他人的权益时,就不可避免成为道德问责的对象。郁乐和孙道进(2014)[87]呼吁从人类自然情感出发,人们有理由拒绝将未来世代的权益进行“贴现”。一个可持续的社会是人们的需求得到满足且不以后代人的利益为牺牲。社会公平和代际公平是实现可持续发展的重要基础,其中代际公平是穿梭于时间和空间的概念,寓意现在和未来几代人的幸福,亦是检验可持续政策的重要依据[31]。

退耕还林与农村发展指城市要求农村保护自然限制经济,与农村自身的发展需求产生冲突。经济发展需要以建设用地作为支撑,尤以工业用地和商住用地最能提高地区的经济实力和福利水平。在发展中国家,城市发展并不完全接近稳定阶段,而是出于快速增长期,因此势必与农村争用发展资源。受环境保护和代际公平制约,二者之中必有一方需承担自然保护的主要职责,农村自然首当其冲。易福金等(2006)[84]利用2003年调查和2005年跟踪调查数据,对退耕还林工程在陕西、甘肃和四川三省的实施过程及其对农民收入的影响进行了分析,并与早期的评估结果进行了对比。结论是退耕还林工程在实施方面有一定改善,但工程的经济效果与早期的评估结论相近,即在就业结构调整、农业生产结构调整和农民收入增长方面没有显著效果。可见退耕还林对快速促进农村经济发展、提高农民可支配收入的限制作用颇大,城乡发展冲突可见一斑。

五、展望

城市化与城乡冲突的议题,无论是在理论层面还是实践层面仍有很长一段路要走。在理论方面,城乡冲突中的土地产权、土地资源和土地发展仍是未来研究的前沿问题;而在实践方面,如何在城市化不断发展的过程中缓解现实产生的与城乡个体、城乡团体和城乡代际间的土地冲突有关的现象仍是业界关注的重点。此外,政府政策对城乡冲突有着直接的锁定作用。选择合理的城乡规划体系、合理的产权分配结构和优化户籍政策能够有效改善城乡冲突矛盾,进而成为存续稳定的社会文化环境和发展城市可持续经济的坚实后盾。因此,站在城乡冲突角度研究政策制定或政策调整在未来具有很大的研究空间。

(一)城乡冲突两大推力

目前,在发展中国家仍有两大推力激化城乡冲突,一是日益增长的城市发展资源需要与有限资本资源供给之间的矛盾（资源配置）；二是可持续城市化可付资本与环境治理、技术更新成本的差距（资本配置）。

1. 资源配置

城市人口在城市化过程中将会有大幅度提升，国家为获得这些新增人口需付出的成本包括创造就业、住房供给和城市服务提供，但大多数发展中国家有限的资本资源特征决定了上述应付的成本成为社会发展的沉重负担。此外，另有一些与城市化有关的重要投资涉及稀缺资源的利用，如能源供应、区域间交通、农业发展、灌溉等[29]。Cohen(2006)[9]预测在接下来的几十年内，发展中国家人口向城市集中，越来越多的城市居住者住在越来越小的城市居住区。很多国际机构也意识到小城镇异常快速的发展和相对退化的居住环境现状。那么，为什么基础设施提供不能跟上经济发展的步伐呢？显然，原因亦在于城市建设成本。城市需要从农村迁移而来的劳动力人口，然而为这些人口提供与原有市民类似的公共服务牵涉到城市用地扩张（征地），城市基础设施建设等项目执行，而且放任此类项目循环开展的后果不堪设想。

资源配置由政府主导，城市作为经济增长的实际推动者自然位于资源优先配置席位，资源短缺特征下的城市先于农村的资本资源配置最后很可能造成农村资源在数量或质量上的不足，农民为满足更好的生活需要向市民争夺资源使用权，与此同时，城市则排斥资源共享，这种现象就是我们所谓的社会排斥。Daemane(2014)[11]通过实证研究莱索托城市贫穷问题时证明社会排斥是影响城市解决贫困和城市化可持续发展的重要因素。莱索托的经济中心被称为"压力地带"，大量人口从农村涌向城市，给住房、土地和其他基础设施增加前所未有的压力。

2. 资本配置

除城市化日益增长的城市发展资源需要与有限资本资源供给之间的矛盾外，城乡冲突产生的另一推力是可持续城市化可付资本与环境治理、技术更新成本的差距。大部分污染都来自于城市，包括企业和城市居民的生活生产排放[17]。诚然，城市居民已因此承受严重的健康和生活品质威胁。但是，由于污染具有负外部性特征，环境规制与区域条件等的差异使得这种外部性在不同地区对社会总福利的影响不同，尤其是在区域分权的环境管理体制下，搭便车的环境行为使得边界地区的环境质量日益恶化[105]。城乡冲突中的环境污染问题既有客观技术条件限制，也有企业和居民的搭便车现象。反过来，农村污染对城市的影响也是如此。

(二)城乡冲突关键因子

城乡冲突由产权冲突、资源冲突和发展冲突组成，产权、资源和发展冲突又可细化到集体土地分配冲突、征地利益分配冲突等十多个子冲突，每个细化的城乡冲突在城乡冲突大环境中并不占有同等的影响力，政府在各个因子上都投入一样的精力是不可取的，因此有必要探索当前社会城乡冲突的关键因子，明确各因子的影响程度，才能得到科学的政策建议。Ann等(2015)[1]从社会、经济和环境两两之间的冲突出发，对生活地不同的两类人群进行问卷调研和访谈，并运用模糊集合理论，研究中国城市化进程中的城乡冲突关键因子，比较城市人群和农村人群在选择城乡冲突关键因子时的差距。结果发现城乡土地分配冲突、城乡对资源占用不公、城乡产业转移冲突、城市污染扩散和城乡文化教育冲突是人们认为的中国城市化进程中国的城乡冲突关键因素(见图4-4)。因该研究未纳入土地发展权转移因子,经过综合考量和阅读相关文献,认为土地发展权转移是城乡冲突的关键因素。

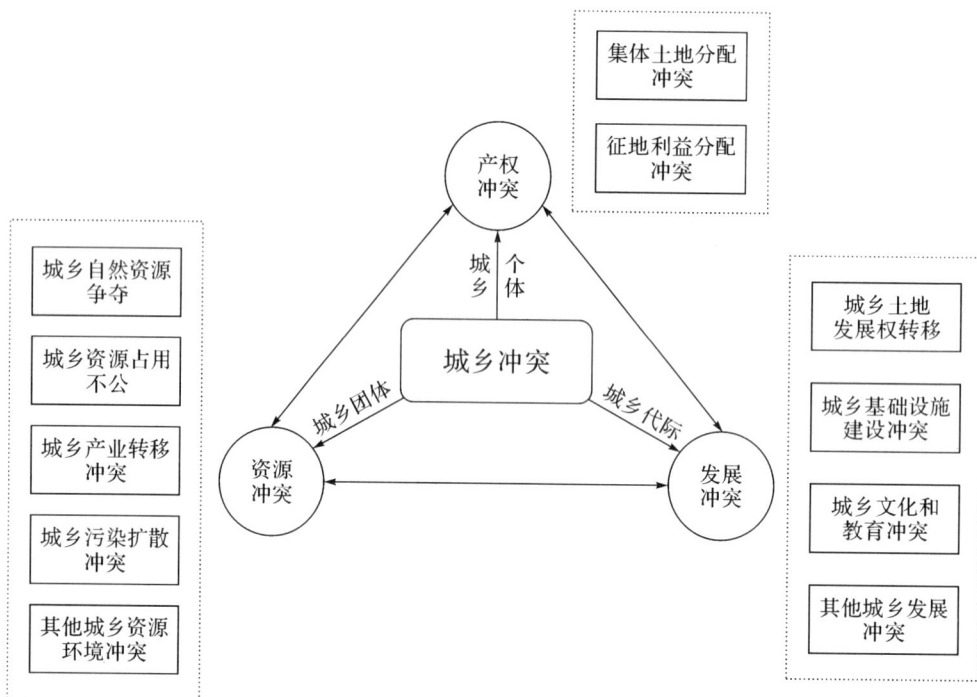

图 4-4　城乡冲突关键因素

(三)城乡冲突与政治稳定

根据国家统计局最新公布的数据,2014 年我国城市化率已达到 54.77%。美国著名城市地理学家诺瑟姆(Ray M. Northan)的 S 曲线理论告诉我们,城市化水平在 30%~70%时处于城市化的中期,即快速提升的阶段,同时也是许多社会问题、复杂矛盾的多发阶段。这一理论已被英国、美国、日本等国城市化进程中的城市病、社会阶层分化、空间区隔和安全感缺失等所证实,这说明社会风险是城市化的天然附属物[48]。所谓风险是指"预测和控制人类活动的未来结果,即激进现代化的各种各样、不可预料的后果的现代手段,是一种拓殖未来(制度化)的企图,一种认识的图谱"[80]。以 Beck(1999)[4]、Giddens(1999)[19]为首的风险社会理论学者开拓性地用"风险"的理论视角反思现代化的发展,并深刻地揭示出当代人类发展已处于"风险社会"。在我国城市化发展过程中,制度、治理与文化盘根错节,我国土地城市化和人口城市化脱节,形成一条积累着巨大社会风险的城市化道路。尤其我国城市化对农业文明具有无边激进的摧毁性,甚至没有留下消化传统文明衰弱的自我调节时间。我国已不可避免地步入了城乡冲突愈演愈烈的时期。

上文提到城乡冲突可以根据主体差异划分为城乡个人主体产权冲突、城乡团体主体资源冲突和城乡代际间主体发展冲突。经济发展、环境保护和社会公平相互作用并于此基础上产生各种城乡冲突类型。Campbell(1966)[6]指出城市化进程中土地征收所产生的城乡冲突备受社会的关注,直接影响到社会和谐和稳定。换而言之,城乡冲突反过来亦对国家的经济、环境、社会造成严重影响，从而改变国家的文化、治理和制度，威胁社会安全稳定。Ann 等（2014）[2]提出城乡冲突锥形分析框架（见图 4-5）：（1）文化因产权冲突、资源冲突和政治稳定的互动产生；（2）治理结构源于资源冲突、发展冲突和政治稳定的相互作用；（3）制度由产权冲突、发展冲突和政治稳定的交融所组成。

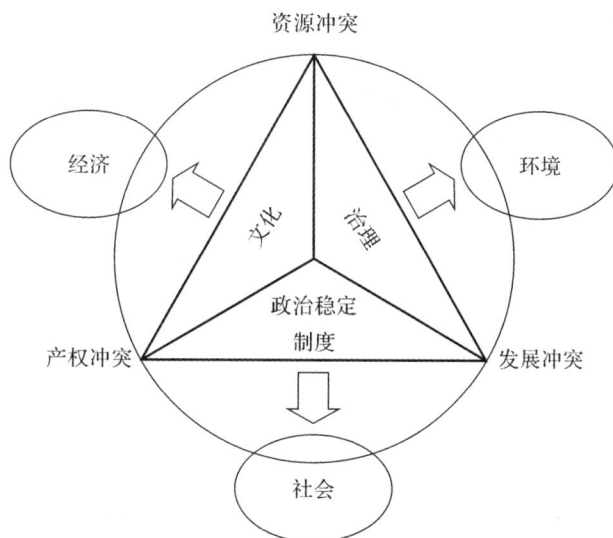

图 4-5　城乡冲突锥形分析框架[2]

1. 文化

全球化背景下，国家与国家、地区与地区之间的竞争本质是以文化为核心的软实力竞争。传统与现代、边缘与中心是城市化进程中文化层面的主要矛盾。萨缪尔·亨廷顿（2002）[72]在《文明的冲突与世界秩序的重建》一书中写道：在这个新的世界里，最普遍、重要的和危险的冲突，不是社会阶级之间、富人与穷人之间，或其他以经济划分的集团之间的冲突，而是属于不同文化实体的人民之间的冲突。邱家洪（2009）[70]则将文化细化成物质文化、制度文化、行为文化和精神文化四方面，分析了城乡统筹进程中的碰撞，提出政府应该积极作为，促进城乡文化的健康发展。

土地被农民视为最重要的财产，它不仅仅只是生产必需的一个要素，而且是农民社会保障的一种形式[115]。在某些市民眼中，乡村文化常常和落后文化联系在一起，乡村文化是愚昧文化、传统文化、封建文化甚至是犯罪文化的代名词[36]。这种文化歧视极易淡化农民工对城市的认同感和归属感。在城乡二元体制根深蒂固的影响下，城市和乡村确实拥有不同的文化、传统、风俗和习惯。而城市化是一个连续的、不以人意志为转移的自然历史过程，在这一过程中，城市和乡村两个体系频繁发生碰撞，其不同的社会基础是产生城乡冲突的内生来源。

2. 治理结构

土地治理已成为全世界广泛关注的问题[12]。原因有两个：首先，许多发展中国家没有意识到自己的农业潜力，其投入使用仍维持在一个较低的水平上，由于土地供应的准入条件限制，即使是在土地相对丰富的国家，农村家庭也集中在较高的人口密度或紧张的基础设施供应地区[21]；其次，很多证据表明土地往往无法实现预期的收益，大量公用地转让给当地居民的生活条件造成极大损失。以中国为例，与庞大的人口数量相比，我国的土地资源是相对稀缺的，所以土地治理过程中既要尽可能保留多的耕地以保证粮食供给，又得为经济发展提供足够的建设用地。

从治理结构来看，政府同时作为城市化制度的设计者、过程的执行者和绩效的评定者，多重身份一体使得其对城市化过程起着绝对性的主导作用，特别是在环境层面，治理结构对于城市的过度倾斜导致城乡差距不断扩大。无论是城乡资源冲突和发展冲突都绕不开环境这一话题。资源冲突中环境矛盾表现在城乡团体间治污能力不同、城乡污染产业配置差异等原因产生了城市污染向农村转移或农村污染向城市扩散的现象。发展冲突的环境问题多集中发生在城乡代际间，强调城乡代际间由于缺乏环保意识和技术手段，对环境造成的可能的破坏。近年来我国城市环境趋向好转，而农村环境形势却日趋严峻。从根源上看，农村环境的恶化除了跟农村环保意识淡薄、环保基础设施差、畜禽养殖污染严重等有关外，还有一个重要因素是城市污染正在加速向农村地区转移[69]。恰恰是政府为减少城市发展交易成本，调整治理结构，支持污染产业城市向农村转移、落户乡村，才导致如今的局面。因此，城乡冲突是对"治理结构向城市倾斜"、"城乡差距扩大"的抗议。

3. 制度环境

在制度环境层次上，政府集权以及对上负责对下不负责导致中国的城市化始终遵循着"重城市、轻农村"和"先城市、后农村"的模式，这是一种以牺牲农村为代价的城市化。譬如我国的城市土地可于房地产市场上交易，而农村土地不能上市资本化。城乡冲突对制度环境最大的威胁表现在对政治稳定的"恐吓"。

资源和发展冲突归根究底来自于我国的政治体制。Robert S. Friedman(1961)[30]指出在城市化进程中有必要将城市和乡村作为独立主体来重新审视其政治研究意义，并认为城乡在众议院选举和投票行为中存在明显的不平等。Charles W. Eagles(1989)[15]则进一步以移民限制和禁酒法案一例说明，由于城市与乡村在国会参议院中占有的席位数不同，两者对法案的态度差异将导致拥有较多席位的一方获得绝对优势，从而引发城乡冲突。在中国，城乡政治上的不平等，是通过户籍管理制度表现在人大代表的席位上。相关统计表明，中国每一代表所代表的人数在农村是城市的 4 倍，这样一来本来户籍人数占多数的中国农民，在代表人数上呈现为弱势。张等文和陈佳(2014)[91]将城乡政治地位不对等概括为"农民政治权力贫困"，表现在农民政治权利受到不合理城乡二元结构限制而没有得到充分保障和实现的状态，主要体现在农民的参政权、平等权和自由权等权利享有较之市民还存在诸多差异。

稳定的政治环境是社会良性发展的重要保障。西方学者认为，后发展中国家在由传统社会向现代社会急剧转型的过程中，其社会经济、政治、文化的不断发展，使原有的政治系统越来越难以适应社会条件与环境变化对政治系统的新要求，必会产生大量的社会矛盾与问题[51]。假如这些社会矛盾和问题得不到及时有效的解决，就会引发社会的政治危机。20世纪 90 年代以来，我国处于社会转型的关键时期，城乡冲突问题，如经济发展、环境保护和社会公平之间的矛盾、收入差距扩大、城乡差别以及区域发展不平衡等放大了政治危机爆发可能性[68]，对现有的政治制度提出新的挑战。可以认为，城乡冲突是实现长期政治稳定的阻力，且只有通过政治体制改革才能消除。

综上所述，土地利用是人类劳动与土地结合以获得物质产品和服务的经济活动，这一过程往往伴随着物质、能量和信息的交流与转换。土地利用涉及产权结构、资源配置、发展平衡等多个方面，因此改善城乡冲突的土地利用或其他相关方面，例如户籍、教育文化资源、环境治理等的政策响应需着眼于改革城乡土地产权二元结构、城乡户籍二元结构、城乡规划二元结构；优化城乡资源配置体系、城乡环境治理体系、城乡一体化发展体系等不同切入点。尤以针对征地利益分配冲突、城乡资源占用不公、城乡产业转移冲突、城乡土地发展权转移和城乡文化和教育冲突等方面的政策努力更为重要。鉴于具体政策的提出往往基于大量的实践探索，因此笔者仅从学理角度，较为宏观地阐述个人对未来政策定位的观点：(1)打造城乡一体化发展模式，配备多层次的交通网络体系。将农村和城市紧密联系在一起，促进各要素在城乡之间自由流动；政府制定土地规划时多考虑乡村未来发展，确定城市和乡村的不同职能，使之与城市发展相辅相成。(2)发展绿色导向的工业用地布局模式。不走传统的高污染、粗放利用企业直接向农村转移的路子。城市不仅要在企业引入前帮助农村完成技术水平更新、人才引进等工作，还需在企业引入后和农村一起致力于企业污染治理问题。(3)统筹城乡政策，改善生产要素流动方式。城市因为集聚经济的存在，其收益高于农村收益，由于要素的流动决定于区域间的收益差，于是，农村的生产要素不断向城市汇入，直至城乡的收益齐平。然而，城市消化这些生产资料的同时使得大量"城市病"随之产生。所以，未来城市发展需协调统筹城乡政策，改善原有生产要素流动方式，科学引导城乡要素互动。(4)积极探索户籍制度改革，逐步消除城乡"二元"体系。在过渡阶段，可建立一套农民获得城镇户口，或获得城市公共服务使用权利的标准，激发农民积极性，为社会提供更多的劳动力资源。我国目前采用的农业户籍和非农业户籍制度严重阻碍"人口城镇化"的步伐，主要表现为居民在教育、就业、社会保障等等方面的差异。进城务工人员为城市提供同样劳动力的同时因户籍问题无法享受到本地区"市民"的待遇，务工农民和市民的这种差异实际上也代表一种"农村"和"城市"的冲突表象。长此以往，很有可能会成为社会稳定发展的一颗定时炸弹。

城市化进程日新月异，城乡冲突问题亟待进一步缓和，本研究以经济发展、社会公平、环境保护为出发点，对形成产权冲突、资源冲突、发展冲突的风险因子进行测定，纳入到可以管理控制的子系统中，对于快速城市化进程中的城乡统筹与城乡一体化建设提供新的视角，尤其为解决我国由于土地二元、户籍二元、规划二元等特殊情况引发的城乡冲突提供了一种有效的分析框架。该框架不仅仅是停留在操作层面，而是渗透到治理层面、制度层面和文化层面，利于我国实现城乡冲突管理标本兼治。城市化进程日新月异，可持续发展理念已成为全世界的共识。在这样的背景下，我国作为最大的发展中国家，缓解城乡冲突，保持政治稳定，推进社会和谐绿色发展的道路任重而道远。

参考文献

[1] Ann T W, Wu Y, Shen J, et al. The key causes of urban-rural conflict in China [J]. Habitat International, 2015, 49: 65-73.

[2] Ann T W, Wu Y, Zhang B, et al. Identifying risk factors of urban-rural conflict in urbanization: A

case of China[J]. Habitat International, 2014, 44:177-185.

[3] Arnold M L, Newman J H, Gaddy B B, et al. A look at the condition of rural education research: Setting a direction for future research [J]. Journal of research in Rural Education, 2005, 20(6):1-23.

[4] Beck U. World risk society. Cambridge: Polity Press, 1999.

[5] Boffard B K. Transferable development rights in New York City [J]. Law School Student Scholarship, 2014:1-26.

[6] Campbell S. Green cities, growing cities, just cities? Urban planning and the contradictions of sustainable development [J]. Journal of the American Planning Association, 1996, 62(3):296-312.

[7] Chen J. Rapid urbanization in China: A real challenge to soil protection and food security [J]. Catena, 2007, 69(1):1-15.

[8] Cobbinah P B, Erdiaw-Kwasie M O, Amoateng P. Rethinking sustainable development within the framework of poverty and urbanization in developing countries[J]. Environmental Development, 2015, 13:18-32.

[9] Cohen B. Urbanization in developing countries: Current trends, future projections, and key challenges for sustainability [J]. Technology in society, 2006, 28(1):63-80.

[10] Cuomo A M, Perales C A. Transfer of Development Rights [J]. NY State Department of State, Albany, New York, 2011:1-13.

[11] Daemane M M M, Ojo G O, Bowen D M. The review of urbanization process and local governance implications on sustainable urban-human development and poverty reduction: pragmatic views on Lesotho [J]. Journal of Sustainable Development in Africa, 2014, 16(1):97-111.

[12] Deininger K, Hilhorst T, Songwe V. Identifying and addressing land governance constraints to support intensification and land market operation: Evidence from 10 African countries [J]. Food Policy, 2014, 48:76-87.

[13] Deng X, Huang J, Rozelle S, et al. Economic growth and the expansion of urban land in China [J]. Urban Studies, 2010, 47(4):813-843.

[14] Deng X, Huang J, Rozelle S, et al. Impact of urbanization on cultivated land changes in China [J]. Land Use Policy, 2015, 45:1-7.

[15] Eagles C W. Eagles. Congressional voting in the 1920s: A test of urban-rural conflict [J]. The Journal of American History, 1989, 76(2):528-534.

[16] Emily Hannum. Political change and the urban-rural gap in basic education in China 1949-1990 [J]. Comparative Education Review, 1999, 43(2):193-211.

[17] Fay M, Wang J, Draugelis G, et al. Role of green governance in achieving sustainable urbanization in China [J]. China & World Economy, 2014, 22(5):19-36.

[18] Friedmann J. Four theses in the study of China's urbanization [J]. International journal of urban and regional research, 2006, 30(2):440-451.

[19] Giddens, A. Runaway World. London: ProfileBooks, 1999.

[20] Hui E C M, Wu Y, Deng L, et al. Analysis on coupling relationship of urban scale and intensive use of land in China[J]. Cities, 2015, 42:63-69.

[21] Jayne T S. Land dynamics and future trajectories of structural transformation in Africa[J]. Agrekon, 2014, 53(3):1-30.

[22] Jerry Medler, Alvin Mushkatel. Urban-rural class conflict in Oregon land-use planning [J]. The Western Political Quarterly, 1979, 32(3):338-349.

[23] John E Hasse, Richard G Lathrop. Land resource impact indicators of urban sprawl [J]. Applied

Geography，2003，23：159-175.

[24] Johnston R A，Madison M E. From land marks to landscapes：a review of current practices in the transfer of development rights [J]. Journal of the American Planning Association，1997，63(3)：365-378.

[25] Lewis W A. Economic development with unlimited supplies of labour [J]. The Manchester School，1954，22(2)：139-191.

[26] Li F，Zhou M，Fan B. Can distance education increase educational equality? Evidence from the expansion of Chinese higher education [J]. Studies in Higher Education，2014，39(10)：1811-1822.

[27] Liu Y，Fang F，Li Y. Key issues of land use in China and implications for policy making [J]. Land Use Policy，2014，40：6-12.

[28] Nallathiga R. Land-based instruments for urban infrastructure development：the experience of tdr in Mumbai [J]. NICMAR Journal of Construction Management and Research，2014，29(1)：51-65.

[29] Richardson H W. The costs of urbanization：A four-country comparison [J]. Economic Development and Cultural Change，1987：561-580.

[30] Robert S. Friedman. The urban-rural conflict revisited [J]. The Western Political Quarterly，1961，14(2)：481-495.

[31] Summers J K，Smith L M. The role of social and intergenerational equity in making changes in human well-being sustainable [J]. Ambio，2014，43(6)：718-728.

[32] Sicular T，Ximing Y，Gustafsson B，et al. The urban-rural income gap and inequality in China [J]. Review of Income and Wealth，2007，53(1)：93-126.

[33] Tremblay K R，Dunlap R E. Rural-urban residence and concern with environmental quality：a replication and extension [A]. Annual Meeting of the Rural Sociological Society[C]，1977.

[34] Yaohui Zhao. Labor migration and returns to rural education in China [J]. American Journal of Agricultural Economics，1997，79(4)：1278-1287.

[35] Zhang K H，Song S. Rural-urban migration and urbanization in China：Evidence from time-series and cross-section analyses [J]. China Economic Review，2003，14(4)：386-400.

[36] 蔡章伟. 城市化进程中的文化冲突与文化和谐[J]. 中共成都市委党校学报，2007(3)：57-59.

[37] 柴铎，董藩. 美国土地发展权制度对中国征地补偿改革的启示——基于福利经济学的研究[J]. 经济地理，2014，34(2)：148-153.

[38] 柴西龙，孔令辉，海热提，等. 建设项目环境影响评价公众参与模式研究[J]. 中国人口资源与环境，2006，15(6)：118-121.

[39] 程必定. 产业转移"区域黏性"与皖江城市带承接产业转移的战略思路[J]. 华东经济管理，2010(4)：24-27.

[40] 崔宝敏. 天津市"以宅基地换房"的农村集体建设用地流转新模式[J]. 中国土地科学，2010，5：37-40.

[41] 邸玉娜. 代际流动、教育收益与机会平等——基于微观调查数据的研究[J]. 经济科学，2014(1)：65-74.

[42] 都阳，王美艳. 户籍制度与劳动力市场保护[J]. 经济研究，2001(12)：41-49.

[43] 樊瑞哲. 我国城乡基本公共物品供给差异分析[J]. 赤子(中旬)，2014(4)：349.

[44] 范彬. 统筹管理、综合治理突破农村水污染治理难题[J]. 环境保护，2014，42(15)：15-19.

[45] 顾益康，潘伟光，沈月琴. 推进城乡发展一体化体制机制改革[J]. 浙江经济，2014(5)：40-41.

[46] 关慧，郑舒婷. 美日韩农村公共物品供给的特点与经验借鉴[J]. 改革与战略，2014(6)：129-133.

[47] 衡爱民. 土地发展权、制度设计与被征地农民权益保护的关联度[J]. 改革，2014(7)：49-56.

[48] 胡滨. 人口城市化、空间城市化与社会风险[J]. 社会科学，2012(5)：59-68.

[49] 黄凌. 城乡规划在建设中的问题及解决对策[J]. 城市建设理论研究,2014(10).

[50] 焦克源,谢瑞. 城乡统筹战略指导下的农村最低生活保障制度建设[J]. 西北人口,2009,30(3):125-128.

[51] 鞠健. 新时期中国政治稳定问题研究[M]. 北京:中共党史出版社,2008:131-134.

[52] 李红娟. 论我国农村土地权利冲突及对策——以农村土地发展权为视角[J]. 西北农林科技大学学报(社会科学版),2014,14(2):14-17.

[53] 李昕,徐滇庆. 房地产供求与演变趋势:澄清一种统计口径[J]. 改革,2014(1):33-42.

[54] 李云新. 制度模糊性下中国城镇化进程中的社会冲突[J]. 中国人口资源与环境,2014,24(6):1-8.

[55] 刘传玉. 效率与公平的冲突与协调:农地制度变革的历史逻辑及启示[J]. 农业经济,2014(4):51-53.

[56] 刘国臻. 论美国的土地发展权制度及其对我国的启示[J]. 法学评论,2007,25(3):140-146.

[57] 刘杰,贺东航. 集体土地归属中的制度模糊与地权冲突[J]. 求实,2014(12):61-66.

[58] 刘颖钦. 城市化进程中的失地农民问题[J]. 现代商业,2014(2):265-266.

[59] 卢福财,朱文兴,胡平波. 产业转型与环境保护良性互动影响因素研究——以江西为例[J]. 江西社会科学,2014,1:56-61.

[60] 卢伟. 我国城市群形成过程中的区域负外部性及内部化对策研究[J]. 中国软科学,2014(8):90-99.

[61] 陆大道,姚士谋,刘慧. 中国区域发展报告(2006)城镇化进程及空间扩张[M]. 北京:商务印书馆,2007.

[62] 陆剑."二轮"承包背景下土地承包经营权制度的异化及其回归[J]. 法学,2014(3):95-103.

[63] 伦海波."增人不增地、减人不减地"的法学解析[J]. 甘肃政法学院学报,2013(3):65-73.

[64] 马克思,恩格斯. 马克思恩格斯选集[M]. 北京:人民出版社,1972:68-69.

[65] 马尚平. 城乡资源配置的评价与分析[M].杭州:浙江大学出版社,2013:3-4.

[66] 欧名豪,李武艳,刘向南,等. 城市化内涵探讨[J]. 南京农业大学学报(社会科学版),2002,2(4):13-21.

[67] 齐睿. 我国征地冲突治理问题研究[D]. 武汉:华中科技大学,2011.

[68] 秦国民. 发展中的稳定:重要战略机遇期我国政治稳定的现实之道[J]. 郑州大学学报(哲学社会科学版),2014(2):14-17.

[69] 秦柳. 我国控制城市污染向农村转移的路径探讨[J]. 改革与战略,2014(10):66-70.

[70] 邱家洪. 城乡统筹进程中的文化冲突与融合[J]. 农业现代化研究,2009(3):315.

[71] 邱立成.环保治污重心须向农村转移[J].农村工作通讯,2014(9):47.

[72] 萨缪尔·亨廷顿. 文明的冲突与世界秩序的重建[M]. 北京:新华出版社,2002.

[73] 盛荣. 农村宅基地制度改革的目标及方案分析[J]. 中国农业大学学报(社会科学版),2006(4):26-29.

[74] 宋伟,陈百明,杨红,等. 我国农村宅基地资源现状分析[J]. 中国农业资源与区划,2008,29(3):1-6.

[75] 汪晖,陶然,史晨. 关于土地发展权转移的误区和方向的思考[EB/N]. http://finance.ifeng.com/opinion/mssd/20101228/3121317.shtml,凤凰网财经评论,2010.12.28.

[76] 王朝明,马文武. 城乡教育均衡发展,城乡收入差距与新型城镇化的关系[J]. 财经科学,2014,8:97-108.

[77] 王芳,易峥. 城乡统筹理念下的我国城乡规划编制体系改革探索[J]. 规划师,2012,28(3):64-68.

[78] 王晓毅. 农村发展进程中的环境问题[J]. 江苏行政学院学报,2014(2):58-65.

[79] 王耀中,陈洁,彭新宇. 2012—2013年城市化学术研究的国际动态[J]. 经济学动态,2014(2):106-116.

[80] 乌尔里希·贝克. 世界风险社会[M]. 吴英姿,孙淑敏译. 南京:南京大学出版社,2004.

[81] 肖雁飞,万子捷,刘红光. 我国区域产业转移中"碳排放转移"及"碳泄漏"实证研究——基于2002年、

2007 年区域间投入产出模型的分析[J]. 财经研究,2014,40(2):75-84.

[82] 杨保军,陈鹏,吕晓蓓,等. 转型中的城乡规划——从《国家新型城镇化规划》谈起[J]. 城市规划,2014,38(A02):67-76.

[83] 杨道兵,陆杰华. 我国劳动力老化及其对社会经济发展影响的分析[J]. 人口学刊,2006(1):7-12.

[84] 易福金,徐晋涛,徐志刚. 退耕还林经济影响再分析[J]. 中国农村经济,2006(10):28-36.

[85] 于华江,杨飞. 城乡一体化建设与农民土地发展权保护[J]. 中国农业大学学报(社会科学版),2011,28(2):33-40.

[86] 俞树毅,高峰. 投资视角下区域产业转移的环境影响问题[J]. 甘肃社会科学,2014(3):198-200.

[87] 郁乐,孙道进. 谁之后代,何种正义?——环境代际正义问题中的道德立场与利益关系[J]. 思想战线,2014,40(4):135-139.

[88] 曾广录,颜建晔,李三希. 城乡基础设施财政投入不均的收入差距效应[J]. 浙江社会科学,2014(1):41-45.

[89] 翟建宏. 树立城乡"共生"理念实现城乡统筹发展[C]. 2006 年推进社会主义新农村建设研讨会论文集,2006:138-143.

[90] 詹玲. 统筹城乡资源配置的几点思考[J]. 当代经济,2011(17):8-9.

[91] 张等文,陈佳. 城乡二元结构下农民的权利贫困及其救济策略[J]. 东北师大学报:哲学社会科学版,2014(3):47-51.

[92] 张海鹏,曲婷婷. 城市化进程中的土地困局:现状、成因与变革[J]. 江海学刊,2014(3):80-86.

[93] 张乐天. 城乡教育差别的制度归因与缩小差别的政策建议[J]. 南京师大学报(社会科学版),2004(3):71-75.

[94] 张期陈,胡志平. 中国式乡村政治中的征地利益格局与征地制度改革分析[J]. 人文杂志,2014(1):33-40.

[95] 张绍波,付伟. 城市居民自觉践行低碳行为的策略研究[J]. 科学时代,2014(17):19-20.

[96] 张晓玲,吴宇哲,关欣. 城市化视角下的土地利用变化研究综述[J]. 农机化研究,2008(1):242-245.

[97] 赵亮. 困境与出路:城乡教育公平实现之路径探索——以城乡统筹为视角[J]. 教育探索,2014,6:007.

[98] 赵配影. 跨系统区域图书馆联盟中的城乡公共文化服务均等化策略研究[J]. 图书馆工作与研究,2014(9):97-99.

[99] 赵之枫. 城乡二元住房制度——城镇化进程中村镇住宅规划建设的瓶颈[J]. 城市规划汇刊,2003(5):73-76.

[100] 郑功成. 社会公平与社会保障:中国社会公平状况分析——价值判断,权益失衡与制度保障[J]. 中国人民大学学报,2009(2):1-11.

[101] 中国科学院国情分析研究小组编. 城市与乡村中国城乡矛盾与协调发展研究[M]. 北京:科学出版社,1994:4-5.

[102] 中国新闻网. 官方:加快农村河道整治严禁城市污染向农村扩散[EB/N]. http://www.chinanews.com/gn—04-11/6053230.shtml,2014.4.11.

[103] 周健华. 浅析我国农村污染的现状及对策[J]. 中国农业信息,2014(1):175-176.

[104] 周凯,王智芳,彭兴芝,等. 城市污染向农村地区转移和扩散的动因及其后果[J]. 农业现代化研究,2008,29(4):471-474.

[105] 周沂,贺灿飞,王锐,等. 环境外部性与污染企业城市内空间分布特征——基于深圳污染企业的实证分析[J]. 地理研究,2014,33(5):817-830.

[106] 朱辉君. 城乡接合部农村土地流转利用存在的问题及对策——以米东区芦草沟乡为例[J]. 农家科技,2014(8):11.

[107] 朱力,汪小红. 现阶段中国征地矛盾的特征、趋势与对策[J]. 河北学刊,2014(6):123-128.

[108] 祝天智,张文壕. 征地中的利益关系失调及其治理[J]. 理论探索,2014(3):85-90.

[109] 张小军. 象征地权与文化经济——福建阳村的历史地权个案研究[J]. 中国社会科学,2004(3):121-135.

[110] 何元斌,侯学英,姜武汉. 我国征地过程中主体利益分析以及改革路径的选择[J]. 经济问题探索,2014(9):47-54.

[111] 蔡昉,都阳,王美艳. 户籍制度与劳动力市场保护[J]. 经济研究,2001,12(4):13-15.

[112] 田毅鹏,齐苗苗. 城郊"村落单位化"的社会管理功能及其限度[J]. 社会科学,2014(1):83-90.

[113] 吉亚辉,李文龙. 兰州新区承接产业转移问题研究[J]. 中国科技论坛,2014(5):100-105.

[114] 陈昭,王红扬."城乡一元"猜想与乡村规划新思路:2 个案例[J]. 现代城市研究,2014(8):94-99.

[115] Lichtenberg E, Ding C. Assessing farmland protection policy in China[J]. Land Use Policy,2008,25(1):59-68.

集体经营性建设用地入市改革的制度连锁反应

靳相木

摘　要：本文运用结构主义和集体主义的制度分析方法，分析集体经营性建设用地入市改革可能引致的制度连锁影响，对联动改革方案的关键制度设计做出探索。集体经营性建设用地使用权入市和土地征收权限定在公共利益范围犹如连体婴或一枚硬币的两面，若全面推动集体经营性建设用地入市，首当其冲对土地征收制度产生影响，土地征收权的性质及机制由此发生重大变化，倒逼土地征收权限定在公共利益范围，并进一步通过征地制度的传导，前后连锁引致"转—征—供"制度框架的松动和解构，横向连锁促进建设用地使用权制度和土地增值收益分配制度的变革，并最终将引发土地公有制的宪制性安排发生重大变动。改革试点应当沿着"先存量后增量，先圈外再圈内"的顺序分阶段、有步骤地进行，做好"泥泞中前行"的准备。

关键词：集体建设用地；物权；征收权；宪制性安排

System Chain Reactions of the Marketization of Profitable Collective Constructive Land

JIN Xiangmu

Abstract：This report analyzed the system chain reactions that may be caused by the reform of the marketization of profitable collective constructive land, using structuralism and collectivistic means of institutional analysis methods, and also explored the key system design of linkage reform plans. The marketization of profitable collective constructive land and the land expropriation are just like conjoined twins, or the two sides of a coin, which are both limited in the range of public interests. If we promote the marketization of profitable collective constructive land entirely, the land expropriation power of government would be the first to be affected. The nature and mechanism of land expropriation power would also undergo a major transformation due to this, forcing the land expropriation power to be limited to the range of public interest. Further, by the conduction of land expropriation system, this would cause loosening and destruction of the 'transformation-expropriation-supply' system in the back and forth chain and promoting the reform of constructive land use rights and the distribution system of land appreciation income in the crosswise chain, which would cause a significant change in the constitutional arrangements of land ownership system. Experimental units should make reforms stage by stage and step by step, taking the direction of 'stock first, then increment; outs first, then inside and make good preparations for walking through a tough reform road.

Key words：collective constructive land；real right；land expropriation power；constitutional arrangements

一、问题与方法论

(一)问题的提出

自 1990 年国务院出台《城镇国有土地使用权出让和转让暂行条例》以来,集体建设用地直接入市流转的呼声不绝于耳,体制外探索和隐性市场也一直存在。1999 年,国土资源部启动集体建设用地使用权入市流转调研,2000 年开始在芜湖等地进行试点。新世纪以来,越来越多的地区自发地进行集体建设用地流转试点,全国多个省以及市、县(区)的政府颁布了本地区内集体建设用地使用权流转的管理办法,积极探索集体建设用地流转。

随着我国工业化城镇化进程的加快,城市基础设施建设、小城镇建设和社会主义新农村建设对建设用地的需求日益增加,虽然现行法律法规禁止集体建设用地入市,但在比较利益的诱惑下,集体建设用地使用权自发、隐形的体制外流转或违法入市的规模不断扩大。

面对集体建设用地入市流转的实践要求和舆论呼声,2003 年 10 月,十六届三中全会通过的《中共中央关于完善社会主义市场经济体制若干问题的决定》提出,要按照保障农民权益、控制征地规模的原则,改革征地制度,严格界定公益性和经营性建设用地。为落实十六届三中全会精神,2004 年《国务院关于深化改革严格土地管理的决定》(国发〔2004〕28 号)中明确,"在符合规划的前提下,村庄、集镇、建制镇中的农民集体所有建设用地使用权可以依法流转"。

然而,五年过去了,集体建设用地入市流转并未能从体制外探索进入体制内。2008 年 10 月,十七届三中全会做出的《中共中央关于推进农村改革发展若干重大问题的决定》重申并进一步明确:改革征地制度,严格界定公益性和经营性建设用地,逐步缩小征地范围;在土地利用规划确定的城镇建设用地范围外,经批准占用农村集体土地建设非公益性项目,允许农民依法通过多种方式参与开发经营并保障农民合法权益,逐步建立城乡统一的建设用地市场;对依法取得的农村集体经营性建设用地,必须通过统一有形的土地市场、以公开规范的方式转让土地使用权,在符合规划的前提下与国有土地享有平等权益。

十七届三中全会之后的五年,建立城乡统一的建设用地市场亦几乎无进展。2013 年 11 月,党的十八届三中全会对集体经营性建设用地入市改革再次做出部署:在符合规划和用途管制前提下,允许农村集体经营性建设用地出让、租赁、入股,实行与国有土地同等入市、同权同价,建立城乡统一的建设用地市场。缩小征地范围,规范征地程序,完善对被征地农民合理、规范、多元保障机制。建立兼顾国家、集体、个人的土地增值收益分配机制,合理提高个人收益。

在全面深化改革的新形势下,这一次集体经营性建设用地入市改革,与征地制度改革、宅基地制度改革一道作为推进农村土地制度改革的三项内容,其动员机制、力度和社会预期不同于以往,加快推进农村集体经营性建设用地出让、租赁、入股,实行与国有土地同等入市、同权同价,似已箭在弦上。

十六届三中全会至十八届三中全会的十年间,推动集体经营性建设用地入市流转、建立城乡统一的建设用地市场的改革之所以举步维艰,无法取得实质性进展,一个很重要的原因,在于集体经营性建设用地入市改革复杂性强、难度大、风险高,集体经营性建设用地入市改革引致的制度连锁反应大,对改革目标及推进路径形成共识的难度很大。

在新的历史起点上,全面深化农村土地制度改革,啃下集体经营性建设用地入市改革这块硬骨头,现在看必须对集体经营性建设用地入市改革的制度连锁反应作做科学判断和全面评估,对改革目标进行系统性审视、界定和取舍,才有可能找到推动集体经营性建设用地入市改革的突破口、有效路径以及与其他改革的联动配合方案。

(二)方法论

当前,社会各界及舆论对推动集体建设用地入市改革的期望很高,改革的思路、方案及建议很多,分歧也很大。在很大程度上,这种情形是论者立场和方法论的差异所致。

1.对改革认知的逻辑起点

探索设计集体经营性建设用地入市改革的突破口和路径,首先需要对改革开放以来我国初步建立起的土地管理制度基本框架的总体合理性与否做出判断。做出的判断不同,那对集体经营性建设用地入市改革的突破口、路径和方案的选择也就大相径庭。这个判断,是推动集体经营性建设用地入市改革的认知起点。

改革开放三十五年来我国初步建立起的土地管理制度基本框架,至少包括三个层面的内容:(1)顶层设计层面,亦即宪制性安排,我们初步确立了"两个分离"的土地公有制度,一是"两区分离",即城市的土地属于国家所有,农村和城市郊区的土地属于集体所有;二是"两权分离",即土地的使用权可以依法转让,在土地公有框架下赋予了人民土地财产权。(2)法律制度层面,我们形成了集中和动员土地要素投入到工业化城市化开发中的"转一征一供"三位一体的制度体系,建立了中国特色的土地用益物权和担保物权体系,培育了中国特色土地市场的基础结构。(3)土地施政层面,我们建立了土地政策参与宏观调控的体制、机制和政策杠杆体系,有效调控着中国转型发展进程。

2011 年 8 月 23 日,胡锦涛在第十七届中共中央政治局第 31 次集体学习上的讲话指出:"改革开放以来,我国土地管理事业快速发展,初步建立起符合国情、适应社会主义市场经济体制要求的土地管理制度基本框架,为经济社会发展提供了有力支撑。"胡锦涛的这个判断,有其事实依据。过去三十五年,我国 GDP 年均增长 9.8%,让 6.8 亿人口摆脱了贫困,这不是发生在一个小国家,而是 13 亿人口的大国,这是人类经济史上不曾有过的情景,土地制度作为最基础、最根本的政治经济社会制度,这充分说明我们国家的土地制度总体上是适应我们的发展要求的。如果我们的土地管理制度基本框架总体上不适应经济社会的发展研究,我们的经济社会发展就不可能取得如此举世瞩目的成就。

全面深化土地制度改革,必须以我们已经初步建立起的土地管理制度基本框架为基础和起点,另搞一套是不现实的。本文的全部逻辑展开,即以这个判断作为逻辑起点。基于这个认知前提,去查找和面向我国现行土地管理制度基本框架中存在的突出问题,探索集体经营性建设用地入市究竟能够解决其中的哪个问题,以明确集体经营性建设用地入市的着力点和目标定位。

2.结构主义的制度分析

在一个稳定运行、功能完善的制度结构体系中,不同层次以及同一层次的各项制度安排都有其相应的功能,但它们之间是相互联系、内在贯通、自洽的。对其中的一项制度安排进行改革,势必引起不同层次上或者同一层次内制度安排之间的连锁反应。推动集体经营性建设用地入市改革，牵一发而动全身，要充分认识这项改革事关我国经济社会发展全局，既要避免"只见树木不见森林"，也要避免"只见森林不见树木"，这就必须要坚持结构主义的制度分析法。

坚持结构主义的制度分析法，就是要把集体经营性建设用地入市改革放在我国已经初步建立起的土地管理制度基本框架中予以统筹考虑，力戒将集体经营性建设用地入市看作一个孤立的制度创新，既要考察现行土地管理制度基本框架的内在规定性及发展趋势对集体经营性建设用地入市流转的约束和要求，也要考虑集体经营性建设用地入市改革对现行土地管理制度基本框架合理内核的可能冲击以及对相关制度的连锁影响。在此基础上，设计集体经营性建设用地入市流转的路径以及与其他改革的联动配合方案。

3. 集体主义的制度分析

全面深化土地制度改革的主旨，不是要颠覆过去三十五年我们已经初步建立起的土地管理制度基本框架，而是对这个基本框架的完善和发展，对其中一些关键环节或重要方面存在的突出问题予以破除，并推陈出新。在这一认识逻辑下，新的历史起点上全面深化改革与过去三十五年改革有着很大的不同，就是过去三十五年改革的推进，总体上呈现出"有人受益而无人受损"的帕累托改进的特点，而全面深化改革则步入利益调整的深水区，"有人受益而无人受损"式的改革已不复存在。全面深化土地制度改革，尤其集体经营性建设用地使用权入市改革，深深刻上利益调整的烙印。

马克思运用阶级分析法对资本主义社会生产关系进行分析，建立了科学社会主义理论。建设社会主义和谐社会是时代发展的新要求，阶级分析法于我们这个时代总体上已经不适用了。但是，中国特色社会主义的各个阶层、不同社会群体的利益冲突和矛盾仍然广泛存在，社会群体是客观存在的，同一个群体往往有着相同的价值观和利益诉求。在全面深化改革研究中，有必要把个人放到其社会的、文化的和历史的背景中去考察，以群体理性为出发点，将社会群体作为基本分析单位，分析不同群体对改革的不同诉求和反应。

集体经营性建设用地使用权入市改革，涉及农转用增值收益在农民群体和城镇居民群体之间分配关系的调整和再平衡，这一改革不但具有激发土地市场活力、"把蛋糕做大"的作用，而且也是对土地增值收益这块蛋糕的重新分配，是"有人受益、有人受损"，对既得利益群体的冲击无法避免。既然有利益格局的变动，势必产生新的冲突和矛盾。本文引入群体主义的制度分析法，试图算清楚集体经营性建设用地入市改革在不同阶层之间的利益再分配这本大账，以抓住集体经营性建设用地入市流转改革的主要矛盾和矛盾的主要方面，切实避免循入"一方得利，满盘皆输"的改革乱局。

当代中国转型发展正处于突破中等收入国家陷阱的"闯关"阶段，因而保持政治、经济和社会大局稳定是全面深化改革应该坚守的底线。在万众瞩目之下，选择一条众望所归的集体建设用地入市路径所需要的知识和信息，远远超出了经济学或法学的想象力，在更大程度上它是政治手术，需要中央审时度势做出政治判断，这也是本文坚持阶层主义的制度分析法的题中之意。

二、结构主义视角的集体土地制度及其面临的挑战

本部分的任务,是将现行集体建设用地相关制度置于我国土地管理制度基本框架结构中考察,以联系的观点,分析现行集体建设用地制度的基本规定性、绩效及其面临的挑战。具体从顶层设计、"转—征—供"三位一体新增建设用地管理制度、土地用益物权制度和土地税收制度等四个方面展开分析。

(一)土地公有制顶层设计中的集体土地所有权制度

我国土地公有制度的顶层设计,体现在我国《宪法》第十条,即"两个分离":一是"两区分离",二是"两权分离"。

《宪法》第十条对公有土地的"两区分离"安排有两个要点:(1)我国城市和农村地区实行两种不同的土地公有制,城市的土地属于国家所有,农村和城市郊区的土地,除由法律规定属于国家所有的以外,属于集体所有;(2)国家为了公共利益的需要,可以依照法律规定对土地实行征收或者征用并给予补偿。在城市化背景下,这两点是相互支撑的,城市和农村实行两种不同的土地所有制,在城市这个圈内是不能存在集体土地的,那么,当农村土地城市化开发后,就必须适时通过征收转为国有土地,也只有依赖并借土地征收才能在动态中维持城市土地国有制格局。

进一步推论,在我国公有土地"两区分离"的宪制性安排中,土地征收是集体土地向国有土地转化的通道,是维系城市土地国有制格局的保障手段,也因此对集体土地的征收虽然带有一般征收关系的外观特征,但它不具备一般征收关系的内部机制,它是一种拟制的征收,是"形似而神不似"的征收。

我国《宪法》第十条同时规定,对公有土地所有权以"两权分离"为实现形式:"任何组织或者个人不得侵占、买卖或者以其他形式非法转让土地。土地的使用权可以依照法律的规定转让。"这一宪制性安排明确,不论城市的国有土地,还是农村的集体土地,均应为人民设立土地使用权,赋予人民具体支配公有土地的权利。

我国公有土地"两区分离"、"两权分离"的宪制性安排经由《土地管理法》、《城市房地产管理法》、《物权法》等法律法规得以贯彻落实。今天,土地公有制已经发展成为中国特色社会主义宪制性安排中的一个基础性原则,土地公有制原则深入渗透到中国政治、经济、文化和社会生活的方方面面,我们的政治制度、经济制度、行政体制等庞大的上层建筑大都竖立于土地公有制原则之上。若抽掉了土地公有制,攸关国家结构以及政治、经济、社会发展方式等的基本制度安排都将随之一变。

土地是天赋资源,是人类生存之母,人类社会的种种利益冲突莫过于土地利益冲突。中国历史上社会发展长期被土地兼并及其引起的土地占有不公问题所困扰,这一点是近代现代中国各政党、各界的共识。土地公有制有可能从根本上解决土地占有不公的历史难题,消除以土地为纽带剥削他人劳动的机制,为社会成员公平、公正地利用土地,提供了新的舞台、新的可能和新的境界。

在土地公有"两区分离"宪制性安排下,农村土地集体所有制具有过渡性,因为当农村地区城市化后,原来的集体土地必须适时通过土地征收转为国有土地,才能维持城市土

国家所有格局。否则，集体土地就会"从农村包围城市"，"城市的土地属于国家所有"的宪制性安排就会成为一纸空文。由于土地城市化开发显然并非都是公共利益用途，将城市化开发后的集体土地不断征收转化为国有土地，必然与《宪法》第十条对土地征收的公共利益要件的规定产生冲突。在快速城市化以及城乡一体化不断发展的形势下，宪制性安排中的这个内部紧张关系将越来越突出。

同时，在农村地区实行土地的集体所有制，由于集体土地所有权内在的地域性、血缘性和封闭性，也越来越不适应城市化、市场化和社会化和城乡一体化的发展要求，集体成员的土地权益界定和实现等难题也越来越凸显，夯实集体土地权能的困难越来越大。

（二）"转—征—供"框架中的集体建设用地制度

在现行《土地管理法》、《城市房地产法》等相关法律法规的框架下，集中和动员土地要素投入到工业化城市化开发中，必须通过"转—征—供"三位一体管理流程，如图 5-1 所示。

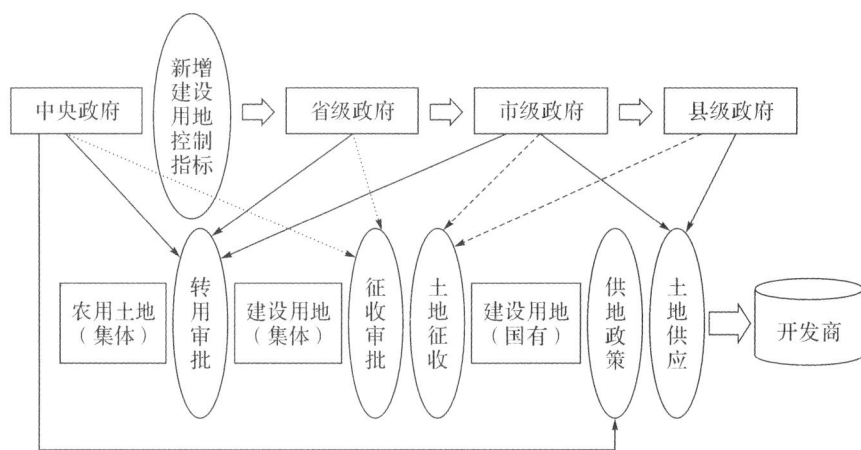

图 5-1 "转—征—供"三位一体新增建设用地管理制度框架

图 5-1 由上下两部分构成，上部表示中央、省、市、县四级政府在农地非农化开发管理链条中的职权划分及衔接关系，下部表示农地非农化开发管理制度的主要环节。

农用地转用审批作为农地非农化开发管理制度的"阀门"，是实施土地用途管制的主要杠杆。农用地转用审批权由中央、省、市三级政府分享，各自的权限是：省级人民政府批准的道路、管线工程占用地，涉及农用地转为建设用地的，由国务院审批。在土地利用总体规划确定的城市和村庄、集镇建设用地规模范围内，为实施该规划而将农用地转为建设用地的，按土地利用年度计划分批次由原批准土地利用总体规划的机关批准。上述两种情形以外的建设项目占用土地，涉及农用地转为建设用地的，由省级人民政府批准。完成农用地转用审批之后，在土地用途管制层面农用地就已变更为建设用地，但此时的土地仍为农民集体所有。

从图 5-1 可以看出，在农用地转用审批环节，中央通过新增建设用地总量控制指标实现对省、市两级政府的农用地转用审批权的量的约束。新增建设用地指标管理实行"总量控制、统一分配、层层分解、指令性管理"体制，即：中央政府通过编制全国土地利用总体规划一次性确定规划期内全国的新增建设用地总量控制指标，同时决定规划期各地的新增建设用地配额，并由中央到地方层层分解，直至下达到乡镇。年度新增建设用地总量控制指标同样实行指令性配额管理体制。省、市两级政府只能在分配的农用地转用指标的范围内行使农用地转用审批权,没有新增建设占用农用地计划指标不得批准农用地转用。省级政府行使土地征收审批权也相应要限定在中央政府下达的新增建设用地指标的控制范围内。

土地征收作为农地非农化开发制度的中间环节,实践中执行的是《土地管理法》第四十三条"任何单位和个人进行建设,需要使用土地的,必须依法申请使用国有土地"、第六十三条"农民集体所有的土地的使用权不得出让、转让或者出租用于非农业建设"以及《城市房地产管理法》第八条"城市规划区内的集体所有的土地,经依法征用转为国有土地后,该幅国有土地的使用权方可有偿出让"等规定。这就是说,不管是否是公共利益的需要,凡集体农地用于非农化开发建设,均须通过征收程序。土地征收审批权由中央和省两级政府分享,各自的权限是:征收基本农田、征收基本农田以外的耕地超过 35 公顷、征收其他土地超过 70 顷的,由国务院批准;征用前述规定之外的土地的,由省级人民政府批准,并报国务院备案。土地征收审批获准之后,由市、县人民政府负责实施具体的土地征收活动。只有经过并完成土地征收程序,农民集体土地所有权才变更为国家土地所有权。

在土地征收程序之后,再经过土地供应程序,土地才能进入开发商手中。土地供应的方式有划拨、出让、出租以及其他方式,但土地出让已逐渐成为土地供应的主渠道。土地供应具体由市、县人民政府有计划、有步骤地组织实施。土地供应必须在中央制定的《划拨用地目录》、《限制用地项目目录》和《禁止用地项目目录》等供地政策的约束之下进行。土地开发商取得土地后,在土地供应合同约定的范围内从事具体的非农化开发活动。

总体上看,"转—征—供"三位一体管理制度链条确立了当代中国将新增建设用地动员、投入到快速工业化和城市化开发中的主要机制和制度安排。在这个框架下,集体土地除用于乡镇企业、乡(镇)村公共设施和公益事业、农村村民住宅等之外,不得投入工业化、城市化开发中。

随着社会主义市场经济的发展,我国产品市场、资本市场和劳动力市场逐步建立、完善和成熟,国家对经济社会资源的控制日渐松弛,在消费品的生产、流通和分配上国家几乎不再行使权力了,在资本市场上国家也不再是垄断者,劳动力自由流动和人民自由选择职业也已经成为常态。但是,中国的转型发展必须循序渐进,如果政府骤然全面放弃对经济社会资源的控制和动员能力,激进地转向市场主导型经济发展模式,对于我们这样一个 13 亿人口的发展中大国可能会产生灾难性后果。

在过去、当前和今后一段时间内,政府凭借"转—征—供"三位一体的农地非农化开发制度,实现对全国土地资源开发利用的垄断和控制,并由此得以主导转型发展进程,政府能够把握着我国转型发展的方向、步骤和速度,有其正当性和必要性。土地出让制度与农用地转用审批、土地征收制度捆绑在一起,在引入市场机制配置土地资源的同时,也保留了政府对新增建设用地投放速度、时序、结构的发言权,这对于扼制土地市场投机、协调区域发展,可能发挥立竿见影的作用。

习近平同志在 2014 年亚太经合组织(APEC)工商领导人峰会上作《谋求持久发展　共筑亚太梦想》的主旨演讲时,概括了中国经济新常态的三个主要特点及四个方面的发展机遇。三个主要特点:一是从高速增长转为中高速增长。二是经济结构不断优化升级。三是从要素驱动、投资驱动转向创新驱动。新常态将给中国带来新的四个方面的发展机遇:第一,中国经济增速虽然放缓,实际增量依然可观。第二,中国经济增长更趋平稳,增长动力更为多元。第三,中国经济结构优化升级,发展前景更加稳定。第四,中国政府大力简政放权,市场活力进一步释放。在中国经济新常态下,依靠"转—征—供"三位一体新增建设用地管理制度,动员和集中土地要素和社会资本来推动中国快速工业化城市化,将面临越来越大的挑战。

"转—征—供"三位一体这样一种高度集中的土地规划计划管理体制,蕴藏着影响经济增长和社会发展质量,甚至违背自然、经济和社会发展规律的可能性。特别是,由于中国经济总量巨大,而且不同地区经济社会发展水平、条件差异迥然,中央与地方信息高度不对称,这套制度对于各地工业化、城市化发展的进程和速度可能造成人为的扭曲和破坏。随着政府大力简政放权,市场活力进一步释放,各地对分散决策的呼声越来越高,"转—征—供"制度对集体经营性建设用地直接入市流转的限制必将受到越来越严峻的挑战。

(三)土地用益物权制度中的集体建设用地使用制度

在社会主义市场经济条件下,"两权分离"是土地公有制在社会再生产过程中得以实现和巩固的最适宜的形式,即:一方面,国家或集体保有土地所有权,维持和保障着社会正义和公共利益;另一方面,公民个人、法人或其他组织持有公有土地的使用权,按市场法则行事,追求土地资源配置效率最大化。在"两权分离"的框架下,借用益物权制度,在公有土地之上为公民设立包括用益物权和担保物权在内的他物权,基本可以满足公民社会成长和土地要素市场化的要求。

按照两权分离的思路,借鉴香港地区的批租制,自1990年国务院出台《城镇国有土地使用权出让和转让暂行条例》以来,逐步完善国有土地有偿使用制度,形成了中国特色的国有建设用地使用权制度。2007年《物权法》第十一章对国有建设用地使用权进行规范,明确了其用益物权性质。可以说,我们已经成功探索到了在国有土地之上赋予人民土地财产权的道路。

《物权法》第十一章同时明确,集体所有的土地作为建设用地的,应当依照土地管理法等法律规定办理。也就是说,目前集体土地上除宅基地之外的建设用地使用权尚不受物权法的调整,其物权属性还不明确。不仅如此,集体建设用地使用权与国有建设用地使用权在权能上更是大相径庭。国有建设用地使用权已经成为城镇土地市场的主要权利载体,"不是所有权,胜似所有权",可以转让、互换、出资、赠予或者抵押。现行法律明确,集体土地除用于乡镇企业、乡(镇)村公共设施和公益事业、农村村民住宅等之外,不得用于其他经营性领域,乡镇、村企业的建设用地使用权也不得单独抵押。除农民住宅、乡镇企业、乡镇公共设施和公益性事业等可以使用原有农村集体建设用地,其他建设用地实行政府统一征收转为国有土地,方可设立建设用地使用权,这与"转—征—供"制度相配合,实现了政府对土地一级市场的垄断,为满足快速工业化和城镇化发展的用地需求,为筹集工业化城镇化建设资金,提供了可靠的制度保障。

在我国土地公有制的宪制性安排中,土地所有权制度设计上有两个不平等:一个是城市国有土地所有权和农村集体土地所有权的权能不平等,集体土地具有公益储备性和过渡性,在公共利益需要时,集体土地应当经征收程序转为国有土地,在这个意义上,农民是"二等公民";另一个是农民和市民的土地权利能力不平等,农民可以借集体的名义取得土地所有权,而市民则无权取得任何形式的土地所有权,在这个意义上,市民则是"二等公民"。在城乡统一社会保障制度逐步建立的背景下,随着公民社会和公民权利平等意识的成长,土地所有权的这两个不平等,其正当性越来越受到质疑。宪制性安排内含着的这两个不平等,对集体土地与国有土地两类建设用地使用权"同等入市、同权同价"构成重大约束和障碍。

在用益物权制度中,集体土地之上的宅基地使用权、集体建设用地使用权、土地承包经营权的用益物权属性虽然在法律中得到了确认,但同国有建设用地使用权相比,仍受到严格的限制。集体建设用地使用权只能随着企业破产、兼并而转让、出租或抵押。农民住房抵押贷款试点也因抵押权实现时宅基地无法处置而进退两难。集体土地用益物权不能流转变现,农民就难以获得生产需要的流动资金,就会缺少进城创业、生活的资本,农业转移人口无法市民化。

(四)土地税收制度中的集体建设用地制度

1994年我国工商税制改革,基本建立了适应社会主义市场经济体制要求的税收体系,建立起覆盖土地取得、保有、使用、开发、交易、收益各环节的土地税收调节体系。涉及土地的税种主要有耕地占用税、城镇土地使用税、土地增值税、营业税、企业所得税、个人所得税、契税、印花税等。总体看,土地税收在增加地方财政收入、促进土地合理利用和保护耕地资源等方面发挥了比较重要的作用。

在快速工业化、城市化背景下,在农用地非农化开发过程中,农用地在农民手中的价值与政府将其转换为国有建设用地并出让给开发商的价格之间,存在着一个巨大的增值额。目前,各界广泛讨论、争拗的所谓土地增值收益分配问题指的就是这块增值额。对农转用导致的价值增值进行调节,从理论思路上讲应当是非常清晰的,即应当通过土地税收进行调节。然而,在"转—征—供"制度中,农转用导致的价值增值及其分配问题被导入土地征收制度框架中予以讨论,从而原本该由土地税收制度解决的问题,便转换为土地征收补偿安置问题,土地征收补偿安置政策代替税收制度调节农转用土地增值收益分配的局面也由此而生。

在"转—征—供"制度框架中,地方政府以"先征后让"的方式,即通过低价征收集体土地,转为国有土地后,再由地方政府高价出让,实现了对这个增值收益的垄断。在当前快速工业化和城市化中,地方政府出让的土地,大都是经过征收程序将集体土地转为国有土地之后才出让的。"转—征—供"三位一体制度保障了政府对农地非农化开发的垄断权,建设用地由政府统一征收供应。将集体土地通过征收程序转为国有土地以及随后的国有土地使用权出让,均由市、县政府组织实施,而且国有土地使用权出让收入的大头归市、县地方政府享有,在这个意义上,市、县地方政府是中国农地非农化开发的主体,是一级开发者,开发商是二级开发者。在农地非农化开发过程中,农用地完成转用审批及初步整理,出让给开发商后,被征地农民获得征地安置补偿费,政府取得土地出让金扣除安置补偿费后的剩余额。

市、县地方政府以农地非农化的一级开发者身份,对转用增值收益分配和使用的垄断,引发日趋严峻的征地矛盾和冲突,农民要求集体经营性建设用地直接入市流转,分享农转用增值收益的呼声也由此而起。尤其是在中国经济新常态下,发展成果将惠及更广大民众,这对限制集体经营性建设用地直接入市、由政府垄断农地非农化开发增值收益的制度势必要产生重大冲击。

据对浙江 D 县的调查分析(见图 5-2)，2011—2013 年土地出让收益为 460327.61 万元，其中用于征地补偿安置的费用(包括社保)为 55176.79 万元，占 11.98%；土地价值"剪刀差"为 405150.82 万元，占 88.02%。这块价值"剪刀差"中，政府仅以耕地占用税的形式拿走 19015.95 万元，占 4.13%，其余由政府支配，分别用于新增建设用地有偿使用费、耕地开垦费、土地整理、农业土地开发、国有土地收益基金、教育基金、土地开发支出、廉租住房保障基金、农田水利建设资金、农业发展基金、生态补偿基金等方面。

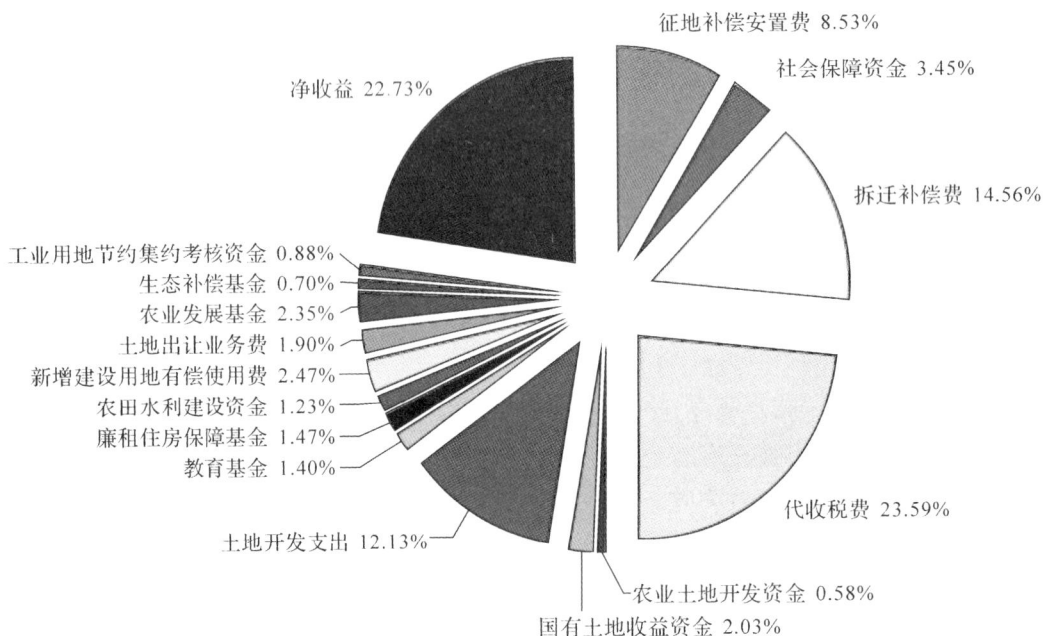

图 5-2 2011—2013 年 D 县土地出让收益流向构成

土地税收杠杆在农转用增值收益分配中缺位，必然造成农转用增值收益分配缺少法定性、权威性、客观性和共识性。在"转—征—供"制度框架中，农转用增值收益分配转换为土地征收补偿安置问题，演变为由地方政府和被征地农民讨价还价决定。也正是因为引入讨价还价的博弈机制，征地补偿安置纠纷、冲突乃至群体性事件才愈演愈烈。

三、集体经营性建设用地入市改革的制度连锁反应

按照存量集体建设用地、增量集体建设用地以及在城镇建设用地范围内和在城镇建设用地范围外等的不同组合，集体经营性建设用地入市改革的力度与范围有以下四种情形：

第一种情形：全面放开集体经营性建设用地入市流转。不论存量集体建设用地，还是增量集体建设用地，也不论在城镇建设用地范围内，还是在城镇建设用地范围外，只要符合土地利用总体规划、城市和集镇规划及土地用途管制的要求，集体经营性建设用地都可以入市流转。

第二种情形：放开城镇建设用地范围外的集体经营性建设用地入市流转。在土地利用总体规划确定的城镇建设用地范围内，继续坚持"转—征—供"制度框架，集体土地通过土

地征收转为国有后,方可出让。在土地利用总体规划确定的城镇建设用地范围外,不论存量集体建设用地,还是增量集体建设用地,凡符合土地利用总体规划、城市和集镇规划及土地用途管制的要求,集体经营性建设用地都可以入市流转。

第三种情形:放开存量集体经营性建设用地入市流转。凡增量建设用地,不论在城镇建设用地范围内,还是在城镇建设用地范围外,均继续坚持"转—征—供"制度框架,集体土地通过土地征收转为国有后,方可出让。凡存量集体建设用地,不论在城镇建设用地范围内,还是在城镇建设用地范围外,只要符合土地利用总体规划、城市和集镇规划及土地用途管制的要求,集体经营性建设用地都可以入市流转。

第四种情形:放开在城镇建设用地范围外的存量集体建设用地入市流转。在土地利用总体规划确定的城镇建设用地范围内,不管是增量建设用地,还是存量集体建设用地,继续坚持"转—征—供"制度框架,集体土地通过土地征收转为国有后,方可出让。在城镇建设用地范围外,增量建设用地仍须通过土地征收转为国有后方可出让,但在城镇建设用地范围外的存量集体建设用地,在符合土地利用总体规划、城市和集镇规划及土地用途管制要求的情况下,集体经营性建设用地可以入市流转。

上述四种情形的集体经营性建设用地使用权入市流转,引致的制度连锁反应是不一样的。

（一）引致土地征收权的性质及实施机制的重大变化

集体经营性建设用地使用权入市和土地征收权限定在公共利益范围犹如连体婴或一枚硬币的两面,集体经营性建设用地入市流转的范围和土地征收权行使的范围相互关联、此消彼长。全面推进集体经营性建设用地使用权入市改革,首当其冲对土地征收制度产生影响。

在我国当前的"转—征—供"制度框架中,大量的商业用地、房地产用地、工业用地等经营性用地也都通过土地征收取得。这个框架中的土地征收权,徒具一般公益性征收关系的外部特征,而不具备一般公益性征收关系的性质和机制,是拟制性的征收关系,它实质是公权力主导的集体农用地非农化开发制度链条的一个环节,也是实现集体土地向国有土地转化、维系城市土地国家所有制格局的公权杠杆。

如果完全放开集体经营性建设用地入市流转,那就倒逼土地征收的范围严格限定在公共利益的范畴,非因公共利益需要不得征地。随着集体经营性建设用地入市流转的全面放开,土地征收将不得不限定在公共利益的范围,土地征收权的法律性质和实施机制也将相应地逐步向一般公益性征收关系转变,现行的拟制性土地征收制度几乎要全部废掉,必须另起炉灶,重新塑造和建构一套公益性土地征收制度。

在现行土地征收制度的基础上,塑造和建构一套公益性土地征收制度要重点解决两个问题:

一是实现公共利益的判定标准和认定机关的明晰化。公共利益的判定标准指的是公共利益的类型化;公共利益的认定机构是指哪个机构有权对一个具体征地项目是否属于公共利益做出决定。

公共利益作为一个与私人利益相对应的范畴,它是法学、政治学及社会学等学科中使用频率较高的概念之一。一般认为,公共利益是指有关国防、教育、科技、文化、卫生等关系国计民生的利益。在《牛津高级英汉双解词典》中，公共利益是指"公众的、与公众有关的或成为公众的、共同的利益"。从学理上分析，公共利益具有客观性、公共性、层次性和历史性，通常也表现出"利益内容的不确定性"和"受益对象的不确定性"。

由于公共利益是一个高度抽象、涉及价值判断的概念，欲塑造和建构一套公益性土地征收制度，追求法律的可操作性，就得考虑将公共利益类型化。比较不同的立法体例，大致有两种模式：一种是封闭式列举。这种模式下，法律要穷尽公共利益的所有可能类型，凡不在列举范围内的情形不得动用征收权。例如，日本有关征收的法律中，全面列举了所有 35 种可以运用征收权的公共利益情形。另一种是开放式列举。在这一模式下，法律既具体列举，又设置兜底条款，如我国台湾地区是此种模式的代表。当前，我国正处于快速转型发展阶段，对公共利益内涵及外延的认知尚处于变动不居中，我国公益性土地征收制度建构应采用开放式列举法，对公共利益的类型进行界定。

解决了公共利益的判定标准之后，至于一个具体征收项目是否属于公共利益，应当由行政机关做出决定，并视公共利益的层次性，由中央、省、市、县四级政府按层级承担相应的权责。参考《国有土地上房屋征收与补偿条例》的规定，对具体征收项目是否属于公共利益用地做出决定，应当主要由县级政府负责。同时，要引入诉讼机制，当事人对政府机关做出的公共利益认定不服的，可诉至法院。

二是实现公益性土地征收公正补偿安置标准的市场化。在公益性征收的国家，一个征收项目对"被征收人的所失"的补偿标准，通常既不是由被征收人自己确定，也不是由征收人自行认定，更不是由双方当事人协商、谈判和博弈，而是由市场来发现和决定，从而将原本属于主观认知范畴的公正标准转化为客观的"公平市场价值"，由此在公正补偿标准上达成了最广泛的社会共识。

由于我国现行"转—征—供"制度框架摒除集体建设用地直接入市，被征收土地的公平价值无法由市场来发现，我们长期以来无法找到像"公平市场价值"一样能够凝聚社会共识的公正补偿标准，社会也因此陷入巨大的歧见漩涡。随着集体经营性建设用地使用权入市流转，城乡统一、开放、竞争有序的建设用地市场体系有望形成，集体土地的市场价值将逐渐显现和形成，集体经营性建设用地的市场价值可能会发展成为公益性土地征收之公正补偿的客观标准。那么，在公益性征收模式下，当被征收人的土地价值按照公平市场价值予以补偿后，"被征收人的所失"亦即得到全面弥补，现行的包括就业、社会保障等在内的综合补偿安置制度可能要相应退出历史舞台。

可见，全面放开集体经营性建设用地入市流转对现行土地征收制度的冲击、影响，可能是全方位的，几乎是推倒现行土地征收制度，是另起炉灶，重新塑造和建构一套与现行土地征收制度完全不同的公益性土地征收制度，其间的利弊得失必须审慎权衡。

如果不是全面放开集体经营性建设用地入市流转，而是选择第二、三、四种入市情形，那对现行拟制性的土地征收制度的冲击和影响相对较小，尤其是第四种情形，即只放开城镇建设地范围外的存量集体建设用地入市流转，对征收制度的影响不大。

(二)引致"转—征—供"制度的松动和解构

在保持现行土地规划计划、用途管制制度不变的情况下，全面放开集体经营性建设用地直接入市流转，其中新增集体经营性建设用地管理流程可能如图 5-3 所示。

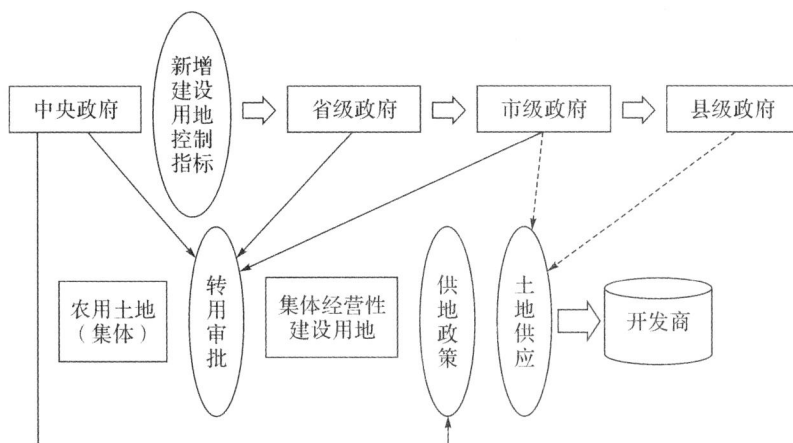

图 5-3　新增集体经营性建设用地使用权入市改革框架图

即便是全面放开集体经营性建设用地使用权入市流转,也应当符合土地利用总体规划、年度计划和农转用审批等用途管制的要求。比较图 5-3 和图 5-1 的区别,推动集体经营性建设用地使用权入市流转的改革,就是将图 5-1"转—征—供"三位一体制度链条中的征收环节抽掉。现行"转—征—供"制度对公共利益用地和经营性用地一体适用,全面放开集体经营性建设用地入市流转必然引致这一制度链条和框架的松动和解构。

如果不是全面放开集体经营性建设用地入市流转,而是选择第二、三、四种入市情形,那对现行"转—征—供"制度链条和框架的冲击和影响相对较小,尤其是第四种情形即放开城镇建设用地范围外的存量集体建设用地入市流转,对"转—征—供"制度的影响不大,甚至可以忽略不计。第二、三两种情形对现行"转—征—供"制度的影响相对显著,但仍处于可承受的范围。

(三)引致建设用地使用权制度的重大变化

我国《物权法》确认、规范的建设用地使用权,其客体为国有土地。如果全面推动集体经营性建设用地使用权入市流转,我国现行《物权法》上的建设用地使用权势必要从国有土地扩展到集体土地之上,赋予集体土地之上的建设用地使用权与国有土地之上的建设用地使用权同等的权能,并一体适用《物权法》的调整。

虽然物权法定主义是物权法的一项基本原则,但用益物权的设立及其内容必然要受到所有权的约束,物权法在确定用益物权的种类及内容的时候无法恣意妄为,用益物权的内容必须与竖立其上的土地所有权的性质相契合。大陆法系土地私有制国家的地上权制度之所以采取年租制而不采用批租制,是因为一旦采用批租制,地上权存续期间的全部租金于地上权设立时一次性交给所有权人,这时的地上权将和所有权无异。在大陆法系土地私有制国家,由于土地所有权市场运转顺畅,那么再设立类似于所有权的地上权势必产生叠床架屋之累赘。反观英美法系中英国的土地制度,由于土地名义上归女王所有,这种名义所有权无法在市场上流转,遂通过批租制创立了"不是所有权,胜似所有权"的建筑用地长期租赁权。香港地区的土地批租制沿袭的是英国的建筑用地长期租赁权制度。1990 年我国《城镇国有土地使用权出让和转让暂行条例》借鉴香港地区的批租制经验,以一次性缴纳全部租金的方式,在国有土地之上创造性地设立了"不是所有权,胜似所有权"的建设用地使用权,找到在国有土地之上赋予公民个人财产权的道路,从而在国家土地所有权不能流转的前提下,以国有建设用地使用权为主要权利载体和权利流转轴心,培育建立了城镇土地市场体系,市场得以在土地资源配置中发挥日益重要的调节作用。试想,如果当初借鉴大陆法系土地私有制国家的年租制地上权模式,那么,年租制模式下的国有建设用地使用权能否在土地市场上发挥权利流转轴心的作用,是值得怀疑的。

集体经营性建设用地使用权入市改革提出的土地用益物权制度建设的重大理论和实践问题是:师从香港土地批租制的国有建设用地使用权出让制度取得了巨大成功,那么,这一成功经验可否复制到集体土地上,在集体土地之上能否建立起与国有建设用地使用权同等权能的建设用地使用权? 对这个问题,简单地以物权法定原则来作答,期望借物权法的恣意规定,就可以实现集体土地与国有土地"同等入市、同权同价",是"食洋不化",是理论对实践的傲慢。

我们必须追究,如果赋予集体建设用地使用权与国有建设用地使用权以同等的权能,此时的集体建设用地使用权的物权性质可能比集体土地所有权的物权性质还要强硬,那么,集体所有权能否容纳下这样的集体建设用地使用权? 这样的制度创新,是否犹如期待"羊身上长出牛皮"? 再考虑到期间届满续期的惯性,这样一种高度物权化的集体建设用地使用权是否会全面压制权能不清的集体土地所有权,而造成集体土地所有权的名存实亡? 在全面推开集体经营性建设用地使用权入市流转的情景下,这个追问不是杞人忧天。

集体土地所有权的内在规定性决定了其成员的封闭性、血缘性和社区性,而国家土地所有权具有广泛的社会性。赋予国有建设用地使用权以充分的社会性,与国家土地所有权的性质是自洽的。而赋予集体建设用地使用权与国有建设用地使用权同等的社会性,让集体建设用地使用权可以面向全社会出让、转让、互换、出资、赠予或者抵押,这与集体土地所有权的内在规定性可能产生重大的紧张和冲突关系。基于这个实践逻辑,建设城乡统一的建设用地市场,集体土地与国有土地"同等入市、同权同价"的实现形式还必须在试点中艰辛探索。集体与国有两类土地上的建设用地使用权究竟是完全合体,还是有所差异,要通过试点及进一步的实践检验来回答。

(四)引致农转用增值收益归属和分配制度的重大变化

农转用增值收益的来源及归属本来是个很清楚的理论问题,由于针对这个问题的讨论,非理性的、民粹式的道德呼吁充斥坊间,反倒使这个简单问题复杂化了。毋庸置疑,土地作为天赋自然资源,农转用增值收益并非由被征地农民的劳动和资本投入带来,这块增值收益来源于工业化城市化发展、基础设施改善以及其他社会因素,应归社会占有。

在"转—征—供"制度框架中,地方政府以"先征后让"的方式,即通过低价征收集体土地,转为国有土地后,再由地方政府高价出让,实现了对这个增值收益的垄断。在当前快速工业化和城市化中,地方政府出让的土地,大都是经过征收程序将集体土地转为国有土地之后才出让的。土地出让金虽然形式上是国家土地所有权在经济上的实现,但实质上是国家通过征收权来汲取农转用增值收益。理论上讲,政府本应该通过税收权参与这块增值收益的调节和分配,故以征收权实现对这块增值收益的垄断,虽然目的正当,但有"狗逮耗子"之嫌,手段确有不妥和可议之处。不过,在税收权不作为的情况下,靠征收权的补位,也使社会公正得以实现,这一点应予以正视和肯定。

如果全面放开集体经营性建设用地入市流转，征收权势必退出经营性用地领域，在税收权缺位的情况下，农转用增值收益遂由"转—征—供"制度框架下的地方政府垄断，可能转为由出让集体建设用地使用权的集体组织垄断，亦即这块增值收益由社会占有转为由特定社会群体垄断，势必将导致巨大的社会不公。进一步分析，集体经营性建设用地使用权入市改革的受益者，主要是"城中村"、城市郊区的集体组织及农民这个群体。果真如此，那在快速城市化过程中，这个受益群体与市民群体之间以及与远离城市的广大农民群体之间的不平等，可能迅速凸显出来。

因此，为实现社会公正，全面放开集体经营性建设用地入市流转，必须做好以下两个方面的工作：

一是在理论上和舆论导向上要讲清楚，农转用增值收益来源于社会，非土地所有者的劳动和投资所致，必须归社会占有，并由社会进行再分配，通过再分配实现对公共利益、集体利益和个人利益的统筹兼顾。

二是在制度设计上征收权退出和税收权介入必须同步推进，如果征收权退出而税收权迟迟不介入，其结果要么集体经营性建设用地入市流转无法取得实质性进展，要么引发巨大的社会不公。我国现行税收制度虽然基本建立起覆盖土地取得、保有、使用、开发、交易、收益各环节的土地税收调节体系，但对目前社会广泛关注的农用地转用收益却没能纳入税收体系，这种状况必须随集体经营性建设用地入市改革而得到解决，尽快建立农用地转用收益税收制度。

如果不是全面放开集体经营性建设用地入市流转，而是选择第二、三、四种情形，那么，现行"转—征—供"制度框架仍将继续在农转用增值收益垄断和分配中发挥主导作用，可以通过进一步完善征收补偿安置制度，实现对公共利益、集体利益和个人利益的统筹兼顾。

(五)引致宪制性安排的重大变动

全面推进集体经营性建设用地入市流转，势必引起土地征收权的性质及机制发生重大变化，进一步引发"转—征—供"制度、建设用地使用权制度和土地征税收制度的改革，最终将促成我国土地公有制的宪制性安排发生重大变动。

城乡"两区分离"的土地公有制并不是中国共产党人当初的追求。在社会主义改造时期，以毛泽东同志为主要代表的中国共产党人，本是要按照马克思主义的社会主义土地理论的要求，通过互助组、初级社、高级社和人民公社的层层升级，将农村的土地所有制推进到社会主义全民所有制。当时，在人民公社体制下，农村土地已经具备国家所有的因素和雏形。但由于人民公社及其集体农作制违反了生产力的发展要求，造成我国农业生产的长期停滞，农村改革以家庭承包经营为利器，迅速突破废除了人民公社体制，连带也一并中断了农村土地国有化的进路，"八二宪法"对这个走到半路的制度成果予以肯定和明确，遂演变成为当代中国对土地公有制的宪制性安排。今天，回过头来看，人民公社及其集体农作制为历史所否定，并不意味着对农村土地国有化的否定。

在"八二宪法"中，集体土地所有制有其权宜性、过渡性，可以公共利益的名义，通过土地征收渠道将集体土地所有制转化为国家所有制。事实上，在1982年制宪时，就有人提出将农村土地和城市一样国有化。1982年4月15日的"宪法修改委员会全体会议记录"显示,荣毅仁、钱昌照、胡子婴、王震、耿飚等委员主张土地全部收归国有,但宪法修改委员会考虑到农民所获得的土地是在中国共产党"分田地"的号召下为夺取和巩固政权付出了巨大的牺牲才换来的,一下子宣布国有难以为农民接受,而且没有实际意义,因而采取了彭真等人主张的权宜安排,先规定城市土地国有化,其他事情"以后慢慢来"。

现在,若全面推动集体经营性建设用地入市流转,将土地征收严格限定在公共利益范围内,将阻塞集体土地通过征收向国有土地转化的通道,在没有建立其他转化通道的情形下,随着集体土地的工业化城市化开发,新增城市土地的集体所有制将得以保存和凝固化,"城市的土地属于国家所有"的宪制性安排就会成为一纸空文,城市土地多种所有制并存局面指日可见。既然涉及宪制变局、事关重大,那就必须明确,解构"城市的土地属于国家所有"的宪制性安排,究竟是不是集体经营性建设用地使用权入市改革的目标之一。

为此,应当对我国土地公有制的宪制性安排的基本精神和内在要求展开广泛的讨论,以凝聚全民共识。如果"城市的土地属于国家所有"的宪制性安排确有修正的必要,不妨启动修宪程序,以扫除集体经营性建设用地使用权入市流转的宪制性障碍。反之,如果"城市的土地属于国家所有"的宪制性安排是中国特色社会主义的必然要求,就必须毫不动摇地奉行和坚持,并应当通过法律制度的建设予以保障、实施和落实,那么,在集体经营性建设用地入市流转的范围上,就必须做出符合宪制性要求的相应选择。

综合以上分析,集体经营性建设用地使用权入市改革不是一个孤立的改革行动,它具有解构和坍塌我国现行土地管理制度基本框架的连锁影响潜力和动能。

四、基本判断及联动改革建议

(一)若干基本判断

通过上文的分析,对于集体经营性建设用地使用权入市改革,可以做出以下几点基本判断:

1.集体经营性建设用地入市改革目标形成共识的难度很大

集体经营性建设用地使用权入市改革,自十六届三中全会做出改革动员算起,至今已十余年,还是"只闻楼梯响,不见人下来"。从改革的组织推动的角度总结,一个重要的原因就是这项改革在目标设计上难以取得共识。集体经营性建设用地使用权入市和土地征收制度改革犹如连体婴或一枚硬币的两面,多种问题和矛盾交织为一体,有的是真问题,有的是假问题,有的是制度问题,有的是发展问题,有的是特定社会群体的利益诉求和喊叫,等等。在这种眼花缭乱中,经常是三岔口式论争,各说各话。由于改革的目标分歧大、不清晰,往何处去的问题没有解决,那改革只能是喊喊而已,难以取得实质进展也就很自然了。

那么,集体经营性建设用地使用权入市改革究竟要解决什么问题呢?已经列出的清单有:(1)解决集体建设用地使用权与国有建设用地使用权的平权问题;(2)解决征地范围过宽问题;(3)城市化过程中被征地农民分享土地增值收益问题;(4)市场在土地资源配置中起决定性作用问题;(5)解决土地规划计划管理体制低效率问题;(6)探索城市土地多种所有制形式;等等。这个还可以继续延展的清单,其中每个问题都与集体经营性建设用地使用权入市相关联,但每个问题的性质及层级都有很大差异,从而其解决方案的设计也不会相同。

与十年前十六届三中全会时相比,今天中国经济社会形势虽然发生了重大变化,但短期内,社会各界对集体经营性建设用地使用权入市改革究竟要解决什么问题,以及在入市范围、收益分配等关键问题上,仍难以形成共识,还必须继续通过试点来投石问路。尤其是,要力戒期待集体经营性建设用地入市去解决它根本解决不了的问题,要避免赋予集体经营性建设用地使用权入市改革不切实际、不堪承受的目标任务。

2.集体经营性建设用地入市改革具有解构和坍塌现行土地管理制度基本框架的潜能

在我国改革开放以来形成的土地管理制度基本框架中,不同层次以及同一层次内的各项制度安排之间是相互联系、内在贯通、自洽的。若全面推动集体经营性建设用地入市流转,首当其冲对土地征收制度产生影响,土地征收权的性质及机制由此发生重大变化,倒逼土地征收权限定在公共利益范围,并进一步通过征地制度的传导,连锁引致"转—征—供"制度框架的松动和解构,促进建设用地使用权制度和土地增值收益分配制度的变革,最终将引发土地公有制的宪制性安排发生重大变动。

集体经营性建设用地入市改革的制度连锁影响不容小觑,必须通盘考虑,慎之又慎,有序推进集体经营性建设用地入市改革的试点。在总结试点经验的基础上,再予以推广,切实把握好从试点到全面改革的节奏、力度和范围,分阶段、有步骤地推进我国土地管理制度基本框架的完善、创新和发展。

3.集体经营性建设用地入市改革试点要按照"先存量后增量,先圈外再圈内"的顺序进行

由于集体经营性建设用地入市改革具有松动和解构现行土地管理制度基本框架的潜力和动能,改革试点应当沿着"先存量后增量,先圈外再圈内"的顺序有步骤地进行。

集体经营性建设用地入市改革试点要突出存量集体建设用地这个重点,要把已经处于经营状态的集体建设用地使用权,尤其是城乡接合部的法外流转的集体建设用地,显化这部分土地的资产价值,探索土地增值收益分配的税收调节办法,提高这部分土地的集约和公正利用水平,作为改革试点的重点。在土地利用总体规划确定的城镇建设用地范围内的存量集体建设用地使用权入市改革试点,要与城中村改造、城镇低效用地再开发政策相协调。

4.集体经营性建设用地入市改革要做好"泥泞中前行"的准备

从改革推进策略上讲,经过三十五年改革,推动集体经营性建设用地入市改革已经有条件进行系统设计,无须再"摸着石头过河",但还是要充分考虑、估计到这项改革的复杂性,要承认我们对集体建设用地使用权入市改革所涉及或引致的问题还缺乏全面清晰的认识,做好"泥泞中前行"的准备,必须经过试点再全面推开,要避免盲动和躁动。

(二)联动改革方案及建议

全面推动集体经营性建设用地入市改革,牵一发而动全身,有必要对"城市的土地属于国家所有"的宪制性安排这个顶层制度重新审视,将集体经营性建设用地入市改革与征地制度改革、土地税收制度改革联动,促进我国土地管理制度基本框架的完善、创新和发展。

1. 拓宽集体土地向国有土地转换的视野和境界

允许集体土地进城，将对城市的社会化、现代化发展和城市人群土地权利能力平等产生重大影响，不利于建设公平正义的现代化、社会化的城市社会，必须随着城市化的进展，适时将集体土地转为国有土地，阻断集体土地"从农村包围城市"。这就要求实现集体土地向国有土地转换通道的多元化，从土地征收和集体建设用地入市非此即彼的困局中跳脱出来。

我国"五四宪法"第十三条从当时的历史条件出发，规定了集体土地向国有土地转化的三条通道："国家为了公共利益的需要，可以依照法律规定的条件，对城乡土地和其他生产资料实行征购、征用或者收归国有。"此后，"七五宪法"和"七八宪法"均延续"五四宪法"规定的征购、征用或者收归国有三条路径。在发展中国特色社会主义市场经济，加快新型工业化城市化发展的新的历史条件下，我们可以借鉴"五四宪法"的做法，将现行土地征收制度改革为公益性土地征收的同时，开辟国家购买集体土地的通道，建立国家购买集体土地的制度体系。国家购买，贯彻契约自由的市场法则，以市场的手段将集体土地转为国家所有。

为了公共利益的需要，国家可以运用征收权，将集体土地征收为国有土地；对于城镇用地范围内的非公共利益项目，则可通过国家购买制度，将集体土地转为国有土地进行城市开发建设。国家购买与公益性土地征收相互配合，共同促进城市土地制度的统一性，并保障市民的土地权利能力平等。这样，利用集体土地进行工业化城市化开发，就有三个制度可以选择：公益性土地征收、国家购买和集体经营性建设用地使用权入市。

2. 界定公共利益用地、非公共利益用地和经营性用地、非经营性用地两组概念的判定标准及认定机关

要明确非公共利益用地和经营性用地不是一个概念。公共利益用地和非公共利益用地是一对概念，是以土地利用是否涉及公众或公共的利益为标准，对用地类型作的划分；经营性用地和非经营性用地则是另一对概念，是以土地利用是否以盈利为目的为标准，对用地类型作的划分。显然，经营性用地也可能是公共利益用地，如引入私人资本运营的高速公路、市政设施等用地，既是经营性用地，也当属公共利益用地。推动集体经营性建设用地所有权入市改革，需要对这两组概念进行界定，使之类型化、清单化。

与推进集体经营性建设用地使用权入市改革联动，将土地征收限定在公共利益用地的范围，应围绕两个重点进行制度创新和设计：一是探索公共利益的具体判定标准，合理界定公共利益用地的时代内涵和外延，并以开放式列举方式给出公共利益用地的清单；二是探索公共利益的认定机关及机制，即针对具体的用地项目是否属于公共利益用地，得有具体的机关作出判断和决定，要通过试点来确定哪一级政府适合承担这个责任，以及具体的机制安排。

建议接下来以县为单位的改革试点，先参照 2011 年颁布实施的《国有土地上房屋征收与补偿条例》第八条的做法，对公共利益用地的类型化及认定机关做出界定，即：为了保障国家安全、促进国民经济和社会发展等公共利益的需要，有下列情形之一，确需征收集体土地的，由市、县级人民政府做出土地征收决定：国防和外交的需要；由政府组织实施的能源、交通、水利等基础设施建设的需要；由政府组织实施的科技、教育、文化、卫生、体育、环境和资源保护、防灾减灾、文物保护、社会福利、市政公用等公共事业的需要；由

政府组织实施的保障性安居工程建设的需要;由政府依照城乡规划法有关规定组织实施的对危房集中、基础设施落后等地段进行城中村改造的需要;法律、行政法规规定的其他公共利益的需要。

至于对经营性用地和非经营性用地的区分,则可在国土资源部第39号令的基础上,结合新形势新要求,做出一些修正即可。部39号令第四条已经明确:工业、商业、旅游、娱乐和商品住宅等用地,属于经营性用地(工业用地包括仓储用地,但不包括采矿用地)。在改革试点中,将商品住宅用地和部分高新技术产业、急需发展产业用地从这个清单出剔除。是否属经营性用地,亦应当由县级人民政府做出。

3.明晰并强化公益性土地征收的公权性质及机制

全面推进集体经营性建设用地使用权入市改革,势必倒逼土地征收限定在公共利益的范围。现在有观点主张,即便是公共利益征地,也需征得被征地农民的同意,如提出未征得被征地集体经济组织三分之二以上村民或村民代表同意的,不得启动征收程序。这种极端主张,模糊、抽掉了征收权的公权属性,混淆了征收权与政府购买的区别,将土地征收关系扭曲为国家与行政相对人之间的土地买卖关系。沿着这个方向推进土地征收制度改革,在理论上是严重错误的,将造成政策摇摆和实践混乱。

在公共利益用地的范围内,必须坚持和强化征收权的公权性质,即:征收权是政府为了公共利益的需要,在无须行政相对人同意的情况下,将其集体土地强制转为国家所有的权力。征收权是政府促进和实现公共利益的重要机制,现代国家大都享有征收权。面对公共利益征地,行政相对人必须服从,不得阻挠,但应当获得公正补偿安置。

4.集体经营性建设用地使用权入市收益调节方案要与现行"转—征—供"分配关系相衔接

集体经营性建设用地使用权入市,是土地收益分配使用关系的重大调整,这个调整要与现行分配关系衔接,以保障改革的平顺,避免激进的分配关系调整引发新的社会冲突和矛盾。特别是考虑到受益群体的巨大不平衡性,坚持这一原则尤为重要。

以浙江D县为例,2011—2013年征地补偿安置费(包括社保资金)占土地总收益比重为11.98%,由乡镇支配的拆迁补偿费占14.56%,净收益占22.73%,三块合计占49.27%。这个比例,应该就是集体经营性建设用地使用权入市中集体和农民可以拿到的收益份额的上限。其余部分,应以税收或基金形式由政府拿走。

5.同步推进土地增值税收制度改革

征收权退出经营性用地范围以后,政府也就无法再通过"转—征—供"制度垄断农转用增值收益的分配和使用,那么,税收权就必须同步介入进来,通过土地增值税制度的改革和创新,参与对这块土地增值收益的调节,以适当集中、动员这块增值收益用于城市化建设,保障和促进社会公正。

推进集体经营性建设用地使用权入市改革试点的一个重要任务,是本着统筹兼顾国家、集体和个人的原则,探索运用税收权参与农转用土地增值收益调节的思路和方法,推动我国现行土地增值税制度的改革和创新。在税收部分,国家可以考虑开征土地出让税。同时,对现行参与土地收益分配的基金类型进行调整合并,并法定化。

参考文献

［1］张千帆."公共利益"的困境与出路——美国公用征收条款的宪法解释及其对中国的启示［J］.中国检察官,2006(2):58-58.

［2］王兴运.土地征收补偿制度研究［J］.中国法学,2005(3):135-143.

［3］黄小虎.关于农村非农用地进入市场问题［J］.中国农村经济,1995(2):40-43.

［4］北京大学国家发展研究院综合课题组.还权赋能——成都土地制度改革探索的调查研究［J］.国际经济评论,2010(2):54-92.

［5］高圣平,刘守英.集体建设用地进入市场:现实与法律困境［J］.管理世界,2007(3):62-72.

［6］周建春.集体建设用地使用制度改革中的几个问题［J］.中国土地科学,2003(3):21-23.

［7］严金明.我国征地制度的演变与改革目标和改革路径的选择［J］.经济理论与经济管理,2009(1):39-43.

［8］王利明.论征收制度中的公共利益［J］.政法论坛:中国政法大学学报,2009(2):22-34.

［9］贺雪峰.中国土地制度的宪法性质［J］.文化纵横,2013(6):122-126.

［10］靳相木,姚先国.农地非农化管理的分权取向改革及其情景模拟［J］.公共管理学报,2010(3):10-20.

［11］靳相木,陈箫.土地征收"公正补偿"内涵及其实现——基于域外经验与本土观的比较［J］.农业经济问题,2014(2):45-53.

［12］华生.集体土地入市不能泛泛而谈［J］.农村经营管理,2014(10):26-27.

农用地市场化配置的探索与反思

张　睿

摘　要：我国在农用地资源的配置上从国家初始分配到集体共有共用再到农户自由流转，农用地分配的逻辑和方式渐趋市场化，对我国农村经济产生了巨大作用，然而市场机制自身具有难以克服的缺陷，值得我们认真对待和反思，尤其是当我们把市场经济作为目标而非手段对待的时候，会导致基于市场机制本身的配置失效从而致使公共价值受损，同时市场经济的伦理会对非市场规范进行排斥，导致一系列道德规范和公民责任的丧失，因此在农地配置方式上，我们应该重新界定市场机制作为资源配置工具之一的地位，并认真思考国家在其中的作用和责任，不能以市场经济完全取代国家义务和非市场规范。

关键词：农地配置；市场经济；农地制度；国家作用

Exploration and introspection on market-oriented allocation of farmland

ZHANG Rui

Abstract：Allocation of farmland resources in our country starts from national allocation，then becomes collective，and finally becomes free transference among farmers. The logic and method of farmland allocation tends to be marketization，which plays significant role on our rural economy. However，market mechanism has own insurmountable disadvantages which shall be considered and introspected by us. Especially when we regard market economy as a goal rather than an approach，it will cause invalid allocation based on market mechanism，then bringing loss to public value，simultaneously，ethic of market economy will reject non-market standards，which will result in loss of a series of moral rule and civic responsibilities. So as for the approaches of farmland allocation，we shall re-define the position of market mechanism as one of resource allocation tool，and think through the functions and responsibilities of country，we shall not replace national obligations and non-market standards with market economy.

Key words：farmland allocation；market economy；farmland institution；national role

一、农用地配置相关制度演进

从新中国成立到改革开放之后，我国大致经历了两次大的土地制度改革，第一次土地改革从 1946 年开始到 1958 年结束，完成了新政权下土地资源的初始分配，基本实现"耕者有其田"，并通过合作社运动建立了农村土地集体所有制。第二次土地改革始于 1978 年末，从安徽小岗村的包产到户开始，到 1984 年全面推广农村土地承包经营权制度，再到 2002 年

《中华人民共和国农村土地承包法》颁布，基本完成了农用地承包经营权的权利建构。而自2008年以来在农村进行的以市场机制为主导的农用地使用权流转制度改革，则被视为是正在进行的第三次土地制度改革。刘正山（2014）[1]从制度演进的视角，我们大致可将改革开放以来的农用地资源配置政策及制度做如下总结：

1978年11月，安徽省小岗生产队一纸协议拉开了"家庭联产承包责任制"的序幕，这一纸协议可被视为一种非正式规则，最终推动了正式制度的变革，农户通过家庭承包获得了农用地的使用权和经营权。

1982年，因为小岗村的经验卓有成效，中共中央1号文件肯定了农用地的家庭承包经营制度，同年，我国宪法做出修改，明确了农村土地的所有权主体——农村集体，并且规定："在法律规定范围内的城乡劳动者个体经济，是社会主义公有制经济的补充。国家保护个体经济的合法的权利和利益。"间接承认了农用地承包经营制度的合宪性，家庭承包制在全国范围内得到大力推广。

1984年，中共中央1号文件提出："鼓励耕地向种田能手适当集中，对于其在土地上的投资要给予适当的补偿。"开始了农用地承包经营权的转让制度的探索。随着从事农业生产的人员大量转移到工商业，1985年《中共中央、国务院关于进一步活跃农村经济的十项政策》进一步明确："长期从事别的职业，自己不耕种土地的，除已有规定者外，原则上应把承包地交回集体，或经集体同意后转包他人。土地转包时，集体或新承包户应给予相应补偿。"但1986年的《土地管理法》规定，土地不得出租或以其他形式转让，从这个意义而言，农用地转包只是承包经营权的转移，不涉及所有权的变动。

1988年，在深圳试行土地使用权的基础上，宪法修正案中增加了土地使用权可依法转让的条文，却很快在1990年国务院颁布的《城镇国有土地使用权出让和暂行条例》中将土地使用权的转让限定为"国有土地"，而农用地使用权转让则被排除在宪法所谓"依法转让"的范畴之外。

1993年中国中央和国务院11号文件提出："在农民自愿的基础上，只要不改变土地的所有权，不改变土地的使用方向，允许土地的使用权在承包期内依法有偿转让。"同年颁布的《中华人民共和国农业法》第十三条第二款规定"在承包期内，经发包方同意，承包方可以转包所承包的土地、山岭、草原、荒地、滩涂、水面，也可以将农业承包合同的权利和义务转让给第三者"。由此，从制度上明确了农用地使用权只能在不改变既定用途的前提下进行转让，并且转让的使用权内容不能超过承包经营合同约定的权利义务内容。同时，中共中央、国务院提出："为了稳定土地承包关系，鼓励农民增加投入，提高土地的生产率，在原定的耕地承包期到期之后，再延长30年不变。"在此政策的基础上，各地相继于1997年到1999年之间完成了第二轮土地承包，巩固了第一轮土地承包时确定的农用地分配对象的权利，并做了相应调整。

2002年，《中华人民共和国农村土地承包经营法》颁布，其中明确规定了农用地承包经营权的转让方式："通过家庭承包取得的土地承包经营权可以依法采取转包、出租、互换、转让或者其他方式流转。"自此，农用地使用权的流转制度基本形成。在农用地分配制度上，相关政策和法律明确了农用地承包经营权长期不变，但各地在具体操作上存在差异，主要体现在承包地是否随集体成员变化而变化，典型如贵州湄潭县，一直坚持"增人不增地，减人不减地"的模式，而许多农村则采用"五年一小调，十年一大调"的分配模式。

2003 年,国家取消了农业税,农业负担降低导致大量外出人员回到农村取回之前转让出去的农用地,由此掀起了第二轮农用地流转高潮。2005 年,农业部颁布《农村土地承包经营权流转管理办法》,针对《农村土地承包经营法》颁布后在实践中出现的问题做了具有可操作性的规定,包括流转的原则、流转的方式、流转合同、流转的管理等。

2007 年,《中华人民共和国物权法》颁布,专章对土地承包经营权进行了规定,从规范上确定了承包经营权的物权属性,强化了农用地权利的私权性质,其中第一百二十六条规定:"耕地的承包期为三十年。草地的承包期为三十年至五十年。林地的承包期为三十年至七十年;特殊林木的林地承包期,经国务院林业行政主管部门批准可以延长。"由此从法律上确定了农用地使用权的期限,使其具有了类似国有土地使用权的使用期限,有利于农用地经营权的流转和交易。

2008 年至今,农用地资源配置不断走向市场化,各地不断进行探索,由此形成了学者所谓的"第三次土地革命",尤其在 2014 年,中共中央及国务院在总结各地的经验基础上,出台了重要的政策和意见,展开了农用地资源配置市场化的积极探索,中共中央 1 号文件提出要进一步深化农村土地制度改革,在坚持和完善耕地保护制度的前提下,赋予农民对于承包地占有、使用、收益、流转及承包经营权抵押、担保功能,这是党中央文件首次将农用地的抵押权能和担保权能明确赋予农民,并提出要落实农用地所有权、稳定承包权、放活经营权,将"三权分离"提到制度建设的层面。同年底,国务院颁布《关于引导农村土地经营权有序流转发展农业适度规模经营的意见》,其中明确提出"鼓励创新土地流转形式。鼓励承包农户依法采取转包、出租、互换、转让及入股等方式流转承包地"。由此,各地在原有农用地流转的探索基础上,正在进行新一轮的农用地资源配置模式改革。

通过制度梳理,我们可以明显地看到农用地配置在我国的演进逻辑是趋向市场化的,即:以国家主导的农用地资源初始配置——集体内部共有共用——集体分配家庭承包经营——承包经营土地自行流转,从一开始的国家绝对控制农用地资源的分配对象和分配数量,到现在允许农民自愿转让农用地使用权,加上承包经营权的物权化,并通过法律和政策使之具有了长久的恒定性,我们认为农用地资源已经在集体内部初步形成了以市场机制为主导的配置模式。

二、农用地配置市场化之争

(一)我国是否存在农用地市场

周其仁教授指出:"所谓'让市场机制在资源配置方面发挥基础性的作用',对中国城市化中的土地资源而言,迄今为止还是例外。"[2]其主要论点在于集体土地入市须经政府征收完成,因而是政府垄断行为,而非市场应有之义,他说:"并不是用钞票买东西就叫市场经济。……不要把患者掏腰包买药看病就当作市场化。医疗服务的准入市场化了吗?医院的设立、医师资格的取得和行医权,市场化了吗?药品和医疗服务的价格,真的是由市场决定的吗?不问青红皂白,看到有人掏钱就大叫'市场化',差出去就不止十万八千里了。"[2]然而将他的这种论证逻辑推之到农用地市场也是成立的,因为在农用地市场上同样存在行政强制和立法强制,同医疗行业准入制度一样,国家基于公共利益的考量,对农用地交易设置了严格的交易的门槛，根据最新的《关于引导农村土地经营权有序流转发展农业适度规模经营的意见》并结合相关法律，主要体现为：

1.农用地用途限制。在鼓励农用地流转的同时，意见明确指出："加强土地流转用途管制。坚持最严格的耕地保护制度，切实保护基本农田。严禁借土地流转之名违规搞非农建设。"《农村土地承包经营法》第七条也明确规定："未经依法批准不得将承包地用于非农建设。"因此，农用地流转只能在限定了用途的前提下进行，不能通过流转改变土地农业用途的性质。

2.交易方式限制。首先，明确禁止承包地的所有权发生变动，不允许买卖承包地。其次，《农村土地承包经营法》第三十七条规定："采取转让方式流转的，应当经发包方同意；采取转包、出租、互换或者其他方式流转的，应当报发包方备案。"因此，未经发包方同意，承包人无权转让其承包的农用地。最后，农用地交易主要在集体内部进行，内部成员拥有优先权。

3.交易规模限制，农用地流转制度的主要目的是为了解决农用地经营的细碎化，但不意味着农用地的规模经营是不受限的，而应当限定在合理的规模之内，意见指出："各地要依据自然经济条件、农村劳动力转移情况、农业机械化水平等因素，研究确定本地区土地规模经营的适宜标准。防止脱离实际、违背农民意愿，片面追求超大规模经营的倾向。"

综上所述，至少在能否用农用地配置市场化来形容当下农用地资源的配置和流转，学者之间并未取得共识，或者至少可以说是存在质疑的，主要在于：首先，市场交易的主体应当对所交易的物品具有完全的处分权，这是交易发生的基础，而承包者对农用地并不拥有完全的处分权，仅仅拥有不完整的使用权；其次，市场机制下，产品和服务的供给应完全由市场的价格机制所引导，当价格增加时供给增加，当供大于求时价格下降引发供给减少，而农用地资源的供给基本是固定的，在一个集体内部是固定的，在一个地区也是固定的，价格机制的作用有限；最后，竞争不充分，除了农用地资源的供给较为固定之外，因为用途管制，无法通过充分发挥农用地的使用价值展开有效的竞争。基于这种传统的自由市场经济的理解，如果要形成一个有效的农用地市场并以此作为农用地资源的配置机制，就需要赋予农民一个完整的所有权，因为唯有此农民才能够自主开发土地从而使城乡土地市场一体化，才能进行有效的竞争。文贯中教授即坦诚地讲道："现在，资本、劳动已经获得要素的身份，能够在市场上比较平等、比较自由地追求自身价值的极大化，同时也大大促进了政体经济的效率和产值。可是，现行的土地制度继续拒绝承认农民在土地市场上的平等权利，也拒绝接受土地必须服从市场经济下要素配置的基本规律。"[3]

对此，我们认为需要明确市场经济的本义，进而分析我国的农用地资源配置模式是否符合市场经济机制的要求。就最通俗的定义而言，"市场经济是一种经济体系，在这种体系下产品和服务的生产及销售完全由自由市场的自由价格机制所引导，而不是像计划经济一般由国家所引导。"然而，需要我们注意的是，这种被视为市场经济最一般的定义是否在现实中存在就值得怀疑。就"自由市场"而言，需要同时满足：①交易成本为零；②"理性人"假设；③充分的竞争；④外部性为零。经过学者的大量考证，这几个条件在任何国家和任何历史时期均不存在，"迄今为止，在世界范围内还没有哪一个国家因彻底推行'自由市场理论'而变成繁荣的国度，甚至包括鼓吹新自由主义经济理论的国家也是如此。不管是美国还是英国，都不是在自由主义经济理论的指导下变成经济强大的国家。恰恰相反，是在它们获得了世界霸主的经济地位之后,要求在世界范围内推行新自由主义的各种理论主张和实施与之配套的一系列政策措施。美国在第一次世界大战之前是世界著名的经济保护主义国家,并因为对抗英国的经济霸权而开始其独立战争。独立后的美国资本主义经济发展并也不是完全放任自由。到了1929—1933年资本主义经济危机阶段,美国更是全面实行国家干预主义的经济政策。总的来说,正是这一系列基本事实,使各种自由主义经济理论的核心——自由市场理论成为神话,在历史和现实中常常无奈地失效。"[4] 就国家的干预而言,美国学者克里斯特曼认为:"市场经济与非市场经济无法严格区分开来,因为往往有人(政府)会做许多限制生产和定价的事情。从最低工资,到限制童工,到住房补贴,到区划限制,甚至政府对市场的许多其他干涉,政府限制个人财产权有大量手段,甚至在一般认为是市场经济的场合。"[5]

因此,实存并能够发挥作用的市场一定是受到国家干预的市场,并且这种干预都是全面的,观察任何一个典型的市场经济国家,我们都可以很清楚地看到任何人都不能够完全自由地使用和处分他们的财产,也几乎无法从他占有的财产中获得全部收益,国家基于公共利益或者就是为了市场本身能够有效运作(防止垄断),均对财产权设置了大量且琐碎的限制(比如美国的职业性法规、英国的城乡规划法等等),唯一的区别只在于国家干预的程度和方式有所不同,而这些不同又取决于其社会制度的价值取向。社会主义倾向于更为彻底的平等主义分配原则,严禁剥削的出现。资本主义虽也用平等主义来修正自由市场可能导致的收入的分配不平等,但国家对此是持消极态度的,这意味着,资本主义国家通常不会通过纠正环境因素(比如资源、信息、个人天赋)的不平均分布来干预市场。但这并不意味着社会主义必然拒斥市场经济这种形式,因为就消灭剥削这个目标来看,社会主义可以在市场的各个环节进行干预,从而实现平均分配的理想,也即英国学者埃斯特林所谓的"用市场来实现社会主义的目的"。[6]

因而,我们认为政府的诸多限制不一定必然构成非市场经济的理由,关键在于这些限制是事前的立法行为,还是随意变动的经济行政行为。如果是立法行为的话,则需要进一步分析干涉的程度是否实质上消除了私人定价和做出生产决定的自由,如果没有,那么这仍属于不完善市场的一种类型。市场经济中所谓私人决定的自由并非是绝对的,而只是一个相对的概念。就此而言,我们认为我国在农用地资源配置上已经初步建立了市场机制,当然,这个市场距离理论上拟制的"自由市场"尚存距离,但这种距离的存在又是必需的。

(二)我国农用地应否进行市场化配置

我国实际上进行的农用地资源市场化配置的探索,并无法停止学界关于应否对农用地资源进行市场化配置的争论,其主要分歧在于如何看待承包经营权这一权利属性以及如何重构这一权利。关于土地承包经营权的性质,一直是学界争论不休的问题,又以物权说和债权说为两大主流学说。随着我国《物权法》的颁布,土地承包经营权的用益物权属性在规范上当是确定无疑,可这并未缓解学者们基于传统物权理论产生的焦灼感,关键的问题包括:第一,承包经营权的成立基础在于承包经营合同,而承包经营合同的诸多内容是由双方自由协商确定的,这显然与物权法定原则相悖;第二,物权是可以继承的,但是土地承包经营合同的标的物却不具有财产法意义上的继承性;第三,承包方须以向发包方承担相应义务作为获得土地承包经营权的前提,包括怎么使用土地、上交多少粮食;第四,转让时须经发包方同意，这与物权的对世性不符；第五，土地承包经营权有年限限制，尽管国家政策规定了第一轮承包期结束后可以延长 30 年，但在各地的实践中仍存在不同的操作方式，这使得承包经营的土地在量和质上有一种不确定性，因而附着于土地之上的用益物权也是不确定的。

与此相对，持物权说的学者认为无论是《民法通则》还是《物权法》都赋予了土地承包经营权的物权地位，并从物权理论中举出诸如同一土地上不能设立两个承包经营权等物权特有属性来证明其物权的性质。此外，还存在诸如"物权兼债权说"、"田面权说"、"复合所有权说"等学说，但究其本质，都没有脱离传统民法的权利概念体系，因而也无法在民法的理论中化解土地承包经营权性质的难题，比如：无论是作为物权还是债权，我们都很难寻找到土地承包经营权成立的基础。如果归咎于承包经营合同，按照债权理论的意思自治和契约精神，就不应该存在身份的限制，任何人都应该可以和集体签订类似合同，可我们清楚地知道承包经营合同的签订须以具有集体成员的身份为前提；如果归咎于继承或转让等物权取得原因，也不符合承包经营权的取得方式，虽然土地承包经营权以订立合同的方式取得，但合同双方当事人都是不自由的，而且也不存在对价交换，反之，承包土地是农民的权利，发包方无权剥夺农民订立承包经营合同的权利，同时，承包的土地也不能以继承的方式永远流传下去。这些在民法权利体系中无法化解的难题迫使我们进一步思考：土地承包经营权是否是一个传统意义上的民法体系内的财产权？

土地承包经营权须以集体成员权为前提，这就决定了这个权利的身份属性。18 世纪以前的欧洲社会可以说是一个身份制社会，人的私法地位是依其性别、所属的身份、职业团体、宗教的共同体等不同而有差异的；作为一个侧面，一个人若是不属于一定身份，便无法取得财产特别是像土地那样的财产权利的情形是普遍存在的[7]，在当时的社会环境下，梅因所谓"所有社会进步的运动，到目前为止，是一个从'身份到契约'的运动"的概括显然是有其历史意义的，但我们要注意的是，"身份"并不是造成社会不平等的根源，其根源在于封建等级制和家长制。而在现代国家中，关于"身份"的意义，与等级制和家长制社会下的"身份"不同，现代国家中的"公民性身份"强调的是平等，这里的平等又意味着：平等地受到法律保护与惩罚、平等地承担社会义务、平等地享用国家公共资源。在此基础上，我们就必须将对于土地承包经营权的思考从民法体系中跳脱出来，放到一个更大的权利体系中讨论——生存权体系。生存权与民事财产权的区别是显而易见的，前者是一种宪法意义上的基本权利，后者则是一种私法意义上的一般权利。宪法基本权利的双方主体是国家和公民，公民之基本权利对应的就是国家所应承担的义务，如果公民的生存境况处于危难之中而未获得国家应有救济，则是国家违反了相应的义务。而广义的生存权体系又是由相互交错的权利分支组成的，包括了社会保障权、劳动权、环境权、受教育权、经济自由权等等，而这些权利的实现都需要国家进行一定的作为，包括资源初始分配、财富再分配、公共设施建设、制定法律法规等，否则就将面临国家行政不作为或立法不作为的责难。也因此，土地承包经营权须以国家基于保障农民生存的目标进行构建，这就需要限制农民放弃农用地的权利，否则就相当于国家将农民置于生存无保障的境地。

基于对承包经营权的不同理解，学者对是否应该允许农用地资源进行市场化配置产生了巨大的分歧，基于私法意义上的财产权的理解，部分学者主张应该强化土地承包经营权的物权属性，从而形成有效的农用地流转市场。而基于生存保障权的认识，部分学者认为应该放弃农用地市场化配置的模式,以防止农民生存性保障资源的流失。对此,我们认为应取决于我国社保体系的完善程度,当农民的生存权已经能够被国家保障体系所覆盖时,允许农用地资源采取市场模式进行配置应被允许,而我国目前进行农用地资源市场化的探索,也正是建基于我国农村保障体系大力发展推进的基础之上,需要明确的是,市场机制在促进资源配置上有其作用,这种作用既不能被否认,但也不应被夸大。

三、对农用地配置市场化的反思

(一)基于市场机制的反思

市场机制在资源配置方面相较于政府配置具有某些特点,这些特点往往被视为解决不公或产生经济效益的关键,而政府配置则因为不能正确反映偏好、行政垄断、竞争不充分、效率低下而被屡屡诟病,并随着我国市场经济改革,这些观点和意见逐渐成为主流甚至成为正统学说,对于市场机制本身的分析却日显淡薄,事实上,目前的很多学术观点和政策建议恰恰因为建立在对市场机制错误的认识上导向了谬误。对于何谓市场已在前有所论及,市场的运行离不开政府的有效干预也已阐释清楚,下面就目前用以支撑我国农用地市场正当性的关键问题进行分析。

1.所有权是否是市场机制有效运行的基础与前提。在所有主张私人绝对所有权的论述中,我们都可以看到一种几乎是无可置疑的预设:私人绝对所有权是市场经济发生的必要前提,或者私人所有权能够促使交易行为的发生。这种看似正确的预设正被我国大量经济学以及法学学者作为论据予以引证,这一点尤其突出地反映在有关我国土地权利如何有效安排的论述中,所以我们经常可以看到类似这样的观点:土地私有可以让产权清晰,有利于产权的自我保护;同时,私有土地可以自由流转,具有适度规模的经营机制。对此,我们认为赋予私人土地所有权与产权清晰之间并没有任何联系,规范意义上的所有权总是处处受限,而各种所谓的权能也可能因法律规定或权利主体自愿而分散于不同的主体之间,事实上,除非我们承认古典自由主义的绝对所有权,否则,一个财产的绝对归属总是模糊不清的,因为鲜少有一个人能够完整地拥有一个财产的所有权能,事实上,基于确保市场经济有效运行的考虑,国家也必须对财产权利的行使进行干预。所以,当我们说土地私有的时候,绝不意味着私人能够任意使用土地,更不意味私人能够随意转让土地(这在世界大多数国家都是如此),那么,我们又如何能够说产权比之前(比如私人拥有国家土地使用权,农民拥有集体土地承包经营权)更加清晰呢?

假如我们赋予一个绝对所有权给私人,是否就会出现一个欣欣向荣的土地市场从而使土地价值最大化,并能够实现学者们所期许的土地资源最佳配置呢?我们认为答案是否定的。有一个例子能够较好地提供对于那些假设的反证,英国封建时期曾出现过一种特殊的土地产权制度——fee tail(限嗣继承权)。是指如果领主授予持有人一个 fee tail,则此地产权只能在持有人的直系卑血亲间代代相传,如果持有人死亡时没有直系卑血亲,该地产权就被领主(或领主的继承人)收回,该持有人在死亡之时还有没有其他继承人则在所不问[8]。从绝对所有权的角度来看,领主自然有做这样权利安排的自由且必须赋予他这种自由,但事实上,我们从这个制度中并没有看到对促进土地流转产生了任何助益,相反,这一制度对土地的流转产生了极大的阻碍。领主基于将土地的流转和继承限定于家族中的特定一系之考虑，而干扰持有人的自由交易行为，因为一个 fee tail 的持有人所拥有的土地产权只在其有生之年有效，fee tail 的买受人不具有对抗原始持有人的直系卑血亲的权利。因此，我们不难发现这样一个事实：支撑产权交易的动力不来源于拥有流转的自由，而来源于进行交易的动机。

这个时候，或许有人会质问：持有人拥有自由转让土地产权的权利对领主来说并无经济价值，甚至是损害领主的利益，所以领主当然需要对此进行限制。这个质问确实有某种形式正确性，但仍无法动摇我们将交易的发生建立在动机之上而不是自由之上的结论，原因在于，排除君主对土地的实质绝对所有权不论，一个拥有 fee simple（不限嗣继承地产权，近似大陆法的所有权）的领主将 fee tail 授予某个持有人的时候，他是不是可以采用转让 fee simple 的方式呢？那就相当于一个形式意义上的所有权的转让，按照市场经济的理论，会由市场形成一个合理的价格，并不会导致领主在经济上有所损失，可领主并不愿意转让 fee simple，而是授予 fee tail，这种转让权利的方式本身就包含了领主不愿意失去土地所有权的动机，即便市场给予他再丰厚的经济价值。所以，归根究底，仍是动机决定交易行为的发生。同样的情形也发生在我国古代，根据赵冈（2006）[9] 的研究，私人拥有土地的转让权并没有导致土地无限兼并的情形发生，在各个历史时期，土地都没有因为允许买卖与否发生不寻常的集中或分散。这一研究极大地打破了经济学家们的预设，也是对忧心土地所有权私有后会导致土地大量兼并从而产生地主和剥削的学者最好的回应。

关于绝对所有权与市场经济可能产生的另一个关联是：绝对所有权是市场经济的必要条件。这意味着，当一个人不拥有对于财产的绝对所有权时，他无法对财产进行交易，市场经济也就无从谈起。然而，这一看似无可挑剔的"真理"却在制度和现实中处处碰壁，这重重墙壁中有一堵可以被我们称之为"委托代理"，受托人并不拥有受托人财产的所有权，但仍可以对财产进行处置和交易。或许有人会觉得我们忘记了受托人可以处置财产的权利来源——委托人基于个人财产所有权所做的同意。然而这恰恰是我们要揭示的关键问题：处置财产的权利是否需要一个完整的绝对所有权，还是仅仅需要被允许转让财产的自由？当然，我们并不是不清楚转让权被包含在了绝对所有权当中，可是，这就好比我们仅仅需要一盏灯泡，却声称没有连同灯泡的水晶坠饰、灯罩、支架所依附的桌子我们就无法照明一样无理。因为绝对所有权所包含的其他内容——比如使用权，与市场交易并没有任何直接关系——只要我们看一下现实中使用权在承租人手里，而关于房屋的交易依然在进行就能够清楚地明白。所以，就如同"委托代理"关系所显示的那样：交易行为仅仅需要国家赋予私人对于其拥有的财产有转让的自由就能进行。经济学家们可能在这时对理性人假设念念不忘，他们会说：正如你所说，动机促成交易行为，那么如果没有追求个人最大利益的动机，又如何产生交易？而利益的获取显然需要收益权的支撑。但是，正如我们接下去要论述的，自利仅仅是促成交易的偶然因素，即便承认收益权是支撑理性人假设的必要条件，那么也至多能说明：个人财产所有权中的收益权与市场经济的发生有偶然的关联。

除外，就微观层面的效率最大化来说，一种常见的经济学主张是：唯有将占有权、使用权、收益权、处分权等各项财产权能集于单独的个人时，才能实现最大的利用和产出。其理由在于：自利产生的激励作用能使一个理性的经济人出于对收益的追求而最大程度地利用其所占有的财产。对于这个理由我们将在接下去的论述中反驳，这里我们将考察另一个理由——外在性内化的经济学理论,即关于"只要把造成外部性的相邻权界定明确,那么,通过市场就可以解决外部性,达到土地资源的合理利用"的主张[10],根据这一主张,权利界定明确是承担责任的前提,如果把无效使用的隐蔽权利归属于个人,那么当外部性产生时,就可以对此通过市场交易来寻求缓和。然而,这一理论的实现必须基于交易费用为零的情况下,这也正是科斯定理所论证过的:无论资源初始如何分配,在交易费用为零的情况下,理性当事人之间的自由交易总能得到最大的产出。然而,根据科斯定理我们或许得到的并不是一个所有财产权利集于一个个体的绝对所有权制度,更可能是一种支离破碎的财产权制度。试想一块土地上,一个人需要取水,一个人需要耕作(更为可能的是,有的人需要在秋季耕作,有的人需要在春季耕作),一个人需要打猎,那么通过交易,我们可能得到的是数个相互分离的使用权安排,而不是一个集中的绝对所有权,并且这数个使用权的分离更有利于每个人偏好的实现。按此逻辑,在一个财产上,我们把占有、使用和收益的权利分离更有利于实现财产的价值,所以很有可能的是,在帕累托最佳平衡下,根本不存在一个绝对的所有权制度。

2.唯有市场化配置才能打破政府配置下的行政垄断或者代理人越位专断以实现有效的竞争。竞争,一般以垄断的相对概念被表述,指在市场上存在大量潜在的供应者和消费者,没有人能对产品、价格等市场因素形成独断控制。它还常常与基于自利原则的理性人假设相联系,视为市场经济活动主体为了自己的最大利益而以其他竞争者为竞争对手的争取交易机会和市场的行为。竞争的有效形成,同样需要具备一定的条件,包括:资源的稀缺、一个以上的生产者或消费者、信息不充分。对于前两个条件并不难理解,资源的稀缺导致资源的价值得以体现,而生产者或消费者的单一性将毫无疑问地引发垄断的产生。但就信息不充分而言,这实质上是自由市场所反对的,因为这可能会阻碍交易进行,甚至形成垄断。对此,我们仅需设想一下信息完全充分公开的情形,在这样的情形下,生产者不仅知悉其他生产者的技术、生产能力、资料来源等信息,也能够准确地得知消费者的偏好和需求,与此同时,消费者也知悉有关生产者的一切信息,包括产品的成本信息,那么我们很可能得到的是一个类似拍卖会的交易市场,在这种拍卖会里,消费者之间通过竞价购买商品,与此同时,生产者之间也通过竞价销售产品,尽管存在竞争,但我们很难从中看到利益的成分,而只存在偏好的成分,因为在拍卖会中,拍卖品的最终价格总是离其真实的价值太远,通常取决于竞拍者对拍卖品的偏好程度。而考虑到偏好信息都是可以准确知悉的话,那么生产者和消费者的能动性将完全消失,所谓的竞争也就变得可有可无(因为这样的竞争并不能产生什么额外的收益)。

而不完善的市场则并非如此,每个市场参与者所获得的信息总是不充分的,同时考虑到偏好难以预设,生产者总是以有限的信息揣测消费者可能产生的偏好去生产产品,并努力说服消费者,让他们认为这些产品是自己所需要的,并且在价格上物有所值。在这样的情形下,我们能够清楚地看到生产者的能动过程,他既依赖消费者的偏好,但同时又在引导消费者的偏好。与此相应,消费者也以同意购买和拒绝购买的方式改变着生产者的生产行为。这个时候,有意义的竞争出现了,这表现在人们的能动行为可能创造潜在的收益,这种潜在的收益恰恰是保持竞争得以延续的关键。当然,与此同时,我们还需要考虑到生产者之间的竞争,信息的短缺(广义上,包括技术的短缺),导致了生产者进入市场的困难度不一样,当某些生产者因此被排除在某一类型产品的市场之外时,我们看到了"经济租金"

(economic rent)的产生，这种生产者剩余恰恰来自一定程度上的垄断，而自由市场的充分竞争将会消灭它，因为充分竞争将导致新的竞争者源源不断地涌入，导致因信息短缺造成的垄断价格被拉低到和成本相当的位置。也或许这恰恰是古典经济学家所倡导的，唯有此，才能使资源的配置达到均衡。

然而，这一切都需要建立在基于自利原则构建的理性人假设之上，事实上，这种假设从一开始就带有浓烈的为了理论自洽的独断色彩。通常认为是亚当·斯密在《国富论》中提供了这个假设的思想来源，他说到："每个人都不断地努力为他自己所支配的资本找到最有利的用途。固然，他所考虑的不是社会的利益，而是他自身的利益。"同时，他也理想地认为："但他对自身利益的研究自然或者毋宁说必然会引导他选定最有利社会的用途。"[11] 这种理想更为集中地表现在《道德情操论》中，他在那里认为怀有道德同情心是人的特性。但后人并未继续纠缠于他这种略显纠结的表述中，而直接将自利原则视为人之本性，认为唯有金钱的刺激才是人们劳动和生产的动力，并以此为出发点构建经济模型，分析市场中人们可能做出的行为。最重要的是，他们认为唯有自利的（亦即追求个人利益最大化的人）才是经济上理性的人。就如同这个假设一直以来所经历的种种批判一样，我们认为这种所谓的"理性"是十分让人难以理解的。

在这种理性中，我们必须承认：①人的动机是唯一的；②这唯一的动机是自利的。当然，我们也可以承认对于这种"理性"的修正形式，比如：尽管人的动机是多样的，但首要的动机是自利的。事实上，当我们考虑到"自利"这个语词的模糊性的时候，就会陷入论证的僵局。比如"自利"的"利"是纯粹的金钱还是某种满足感？我们当然不能理所当然地将"利"等同于金钱或者经济利益，否则我们如何解释消费者支付货币的行为？如果解释为满足感的话，那么就不得不与动机相联系了，因为在最纯粹的意义上而言，满足感只能来源于动机通过行为得到实现。但我们必须考虑到动机的模糊性，直觉告诉我们，很多时候人们行为的时候并没有特别明确的动机，比如我出去购买衣服，因为没遇到合适的衣服而购买了一条裤子，而事实上，我并不需要一条裤子。这个时候，购买裤子并不在我所持的动机之内，而只是一种偶然的无意识的行为。人们很难找寻到支持我这个行为背后的动机。即便是动机明确的情形下，比如一个激进的爱国主义者严禁日本人进入其开设的旅店，这个时候，他的动机可能包含：①实现其爱国主义理想；②通过禁止日本人进入，能招揽到与他持相同爱国主义理想的顾客，实现更大的盈利（尤其是诸如钓鱼岛事件升级的时候）。这里，我们并不对动机与行为结果是否能达成一致做过多探讨，我们仅需问：难道我们能说这个爱国主义者是不理性（注意，理性人假设的"理性"是追求最大的个人利益）的吗？如果他觉得能从这种经济行为中获得最大的满足或最大的经济利益呢？

可能会有人批评我的论述，认为我歪曲了理性人假设，因为在严格的理性人假说中，所谓的"利"被严格限定为经济价值。即便如此，那么以迂回的方式追求经济价值是否可能？否则如何解释当下疯狂烧钱的电商的经济行为？考虑到这种迂回方式最终能否实现的问题，我们甚至可以说：他们在一个无法预知的期限内，以损失经济价值的方式追求经济价值。这显然是一种非常矛盾且难以接受的论断，然而确确实实在现实的市场经济中广泛存在。所以，理性人假设充其量只具有部分解释市场主体的行为模式的作用，并不是市场经济所必备的要素，这是因为，即便是理性人也在以各种非理性的方式支撑着市场经济的有效运作，同时，也大量存在非理性人以理性的方式进行经济行为。

所以,我们要表明的是:自利原则构建的理性人假设作为支撑市场经济有效运作的假说是难以成立的,人们在不基于理性人假设的情形下,仍然有可能支撑一个有效的不完善市场发生现实作用。也因此,考虑到人们经常不是因为自利的动机从事交易行为,那么,也就存在人们基于自利的动机而不从事交易行为。竞争往往是建立在追逐利益最大化的假设上的,但事实上,有意义的竞争模式的发生需要的因素可能更多,这些因素往往是极其不稳定的,也就是说,理性人假设作为因素之一,只在偶然的关系上与经济行为发生关联,经济行为在偶然的关系上引发了竞争。

3.市场机制有利于实现经济效率最大化从而实现社会整体福利的增加。休谟对理性、价值、经验的区分,在某种意义上摧毁了自然法的根基,使经济学家有了嘲讽类似"正义"、"自由"这些空虚概念的理由,当"正义"很有可能变成统治者用来满足统治欲望的借口时,从现实出发,用经验作为衡量正义标准的思想变得十分流行。边沁正是这种思想的践行者,然而,正如批评者指出的那样,"快乐"一词所表征的心理状态难以捉摸且无法度量,所以"最大多数人的最大幸福"这样的正义原则也极有可能沦为一种华而不实的借口。此时,一种偏行为主义的功利原则更受到经济学家们的青睐,这种功利原则将人们的选择作为判断人们偏好的标准,而幸福意味着其偏好得到满足,并且(或者)这一偏好排在愿望表的最前面。偏行为主义功利原则的缺陷也是显而易见的,因为人们现实的选择行为并不总是与其内心的真实偏好相一致[12]。需要我们在本文中予以关注并且与所有权相关的功利原则是经济学家所构建的帕累托最优原则,这一原则事实上已经远离了古典功利主义。因为,尽管边沁反对分配,他认为"如果所有财产被等分了……每件东西都会很快被毁坏"[13,14],并且分配政策可能随意变动导致安全、幸福和勤奋全成为泡影,但在边沁的快乐计算公式里,财产增加导致快乐递减的主张为利他行为提供了支撑,只是这种利他行为是建立于理性人为了实现自己幸福的基础之上,正如学者对此的考察那样:"理性的人之所以善待他人乃是因为他认识到受惠者的回报对他有利。社会生活中的人类要彼此相助实现自己的需要,且开通的人觉悟到只有合作精神才能保全自我利益。"[15]所以,边沁构建的功利主义并不反对如下两个主张:①人们为了自己的快乐自愿进行的再分配行为;②国家稳定公开的再分配政策。也因此,我们认为尽管边沁被视为个人功利主义的捍卫者,但他并没有为绝对所有权制度提供不容置疑的理论支撑,尤其是当我们必须要承认市场经济比国家的再分配制度更加容易使私人财产陷入不安全的境地时,边沁的功利主义似乎已经与自由市场所主张的个人绝对所有权失去了联系。

而帕累托最优原则的功利主张却彻底放弃了人与人之间的比较,这也就意味着国家的再分配是不被允许的。因为在帕累托改进中并不允许某一些人的境况因为另一些人的境况需要改善而变得更差,亦即,如果在一个村子里,存在一个无田者,和一个拥有百亩良田的地主,这时候为了改善无田者的悲惨境况而从地主手里拿出一亩良田给他,可能在整体上改善了这个村子的福利水平,但却是帕累托原则所不允许的,因为无田者福利的改善,导致了另一个人的福利水平降低。考虑到每个人的偏好的不一致,所以我们并没有办法对比地主境况变差的程度与无田者境况改善的程度,这使得从整体而言,我们无法判断制度与政策在其所影响的事态之间的效率高低,为此,福利经济学采用卡尔多—希克斯改进(Kaldor-Hicks)作为补偿原则,在效率的检验上,这一原则认为:如果一个人的境况由于改革而变好,因此他能够补偿另一个人的损失并且还有剩余,那么整体的效率就改进了。然而 KH 原则事实上承认了人际间功利的比较是必需的,因为一个人愿意从事态的变化中将其所得拿出一部分来分给其他人,说明他对这种事态变化的偏好(或评价)是大于被分配的人的,否则他就不会同意这种事态变化的发生。我们的疑问在于:愿意为某种事态的变化进行(或不进行)支付是否能反映一个人的真实偏好,或者能否呈现一种严格的函数关系?一个拥有百亩良田的人因为事态变化多拥有三亩良田,为此他可能愿意支付两亩给其他人,但这是否意味着只拥有一亩良田的人因为可以多拥有三亩良田而愿意支付两亩给其他人呢? 我们可以很容易观察到这样的情况:一个人愿意支付多少很多时候并不严格依赖于他对于事态变化的偏好,还依赖于他自身原本拥有财富量的多少。此外,人们做出行为选择的时候还往往会考虑到事态发生的必然性程度的高低,我们愿意为必然获得的一万块支付五百,并不意味着我们愿意为可能获得的十万块支付五百。所以,我们要表明的是:如果将功利最大化原则建立在微观层面,则因为不允许对每个人的偏好满足程度进行人际间比较而导致一种事态向另一种事态的变动无法在效率上进行比较,如果采用 KH 补偿原则来对事态之间的效率优劣进行衡量,则因为人们支付行为无法体现其真实偏好而丧失解释力。这一考察对我们接下去要论述的所有权之于功利原则的作用是一个总的质疑,因为福利经济学采用的功利最大化原则并不能很好地说明制度变革对社会整体福利的促进有何效率上的优劣之较。

就微观层面的效率最大化来说,一种常见的经济学主张是:唯有将占有权、使用权、收益权、处分权等各项财产权能集于单独的个人时,才能实现最大的利用和产出。其理由正如我们之前论述过的:自利产生的激励作用能使一个理性的经济人出于对收益的追求而最大程度地利用其所占有的财产。对于这个理由的反驳,我们已经在前面有所论述,即便我们先设的认为把所有权利集中在一个人的身上更有利于交易的进行,那么我们如何保证交易费用为零呢? 比如 A 在自己的田地上种植了沙柳(对相邻农用地的肥力会造成损害),而比邻他田地的田地所有人 B,可以选择与他谈判就此种植权进行交易,要么由 A 支付费用继续种植(费用不超过种植沙柳所能产生的边际效益),要么由 B 支付费用给 A 并禁止 A 种植沙柳。这样的交易显然会产生一个市场所预期的最佳结果,可 A 常年在外打工,B 要与 A 交易就必须为此支付比他受损更多的交通费用,B 可能就选择不交易,这时,种植沙柳产生的额外利润就由 A 获取。到明年,A 有了头一年的额外利润作为资本种植了对周围田地肥力破坏性更大但是更具有经济效益的作物,此时,B 即便能够与 A 进行谈判,但因为 A 能够获得的利润更大,意味着 B 需要支付的交易费用也更高,这样循环往复,双方的收入差距只会随着市场交易越来越大,导致 B 最终无力进行谈判。因此,在交易费用不为零的前提下,绝对所有权并不能导致帕累托改进的出现,因为我们可以清楚地看到 A 的境况改善导致了 B 的境况变差。

此外,即便绝对所有权(私人拥有最完整的使用决策权和收益权)真的能使财产利用实现最大化并得到最大的生产效率,但这并不意味着可以促进个人福利和社会福利,换言之:生产率增加这个事实只有严格与个人偏好(假定偏好是合于道德要求的)相一致时才能促进他的满足感。因此,我们很难看到 iPhone 6 的生产率最大化与山村里的农民福利增加有何联系,更看不到毒品生产率最大化与社会整体福利改进有何关联。而市场经济早已无数次证明:产品过量生产所带来的危害,不仅仅是通货膨胀,还会因为过分追求生产效率而导致负外部性增加。另外,以自利作为人们进行生产的唯一激励否定了人们的合作精神,对此,我们再次考察一下类似的主张,周其仁不止一次地指出:"集体化农业的经济效率低下,是一件不争的事实。"其理由在于:"农业生产中集体组织对其成员劳动的监督和计量的不完全,从而导致对社员努力的激励不足。"[16]但其论述的逻辑却颇令人费解,因为他说到劳动者因为计量不充分和报酬不合理,选择了偷懒,所以生产队体制的失败可以用对劳动生产者努力的激励不足来解释,而对劳动者计量不充分的原因则是产权残缺导致对监管者的激励不足。但如果承认他先设的自利原则是劳动的唯一激励因素,那么要使监管者有足够的激励,就必须要把产权赋予监管者(实际行驶监管职能的个人),否则,监管者何来的激励去监管别人农田里的劳作是否充分? 而如果将产权赋予监管者,农民又何来的激励去对不属于自己的农田进行劳作? 引起我注意的是,他认为相比于生产队,家庭组织可以做到很低的监督费用,或者即使在计量和监督不足的条件下也不影响效率,所以很有可能的是,他认为将农用地产权赋予家庭是最恰当的,可问题依然存在,究竟是什么在激励家庭成员在计量和监督都不足的条件下劳作呢? 在家庭成员较多的情况下,每个成员不管劳作是否充分都可以享受家庭提供其所需的生活物资,我们又如何保证没有"搭便车"的情形发生呢? 这个时候,我们可以清楚地看到简单粗浅的自利人性论没入了阴影,取而代之的是合作及利他的人性。所以,在现实中,当"多元人"(Homo universiticus)取代了单一的"经济人"(Homo economicus)时,个人绝对所有权就丧失了支撑生产率最大化的基础。

(二)基于法律规范的反思

尽管我国正将农用地资源的配置模式从政府配置转向市场配置,并由之产生了承包经营权由生存保障权向物权的转变,但私法意义上的物权与公法意义上的生存权在价值理念、基本原则和制度基础上都是不同的(前者更注重自由,后者更注重平等),由于我国这种农用地市场化配置的转变尚未完成,在法律规范上就产生了种种冲突:

1. 就农用地流转自由而言,我国《农村土地承包法》为了实现农用地权利的长期稳定性,基于物权的制度构建理念在第二章第五节中规定,土地承包经营权可以依法流转;但同时又基于保障生存权的考虑,对农用地权利的流转做出了种种不合物权理念的限制,在2002年《关于〈中华人民共和国农村土地承包法(草案)〉修改情况的汇报》中提到:"考虑到我国绝大多数农村的农民在较长时期内还得依靠承包经营的土地为生,不能因随意转让而丧失赖以生存的土地。"由此在《农村土地承包法》中规定:"采取转让方式流转的,应当经发包方同意",并在《土地承包法司法解释》第十三条规定:"承包方未经发包方同意,采取转让方式流转其土地承包经营权的,转让合同无效。"此外,因为担心抵押权的实现会让承包人有失去承包土地的可能,《担保法》规定耕地使用权不得抵押。

2. 就农用地资源分配而言,一方面试图通过土地资源构建和维护农村的生存保障体系,另一方面又试图以物权的方式去保护这种土地权利形态,因而导致了"人人有份"、"成员平等"的分配原则与"增人不增地,减人不减地"的政策之间的冲突。如果要实现土地承包经营权的物权属性,那么三十年的承包经营期内,无论农户中的成员数量出现任何变化,都不能改变承包经营合同中确定的农用地面积,可如此一来,就会导致有的农户因成员减少而人均占有农用地份额增加,相反,家庭成员增加的农户将会陷入无地可耕的境地,从而无法实现集体成员平等地享有农用地份额的生存保障目标。据学者了解,从第二轮土地承包经营合同续订开始,到2003年末,重庆市就出现了329.3万新增人口无地承包[17]。

3. 就农用地权利继承而言，立法确认了"耕地使用权不能继承"的原则，因为根据农用地资源的分配原则，集体成员均有权按份承包集体所有的土地，如果允许其继承集体成员生前耕种的承包地，就获得了两份承包地，有违农用地分配所强调的公平原则[18]。但是从物权的角度来说，财产的继承并不需要依附于集体成员的身份，更无须考虑平等按份占有的生存权保障理念，所以"减人不减地"应是基于物权理念提出的农用地继承规则，这一规则显然实现了"耕地使用权能够继承"的规范效果，这与《农村土地承包法》的立法意图显然产生了严重的矛盾与对立。

4. 就农用地权利的灭失而言，正如同农用地承包经营权须以集体成员身份为前提，耕地使用权会因农村集体成员身份的丧失而灭失，根据《农村土地承包法》第26条规定："承包期内承包方全家迁入设区的市并转为非农业户口，发包方则应收回其承包土地。"然而，根据"减人不减地"的政策，出现农户家庭成员死亡的情形，却又不能收回其生前的承包土地，就产生了同样是被保障人口数量下降，但处理方式不同的规范效果。而且，如果迁出农村集体的农户在迁出前就已经以转包、出租的方式将承包的土地转交第三人使用的，如何保障第三人的权益也是一个问题。按照生存保障的权利理念来说，应强制收回被流转出去的土地，因为这些土地应当按份平均地由集体内的成员使用。可是按照物权理念来看，集体没有强制收回土地的权利，因为如果土地承包经营权是物权的话，按照物权行为的无因性原则，第三人取得的农用地使用权应当具有对抗集体组织的权利。

综上，就法律规范而言，我国土地承包经营权不唯是一个单纯的私法意义上的财产权，无论是从立法意图还是土地承包法的原则来看，都以生存保障权作为基础。但同时，在具体的规则设置上，又处处体现了物权的保护理念，这并非是简单地用财产权的立法保护方式作为保障农民的生存权的手段。我们可以在规范中清楚地看到生存保障权与财产权之间的冲突，如何厘清这些规则之间的冲突，可能更重要的是如何正确看待农用地资源对于农民以及国家的意义和作用。

（三）基于公共资源利用理论的反思

一种屡见不鲜的用以反对我国农用地集体所有制的观点认为集体所有导致产权主体不清从而产生"公地悲剧"(tragedy of the commons)，这一论断首先由英国学者 Hardin 在《公地的悲剧》一文中提出，意指当公共资源的权利主体不清的时候会导致对公共资源的滥用，他描述了一个场景，在一个村庄有数户牧民，当草地向所有人完全开放时，每个人都会基于个人利润最大化增加饲养牛羊的数量，尽管这样会损害这片草地并导致草地枯竭。这是经济学家用来阐释外部不经济惯常举的例子，而如何解决这一悲剧，则导向两种路径——其一是进行彻底的私有化，将所有资源分给确定的私人主体，因为当权利主体确定之后，个人才可能基于自己利益最大化保护属于自己的财产，从而物尽其用而避免过度开发；其二是借助公权力进行行政管理，比如严格控制每个人使用公共资源的数量和程度，使人们对于公共资源的使用始终处于一种较为合理的水平。但是在经济学的论证中，后一种方案是受到摒弃的，其原因就在于公权力机构也存在利益取向，在管理的过程中会与民争利进而将公共资源进行行政性垄断，又因为其对公共资源的使用和占有不需要承担使用不当的不利后果，因此不能有效保护公共资源。因而，私有被视作解决公地悲剧最优和唯一的选择，这种主张也被经常存在于我国农用地资源配置制度改革的论证中，用以解决所谓的"集体土地权利主体虚置"导致的农用地资源滥用问题。然而,"公地悲剧"理论就其最严苛的适用条件而言,应是无主之地,这种情形在当今世界几乎不存在,就如同绝对的土地私有权也不存在一样,所以该理论一般只能对居于"绝对无主"和"绝对私有"中间的资源权利分配形态进行解释,而我国之前运行的农用地集体共有共用模式即被视为靠近"绝对无主"的一端。值得我们反思的是,私有化是否能够真正解决"公地悲剧",就目前的研究来看,如果将权利分配形态完全偏向"绝对私有"的一端,则会出现"反公地悲剧"。

"反公地悲剧"(tragedy of the anticommons)是美国学者迈克尔·赫勒(Michael Heller)在《困局经济学》一书中最早提出,他通过大量琐碎的例证证明:当私有产权分散于不同的主体之时,会导致对资源的利用不足,因为不同的权利主体都会基于自己的利益提出不同的权利主张,最终导致需要统合这些权利的事项被搁置。其中最为典型的是在医药领域,因为每种新研制的药物都会涉及大量的既存专利,而要获得所有专利人的专利许可不仅花费甚巨,并且往往需要耗费大量的时间和精力,结果却是无法预知的,这些隐性的成本严重阻碍了药品的研发。同样的情形也发生在土地的利用上,他提出了这样一个颇具思考价值的问题:"分散土地比整合土地容易得多——土地交易就跟离合器上的单向棘轮一样,只能朝一头转动。随着时间的流逝,土地变得越来越分散,所有权的尺度和最理想的使用尺度不再吻合。假设有一处日渐衰败的普通住宅区,市政府盯上了急需经济开发的地段。一家私人开发商愿意代表购物中心或汽车厂大兴土木。但这些经济发展的推动机做事讲究一个'快'字,他们马上就需要整合后的可用土地。在我假想(现实里也颇为常见)的这个街区,土地全是一小块一小块的,建筑破败,按开发商的行话就叫作'危楼'。投资者该怎样把土地整合到一起呢?"[19]

这个问题更广泛地存在于我国,在城市化进程中,对于土地的开发或利用已然受到越来越大的阻力,这种阻力即来自于所谓的"钉子户",而我国对此的解决方法一贯是动用行政权或者暴力机关强行征收,但随即引发了强烈的社会矛盾,目前强拆强征行为已较为收敛,由此而来的就是公共项目的搁置或者高成本建设,带来公共利益的间接损失。而这种情形也存在于农村,李昌平即指出:"土地农民集体所有制,维持着社区共同体的农田水利系统、新农村规划、村民自治制度、社区公共生活、五保户、社区伦理和价值观等。"[20]据贺雪峰教授的研究,集体地权模式的主要意义在于赋予村集体组织协调和管理的权力,同时也形成对抗国家公权的集合力量。贺雪峰教授通过对湖北荆门农民的灌溉问题和河南汝南农村的涝灾的考察分析,指出当下趋于私有化的物权式农用地权利体系瓦解了农村集体组织的权力,从而无力承担起组织集体灌溉和进行农业公共设施的建设,由此导致集体化时代的许多公共水利设施被废弃并造成了农民个体在面对自然灾害时的无力[21]。在农用地资源由集体配置的制度下,村集体可以借由土地分配或调整的手段安排水利灌溉所需土地,而且可以更好地统合村民进行民主决策,而在当前的市场机制下,农用地资源的配置权由集体下放到个人,导致村集体作为国家与村民之间的中间性权力消退,无力承担公共产品的提供。而所有的农村公共设施几乎都涉及数量众多的人的农用地资源占用,一条灌溉水渠可能需要经过数户农户的田地,由于承包经营权的强化,村集体既无法通过定期的调整整理出需要的土地,又无法说服数量众多的物权的拥有者,更严重的是,许多已经成为市民的农用地承包者并不关心农业生产,进一步加剧了土地整合利用的难度,并且前面的论述业已表明,即便再进一步私有,未必会出现土地规模化经营的效果从而导致农业灌溉等设施的个体建设兴起，更有可能是在权利壁垒之下进一步阻碍农用地的规模化经营。

与此同时，我们也需要注意到权利过于集中于个人同样也会产生资源过度利用的问题。正如前述，理性人假设被视为经济学理论的根基，但这种假设往往在实践中被证明是错误的，而且，即便用理性人假设来解释"公地悲剧"，我们同样可以用理性人假设得到相反的结论，并且这些结论也同样大量广泛地存在于世界各地和各个历史阶段，作为"反公地悲剧"的另一种情形，我们可以称之为"私地悲剧"，如果说"公地悲剧"是因为权利主体缺乏导致的公共资源被过度使用，"私地悲剧"则完全是因为资源被私有化后导致的资源过度使用。赵冈通过历史考察，发现在宋代以来，山林资源的产权在高度私有化后发生了森林的严重损坏，人们因为寿命原因无法等待林木的培育和生长，而选择砍伐既有林木资源后换种短期生长树种，由此导致生态系统被完全破坏。这一事实完全符合理性人假设，但同样发生了严重的经济负外部性，私人基于自己对所拥有财产的完全处置权进行了破坏性使用。同样的景象也发生在国外其他地区，美国学者 Erik P. Eckholm 曾描述过：一个索马里的牧人把他的畜群不断扩大导致草地过度放牧，他的牛只消瘦了，最终沙丘埋没了牧场。巴基斯坦北部的一个农民，为了获取粮食，砍光山坡上的树木种植小麦，导致汹涌的洪水冲毁了下游的农田。印度尼西亚的一个农民则烧毁了山上茂盛的树林进行播种，山上的泥土冲刷到山下，堵塞了灌溉渠道，使下游农田的水稻减产。因此，如果说个人会基于自身利益最大化而不假思索地使用公共资源是因为他们不需要对公共资源枯竭的后果承担单独责任的话，那么个人同样也会因为使自己的财产发挥效益最大化而对公共资源造成损害，区别在于前一种损害是直接的，而后一种损害是间接和隐性的。

解决"公地悲剧"的路径在现实中还存在除了私有和管制之外的情形——协作，在理性人假设下，公共资源的有效使用也是利益所必须考量的因素之一，但这必须建立在：首先，使用主体能对如何合理使用公共资源有科学判断，否则即便协作达成，也可能因协作目标错误而失败，这种判断往往很难由普通民众完成，而需借公权机关通过专业人士完成，所以这给政府管制提供了一种正当性基础；其次，协作过程中的沟通成本不能过高，基于科斯定理的经典论述，交易成本影响着资源配置的效率；最后，具有协作的产权基础，我认为这一点是容易被忽略的，无论是在"公地悲剧"中的无产权状态，还是"反公地悲剧"中的产权过于分散于私主体的状态，都不具备进行协作的产权基础，前一种因为无人能对公地做出有权安排导致协作的制度性基础缺失，后一种则因为权利人对于财产的权利过于强大而导致交易成本过高，均不能形成有效的协作。而现实中容易形成协作的产权安排恰恰是我国的集体所有的地权制度，李怀印教授通过对秦村 20 世纪自 50 年代至 70 年代的考察，认为在整个高度集体化的地权模式中，村集体组织者凭借地权控制实现了现代防洪和灌溉系统的建立，以及推进了化肥、农药和若干农机设备的使用，使得当时的耕地单位面积产量和社员人均收入均得到了长期增长，这同时使得村民在住房、饮食、衣着、教育、公共卫生等方面发生了明显变化[22]。需要注意的是，我国农村自治的基础就在于农用地权利的集体所有制，由此建立了村民民主决策的机制，村民共有的土地就像一根强有力的纽带将他们的命运拴在了一起，迫使他们进行有效的协作。当然，除了土地共有，维系农村和农业的还有乡村伦理和道德传统，但这些似乎也已经在市场机制的推进下濒临瓦解。

（四）基于法伦理学的反思

如果说之前对于农用地资源市场化配置的反思还停留在市场机制本身，那么问题还不足够严峻,市场经济本身就是一个充满矛盾、对立和冲突的术语,甚至于还有些政治和意识形态的意味,市场经济的理论只是通过描述和解释一些行为,就得出了一套普世的价值,并以此消解了其他一些价值,这才是最严重的问题。

传统经济学理论认为,市场经济本身是价值中立的,因为这套机制只是通过对人们如何行为的观察进行规律化总结进而对未来人们的行为进行预测,至于人们为何如此行为和如此行为的正当性何在,则不是市场经济研究和关注的范畴。然而美国学者迈克尔·桑德尔教授(Michael Sandel)向这种主张发起了攻击,他认为"当我们决定某些物品可以买卖的时候,我们也就决定了(至少是隐晦地决定了),把这些物品视作商品(即谋利和使用的工具)是适当的"。进而,他提出:"为了决定金钱应当以及不应当买什么,我们就必须首先决定,什么样的价值观应当主导社会生活和公民生活的各个领域。"[23]他的观点为我们思考农用地资源配置市场化提供了一种新的视角,那就是:农用地是否应当作为商品参与到市场交换当中? 如果允许或不允许农用地资源市场化,则分别有何种价值观作为其正当性的基础?

农用地是否应作为商品进行市场交易? 这一问题似乎从来未曾被人们认真对待过,尽管有人提出交易有可能导致农用地资源的过度集中,产生传统观念里令人厌恶的地主阶层,但是这种思维定势不仅在理论和事实两个层面都被证明是不可能的,而且并不能回答:农用地资源的交易为何令人恐惧或厌恶? 前面的论述中我已表明,封建时代地主之所以被人们厌恶关键并不在于土地资源的集中,而在于依附于土地之上的封建义务过于沉重,在封建义务已被废除的现代,土地的自由交易在经济学家看来除了能将资源有效地集中于对土地最为珍视的人手中,还可以通过土地的规模经营产生巨大的经济效益,并且这是每个人的基本自由权。但需要我们反思的是,并非所有物品或权利都是适于进行市场交易的,哪怕基于个人自由和经济效益的考量,比如人、毒品、器官还有法定代理权等,人的交易将导致奴隶市场,而这种市场无论能创造多大的经济效益,都不被允许,因为我们需要坚守人类社会更为基本的价值——人的尊严,亦即康德所谓"人是目的而非手段",我们不能通过牺牲人自身来达到某些目的。 又比如毒品,从市场的角度来看,每个人都有权表达其对某物的偏好,并且每个人都有支配自己身体的行为理性,如何对待自身应该是个人的基本自由,当他要借由毒品来追求其精神的愉悦,没有理由对此进行干涉,但任何一个国家和社会均对此进行严格管制,因为这涉及人类社会另一个重要价值——防止精神的腐堕,与此类似的还包括性交易(但在这一问题上存在很大争议)。

由上,我们不难发现,经济效益作为一种值得我们追求的价值和目标,时时刻刻需要让位于其他一些对人类社会更为重要的价值和目标,尤其是法律伦理中的公正与平等,否则我们就将一些不应被经济理性评价的物品进行了经济理性评价,从而减弱或者消灭了这些物品的道德意义和政治价值,制度本身就彻底沦为一种服务于经济理性的工具,而不是实现社会道德追求和公共价值的保障。因此,就农用地资源是否应用金钱作为唯一衡量其价值的商品,我们需要考察其是否具有除了经济价值之外的公共价值,我们认为至少在以下三方面,农用地资源承载了市场机制所不能体现的价值,从而使人们对农用地资源的交易产生潜在的恐惧感,或至少态度上有所迟疑。

1.生态价值。农用地作为土地资源的一部分,其本身构成了地球生态系统不可或缺的一部分,这部分价值既无法通过其他资源和物品进行替代,也不可或缺。但在市场机制中,土地资源的生态价值往往无从以金钱的方式来体现，当一个人愿意花高价购进一块农用地的时候，一定是基于那块农用地的使用价值而不是生态价值，农用地的生态功能成为经济外部性，并且前面的论述也表明明晰产权并无法将这种外部性内化，而生态价值在市场机制中的被忽视又导致了生态伦理的丧失。生态伦理作为人类处理自身与自然环境以及其他物种关系的一系列道德规范，长期以来发挥着稳定自然生态的作用，其最为突出的特点即在于强调社会价值和环境价值高于个人价值，但这一点却是市场经济所排斥的，因为这与市场经济立足于个人利益最大化的价值预设不相符。我们也可以从我国工业建设和市场化进程中清晰地看到我国生态伦理的消失，建国初期为了发展经济而进行的工业建设砍伐了大量的林木资源，改革开放之后的家庭承包责任制使农户更关注于责任地的效益最大化，而无视其使用方式是否会对其他农户的农用地造成生态影响，如果有影响，市场机制也提供了解决机制——金钱补偿，这种解决机制甚至也用于农用地管理中，由此而至的是，当人们因为使用农用地而损害生态之后只需要缴纳金钱便完成道德责任的负担之后，他们对此更加习以为常，金钱替代了生态伦理附加于农民内心的道德责任，使破坏生态成为一种理所当然的经济行为。

2. 社会稳定。吴次芳教授（2014）[24]指出："人类历史上发生的社会动荡和战争，有很大一部分源于以下两点：一是自然资源争夺，二是饥荒，这两点都与土地密切相关。就自然资源争夺而言，不是地盘的争夺，就是能源、矿产的争夺，其中不乏涉及土地的争夺。就饥荒而言，多数情况下在表象上是由于水旱灾害引发的，但事实上也大都是由于人地关系失衡和农田防灾减灾能力弱所引致的。"需要我们明确的是，近现代意义上的国家被视为提供社会稳定最有效的组织，其统治的基础即建立在土地和主权二者之上，市场经济无力提供社会稳定这一近现代国家下最为重要的公共价值，其原因就在于当土地资源彻底遵循市场机制进行配置之后，会产生至少两种可能：其一，土地资源向财富拥有者手中集中；其二，土地资源跨越国界进行流转（自由市场是无国界的）。无论哪一种可能都会摧毁社会稳定这一近现代最为重要的公共价值，因为当土地资源按财富配置而不是按生存需求配置之后，就会导致社会状态向自然状态的倒退，在生存这一最为原始的需求面前，财产权将面临巨大威胁，"暴动"和"革命"随即产生，而土地资源跨国界流转将彻底摧毁国家的统治基础，社会秩序也随即不受国家控制。而按照合理用途使用和按照生存需求分配土地不仅是国家应当承担的义务，还是一项公民的基本社会义务和权利，但市场机制并不考虑附加在农用地之上的公民权利与义务，尽管这些权利和义务不应被用来交易，就像我们不应把纳税的义务进行买卖也不应把受教育的权利进行交易一样。

3. 乡土伦理。正如我们在"公地悲剧"中阐释的一样，农用地产权结构影响着农村和农业秩序，进而改变农村的乡土伦理。美国人类学家斯科特则根据他对东南亚小农社会（我国大部分农村也属于典型的小农社会）的观察，提出了道义经济的理论模型，他认为小农社会中存在一种特有的规范体制，这一体制产生于他们的"存在环境"（existential situation）（包括生态环境、技术环境和社会环境），"存在环境"使得小农农业只在糊口水平（subsistence level）附近上下波动，这种环境塑造了小农的个体行为与生存伦理，进而形成了一套规范体制，人们借此评价和预测周围人的行为，从而做出自己的行为选择。"我认为，我们可以从两个道德原则——互惠原则（norm of reciprocity）与生存权利——着手研究，这两个原则看起来是深深地蕴涵于小农生活的社会模式与禁忌之中。""生存伦理提供的是一种视角,一般的小农从这个视角看待他的同乡、土地所有者或官员对其资源不可避免的索取。首先,它表明,他们主要不是根据他们绝对的生活水平来评估这样的索取,而是更多地根据他们如何使其维持在生存危机水平之上的问题变得复杂抑或简单这一标准来评估。"[25]在生存伦理的支配下,小农主要是以"安全"而非"获利"作为行为的首要动机,"他们以获取可能的较为稳定的产出为其进行生产抉择的标准,即使这种抉择以平均收益减少为代价,但只要能使家庭生计有所保障也在所不惜。"[26]斯科特主张,基于生存伦理构建出来的自发规范体系为小农共同体消除了生存危机并确保每一个村民的最低福利标准。这些规范包括:①主人有义务在灾荒之年免除租金或提供贷款;②公地和资源定期在所有村民之间重新分配;③分摊出工以及强制性施舍,从而使财富分配在一定程度上达到均衡;④有利于穷人的村内税收安排。他通过观察发现"如此平摊压力以应付危机的价值,在Tonkin一座遭受饥荒的村子中体现得特别明显。Gourou报告说,在那里,只有整个村社的人都同样挨饿,才会防止人冻死"。然而市场机制却打破了长期以来维系农村乡土伦理的体系,人们趋于自利而非互惠,竞争机制取代了平均主义,以至于生存危机变成个人的事情而非集体共同分担的责任。

诚如桑德尔教授所担忧的那样,当"我们从'拥有市场经济'(having a market economy)最终滑入了'一个市场社会'(being a market society)"[23]之后,市场经济对我们而言就已经不是一个纯粹的资源配置手段或工具,而变成了一个以市场伦理对社会进行统治的状态,人们逐渐丧失道德感、社会义务、公民责任,以金钱作为衡量一切物品和权利的标准,自利原则取代互惠伦理成为人们行为的唯一动力,并且这种转变是不可逆的,我们很容易观察到人们从利他的伦理中踱步出来,但几乎不曾发现有人从自利的伦理中挣脱回到利他的状态中,而且人们的道德义务一旦被金钱责任取代之后,也很难再恢复,桑德尔教授对此进行了大量的考证。显而易见的是,金钱的腐蚀效应也已经开始在我国农村扩展开来,无论是难以进行的灌溉系统建设,还是愈演愈烈的"种楼"现象,都在表明农民群体已经从小农式的互惠伦理转向了市场伦理当中。

四、结论

(一)我国农用地权利问题的时代背景

诚如法国著名社会学家 H. 孟德拉斯所言:"20 亿农民站在工业文明的入口处,这就是 20 世纪下半叶,当今世界向社会科学提出的主要问题。"[26]这个问题对于一个占据了世界农民总数近一半的国家而言显得尤为重要,尤其是这个国家并未彻底地经过工业文明的洗礼并挣扎于各种秩序新旧交替之时。市场经济改革对这个国家产生的影响仍在持续发酵着,一瞬间似乎所有人都成了市场拜物教者,尽管为数甚少的人提醒人们应对市场经济的逻辑保持冷静和进行反思,但都很快被冠以顽固和守旧而被抨击得一无是处——尤其是这种所谓的守旧过时的主张里混杂了个人社会义务与国家干预的学理分析时。梅因的"从身份到契约"的论断被奉为圭臬,一切与契约精神相悖的制度都与维系"特权"和"身份等级"脱不了干系,自由主义提倡的"权利本位"观念在这个国家日益朝着极端化的方向发展——尽管那些呼吁个人权利绝对化的人们可能对此并没有意识。这就是在当下中国谈论土地问题所需面临的时代背景,我们可以清楚地看到经济学家、社会学家、农学家、法学家以及土地管理学家对土地问题表现出来的极大热情,并且,也可以清晰地看到那些存在于他们之间明显的分歧。目前而言,经济学家在诸多论争场合似乎更占据上风,即便就是进行法学研究,若不采用制度经济学的理论也会显得太过落伍——那些维系法律精神的学理传统(自然法理论)从未像现在这样显得空洞无用,又或许是关于正义、公平的讨论延续数千年,已经让人们深感疲惫,现在的人们总是在问制度究竟能对人们的经济行为起到多大的影响,又或是如何对阻碍了人们经济行为的制度进行修改,仿佛制度存在的理由就仅仅只是——确保市场经济的逻辑不被干涉。传统市场经济理论必需的那些要素,比如绝对的财产权、充分的竞争和经济人假设也因此成了制度构建所首先考虑的问题。

市场经济还加剧了城市化和工业化进程,大批年轻人离开世世代代生活的土地涌入城市和工厂,其中一些是被迫的,因为他们赖以生存的农用地已经被城市所吞噬。也因此,土地——不管是作为生产要素还是公共用品——在市场经济的逻辑中都成为一种最具价值的资本,在一轮高过一轮的土地竞拍交易中,人们逐渐忘却了土地的功能,也再不以"母亲"去比拟和敬畏它,甚至,人们都忘记了使用土地是地球上每一个人与生俱来的权利,若不如此,我们何以解释当下学者们的集体性焦虑——谁是中国土地的拥有者?[28]"产权不清"或"所有权缺失"成了土地问题研究中不可或缺的时髦语词,尽管人们并不知道"承包经营权"除了无法严丝合缝地镶嵌于大陆法传统物权类型之外,权利内涵有何不清;也不知道"所有权"究竟意味什么。但一旦出现妨碍土地资本化的情形,他们就搬出了上述说辞——比如农用地不能被农村集体直接卖给建设用地的需求者并获得所有卖地收益说明集体没有所有权,又比如农民耕作的土地因为具有承包经营的年限阻碍了农用地买卖说明农民个人并不拥有土地。然而,同样来自经验观察的社会学田野调查却一次次向经济学的经验假设泼去冷水,他们不厌其烦地否定着经济学家的自负与幻想:比如提高卖地收益就能促使农用地交易并进而形成集约化的耕作体系,又比如承包经营年限使农民缺乏较长的收益预期而过度消耗土地肥力。就如孟德拉斯所说:"19 世纪的社会科学表明,它们对乡村事物的不了解令人惊讶,它们所有的分析和解释的努力都是针对工业经济和都市社会的。"可这还不是中国当下土地研究中的症结,其症结更来自于把一种仅具有解释作用的理论变成了社会追求的目标和价值理念去对待。

(二)农用地所有权问题的本质

在土地资源因为人口增长和农业利用开始变得珍贵以后的相当长的历史时期中,土地所有权并不是那些真正使用它们的人首要关注的,因为维持一块土地的占有需要耗费的成本并不是佃农所能承受的,就是那些所谓的地主(或领主)也总是在土地占有量的多寡上踟蹰不前,过多的土地并不意味着财富增加,相反,在极不稳定的农业收益面前,越多的土地占有量可能导致更为沉重的附加义务——徭役、赋税和进贡。当然,这么说可能面临一个诘难:正是因为他们(不管是农民还是地主)不拥有土地所有权所以才需要为使用和占有土地付出巨大的代价。可无代价(或义务)的权利何以存在?诚如有的学者意识到的那样,唯有在国家存在的前提下才有讨论权利的必要,鲁滨孙式的人并不会为土地所有权感到苦恼,因为他可以凭他的兴趣使用和处置脱离于国家威权的一块土地,他既不需要为此承担义务,同时也不能够奢求其他人承认他对于这块土地的权利,即便他想将之出售,可是谁来为买入人的权利提供保障呢？关于国家的理论和意义无须再喋喋不休，中世纪后期的学者已经基本完成了对这一命题的思考。

关键的问题并不在于我们要否认国家的存在，而是要思索所有权的意义。事实上，当我们回溯整个人类财产权的制度史，会发现所有权这个概念就如马克思所说的那样："在每一个历史时代中，所有权以各种不同的方式，在完全不同的社会关系下面发展着。"无论是罗马法中 mancipium 到 dominium 的演变，还是中世纪时期被习惯法支配的土地权利制度，我们都可以清楚地看到财产权之上强烈的人身依附性。所以，近代古典自由主义将所有权绝对化的目的并不单纯是为了论证财产权的自然正当性，或言当他们将土地所有权视作一个无可争议自然权利对待时，其目的更在于将附着于土地之上的封建义务予以摒弃，而这一切的努力又是由当时特定的社会历史环境所决定的。也因此，当我们企图用古典自由主义的所有权观念来解构或重塑我国的地权体系之时，我们应该叩问自己试图以此解决什么问题？

按照经济学家的观点，讨论土地所有权问题诚然是为了更好地使市场经济的逻辑得以运行，而目前国家对于土地的过多干预使得他们意欲推进的逻辑处处碰壁。而来自法学家和政治哲学家的研究，则更多地向我们展示了自由之于个体的价值和重要性。尽管进路不同，我们仍然可以在其中寻找到一些明显的共通之处，那就是国家权力与个人权利的关系问题。纯粹的自由市场经济和极端的自由主义都将国家公权视为一种理所应当的恶，"守夜人"是他们唯一能够容忍的国家存在形式，诺奇克所谓的最低限度的国家（minimal state），"其功能仅限于保护人们免于暴力、偷窃、欺诈以及强制履行契约等；任何更多功能的国家都会侵犯人们的权利，都会强迫人们去做某些事情，从而也都无法得到证明。"[29] 对于国家的恐惧使得国家的一切公权行为都变得那么令人不安，于是国家基于粮食安全或其他公益考量对土地的用途管制也被视为侵犯个人的土地使用权和处分权，秦晖教授为此愤愤然道："如果官府不能负责给农民以保障，你不批评也就罢了，怎么反过来要禁止农民卖地救命、卖地读书而把他最后的路也给堵死？"在他们那里，似乎没有任何理由能够成为国家不将完整的所有权赋予个人的理由。

这又与他们对于中国国情的判断有关，诚如朱学勤（2003）[30] 对我国左右两派争论的观察：新左派认为中国已经卷入全球化，资本主义在中国已经泛滥成灾，因而主要的抵制对象应该是外来的资本主义跨国公司的经济和文化入侵。而自由主义一方则认为，中国并没有进入后现代，也没有进入资本主义社会阶段，更没有卷入全球化，阻碍中国社会进步的是内在的陈旧体制与意识形态。因而，土地所有权问题能够伴随改革开放长久地成为一个论争焦点与学者们对我国国情的判断和把握密不可分。在自由主义学者眼里，个人自由仍然受到国家压制，又由此导致市场经济改革严重受挫，对旧体制下特权的恐怖记忆使得他们努力地试图从普世的权利概念体系中寻求超越国家桎梏的威权。

（三）农用地权利的规范内涵不具有普世性

迫使我们进一步思考的是，个人土地所有权究竟是否是一种普世的权利形态，亦即土地所有权是否是不证自明的个人自然权利以至于国家不能够对其进行限制和减损。在此之前，我们必须要对所有权下一个定义，否则我们很难划定一个讨论的边界。但正如前述，所有权的观念一直随社会关系发展而变动，时至今日，就算是私人财产权盛行的西方社会大概也不会认为所有权意味着："一个人对外在之物声称并实践的独有的、专横的统治。"[31]即便在古典自由主义鼎盛时期，我们也不曾看到过超然于国家和法律之上的个人财产权形式，法国大革命时期制定的《人权宣言》第 17 条规定："所有权为神圣不可侵犯之权利，非显然基于法律，为公共之必要，并在给付正当补贴的条件下，任何人均不得剥夺。"这是首次在纲领性文件中确立了所有权的神圣性与绝对性。1804 年的《法国民法典》第 544 条继承了《人权宣言》的精神，规定："所有权是最绝对地享有和处分物的权利，但法律或条例禁止的使用除外。"我们可以从中清楚地看到法律的保留条款，这给国家干预和限制私权滥用留下了空间。事实上，古典自由主义提出的抽象所有权概念虽然排除了国家的限制，也得受到自然法的制约。

关键还在于，法律语言学的知识告知我们：一个法律概念若过分模糊，就将导致"来自法律自身的损害"。孟德斯鸠早就论述过："路易十四的刑事法令，在精确地列举了和国王有直接关系的讼案之后，又加上这一句'以及一切向来都是由国王的法庭审理的讼案'。人们刚刚走出专制独裁的境地，可是又被这句话推回去了。"而所有权内涵所谓的"一切有关物的权利"，又何尝不与孟德斯鸠的分析有着相同的旨趣，循着这样的定义，当我们说土地所有权属于个人之时，也就包含了排除国家的任何干涉——因为"一切关于土地的权利"都不由国家享有。暂且不论无土地的国家形态何以能够存在（土地是国家主权最重要的构成部分），我们还需要对无政府状态下个人专断土地资源的正当性和可行性进行论证，就如前述，世世代代被人们视作一切财富来源的土地，其不同于其他财产的地方在于任何一个人除非自始就能脱离地球生存，否则剥夺他的土地使用权即是剥夺他的生存权，也因此，任何个人对于土地资源的绝对垄断都在终极的意义上侵犯了他人的生存权。并且，当一个人因为失地而无法生存时，国家保护土地所有权人的土地不受侵犯，是否是对失地者的不公？我们何以能够在生存权与财产权之间不假思索地偏向后者？洛克（1964）[32]亦说："如果在他圈用范围内的草在地上腐烂……这块土地，尽管经他圈用，还是被看作是荒废的，可以为任何其他人所占有。"所以，即便是在洛克的古典自由主义那里，人们拥有土地所有权也仅仅意谓在劳动所及的范围内物尽其用地对土地进行占有使用的权利，诚然，关于土地所有权还有先占的权利来源理论，问题就在于劳动都不能成为绝对占有一块土地的正当性理由，那些类似插面旗子（清朝贵族以射箭圈定土地）就占据一块土地的行为的正当性又何在？

也因此，考虑到抽象的绝对所有权形态不仅是制度上不可行的，同时也无法完成自身的正当性论证，我们就只能从规范的层面对所有权进行分析，如此一来，我们就会发现所有权这个概念并没有任何普适的一致内涵，其内涵与外延总是受制于一国的法律体系。比如我国宪法第十条规定我国的城市土地由国家所有，农村土地由集体所有，条款本身并不具有国家和集体排斥个人使用和占有土地的规范内涵，事实上，个人拥有的土地权利总是具象的和琐碎的，取决于一国政治体制和经济体制的状况。反观那些所谓的私人土地所有制的国家，难道我们可以说个人拥有任意改变土地用途和交易土地的自由吗？美国对于土地用途的限制是通过国家强制收购个人土地发展权（land development right）实现的，英国则直接将土地发展权规定为政府所有，考虑到土地交易的高昂税负，我们甚至都不能说英美的私人土地所有权包含了土地交易的绝对收益权。如此一来，关于土地所有权的问题又将成为一个以国家为视域的地方性问题，经济全球化、市场经济的通行规则以及将自由主义观念粉饰为普世的价值观念都无法解构一国土地权利制度的特殊传统。

(四)厘定市场和国家在农用地资源配置中的作用

无可否认的是,国家权力与个人权利总是处于一种此消彼长的态势中,西方社会中国家的角色也一直在转变,从纯粹的守夜人到全面干预私人财产权再到放松干预,又在福利国家理论兴盛之时全面介入个人生活,再到福利国家危机出现后的渐渐撤退。国家权力究竟应当及于何处又该止于何处或将伴随社会的发展一直论争下去,但就目前的既有经验来看,国家权力与个人权利之间并不具有恒固的边界,尤其对于财产权而言,总是随着经济的发展而不停地扩大或缩小着自己的界限。对于土地权利而言,我们当然不能将其只视为财产权的一种,在更为本质的层面,土地权利是确保生存权的基础,关于粮食安全的忧虑随着人口的骤增愈发变得强烈,而经济学家和农学家寄予厚望的工业技术和生产管理方式的变革并没有在农业生产中产生明显的改观。越来越多的调查数据显示,传统农业国家在解决食品问题的能力上反而要比工业国家虚弱很多,这也给那些试图在我国农村推进市场经济逻辑并进而发掘农业生产潜力的人们带来了警示。略显悖论的问题是:究竟是市场经济和工业化的程度决定着制度,还是制度在决定市场经济和工业化的程度。裹挟在其中的诸多问题随之展开,包括:究竟是制度在阻碍农用地交易,还是制度在对农用地交易不活跃的观念与现实做出应有的体现;究竟是制度在阻碍农用地用途变更,还是城市化和工业化程度决定着制度必须对土地用途变更进行限制。诸如此类问题,才是研究我国当下土地权利问题的关键,而这一切又似乎可以归结为本文开头所引的问题:我们应该如何应对中国8.8亿农民站在工业文明入口处的现实?

无须引证更多的数据,我们也能深刻地感受到中国城市自20世纪80年代以来的巨大变化,人们对于工业文明和市场经济秩序的适应能力举世惊诧。而对于农村,尤其是远离中国经济中心(包括东部沿海和各省会发达城市)的农村,变化似乎并没有那么明显,尽管在新中国成立以来短短的半个多世纪里面,由于土地制度和农业生产组织形式的不断变化让人们显得有些茫然,但那些千百年传承下来的乡土秩序——包括农耕秩序、伦理秩序以及宗法秩序却依然在典型的农村中具有极强的生命力。被人们讨论甚热的"抛荒现象"也从一个侧面反映了农民对于土地占有的固执,即便土地已经不能提供足够养育他们的收入,但他们也仍然不愿意完全地放弃它。而这些却是与经济学的逻辑相悖的,尽管可以进行更多的假设性分析,比如农民不拥有土地所有权所以导致转让价值不高因此人们没有强烈的转让动机,但循着这种逻辑推进,我们会发现土地价值的高低并不在于权利的多少,而在于土地的使用价值——任何一个财产的价格都是由其使用价值决定的,当一亩农用地一年的收入不过2000多元时,即便我们将抽象的所有权赋予农民个人,我们又如何能够企及卖出位于上海陆家嘴的土地的价钱?这个时候,为了满足经济学的预设,我们或许又要加入新的权利给个人,比如土地用途变更权(很多人认为这本来就应包含在使用权里),然而我们又很快会发现即便给予地处偏远山村的农民任意的土地用途变更权,似乎也无法提升他所拥有土地的价值,因为资本并没有进入那块土地的理由,按照经济学的观点,投入与产出不成正比。

而真正能够符合经济学预设的那些土地资源及拥有那些土地的人们,都已经脱离了农业文明的秩序,我们会很容易地观察到:那些对土地交易自由和卖地收益表现出极大热情的农民其实早已离开农业耕作许久，或言他们的经济收入早已不依赖于农业种植，兼业经营或者打工成为他们主要的经济来源，正如贺雪峰教授指出的那样，如果将中国所有农民视为一个相同的整体，而"不理解农民所处经济区域及因此而存在的农民收入结构、家庭结构、生存状况和便利机会上的差异，我们就容易误会农村问题和农民问题的实质核心。"（贺雪峰，2010）也因此，似乎我们可以说城市化和工业化使得市场经济的逻辑得以扩张从而导致制度的变革。而城市化和工业化程度又受制于一系列更为深刻的人类学命题——比如粮食安全和环境安全以及经济安全，因而注定不可能无限制地推进。对于那些生活在远离城市的乡村中的典型农民，在他们不与城市生活发生交汇时，我们又寻找不到任何理由强迫他们接纳工业文明的秩序（比如按时上班、按件计酬，而不是根据节气安排自己的生活节奏），更无法奢求他们接受与他们生活秩序完全无关的市场经济逻辑。那么，我们又有什么理由为了满足工业文明的秩序和市场经济的逻辑而强迫他们接纳为此而构建起来的法权制度呢？并且，这样的制度究竟能在多大的程度上得到实现？就目前自由主义学者和经济学家对土地问题进行的所有学术努力观之（无论是成都模式、重庆土改又或是浙江模式），我们都会发现一种与自由主义精神完全相悖的情景：政府在土地流转和集中化中扮演着重要的角色，而无视农民个人的意愿。"赶农民上楼"和强迫农民变成受雇的农业工人成了某些地方政府用来炫耀的政绩，也成了经济学家们用以证明其理论成功的试验成果，而农民个人的权利在此时似乎变得无关紧要。

尽管奥斯特罗姆夫妇创建的多中心理论改变了人们在社会治理模式上"政府—市场"二维化的思维定势，但政府与市场各自代表的价值取向和内在逻辑并未因此消解，即便是在多中心理论中的模型中，各主体仍需要借政府的形式提供公共产品（至少是公共信息），同时也需要考虑每个主体基于市场机制可能具有的行为模式，所以多中心治理理论至多是缓和了政府与市场二者之间的紧张关系，却无法解决"政府失灵"和"市场失灵"会导致的核心问题——平等与自由的失衡。毫无疑问的是，如果说近现代国家诞生的初始目标在于确保人们的基本自由权（生命、精神、财产）不受侵犯，那么自20世纪20年代以来，国家的作用已经转变为实现各主体间的平等，而市场机制的作用一直没有发生变化，那就是实现个人价值的最大释放。如果说国家的过度干预会导致市场失灵，我们也必须注意到正是市场的失灵使得国家对于个人自由的干预加强，国家并不是在摧毁市场而是在挽救市场的意义上推进相关干预政策的。然而，我们能否以更自由的市场机制来挽救"政府失灵"呢？目前在农用地配置问题上的许多学术主张都对此持肯定态度，这类主张的根源或可追寻到奥地利经济学家路德维希·冯·米塞斯，他在其影响甚巨的著作《人类行为的经济学分析》中提出自由市场不仅可以完全取代任何政府计划的体制，甚至自由市场本身就是人类文明的根基，然而这种理论假设本身就无法跳脱现代社会形态下存在的悖论——自由市场中的行为自由如何脱离于国家形态而得到实现？正如我们在文中一再表明的，需要国家确保经济自由的正当性并无法对抗人们基于生存自由而对经济自由的侵犯。

所以，无论是"市场失灵"还是"政府失灵"，当我们面对资源尤其是公共资源分配时，并不能简单地以一端取代另一端，尤其在涉及深层次的价值问题时，更须慎重。当我们将市场经济作为配置农用地资源的主要甚至唯一方式时，实则是取消了国家应当承担的基本义务，值得我们反思和进一步深虑的是：如何使市场机制回归到其资源配置的工具性地位上来，以及如何切实有效的发挥国家在农用地用途管制和农民生存保障的作用。在此基础

上,我们认为:

1.政府需要减少以"发挥市场作用"为由对农用地资源配置市场的不当干预。土地资源的配置当然离不开市场机制的作用,但这并不意味着国有土地与集体土地同权同价并为一个市场,我国台湾地区尽管没有国有土地与集体土地的界分,但存在"市地"和"农用地"的区分,同样,国外也以土地的用途将土地分为不同的类别,而土地的价值主要是由其用途类别体现而非所有制形式体现的,认识到这点,我们也就清楚市场机制的用武之地只在于使已经确定用途的土地资源得到有效配置,而并不能取代国家基于科学分析和历史传统等综合考量下对于土地用途的划分职能,因而也不可能以打破土地所有制的藩篱来取消国家的土地管理权能。

事实上,我国农村土地市场在集体内部已然存在,但存在许多问题,各地做法也不尽一致,比如有的集体通过农用地作价入股的方式集体经营然后分红,有的集体则由个人自行转包或转让,我们认为在如何进行集体内部的农用地流转上,应当允许各地自行决断,市场的配置方式千变万化,政府应当从中撤出。从现实中看,农用地交易市场的主要问题也是行政不当干预所导致的,比如政府引资入村,以各种手段迫使农民放弃耕作,放弃宅基地,比较危险的是,各地政府往往将其作为政绩予以宣传,许多专家学者也给予高度赞扬,不论其结果是否实现了农民的收益增加,就其方式而言,就已经背离了市场经济的要求,也无视了农民在农用地上的主体性地位。

2.改革政府的管理模式,厘清国家权力在中央和地方的分配关系。正如前述,"政府失灵"无法通过市场修正,因为政府的职能不仅在于保障个人权利更在于维护公共价值,而市场机制则对公共价值的创造十分乏力,更缺乏保障权利的力量和机制。因此,面对政府的管理问题,只能通过完善和改革管理模式进行,但如何进行则是一个更为宏大的命题,并非本文能够解决。概括而言,主要在于:加强民众参与机制、建立有效的监督机制以及对行政资源进行有效分配,最重要的在于合理地划分中央与地方的权力,农用地资源配置涉及诸多问题,比如耕地指标的划定既是一个全国性的事项,也是一个地方性的事项,有些则完全是全国性的事项,比如土地税收的征收标准界定、耕地标准的科学界定、对破坏农用地资源的惩罚等,这些事项或涉及公民的基本财产权和人身权或具有客观的科学标准,应由国家进行统一立法。但有些事项应属于地方性事项,比如地方经济的发展规划、农作物种植的指导、地方农用地资源的规划等,尤其是在农用地资源配置模式上,因为各地经济发展程度不同,农用地资源分布状况不同,文化传统不同以及劳动力状况不同,很难确立一种通行全国的配置方式,如果通过全国性的立法进行限定,则必然会产生政府配置失效的后果,所以应由各地结合当地状况进行地方性立法,并允许多种配置方式和利益分配方式的存在。

参考文献

[1] 刘正山. 大国地权——中国五千年土地制度变迁史[M]. 武汉:华中科技大学出版社,2014.

[2] 周其仁. 城乡中国(上)[M]. 北京:中信出版社,2013.

[3] 文贯中. 吾民无地:城市化、土地制度与户籍制度的内在逻辑[M]. 北京:东方出版社,2014.

[4] 曾庆伟. 对"自由市场"神话的历史性反思——布罗代尔的视野[J]. 现代哲学, 2008(4).

[5] 克里斯特曼. 财产的神话：走向平等主义的所有权理论[M]. 张绍宗译. 桂林：广西师范大学出版社, 2004.

[6] 索尔·埃斯特林. 市场社会主义[M]. 邓正来译. 北京：经济日报出版社, 1993.

[7] 星野因一. 私法上的人[M]. 王闯译. 北京：法律出版社, 1997.

[8] Frederik Jr G K. Historical Introduction to Anglo-American Law [M]. New York：West Publishing Company, 1990.

[9] 赵冈. 中国传统农村的地权分配[M]. 北京：新星出版社, 2006.

[10] 王文革. 解决土地使用外部性问题的法律对策[J]. 法治论丛：上海大学法学院上海市政法管理干部学院学报, 2004, 19(2)：57-61.

[11] 亚当·斯密. 国民财富的性质和原因的研究. 北京：商务印书馆, 1983.

[12] Sen A. Well-being, agency and freedom：the Dewey lectures 1984[J]. The Journal of Philosophy, 1985, 82(4)：169-221.

[13] Bentham J, Bowring J. The works of Jeremy Bentham [M]. W. Tait, 1843.

[14] 边沁. 道德与立法原理导论[M]. 时殷弘译. 北京：商务印书馆, 2000.

[15] 牟斌. 功利主义：赞成与反对[M]. 北京：中国社会科学出版社, 1992.

[16] 周其仁. 产权与制度变迁：中国改革的经验研究[M]. 北京：北京大学出版社, 2004.

[17] 刘俊. 土地承包经营权性质探讨[J]. 现代法学, 2007, 29(2)：170-178.

[18] 胡康生. 中华人民共和国农村土地承包法释义[M]. 北京：法律出版社, 2002.

[19] 迈克尔·赫勒. 困局经济学[M]. 闾佳译. 北京：机械工业出版社, 2009.

[20] 李昌平. 大气候[M]. 西安：陕西人民出版社, 2009.

[21] 贺雪峰. 地权的逻辑——中国农村土地制度向何处去[M]. 北京：中国政法大学出版社, 2010.

[22] 李怀印. 乡村中国纪事——集体化和改革的微观历程[M]. 北京：法律出版社, 2010：204-231.

[23] 迈克尔·桑德尔. 金钱不能买什么：金钱与公正的正面交锋[M]. 北京：中信出版社, 2009.

[24] 吴次芳, 杨雪峰, 鲍海君. 土地政治学[M]. 杭州：浙江人民出版社, 2014.

[25] 李丹. 理解农民中国[M]. 张天虹, 张洪云, 张胜波译. 南京：江苏人民出版社, 2009.

[26] 朱启臻, 赵晨鸣. 农民为什么离开土地[M]. 北京：人民日报出版社, 2011.

[27] H. 孟德拉斯. 农民的终结[M]. 李培林译. 北京：社会科学文献出版社, 2010.

[28] 何·皮特. 谁是中国土地的拥有者——制度变迁、产权和社会冲突[M]. 林韵然译. 北京：社会科学文献出版社, 2008.

[29] 罗伯特·诺奇克. 无政府、国家和乌托邦[M]. 姚大志译. 北京：中国社会科学出版社, 2008.

[30] 朱学勤. "新左派"与自由主义之争[A]. 思潮——中国"新左派"及其影响[C], 2003.

[31] 威廉·布莱克斯通. 英国法释义：第1卷[M]. 游云庭, 缪苗译. 上海：上海人民出版社, 2006.

[32] 洛克. 政府论(下)[M]. 北京：商务印书馆, 1964：32.

电子商务与农村土地利用

张蔚文　　姚运来

摘　要：农村土地的合理利用一直是国内外土地领域理论研究和实践应用的重要问题。随着全球电子商务的迅速发展，近年来电子商务已开始逐渐渗透到农村土地利用的过程中，特别表现在农村土地流转和农产品电子商务两方面，并开始展现出重要影响，相关研究也越来越受到关注。在此背景下，本文首先回顾了电子商务渗透农村土地利用的缘起，在总结国外农产品电子商务发展状况、中国农产品电子商务现状与发展的基础上对当前农产品电子商务与农村土地利用问题进行了探讨。然后详细介绍了电子商务与农村土地流转的情况，包括相关研究综述、政策发展总结、各地发展情况概述，概括了当前两种主要模式并对典型案例及当前电子商务与农村土地利用的发展思路进行了探讨。最后进行总结并对未来电子商务与农村土地利用的理论研究和实践创新进行了展望。

关键词：电子商务；农村土地利用；农村土地流转；农产品电子商务

E-commerce and Rural Land Use

ZHANG Weiwen，YAO Yunlai

Abstract：To use and develop the rural land in rational ways is always one of the hottest topics in the research field of land，both in theoretical research and practical application. The booming of e-commerce in recent years has begun to affect the use of rural land greatly，especially on the process of rural land transfer as well as the trade of agricultural products，which attracts increasing attention from researchers. In this context，this chapter mainly discusses e-commerce and the use of rural land in four parts. The first part analyzes the reasons why e-commerce can penetrate into the use of rural land. The following two parts respectively discuss the connections between the e-commerce and the rural land trade and between the e-commerce of agricultural products and the use of rural land. On the base of the basic information including review of related researches，the summary of policy evolvement and the state of implementation from place to place. Besides，the characteristics of two most popular patterns，along with typical cases and development ideas for e-commerce and the use of rural land are also discussed. The final part presents further prospects of research in the field of e-commerce and the use of rural land.

Key words：e-commerce；rural land use；rural land trade；agricultural e-commerce

　　我国人多地少，一直以来，农村土地的合理利用都是关乎国家粮食安全、农村社会管理与"三农问题"解决、城市建设用地供应的重要课题与难题。针对该课题，20世纪末至今，诸如浙江省"折抵指标有偿调剂政策"、浙江嘉兴"两分两换模式"、四川彭州"土地银行模式"、山东宁阳"农民承包地股份合作模式"等以农村土地优化配置与合理利用为目的的创新实践层出不穷。然而，以上述模式为代表的土地管理创新还仅是制度安排上的改变，并没有涉及技术进步的范畴，而技术进步对于资源利用效率的提高同样具有重要的作用。特别是21世纪以来，互联网与信息技术的出现与发展已经证明其可以对全球社会经济产生深刻的、甚至是颠覆性的影响。作为互联网技术应用的一个分支，电子商务也开始被运用到农村土地利用的过程中。对于农村土地流转、农产品贸易等多个方面，电子商务技术使农村土地利用创新从单一的制度安排创新向技术进步下的制度创新转变成为可能。农村电子商务、农产品电子商务、农地流转电子商务平台等概念逐渐被人们了解和熟知，但是学界对于当前电子商务与农村土地利用情况还没有一个较为完整与系统的研究。

电子商务伴随着IT技术的成熟而出现，于20世纪70年代末期开始被使用之后得到迅速发展，并在全球经济活动中扮演着越来越重要的角色[1]。据艾瑞咨询统计，2014年仅中国电子商务市场交易规模就达到12.3万亿元，同比增长21.3%。电子商务最初的含义是利用电子化的手段将商业买卖活动简化，通过电子数据交换（EDI）传送采购订单等商业文档；20世纪八九十年代电子货币转账、企业资源计划（ERP）、数据挖掘和数据仓库成为电子商务的一部分；随着20世纪末互联网的出现和世界经济的进一步发展，"网络贸易"的概念最终被纳入到电子商务的内涵中[2]。

目前学界对电子商务的含义还没有形成共识，最普遍的观点认为：电子商务指在全球各地广泛的商业贸易活动中，在因特网开放的网络环境下，基于浏览器/服务器应用方式，买卖双方不谋面地进行各种商贸活动，实现消费者的网上购物、商户之间的网上交易和在线电子支付以及各种商务活动、交易活动、金融活动和相关的综合服务活动的一种新型的商业运营模式[3-5]，这也是本文所指的电子商务范畴。

自"网络贸易"兴起以来，经过近二十年时间的发展，电子商务已经在全球范围内促使多个产业发生了颠覆性的变革。近年来，无论是国家政策层面、地方创新实践层面还是学术理论研究层面，农村电子商务越来越受到重视。基于电子商务的新型农村土地流转模式、农村土地创新利用方式、农产品贸易方式层出不穷。如阿里巴巴集团通过"聚划算"这一电子商务平台打造"互联网私人定制农场"来流转农地，并通过配套物流体系将农地产出寄送给全国各地的土地使用权认购者；"土流网"通过自建平台为全国各地的农地需求者与供应者提供信息服务与交易平台；浙江省遂昌县通过建立网店协会来服务农产品电子商务，从而通过电子商务的形式来销售农产品，据中国电子商务研究中心监测数据显示，2013年遂昌县农产品电子商务销售额达到3.1亿元，占到遂昌整个网络销售额的三分之二。这些现象的背后正意味着农村土地利用方式、效率、格局、主体等多个方面的变化。同时，农村电子商务规模不断扩大。据《2014—2015中国农产品电子商务发展报告》研究结果显示，截至2014年我国已有各类涉农电商3.1万家，其中涉农交易类电商有近4000家，农村电子商务呈现出蓬勃发展的态势；农产品电子商务方面，2010年至2014年，阿里平台农产品销售额年均增速达112.15%，销售额从2010年的37亿元到2014年的800亿元[6]；农村土地流转平台方面，各类农地流转平台从2008年左右开始出现，通过电子商务流转的农地数量不断增加，仅"土流网"这一土地流转电子商务平台2009年至2014年交易的国内农用地面积就达7166.01万亩，且各年交易额呈明显增加的态势。

那么，在我国特殊的农村土地制度与农村土地利用状况、特殊的城乡二元结构及农村发展需要的背景下,不断升温的农村电子商务将会给农村土地利用带来怎样的机遇和挑战?这是一个值得研究的议题。以下部分将从电子商务渗透农村土地利用的缘起、农产品电子商务与农村土地利用、电子商务与农村土地流转三个方面,通过理论研究总结与创新实践案例分析的方式进行深入探讨,在此基础上就电子商务在农村土地利用中的发展进行总结与展望。

一、电子商务渗透农村土地利用的缘起

电子商务在农村土地利用中得到越来越多的理论关注与创新实践主要源于现有农村土地利用方式存在局限、农产品生产流转存在阻碍,而电子商务以其独有的特征能够在一定程度上缓解和解决以上问题。

(一)农村土地利用现状与限制

新中国成立以后,我国农村土地制度主要经历了三个阶段:农民土地所有制阶段(1949—1953 年)、合作和集体经营阶段(1953—1978 年)及家庭承包经营阶段(1978 年至今),20 世纪 70 年代末至 20 世纪 80 年代初,全国普遍实行了家庭联产承包制。不可否认,家庭联产承包责任制对于中国农村土地产出增长起到了非常重要的作用,如林毅夫研究中指出 1978—1984 年中国农业产出增长了 42.23％,其中家庭承包责任制改革的贡献约占46.89％[7]。然而农村实行联产承包责任制以来,我国农村土地基本上按照现有人口平均分配,将整块的土地分割成众多小块进行分户经营[8],农地产权处于极其分散的状态[9],其结果是严重的土地细碎化现象。

这就导致了农村土地经营和利用的规模不经济、生产效率低下,农村土地基础设施条件滞后、农业科技进步的成果难以得到利用,农户专业化水平低、农民兼业现象普遍以及与实际流转条件不相适应的农村土地流转的巨大需求等问题[10-12]。其次,由于我国农村土地流转市场没有形成,农民流转土地过程中很可能需要耗费高昂的交易费用[13],这就阻碍了农村土地的集中流转和规模经营。作为促进农村土地资源合理利用另一重要途径的土地整理和农村基础设施改进则需要耗费大量的资金和人力物力,短期内通过该途径对全国范围内的农村土地资源进行优化配置亦不具有可行价值。而在我国特殊的城乡体制背景下,农村土地对于农民而言还具有不可替代性和就业保障功能[14-15]。以上因素使得我国农村土地长期难以集中流转、难以规模经营和高效生产,农民的收入也就难以提高[12]。与此同时,我国当前还存在着严重的土地摞荒和耕地资源的掠夺性经营现象[8-10]。

另一方面,我国农村土地资源不足,以耕地为例,全国第二次土地调查数据显示我国耕地总量为 20.3077 亿亩,人均耕地仅 1.52 亩,不到世界平均水平的一半;耕地质量不高,20.3077 亿亩耕地中有 14945 万亩耕地位于东北、西北地区的林区、草原以及河流湖泊最高洪水位控制线范围内和 25 度以上的陡坡上,有 54.9％(111463 万亩)耕地无灌溉设施;土地资源污染严重,2005—2013 年为时八年的全国土壤污染状况调查结果显示,全国土壤污染总的超标率为 16.1％,耕地土壤点位超标率更达 19.4％①,其中轻微、轻度、中度和重度污

---

① 土壤点位超标率指土壤超标点位的数量占调查点位总数量的比例。

染点位比例分别为 13.7％、2.8％、1.8％和 1.1％。

上述农村土地利用背景限制了中国农业现代化水平的快速提升。《中国现代化报告2012——农业现代化研究》对我国 2008 年农业现代化水平进行了深入的研究。该研究从农业生产变量、农业经济变量和农业要素变量三个方面选取了 140 多个指标进行分析，如谷物单产、水稻单产、土地生产率、农业生产率、农业增加值比例、农业劳动力比例、人均农业自然资源、人均可耕地面积、人均谷物种植面积、人均森林资源、人均淡水资源、农业生态环境、水土流失情况、粮食自给率、人均谷物消费、农业补贴、农民识字率、农民受教育年限、农民收入结构、农村农业人口、农村基础设施条件、农民收入等。研究表明，在我国农业现代化指标中，仅大约 12％的指标达到发达国家水平、4％的指标为中等发达国家水平、34％的指标为初等发达国家水平，而 51％的指标为欠发达国家水平。2008 年我国第一次农业现代化指数为 76％，第二次农业现代化指数为 35％，仅为发达国家的三分之一；以农业增加值比例、农业劳动力比例和农业劳动生产率三项指标计算的 2008 年中国农业水平与英国相差150 年，与美国相差 108 年；而与中国工业劳动生产率相比农业劳动生产率低约 10 倍[16]。依靠技术进步并通过新的方式方法来改善农村土地利用状况从而提升农业现代化水平非常迫切，而电子商务正是其中一种值得探索的途径。

（二）农产品生产流通改善需求

当前农产品生产与流通环节中存在的问题则是另一个阻碍农村土地利用效果提高、效益实现和农业现代化水平提升的重要原因。尽管根据联合国粮农组织数据，2013—2014 年农业全球粮食产量创十年新高，达到 25 亿吨，中国国家统计局数据显示，中国粮食总产量达60709.9 万吨。但生产流通环节中农产品"卖难买贵"现象普遍、农产品产后损失大、农产品安全难以保障等问题仍严重影响着农村土地的有效利用。

虽然没有精确的数据统计，但全国各地农产品大量滞销的情况长期存在，如 2012 年 12月安徽怀远县七八十斤白菜只能卖到 3 元钱，很多农产品烂在地里或被当作动物饲料。而在农产品大面积滞销、菜农无利可图的同时市民却难以买到低价的农产品[17]。其背后是不健全的农产品市场流通体系、薄弱的基础设施、信息不对称、产销组织化程度偏低等突出问题[18]。目前我国农产品经由直产直销销售的比例仅为 15％，作为农产品流转主要渠道的批发、集贸市场难以从根本上解决农产品分散耕作、组织程度较低现状背景下农产品产销衔接问题[19]，无法规避农产品价格风险且增大了农产品流通过程中的交易成本。与此同时，我国农产品产后损失惊人，农产品初加工过程中设施简陋、方法原始、工艺落后等原因导致农产品产后损失严重。据测算，我国农户储粮、马铃薯、水果、蔬菜的产后损失率分别为 7％～11％、15％～20％、15％～20％和 20％～25％，远高于发达国家平均损失率，相当于1 亿多亩耕地的投入和产出被浪费掉，也意味着 1 亿多人的口粮以这种途径被白白消耗[18]。第三，农产品生产过程中的质量安全问题依然紧迫。虽然 2015 年两会期间农业部表示近几年我国蔬菜、畜禽、水产抽检合格率稳定在 96％以上，但这仍然意味着存在 4％以下的农产品存在安全问题。另一方面，农产品生产中农药、化肥使用普遍超标，威胁农产品质量安全。全国化肥农药的平均使用量达到世界水平的三倍，大量使用的农药除作用于农作物本身之外，还有 70％进入到土壤、水体和大气中[19]。中国农业科学院农业资源与农业区划研究所对广东和山东两个典型农业区经过两年研究后发现，典型农业区的土壤、水体和空气中均可检测出 120 余种农药,包括已禁用多年的有机磷和有机氯农药[20]。

农产品生产流通过程中存在的上述问题也同样要求新模式的出现和治理结构、制度等层面的优化来带动其进行完善,电子商务以其独有的特点自然而然地被融合到农村土地利用过程当中。

(三)电子商务的特征

21 世纪以来电子商务在农村土地利用过程中得到了广泛的探索与创新实践,特别是在农产品贸易和农村土地流转领域,就国内而言前者自 1995 年开始萌芽,在 2005 年之后进入快速发展阶段[21],后者主要在 2008 年之后逐渐出现与发展。而其基础正在于电子商务在节省交易费用、提高流通效率、促进资源集中等方面所具备的优势。

从理论层面来讲,基于互联网平台的电子商务可以打破交易双方地理位置的限制,提供新的生产要素和产品流通渠道,使交易双方获得更广地域范围内更多数量的交易者和交易产品信息,使更大区域内的交易成为可能,最终促使生产要素流转到更具生产能力的主体手中得以利用,促使产品市场竞争更加完全,与电子商务相配套的物流体系则为此类交易提供了坚实的基础;电子商务平台提供的土地与农产品质量、价格、政策等信息和程序化的定价机制可以降低交易双方之间的信息不对称程度从而节省交易费用;电子商务平台提供的交易契约和规范的监督体系则可以降低机会主义行为存在的可能性而降低交易双方的交易费用。

学者对电子商务的现有研究也印证了以上观点。如左志刚通过构建效用函数从社会分工和交易成本的角度对电子商务研究后指出,电子商务的发展是社会分工发展的要求,它通过减少代理环节、提高交易效率、降低信息不对称程度从而减少了外生交易费用和内生交易费用[22]。李俊阳从流通效率的角度研究后认为电子商务产生了新的渠道合作效率,通过对市场组织生产的费用降低从企业、渠道和流通产业三个层面降低了交易费用,从而使市场机制得以发挥更大的作用[23]。因此,通过电子商务可以改变传统意义上的流通过程,形成以信息流为核心,包括信息流、资金流、物流和商流在内的全新流通过程从而为流转市场的建设提供新的思路[24]。

不过,不可否认的是,除电子商务平台本身的建立和运作需要耗费人力物力外,电子商务本身非面对面的交易、需要发达物流体系的支撑等特性也可能阻碍其效果的实现,特别体现在新形式的交易成本的产生。如张红历利用新古典经济学和新制度经济学的理论框架对电子商务交易成本特性进行研究后认为,电子商务因其基于网络虚拟交易和分工网络的特性又会衍生出新的交易成本,包括交易双方的信息不对称、机会主义行为倾向、不确定性风险和网络协调风险[25],左志刚指出电子商务安全性不强、电子支付系统落后、物流配送体系不发达会阻碍电子商务活动对交易成本的降低[22]。

实证研究方面,Elizabeth 等对美国西南地区中小企业应用电子商务情况进行实证研究后发现,运营支持、管理效率和战略决策辅助三个因素对电子商务应用效果具有重要影响,而组织准备、企业外部压力、对电子商务易用性和实用性的认识决定了企业是否应用电子商务[26]。Nir 通过案例研究发现经济、社会政治和认知因素对于电子商务是否应用具有重要影响[27]。

正是由于电子商务具有以上特征,为了改善和解决农村土地利用中所存在的问题,企业和政府部门开始尝试通过电子商务对农村土地流转、利用和农产品生产流通方式进行创新，对电子商务和农村土地利用的研究也开始受到关注。

二、农产品电子商务与农村土地利用

农产品电子商务是到目前为止电子商务与农村土地利用发生作用最成熟和广泛应用的方式。作为当前农村土地利用与农村发展的一个新的热点与前沿问题，农产品电子商务的实践创新和理论研究越来越受到政府机构、私人部门和国内外学者的关注。

（一）国外农产品电子商务发展情况

1.实践进展

农产品电子商务自 20 世纪 70 年代以电话为交流工具的初级电子商务形态出现以来得到了飞速发展，21 世纪卫星技术、互联网等新技术的使用更是使其进入了新的发展阶段[28]。近年来包括美国、英国、荷兰等在内的世界农业发达国家的农产品电子商务化程度越来越高，丰富多样的农产品电子商务模式出现并得以广泛应用。

美国：美国是世界上最早发展农产品电子商务的国家之一，自 2003 年到 2007 年间，美国农产品电子商务销售额以每年约 25% 的速度增长，远高于同期商品零售额 6.8% 的增长速度，初级农产品的电子商务批发规模从 2002 年的 43.36 亿美元增长为 2011 年的 108.85 亿美元[29]。到目前为止，美国已有 400 多个大型农产品网站[30]。美国政府很少对农产品电子商务进行直接干预，但非常重视农村信息技术基础设施建设和农产品电商信息环境的保护[31]。2007 年美国已有 59% 的农场使用互联网，2011 年有 37% 的农场从事在线交易，农户将互联网作为了解气候、政策、商品价格等市场信息的重要来源，同时通过互联网购买农药、种子等农业生产资料[32-33]。在农产品电商市场集中度提高的同时，电商企业专业化经营趋势明显，如美国棉花协会 2010 年的统计数据显示，有 30% 左右的棉花交易通过 TheSeam 电子商务平台进行[29]。此外，美国还拥有世界上最大的农产品期货交易所——芝加哥期货交易所，农产品交易双方可以从该平台上获取权威的农产品市场行情信息并通过期货市场规避价格风险[34]。

加拿大：加拿大通过使用计算机网络、3S 技术等现代信息技术来健全农业信息体系，同时设立农业信息服务中心，无偿向农产品生产者和销售商提供农业法规、经营管理及农产品供求趋势等信息服务[35-36]。

英国：1966 年英国建立了世界上首个提供农产品互联网服务的电子市场 Farming Online，并于 2000 年建立了英国第一个农产品电子商务网站 Farmer's Market[37]。英国环境食品和农村事务部公布的数据显示，2012 年英国 86% 的农场加入了该网站，大农场的电脑联网率达到 98%，90% 的农业企业会通过在农场使用电脑参与到电子商务中去[38]。

荷兰：荷兰凭借其全国统一的农产品标准和发达的农产品物流体系，通过电子商务的方式对全国 90% 以上的大宗农产品进行拍卖销售，拍卖大厅在第一时间展示全国各大批发市场的交易信息和不同拍卖市场的价格波动状况，采购商也不需要亲自到拍卖现场，而是可以通过互联网、电话购买等方式远程参与到交易活动中[39]。

澳大利亚：澳大利亚以加强农村信息技术基础设施建设、在农村推广和普及网络技术为重点发展电子商务[40]。其中政府发挥了重要功能,政府承担了网络建设费用,对农村地区上网实行免费政策,并将其列入政府财政预算,且政府为有意愿参与农产品电子商务的农民垫付建立网站的资金[41-42]。

日本:日本农产品电子商务形式主要包括农产品批发市场电子商务模式、含有农产品销售的网上交易市场、含有农产品销售的网上超市以及农产品电子交易所的发展四类[43]。此外,日本政府于1997年就制定了生鲜食品电子交易标准[39]。

2.国外理论研究进展

近年来,针对蓬勃发展的农产品电子商务,学术界也有一些文献成果发表[44],主要涉及电子商务与农产品流转的流转特征、流转难点、流转范围、流转推动因素、流转效果等方面。Wilson对电子商务在农业部门运用的理论和实践情况总结后认为农产品电子商务可以促进农产品市场在空间上的整合,同时有助于减少交易成本、提升农产品价格透明度[45]。Jason等的研究对此进行了补充,认为电子商务在农业领域的应用使信息更易获得、选择多样化、便于消费者对产品比较并使消费更加便利[44]。Bill利用数理模型对电子商务在农业中的应用进行研究后认为,由于价格信息的迅速共享和信誉信息的可获得性,电子商务可以促进农产品市场的完全竞争程度[46]。Moga等评估了罗马尼亚利用电子商务来改造传统农产品商品化过程的地域范围和程度[47]。Rolf通过实证研究后强调,企业家的参与和企业家精神是促进电子商务在农业领域发展的重要推动因素[48]。Jamaluddin对近年印度电子商务在农业领域运用现状进行了总结,指出实践中还需提高消费者信任程度和安全保障[49]。Canavari也指出了农产品电子商务中信任的重要性并归纳了实践中交易双方用以提高信任的几种途径[50]。

(二)我国农产品电子商务现状与发展

1.主要政策演进

基于我国当前农产品生产与流通形势,近年来对农产品电子商务在国家层面的制度设计中被逐步重视和完善。2012年底,商务部发布《关于加快推进鲜活农产品流通创新的指导意见》,提出要鼓励利用互联网、物联网等现代信息技术,发展线上线下相结合的鲜活农产品网上批发和网上零售;2013年5月中央向农业部和商务部指示"把握农产品电商制高点";2013年《国务院关于促进信息消费扩大内需的若干意见》中明确指出"拓宽电子商务发展空间,积极培育农产品电子商务";2014年1月中共中央、国务院发布的《关于全面深化农村改革加快推进农业现代化的若干意见》中提出,要"启动农村流通设施和农产品批发市场信息化提升工程,加强农产品电子商务平台建设";2014年11月中共中央、国务院印发的《关于引导农村土地经营权有序流转发展农业适度规模经营的意见》指出要"大力发展农产品电子商务等现代流通服务业";2015年中央一号文件进一步提出"加快全国农产品市场体系转型升级,着力加强设施建设和配套服务,健全交易制度,完善全国农产品流通骨干网络,加大重要农产品仓储物流设施建设力度","发展农产品期货交易,开发农产品期货交易新品种","支持电商、物流、商贸、金融等企业参与涉农电子商务平台建设,开展电子商务进农村综合示范"。

除此之外,各省市区也出台了多项地方政策来促进当地农产品电子商务发展。比如浙江省丽水市先后出台了《丽水市人民政府关于加快丽水市农村电子商务发展的实施意见》、

《丽水市农村电子商务发展引导资金管理使用办法》《丽水市农村电子商务示范企业、示范村镇创建办法》和《2012年度丽水市农村电子商务建设考核评估办法》等一系列文件为农产品电子商务发展提供了政策保障，并在财政资金、金融支持、土地等生产要素、税收政策等多个方面提供了扶持政策以推进农村电子商务建设。

从中央和地方的政策思路来看，中央和地方政府都积极推动农产品电子商务的发展，并将其作为一个重要的发展方向，推出了大量鼓励和扶持政策，政策对象既涉及农产品电子商务企业，也包括涉农电子商务平台以及物流、金融等相关企业；既鼓励农产品流转过程、交易制度与配套服务的创新，也强调信息化提升、基础设施建设和物流等相关技术的创新。

2. 发展现状与主要模式

自1995年以来，我国农产品电子商务取得了快速发展。洪涛等学者将我国农产品电子商务发展划分为四个阶段：粮食网上交易率先探路阶段（1995—2005年）、生鲜电商产生阶段（2005—2012年）、生鲜电商引起社会重视阶段（2012—2013年）及农产品电商进入"成长期"阶段（2013年至今）[51]。截至2014年，我国拥有各类涉农网站3.1万家，其中农产品电子商务网站4000多家。目前我国农产品电子商务交易方式包括网络期货交易、大宗商品电子交易、粮食电子商务交易、网上产销对接会交易及各种类型的农产品网络零售模式等[52]。也有学者参考国内外相关模式的分类方法，将目前我国农产品电子商务模式概括成目录模式、信息中介模式、虚拟社区模式、网上商店模式、电子采购模式、价值链整合模式和第三方交易市场模式[53-54]。各种农产品电子商务创新模式不断涌现，具有较大影响的农产品电子商务模式达数十种之多[53]，如以"遂昌模式"为代表的本地化电子商务综合服务模式[55-56]、以"褚橙柳桃潘果"为代表的专业化电商模式[57-58]、阿里巴巴全国范围的农村淘宝计划、农产品电商预售模式等等。农产品电子商务交易规模巨大，据农业部在2014年农业信息化高峰论坛上透露的数据，2013年我国农产品电子商务交易额已超过500亿元，且处于高速增长的过程中。

（三）农产品电子商务与农村土地利用探讨

农产品电子商务与农村土地利用的关系主要体现在以下三个方面，如图7-1所示。

第一，从土地利用的角度来分析，实现农产品流通是农村土地利用的重要环节，通过流转农地产出获得经济效益则是农民利用农地、提高农地利用效果的根本动力。而农产品产销组织化程度低、产销链条长、中间损耗大、生产者分散带来的信息不对称、盲目种植、农产品价格风险难以规避等问题的存在是导致农产品流通困难、农民经济效应难以实现的主要原因[18,24,59]。有学者对我国当前农产品流通市场运行情况进行研究后发现，搜寻费用、信息费用、监督交易所需的费用、协商与决策费用、契约费用、执行费用与转换费用等组成了我国农产品流通市场交易费用的主要内容，占交易费用总量的90%以上[60]。

通过电子商务的方式则为交易成本的降低提供了途径。从农产品电子商务模式的理论研究和实践效果来看，农产品流通的各个环节都伴随着农产品信息流的流动，通过电子商务平台可以将农业生产的产前、产中、产后诸多环节有机结合，解决农业生产与市场信息不对称的问题[61]；通过建立农产品电子商务交易系统可以有效节省农产品销售由生产者到消费者之间的流通环节，实现农产品直产直销，从而减少搜寻费用、降低农产品流通成

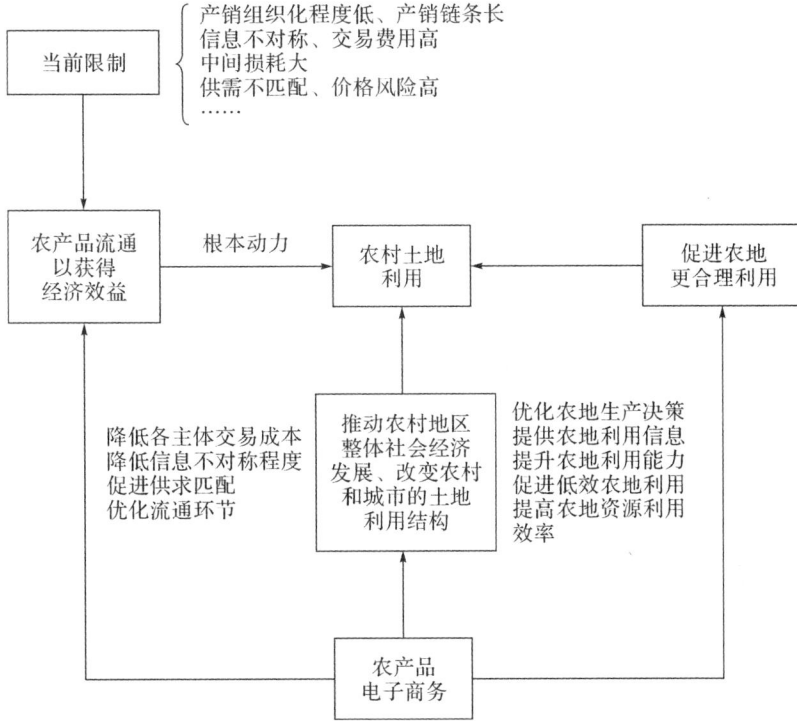

图 7-1　农产品电子商务与农村土地利用关系

本[62]。对于农户而言,农户通过电子商务平台可以掌握各种农产品的生产信息、价格信息、供求信息从而做出相适应的农产品生产决策、及时变更农产品品种、减少生产盲目性,大幅度降低农户的信息费用和决策费用;对于合作社而言,在电子商务背景下,农产品采购商一般设有专门的网站,合作社可以轻易获取到采购商信息,还可以通过电子商务平台完成协商和谈判,有效降低农产品流转过程中的搜寻费用和协商决策费用。此外,电子商务还可以有效降低农产品流通链条上农产品生产企业、第三方物流主体、批发商、零售商以及消费者等的交易费用[60]。胡俊波对农产品电子商务模式研究后认为,由于电子商务模式所具备的数字化、网络化特点弥补了传统农产品交易模式的缺点,使得农产品供应链扁平化,农产品信息实现公开、透明与共享,市场规模扩大,物流成本显著降低[61]。

　　第二,对于农村土地利用而言,农产品电子商务还可以通过改善农地使用者与市场之间的信息对称程度帮助农地使用者进行生产决策,促进其根据市场需求来利用土地,提高土地利用的合理性[62]。电子商务平台也可以使农地使用者即时免费获取农业政策法规、农地经营管理等信息,从而提升其农地利用能力、提高农地利用效率[61],而农地经济效益的提高又会激励农地使用者合理利用农地,特别是撂荒闲置的农村土地。与此同时,如果农产品电子商务能够保障农村土地利用收益的稳定实现并通过降低交易成本等方式提高农地利用经济效应,受农业经济效益的驱使,农业大户、企业等私人部门可能将更多的资金和人力物力投入到农村土地的经营当中,从而促进农村土地的流转、集中和规模经营,改善农村土地利用基础设施条件,提高农地利用专业化程度和机械化程度,降低农产品产后损失,实现农村土地的更合理利用。

第三，从更大的意义上来讲，农产品电子商务的发展可带动农村地区整体经济的发展，改善农村地区的基础条件。而农村经济的发展将促使人才、资金等生产要素向农村集中，促进农村土地的合理利用。另一方面，人口和产业从城市向农村或城镇迁移又可能在较大的范围内改变农村和城市土地的利用结构，这也是未来值得深入研究的课题。

三、电子商务与农村土地流转

(一)国内外研究综述

农村土地流转是电子商务与农村土地利用发生作用的最直接方式。农村土地承包经营权流转被认为是实现农业现代化、农地适度规模经营的必然选择[63]，是促进新型城镇化[64]、在市场经济背景下优化配置土地资源[65]、提高土地资源分配效率[66]的重要手段。农村土地流转涉及农村土地合理利用的多个方面。它被视为缓解和解决农村土地细碎化问题的重要途径，农村土地流转后更为集中的经营或由更专业的农户经营有助于发挥土地规模经济效应、提高经营专业化水平、促进农业科技成果运用和农村土地基础设施条件的改善。

近年来，在政策刺激和经济增长背景下我国农地流转发展速度明显加快，以耕地为例，据农业部统计，截至 2013 年底，全国承包耕地流转面积 3.4 亿亩，为 2008 年底的 3.1 倍，流转比例达 26%。尽管如此，我国农地流转的形势依然严峻，农地流转的数量依然过少、流转效果不佳[67]，农地粗放经营和摞荒的现象仍大量存在[68]，现有农地流转模式下信息不灵和交易费用高也严重阻碍了农地流转[69]。推动农地流转需要新的农地流转模式，需要寻找和完善有助于农地流转目标实现的工具[70]。

具体而言，国内外学者现有研究表明，当前国外农地流转主要存在以下特点和问题：①租赁成为世界各国流转农地的最主要方式[71]，农业发达国家普遍具有发达的农地流转中介和完善的农地流转体系[72-74]；②农地所有者和需求者之间信息不对称导致农地流转动力缺乏[75]；③农地流转租金总体偏低、农地流转价格可能无法反映其真正价值[76]；④不少地区农地流转集中在同一地区主体之内进行，亲属和朋友之间的流转量远高于陌生人之间、且流转价格更低[77]；⑤大量交易费用的存在阻碍了细碎土地的集中及土地流转所带来的福利改进[78]；⑥大中型农场资本金不足阻碍了农地流转和农地集约化发展[79]；⑦流转后农地不当利用使得一些农地流转后生产潜力无法实现[80]。

国内农村土地流转则需要解决以下诸多问题：①流转规模小、转入方多为一般农户而非大户、自发性分散流转多、流转多为口头协议、流转期限短、信息不畅[81-82]；②农地流转租金总体偏低、农地流转价格可能无法反映其真正价值[83]；③因土地不可移动性质的存在农村土地使用权难以形成全国性或区域性的交易市场[84]；④农地流转中存在的低市场化、非契约化会增加交易费用、降低农户流转土地的预期收入从而制约农户对生产要素的优化配置[85]；⑤信息不对称和大量交易费用的存在阻碍了细碎土地的集中和流转农地生产潜力的实现[81-82]；⑥农民直接非正式的土地流转可能会降低对土地的长期投资而影响土地肥力[86]；⑦单靠经营土地所得的收益难以吸引新的投资者来促进农地流转[87]；⑧农地就业保障和难以分割的性质可能导致农地交易成本超过地块规模经济收益而难以流转[88]。

对于电子商务与农村土地流转关系的研究近年来虽有所开展但数量很少。理论研究方面,主要有彭莹分析认为发展农地流转电子信息平台可以起到打破地域壁垒、加大农地流转规模、降低农地流转成本、促进形成更为公正的价格的作用[89]。实证分析方面,张勇、胡桂芳等[90-91]对农村土地流转创新实践项目"聚土地"①进行了简要的分析。

(二)国内相关政策演进与局限

基于我国农村土地流转形势,21世纪以来中央和地方从制度设计的角度出台一系列政策以促进农村土地流转和高效利用,表7-1归纳了中央在农村土地流转方面主要政策的演进过程。

表7-1　中央"农村土地流转"主要政策演进

政策名称	时　间	主要相关内容
中共中央《关于做好农户承包地使用权流转工作的通知》	2001.1	1.长期稳定家庭承包经营制度的前提下进行农户承包地使用权流转;2.坚持依法、自愿、有偿的原则流转农户承包地使用权;3.规范企事业单位和城镇居民租赁农户承包地;4.加强对农户承包地使用权流转工作的领导。
农业部关于贯彻落实《中共中央关于做好农户承包地使用权流转工作的通知》	2002.5	1.强调做好土地使用权流转工作对于保障农民权益、促进农业和农村经济发展、保持农村社会稳定具有重大意义;2.强调正确把握土地流转的原则,正确引导和规范土地流转,加强对土地流转的指导和管理。
《中华人民共和国农村土地承包法》	2003.3	为农村土地承包经营权流转提供了法律依据。
农业部《农村土地承包经营权流转管理办法》	2005.3	为规范农村土地承包经营权流转行为,维护流转双方当事人合法权益,促进农业和农村经济发展提供了明确的法律依据。
中共中央、国务院《关于推进社会主义新农村建设的若干意见》	2005.12	健全在依法、自愿、有偿基础上的土地承包经营权流转机制。
中共中央、国务院《关于切实加强农业基础建设进一步促进农业发展农民增收的若干意见》	2008.1	1.按照依法自愿有偿原则,健全土地承包经营权流转市场;2.农村土地承包合同管理部门加强土地流转中介服务,完善土地流转合同、登记、备案等制度。
农业部《关于做好当前农村土地承包经营权流转管理和服务工作的通知》	2008.12	把加强土地承包经营权流转管理和服务作为稳定和完善农村基本经营制度、健全严格规范的农村土地管理制度的重要内容。
中共中央、国务院《关于促进农业稳定发展农民持续增收的若干意见》	2008.12	1.稳定农村土地承包关系,稳步开展土地承包经营权登记试点;2.建立健全土地承包经营权流转市场,规范土地承包经营权流转;3.鼓励有条件的地方发展流转服务组织。

---

① 后文会对"聚土地"项目进行详细的介绍与分析。

续表

政策名称	时　间	主要相关内容
中共中央、国务院《关于加大统筹城乡发展力度，进一步夯实农业农村发展基础的若干意见》	2009.12	1.稳定完善农村基本经营制度，扩大农村土地承包经营权登记试点范围；2.加强土地承包经营权流转管理和服务，健全土地流转市场，培育中介服务组织，规范土地流转制度；3.加快构建农村土地承包经营纠纷调解仲裁体系。
中共中央、国务院《关于加快推进农业科技创新持续增强农产品供给保障能力的若干意见》	2012.2	1.加快修改相关法律，落实现有土地承包关系保持稳定并长久不变；2.按依法自愿有偿原则，引导土地承包经营权流转，发展多种形式适度规模经营；3.加快推进农村地籍调查；4.加强土地承包经营权流转管理和服务。
中共中央、国务院《关于加快发展现代农业进一步增强农村发展活力的若干意见》	2012.12	1.稳定农村土地承包关系，完善相关法律制度；2.坚持依法自愿有偿原则，引导土地承包经营权流转，发展多种形式适度规模经营；3.规范土地流转程序，强化流转服务；4.全面开展农村土地确权登记颁证工作。
中共中央、国务院《关于全面深化农村改革加快推进农业现代化的若干意见》	2014.1	1.完善农村土地承包政策，引导和规范农村集体经营性建设用地入市；2.发展多种形式规模经营，鼓励有条件的农户流转承包土地的经营权，尊重农民意愿、不能强制推动土地流转，加快健全土地经营权流转市场，鼓励有条件的地方对流转土地给予奖补。
中共中央、国务院《关于引导农村土地经营权有序流转发展农业适度规模经营的意见》	2014.11	1.提出要实现所有权、承包权、经营权三权分置，引导土地经营权有序流转；2.健全土地承包经营权登记制度、推进土地承包经营权确权登记颁证；3.鼓励创新土地流转形式；4.鼓励有条件的地方制定扶持政策，引导农户长期流转承包地并促进其转移就业；5.严格规范土地流转行为，加强土地流转管理和服务，加强土地流转用途限制。
中共中央、国务院《关于加大改革创新力度加快农业现代化建设的若干意见》	2015.2	进一步提出加快构建新型农业经营体系，引导土地经营权规范有序流转，创新土地流转和规模经营形式，积极发展多种形式适度规模经营，提高农民组织化程度。

　　与此同时，地方政府也出台了一些政策来推动农村土地流转，如《江苏省财政扶持农村土地流转实施意见》中指出，对符合条件的农村土地流转项目省政府对土地流出方按每亩100元的标准给予一次性奖励；《莆田市农村土地承包经营权流转试点实施细则》中针对流转耕地达到200亩以上，且进入乡镇土地流转服务中心备案的专业大户、农业企业，以每年每亩100元的标准予以补助。

　　可以发现，农村土地流转的政策思路非常明显：积极推动农村土地流转、鼓励创新农村土地流转方式，特别是促进土地经营权的流转，发展多种形式的适度规模经营；稳定完善农村土地承包关系，为农村土地流转奠定坚实基础；坚持依法、自愿、有偿的原则，以农民为主体，政府政策扶持引导，具体由市场发挥在土地流转和适度规模中配置资源的作用。

　　不可否认，以上政策对于我国农村土地流转起到了重要的推动作用，特别是2008年以来，我国农村土地流转规模取得了快速的增长。然而，实践表明，即便在如此多的政策鼓励之下，我国农村土地流转的效果并不如人意，上文对国内外学者现有研究的论述也对此进行了印证。究其原因，一是在我国特殊的背景下农村土地流转的制度创新受到限制，严重的土地细碎化、高昂的交易费用、较低的土地流转价格、较高的信息不对称程度、土地对农民的保障功能仍然限制着农村土地的流转；二是以上政策未能打破土地本身的特性对土地流转的限制，土地的不可移动性始终限制了农村土地在较大范围内的流转；三是农村土地无法实现较高的经营效益，抑制了农村土地流转的动力，虽然相关政策涉及了资金补贴，但少量的补贴并不能改变相当一部分农村土地流转后经营效益较低的本质。而电子商务作为人类历史上一项重要的技术进步，其具有的打破地理空间的局限、集中大量信息、节省交易费用等特点正好可以作为克服以上三个原因的切入口，从而成为农村土地流转政策的重要补充以促进相关政策的落实和政策效果的发挥。

(三)电子商务助推农村土地流转

在中央积极推动农村土地流转、鼓励创新农村土地流转方式的背景下，近年来各地利用电子商务的方式出现了丰富多样的农村土地流转创新实践。具体而言主要包括两种形式，一类是以"土流网"、"搜土地网"、"土地资源网"为代表的在2008、2009年左右开始出现并得到迅速发展的土地流转电子商务中介平台模式，另一类则是以阿里巴巴"聚土地"为代表的包括流转土地利用与经营过程在内的农村土地流转电子商务模式，相比较而言，此类模式出现时间更晚，正处于萌芽发展状态。

虽然这两类模式发展时间并不长，但已经开始对我国农村土地流转与利用产生重要影响，并逐渐得到广泛关注。以我国农地流转最大的电子商务平台土流网为例，根据土流网发布的《中国土地流转市场研究报告(2010—2014)》，自2009年6月25日上线至2014年11月30日，"土流网"共发布中国境内土地面积达36234.7万亩，已交易面积为9647.3万亩，其中交易中国境内农用地面积达7166.01万亩，该数值几乎相当于我国2013年整年的家庭承包耕地流转面积，为2009年至2013年家庭承包耕地流转总面积的近30%。而作为我国首家农村土地流转交易网站的"搜土地网"，其流转的土地范围也已覆盖全国34个省级行政区。以"聚土地"为代表的第二种模式在安徽绩溪的第一期实践中成功实现了绩溪县465亩闲散、低效利用或撂荒农地的流转和重新经营且使得当地原承包经营权人的收入提高了3.5倍左右。可见电子商务对于农村土地流转和利用带来的并不只是方式途径上的多一种选择，还具有其他模式所不具有的特有优势。目前阿里巴巴"聚土地"也已推出第二期，项目在包括安徽芜湖和绩溪、浙江诸暨、重庆巫溪等在内的全国八大城市进行，预计流转农村土地规模达5000亩左右，"聚土地"第三期和"聚土地"网站也在积极筹备之中。除此之外，在淘宝等电子商务网站上，不少商家也开始模仿"聚土地"的操作模式进行农村土地流转。

(四)典型案例

1.以"土流网"为代表的土地流转电子商务平台

(1)主要做法与成果

土流网于2009年3月由私人部门成立，是一个专门的土地流转信息平台和土地中介服务机构，并于2012年起开始采用O2O模式①，土地服务从线上延伸至线下，线上用户，发布

---

① "O2O模式"即Online To Offline，也即将线下商务的机会与互联网结合在一起，让互联网成为线下交易的前台。

土地供求信息,线下土地流转中心提供土地信息核实、陪同勘察、价值评估、法律咨询、土地项目策划等服务。目前已在全国建立120家分公司,形成了全国性的土地综合服务平台、服务实体网络和服务产品销售渠道。土地来源涉及全国34个省级行政区,流转土地类型涵盖农业用地、商业用地、工业用地、住宅用地、公共管理及服务用地、特殊用地、交通运输用地、水域水利用地和其他土地九个大类,目前以农业用地交易为主,农业用地占总交易面积的74.28%。流转方式包括转包、合作、转让、互换、入股、租赁、招拍挂等。土流网的服务对象主要包括四类:一是希望将土地流转出去的农民,这些土地往往比较零散;二是种植户或土地投资者,这部分群体往往具有规模化经营的能力和较高的专业土地利用能力;三是通过土流网平台发布土地流转信息的土地流转机构;四是通过土流网发布土地流转信息收取信息中介费用的土地经纪人。

为了保持地源和客源的稳定,土流网建立了特有的"地源生态链"和"客源生态链",即一方面通过佣金提成,与村长、村支书、村里卖种苗等的生意人建立关系,实现地源稳定;另一方面通过佣金分成,与投资公司、房产、金融公司、其他中介公司合作,由其提供"有钱、有需求的客户",实现客源稳定[92]。

由于土流网将原本复杂的土地信息采集、土地价格评估和土地专业数据监测等过程系统智能化,建设开发了"土流网土地流转综合服务平台"和"土流网土地多功能测量系统"。土地流转潜在需求者和供应者可以通过土流网移动应用终端免费进行土地信息采集、发布、检索、测量、价格评估、合同模板、法律在线咨询等操作。具体而言,土流网的土地信息展示系统以信息报告的形式展示了影响土地需求者流转土地的多个因素(包括土地的日照、朝向、交通情况、土壤深度、水源、权属等),以虚拟现实化的形式展示了土地的图片、卫星地图、经纬度、海拔等信息,以数据化的形式展示了该地区土地历史成交数据和未来预测数据。土地需求者既可以在土流网土地搜索引擎上利用关键词对所需土地进行模糊搜索,也可以根据价格、面积、位置、土壤、环境、自然因素等多项因素进行更为精确的筛选,土地需求者在找不到所需土地的情况下还可以通过土地需求登记功能在第一时间成为各土地流转中心的需求客户,利用各土地流转中心促进其流入土地需求的满足。而土地供应者可以注册成为网站用户,发布期望流转土地的相关信息。除此之外,土流网对土地价格的评估形成了系统化。它利用我国每个地级市过去年份的土地基本价格指数,根据中华人民共和国国家标准GB/T 28406—2012农用地估价规程,设计了在线土地估价系统,具体通过土地所处地区与土地类型、土地自然因素和土地所在区域社会经济因素设计了20个指标,为土地供应者或需求者提供参考土地基准价格。价格信息需求者只需在土流网上填写以上信息后立即可以获得流转土地参考价格信息。

通过土流网这种农地流转电子商务平台,短短5年左右时间里,实现了我国全国范围内7166.01万亩农用地的流转,成果显著。

(2)经验与挑战

从理论上来看,利用电商平台来流转农村土地的土流网具有以下特点与功能:①电商平台上土地流转相关信息的易获取性降低了农村土地供应者和需求者之间的信息不对称程度和交易成本,有助于提高农户流转农地的动力;②土地流转价格评估系统为农户提供了土地流转的参考价格,公开化系统化的价格可以帮助农户合理评估待流转农地的真正价值,在当前农地流转租金总体偏低、农地流转价格往往无法反映其真正价值的背景下提高农地流转的市场化、规范化程度,保护农户利益;③土地不可移动性的存在限制了土地在较大范围内流转,但电子商务跨越空间的特性为农村土地使用权形成全国性或区域性的交易市场提供了可能,市场化程度的增加也意味着竞争的更充分性及市场配置资源作用的进一步发挥;④土地测量、合同模板提供、法律咨询等配套服务提高了农村土地流转的契约化程度,有助于减少土地流转纠纷存在的可能性,进一步降低了土地流转的交易费用;⑤对于土地需求者而言,土地流转交易费用的降低使得地块规模经济与交易成本的差值增加,其流入土地获利的可能性增加,有利于促进土地流转和土地需求者的福利改进,而为了获得土地利用的规模经济,土地需求者可以通过电商平台及配套的线下土地流转中心实现细碎化土地的集中流转和成片经营,从而有利于促进细碎土地的集中。

但是,土流网只是一个土地流转信息发布与服务平台,能够在土流网上实现流转的土地仍需满足土地需求者与土地供应者预期在土地流转前后自身福利可以得到改进的条件。因此对于地理位置较差、细碎化程度严重难以形成规模经营以享受地块规模经济效应、基础设施条件较差的农村土地而言,电子商务平台仍不能从本质上改变其难以流转的因素。对于一般农户而言,通过电子商务进行土地流转对于网络使用等能力提出了一定要求,而我国大部分农户都不具备这个条件,农户对于电子商务平台的信任程度低以及土地对他们而言的不可替代的就业保障功能也会阻碍其流转土地。此外,电子商务平台所衍生的新的不确定性风险和网络协调风险也可能增加农村土地流转的交易成本。

2. 以"聚土地"为代表的土地流转电子商务模式

(1)主要做法与成果

"聚土地"模式最早于 2014 年 3 月在安徽省绩溪县推出。绩溪县位于安徽省东南部,山水人文资源优势突出。但绩溪属典型的皖南山区,地处丘陵、人均仅几分耕地且耕地分布零散、无法成片经营与集约化发展,耕地细碎化情况严重,农民耕地收益普遍较低。目前每年一亩地纯收入约为 600 元,随着大量农村劳动力向城市流动,绩溪县 30% 的土地闲置无人耕作、10% 的土地免费给别人耕种[91],土地流转意愿迫切。

"聚土地"一期由浙江省供销社直属企业浙江兴合电子商务有限公司联合阿里巴巴集团聚划算平台、绩溪县庙山果蔬专业合作社联合实施。项目投资方以"一年一签、逐户签订"的短租形式从绩溪县瀛洲县仁里村、湖村及伏岭镇湖村三个村农民手上流转入 1000 亩闲散土地并将其作为标的物,分割成 1 亩、半亩、1 分三种,并打包成价值 580 元的 1 分地套餐、2400 元的半亩地套餐和 4800 元的 1 亩地套餐,各套餐均为一年期套餐。各套餐通过阿里巴巴聚划算平台由全国各地的市场消费者认领,实现土地使用权的认购。但流转的土地并不是由土地使用权的认购者直接经营,而是交于当地合作社进行耕作与管理。当地合作社根据消费者需求制定农作物套餐耕种,将土地全年产出的农产品按每月两次的频率派送给土地使用权认购者。电子商务公司对流转的地块进行标号,消费者还可以按照自己的编号在网上浏览自己认购的土地作物的生长情况,并可以在作物成熟时亲自采摘。另一方面,"聚土地"采用土地流转与农家乐住宿旅游相结合的策略,认购土地的消费者根据购买的相应面积土地可以享受到三个村不同次数的旅游机会和免费住宿。

对于土地流转供应方的农民而言,可以获得高于种粮收入的每亩 800 元左右的租金,如果在租出土地上耕作,还可以获得每月 2500 元左右的务工工资性收入[48]。值得一提的是,转出土地的农民对于流转的自家土地享有优先耕作的权利。对于消费者而言,由于流转的土地在经营过程中不使用农药且当地自然环境优越,消费者可以获得绿色、无污染的农产品,另一方面与生态旅游相结合也使他们得以享受休闲农业带来的乐趣,因此土地使用权实际需求较大,价格也可被接受。

最终"聚土地"一期共上线 480 亩土地,成功实现了绩溪县 465 亩闲散、低效利用或撂荒农地的流转和重新经营。五天时间内项目曝光点击次数合计达 5 亿次,咨询和参与人数达35 万人次,实际参与购买人数达 3500 人,70％的土地认购权人集中在江苏、浙江、上海、安徽等中东部地区,其余分布在北京、深圳、内蒙古等地。消费者对收到的农产品普遍评价良好,转出土地的农户普遍满意,当地原承包经营权人的收入提高了 3.5 倍左右,流转农地的三个村游客数量同比明显增加,带动了当地经济的发展[90]。

(2)经验与挑战

以"聚土地"为代表的土地流转电子商务模式的主要经验包括:

1)学者和媒体的实地调研结果表明,电子商务公司通过逐户签订的方式与农民订立土地流转合约,农户得以直接获得土地流转需求信息,虽然最初与农民达成农地流转合约的交易成本很大,但在较大农地流转收益带动下农民土地流转意愿发生了很大幅度的改变,不少农民主动找到电子商务公司签订土地流转合约。电子商务公司主导的土地流转和土地流转合约的签订可以在一定程度上解决农村土地流转中长期存在的自发性分散流转多、流转以口头协议形式为主、农户流转信息不畅的问题。而契约化程度的提高有助于降低农村土地流转过程中可能存在的交易成本。

2)电商平台流转土地与委托当地合作社经营流转土地的方式实现了土地经营权与土地承包权的分离,土地认购者从农户手中流转获得土地承包权而具体由合作社经营土地。这与中央"稳定土地承包权、放活土地经营权"的农村土地改革思路相一致。原先分散的几亩、甚至几分的土地通过这种方式得以以人为分割的 1 亩、半亩及 1 分的规模流转,为解决农村土地难以分割的问题提供了一种新的思路。

3)电子商务跨越空间的特性实现了偏僻地区农村土地的全国范围内流转。

将农村土地流转与绿色食品、生态旅游相结合的方式提升了农村土地的附加经济价值。全国范围内大量绿色食品和休闲农业服务的需求者可以为农村土地流转提供广大的土地流转需求基础,而电子商务又恰好为土地流转需求的实现提供了可能,若没有电子商务作为媒介,仅靠传统的流转方式难以拓宽需求与供给的地域范围。农村土地价值提升则有利于解决目前单靠经营土地所得的收益难以吸引新的投资者来促进农地流转的问题。而电子商务公司在获得消费者较高额的认购资金之后对流转农地进行利用,这可以在一定程度上解决推动土地流转所需的资金问题。其次,"聚土地"在通过土地流转带动当地经济发展进而又利用当地经济发展从而提升流转土地价值,实现了农村土地流转和农村经济的共同协调发展,农民收入得到了大幅度增长。在我国当前许多地区,特别是偏僻地区的闲散农田,即使在政府大量补贴的情况下仍难以实现流转或有效利用,农民收入长期难以提高,成为阻碍农村经济发展的重要因素,"聚土地"模式则为此提供了有价值的参考。

4)与以"土流网"为代表的土地流转电子商务平台不同,"聚土地"模式除了土地流转之外还包含了土地利用和经营的内容。流转的农村土地大多地理位置较差、土地细碎化程度高难以形成规模经营、地块规模经济不明显、土地利用基础设施条件较差。通过"聚土地"模式,一部分细碎土地得以集中经营享受地块规模经济效应,而另一部分农村土地仍然在细碎化的条件下通过精耕细作的方式得以合理利用,改变了被闲置撂荒或低效利用的原状。这实质上提高了农村土地的总体利用效率和总产出,而背后维持这种方式存续的正是电子商务下全国各地投资者对绿色食品等需求而带来的农村土地经济价值的提升。在国内外农村土地利用中,土地细碎化现象非常普遍[93-94],且被国内外学者视为重要的现实问题[95-96],大量的资金和人力物力被投入到土地流转和土地整理中以通过这两个途径解决土地细碎化问题[97-98],但农地细碎化程度并没有得到明显的降低[66]。"聚土地"模式则为缓解土地细碎化问题提供了一种可能的方式,在现阶段土地细碎化问题难以解决的现状下,对于其中一部分土地可以利用类似"聚土地"的方式通过精耕细作来保证这部分农地的投入耕作与粮食产出。

5)"聚土地"模式虽然是以农村土地流转为出发点,但却在无意中涉及了农村土地利用中的土壤污染和土地质量不高的问题。生产绿色食品的要求促使流转农地的耕作必须不使用农药、化肥、除草剂等原料,这有利于土地肥力的长期保持。而在市场化经济下,作为私人部门的电子商务公司为了提高流转土地生产效率以获得更高收益,也会在一定程度上投入资金对农村土地基础设施条件进行改善,在我国农村基础设施滞缓的背景下可以减轻政府部门改善农村的资金压力。

另一方面,以"聚土地"为代表的农村土地流转电子商务也存在不少问题与障碍:一是土地流转的短期性问题。由于"聚土地"土地流转合同采取一年一签、逐户签订的方式,增加了投资方交易成本,且难以使投资方进行投资规划和长期投入,实现适度规模种植,因此需要稳定土地流转关系,解决好短期流转问题[23]。二是农产品质量安全问题与新鲜农产品的保鲜问题。电商平台可能衍生出新的信息不对称问题,由于农民一家一户按订单生产,其生产规模偏小、专业化和组织化程度低,难以确保农产品质量安全和消费者的利益[90],生鲜农产品运输中的冷链物流短板则成为"聚土地"的另一大难题[91]。三是需要加快农村土地确权登记颁证进程。只有当农村土地承包经营权明确了产权归属与登记完成后才可为土地健康流转奠定基础,促进农村土地流转[99]。

(五)创新实践的思路分析

可以发现,当前电子商务与农村土地流转模式的创新具有两方面的特点:

一是以私人部门为主导,在政府政策鼓励下创新(见图7-2)。

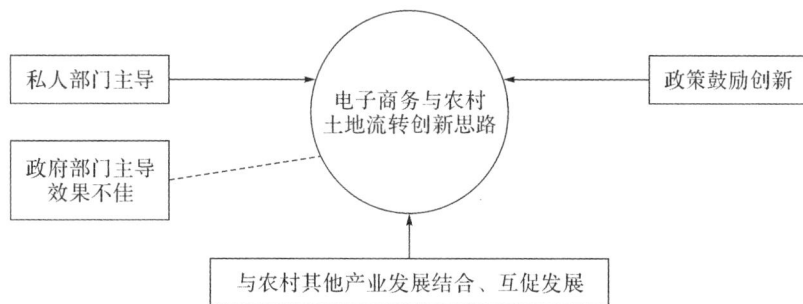

图7-2 电子商务与农村土地流转创新思路示意图

无论是"土流网"还是阿里巴巴"聚土地"项目,均是由私人部门开发主导,政府部门除了奠定鼓励农村土地流转创新、鼓励农村土地承包权和经营权流转的政策基调外,在项目运行过程中对其并没有特殊的政策照顾,完全依靠土地流转市场的巨大需求和潜在收益推动着农村土地流转电子商务的发展。近几年我国各地方政府也推动形成了不少以网络作为媒介的农村土地流转平台,如2008年建立的成都农村产权交易网、2010年建立的北京农村产权交易网、武汉农村综合产权交易所网站等,但总体发展情况不佳。笔者搜索发现北京农村产权交易网上仅挂牌了四宗待流转土地信息,成都农村产权交易网的待流转土地交易信息停留在2012年8月,这与目前土流网上28万条土地信息、16万条已成交土地信息形成了鲜明的对比。究其原因,市场化的手段和竞争机制激发了土地流转信息平台的建立、促进了潜在土地需求者和潜在土地供应者的信息搜寻与匹配、拉动了农村土地流转相关配套服务的创新及创新土地流转模式的出现。

二是农村土地流转与农村其他产业发展相结合,互促发展。

一些农村土地因多种原因长期难以流转,特别是靠单纯耕作产出经济效益较低的土地。但"聚土地"项目的实践证明农村土地流转与农村生态旅游、优越的自然环境等要素结合后可以爆发出强大的活力,通过电子商务将农村土地流转与农村其他产业结合使两者互相拉动发展是可能的,从而提高农村土地的整体利用效率,这也必然会成为未来农村土地资源优化配置的一个方向。最新政策亦对此进行了鼓励,如2015年中央一号文件提出要"推进农村一、二、三产业融合发展,延长农业产业链、提高农业附加值;立足资源优势,以市场需求为导向,大力发展特色种养业、农产品加工业、农村服务业,扶持发展一村一品、一乡(县)一业;积极开发农业多种功能,挖掘乡村生态休闲、旅游观光、文化教育价值"。

四、总结与展望

可以发现,电子商务已经逐渐渗透到国内外农村土地利用的过程中,特别表现在农村土地流转和农产品电子商务两个方面,并且在促进农村土地合理利用方面展现出一定效果,电子商务与农村土地利用开始成为土地利用领域的一个前沿问题。电子商务对农村土地利用产生影响既包括推动农村土地流转、利用农产品电子商务平台实现土地产出经济效益的直接途径,也包括在土地和农产品流转过程中带动细碎化农地集中与适度规模经营、改善农村土地利用基础条件、提高农地利用专业化和机械化程度、降低农地利用信息不对称程度与交易成本等间接途径。另一方面,对于农村土地利用中存在的一些问题,电子商务并不能从本质上解决,而电子商务衍生出的新的信息不对称与交易成本问题,冷链物流、农产品电子商务标准化等技术问题,相关法律规范缺乏等问题也同时制约着电子商务在农村土地利用中的发展,并可能对农村土地合理利用带来负面效果。总体来看,农村电子商务正处于快速发展的过程当中,未来电子商务也可能从更多层面、在更大的范围内更加深入地影响农村土地利用。

从市场与政府的角色与功能来看,无论是电子商务在农村土地流转中的应用还是农产品电子商务,私人部门都起到了主导作用,各国虽都积极推动农村电子商务的发展,但政府部门以政策鼓励和扶持为主、直接干预较少。发挥市场配置资源的作用是电子商务得以不断快速发展的重要原因,政府与市场的角色分配也是今后电子商务与农村土地利用发生作用所需注意的一个问题。

研究进展方面,总体而言对电子商务与农村土地利用的研究还较少,理论研究滞后于实践发展,已有研究以案例与模式阐述为主、研究方法以定性分析为主,理论分析不够深入、实证研究缺乏。针对目前国内外已取得的成果,还需要注意加强以下方面的研究:①电子商务与农村土地利用过程中各相关主体和社会总体福利变化;②政府与市场关系、政府相关政策决策问题;③电子商务对农村土地利用影响的实证分析与效果测度;④对相关创新实践案例的深入分析等等。

此外,对于整个土地领域而言,电子商务对于新型城镇化、房地产市场、城市与农村用地结构的变化等问题也正开始产生影响,这也是今后理论研究和实践创新需要关注的又一问题。

参考文献

[1] Geng S,Ren T Z,Wang M H. Technology and infrastructure considerations for E-Commerce in Chinese agriculture[J]. Agricultural Sciences in China,2007,6(1):1-10.

[2] 田芯,黄玉蓓. 电子商务概论[M]. 北京:化学工业出版社,2014.

[3] 陈永东. 电子商务基础[M]. 北京:中国科学技术出版社,2006.

[4] Rezaei R,Chiew T K,Lee S P. A review on E-business interoperability frameworks [J]. Journal of Systems and Software,2014,93(2):199-216.

[5] Chaudhury A,Jean P K. e-Business and e-Commerce infrastructure [M]. McGraw-Hill Publishing Co,2001.

[6] 洪涛. 2014—2015 中国农产品电子商务发展报告[R]. 中国食品(农产品)安全电子商务研究院,2015.

[7] 林毅夫. 制度、技术与中国农业发展[M]. 上海:上海人民出版社,1994.

[8] 陈良,张云. 农村土地利用中的问题及对策[J]. 农村经济,2004(1):30-33.

[9] 连雪君,毛雁冰,王红丽. 细碎化土地产权、交易成本与农业生产[J]. 中国人口·资源与环境,2014(4):63-71.

[10] 钟效光. 农村土地利用问题与对策[J]. 中国土地,1998(11):42.

[11] 孔泾源. 中国农村土地制度:变迁过程的实证分析[J]. 经济研究,1993(2):65-72.

[12] 李明贤. 农村土地利用的制度经济学思考[J]. 农业经济问题,2001(4):26-28.

[13] 吴峰,李中阳,唐小洁. 关于创新我国农村土地利用模式的建议[J]. 中国集体经济,2009(6):12-13.

[14] 王兴稳,钟甫宁. 土地细碎化与农用地流转市场[J]. 中国农村观察,2008(4):29-34.

[15] 田传浩,陈宏辉,贾生华. 农地市场对耕地零碎化的影响——理论与来自苏浙鲁的经验[J]. 经济学:季刊,2005,4(3):769-784.

[16] 何传启. 中国现代化报告 2012——农业现代化研究[M]. 北京:北京大学出版社,2012.

[17] 韩馨仪. 农产品阶段性滞销何方可解[EB/N]. http://www.cfen.com.cn/web/cjb/2012-12/06/content_935085.html. 2012-12-06.

[18] 农产品流通市场前景调研与分析——《2014—2018 年中国农产品流通报告》[EB/R]. 中商情报网,2013.

[19] 许为钢. 中国农药使用量是世界平均水平的三倍[EB/N]. http://wedding.dahebao.cn/news/html/338448.html.

[20] 张斌,尧水红. 环境中的农药:中国典型集约化农区土壤、水体和大气农药残留状况调查[R]. 中国农

业科学院农业资源与农业区划研究所,2012.

[21] 洪涛,张传林,李春晓. 我国农产品电子商务模式发展研究(上)[J]. 商业时代,2014(17):76-79.

[22] 左志刚. 电子商务作用的经济学分析[J]. 中国经济问题,2002(3):67-74.

[23] 李骏阳. 论电子商务对流通效率与交易费用的影响[J]. 商业经济与管理,2002(8):5-8.

[24] 李洁琼. 电子商务改变传统农业[J]. 中国农村科技,2014(1):28-32.

[25] 张红历,王成璋. 论电子商务中的交易成本[J]. 求索,2006(4):35-36.

[26] Grandon E E, Pearson J M. Electronic commerce adoption: an empirical study of small and medium US businesses [J]. Information & management, 2004, 42(1):197-216.

[27] Kshetri N. Barriers to e-commerce and competitive business models in developing countries: a case study [J]. Social Science Electronic Publishing, 2007, 6(4):443-452.

[28] 郑亚琴,郑文生. 美英农业电子商务应用状况及共性特征分析[J]. 科技管理研究,2009(12):248-252.

[29] 张哲. 美国农产品电子商务发展及对我国的启示[J]. 中国商贸,2014(25):115-119.

[30] 尹志洪,李平. 英美国家农产品电子商务发展模式对中国的启示[J]. 电子商务,2014(12):25-26.

[31] Vellidis G, Garrick V, Pocknee S, et al. How wireless will change agriculture[C]. Precision agriculture'07. Papers presented at the 6th European Conference on Precision Agriculture, Skiathos, Greece, 3-6 June, 2007. Wageningen Academic Publishers, 2007:57-67.

[32] 李艳菊. 基于国际经验的中国农产品电子商务模式分析[J]. 世界农业,2014(7):185-188.

[33] Briggeman B C, Whitacre B E. Farming and the internet: reasons for non-use [J]. Agricultural & Resource Economics Review, 2010, 39(3):571-584.

[34] Funk S M, Zook J E, Featherstone A M. Chicago board of trade ethanol contract efficiency[C]. Selected Paper prepared for presentation at the Southern Agricultural Economics Association Annual Meeting, Dallas, TX. 2008.

[35] 葛俊,严奉宪,杨承霖. 国外农产品电子商务发展模式对中国的启示[J]. 世界农业,2013(5):48-51.

[36] Singh V. Factors associated with household Internet use in Canada, 1998—2000[M]. Statistics Canada, Agriculture Division, 2004.

[37] Warren M. Farmers online: drivers and impediments in adoption of Internet in UK agricultural businesses [J]. Journal of Small Business and Enterprise Development, 2004, 11(3):371-381.

[38] Department for Environment Food and Rural Affairs. Computer usage by farmers in England[EB/OL]. 2012. https://www.gov.uk/government/uploads/system/uploads/attachment _ data/file/181701/defra-stats-foodfarm-environ-fps-statsrelease2012-computerusage-130320.pdf.

[39] 陈生萍. 国外农业电子商务的发展以及对我国的启示[J]. 农业图书情报学刊,2008,20(9):112-114.

[40] Rolfe J, Gregor S, Menzies D. Reasons why farmers in Australia adopt the Internet [J]. Electronic Commerce Research & Applications, 2003, 2(1):27-41.

[41] Madden G, Coble-Neal G. Internet use in rural and remote Western Australia [J]. Telecommunications Policy, 2003, 27:253-266.

[42] 杨全海. 澳大利亚农业信息化建设对中国农业信息化发展的启示[J]. 农业经济,2014(1):27-28.

[43] 杨艺. 浅谈日本农业信息化的发展及启示[J]. 现代日本经济,2005(6):147-149.

[44] Henderson J, Dooley F, Akridge J. Internet and e-commerce adoption by agricultural input firms [J]. Applied Economic Perspectives and Policy, 2004, 26(4):505-520.

[45] Wilson P. An overview of developments and prospects for e-commerce in the agricultural sector[R]. Agriculture DG, European Commission, 2001.

[46] Barton B. The internet's impact on agricultural input distribution channels [J]. Review of agricultural

economics，2003，25(1)：14-21.

[47] Moga LM. The Internet as a business environment in Romanian agriculture [J]. Journal of food agriculture and environment，2009，7(2)：651-654.

[48] Mueller R A E. E-commerce and entrepreneurship in agricultural markets [J]. American Journal of Agricultural Economics，2001，83(5)：1243-1249.

[49] Jamaluddin N. Adoption of e-commerce practices among the indian farmers，a survey of Trichy District in the State of Tamilnadu，India [J]. Procedia Economics and Finance，2013，7：140-149.

[50] Canavari M，Fritz M，Hofstede G J，et al. The role of trust in the transition from traditional to electronic B2B relationships in agri-food chains [J]. Computers and Electronics in Agriculture，2010，70(2)：321-327.

[51] 洪涛. 农产品电子商务及其模式创新[J]. 北京财贸职业学院学刊，2013，29(6)：10-13.

[52] 胡天石，傅铁信. 中国农产品电子商务发展分析[J]. 农业经济问题，2005(26)：23-27.

[53] 王晓红. 农业产业化龙头企业电子商务模式应用研究[J]. 现代情报，2012(4)：110-113.

[54] 洪涛，张传林，李春晓. 我国农产品电子商务模式发展研究(下)[J]. 商业时代，2014(17)：76-79.

[55] 刘虎，蒋国海，邓晓. 遂昌创新农村电子商务模式[J]. 浙江经济，2013(22)：48-49.

[56] 黄京文，王晴. 遂昌模式研究——基于山区经济与电子商务结合模式角度[J]. 中国商贸，2014(9)：127-129.

[57] 魏延安. 从"褚橙柳桃潘果"看资本下乡[J]. 新农业，2013(24)：26-28.

[58] 李玲娜，周亚男. 新型农业模式的发展现状及问题——基于"褚橙柳桃"模式的研究[J]. 现代经济信息，2014(20)：367-269.

[59] 胡俊波. 农产品电子商务发展模式研究：一个模式构想[J]. 农村经济，2011(11)：111-113.

[60] 杨军，王厚俊. 农产品流通的交易费用分析——基于电子商务和非电子商务的理论比较[J]. 南方农村，2014(8)：41-45.

[61] 孙伟. 电子商务环境下农产品流通的现状与对策[J]. 商业经济，2013(2)：69-71.

[62] 成敦杰. 基于电子商务的我国农产品销售策略研究[J]. 价格月刊，2014(12)：51-53.

[63] 许庆，田士超，徐志刚，等. 农地制度、土地细碎化与农民收入不平等[J]. 经济研究，2008(2)：83-93.

[64] 张兰，冯淑怡，曲福田. 农地流转区域差异及其成因分析——以江苏省为例[J]. 中国土地科学，2014，28(5)：73-80.

[65] 张光宏，杨明杏. 中国农村土地制度的创新[J]. 管理世界，2007(4)：8-11.

[66] Binswanger H P，Deninger. Power，distortions，revolt and reform in agricultural land relations [M]. Handbook of Development Economics，1995：2659-2772.

[67] 叶剑平，丰雷，蒋妍. 2008 年中国农村土地使用权调查研究[J]. 管理世界，2010(1)：64-73.

[68] 张红宇. 中国农地调整与使用权流转：几点评论[J]. 管理世界，2002(5)：76-87.

[69] 钱文荣. 农地市场化流转中的政府功能探析——基于浙江省海宁、奉化两市农户行为的实证研究[J]. 浙江大学学报(人文社会科学版)，2003，33(5)：154-160.

[70] 游和远，吴次芳. 农地流转、禀赋依赖与农村劳动力转移[J]. 管理世界，2010(3)：65-75.

[71] Binswanger H P，Rosenzweig M R. Behavioral and material determinants of production relations in agriculture [J]. Journal of Development Studies，1996，22(22)：503-539.

[72] 王丽娟，黄祖辉，顾益康. 典型国家(地区)农地流转的案例及其启示[J]. 中国农业资源与区划，2012(4)：47-53.

[73] 张海峰，齐巍巍. "日韩台模式"农地流转的内在逻辑及启示[J]. 农村金融研究，2010(12)：52-54.

[74] 李立娜. 法国农地流转及其财政政策[J]. 世界农业，2014(2)：88-91.

[75] Perry G M，Robison L J. Evaluating the influence of personal relationships on land sale prices：a case

study in Oregon[J]. Land Economics，2001，77(3)：385-398.

[76] Joshua M Duke，Maris02Ová E，Bandlerová A，et al. Price repression in the Slovak agricultural land market[J]. Land Use Policy，2004，21(1)：59-69.

[77] Lerman Z，Shagaida N. Land policies and agricultural land markets in Russia[J]. Land Use Policy，2007，24(1)：14-23.

[78] Bogaerts T，Williamson I P，Fendel E M. The role of land administration in the accession of Central European countries to the European Union[J]. Land Use Policy，2002，19(1)：29-46.

[79] Rahman S. Determinants of agricultural land rental market transactions in Bangladesh[J]. Land Use Policy，2010，27(3)：957-964.

[80] Deininger K，Ali D A，Alemu T. Productivity effects of land rental market operation in Ethiopia：evidence from a matched tenant-landlord sample[J]. Applied Economics，2013，45(25)：3531-3551.

[81] 李桢. 农地流转的当下情势与典型模式观照[J]. 改革，2011(12)：93-98.

[82] 阮小莉，彭嫦燕. 农地流转与农村土地银行互动持续发展模式探析——基于四川省彭州市土地银行实践[J]. 农业经济问题，2014(6)：54-59.

[83] 黎霆. 试析当前农地流转中股份合作形式的萌芽[J]. 农村经济，2010(6)：72-74.

[84] 张忠明，周立军，钱文荣. 设施农业经营规模与农业生产率关系研究——基于浙江省的调查分析[J]. 农业经济问题，2011(12)：23-29.

[85] 曹亚，陈浩. 劳动力流迁就业、资本逆向输出与农地流转分析[J]. 中国人口科学，2010(3)：35-45.

[86] 郜亮亮，黄季焜. 不同类型流转农地与农户投资的关系分析[J]. 中国农村经济，2011(4)：9-17.

[87] 胡亦琴. 农地流转制度创新与中国农业可持续发展[J]. 学术月刊，2011(9)：70-73.

[88] 王兴稳，钟甫宁. 土地细碎化与农用地流转市场[J]. 中国农村观察，2008(4)：29-35.

[89] 彭莹. 社会经营机构搭建农地流转电子信息平台在我国农地流转中的作用[J]. 农村经济与科技，2011(1)：68-70.

[90] 张勇. 阿里巴巴"聚土地"划算了谁？[J]. 国土资源导刊，2014(7)：6-7.

[91] 胡桂芳，王艳荣. 土地流转和电商结合发展现代农业的探索——安徽省绩溪县"聚土地"项目调查[J]. 农村工作通讯，2014(13)：28-30.

[92] 土流网的少年烦恼，政府生意还是民间买卖？[EB/N]. http：//tech. sina. com. cn/i/ 2013-11-13 / 02118907904. shtml. 2013-11-13.

[93] Latruffe L，Piet L. Does land fragmentation affect farm performance? A case study from Brittany，France[J]. Agricultural Systems，2014，129：68-80.

[94] 李鑫，欧名豪，马贤磊. 基于景观指数的细碎化对耕地利用效率影响研究——以扬州市里下河区域为例[J]. 自然资源学报，2011(10)：1758-1767.

[95] Burton S，King R. Land fragmentation and consolidation in Cyprus-a descriptive evaluation[J]. Agricultural Administration，1982，11(3)：183-200.

[96] Demetriou D，Stillwell J，See L. A new methodology for measuring land fragmentation[J]. Computers，Environment and Urban Systems，2013，39：71-80.

[97] Del Corral J，Perez J A，Roibas D. The impact of land fragmentation on milk production[J]. Journal of Dairy Science，2011，94(1)：517-525.

[98] Deininger K，Savastano S，Carletto C，et al. Land fragmentation，cropland abandonment，and land market operation in Albania[J]. World Development，2012，40(10)：2108-2122.

[99] 钟甫宁，王兴稳. 现阶段农地流转市场能减轻土地细碎化程度吗？——来自江苏兴化和黑龙江宾县的初步证据[J]. 农业经济问题，2010(1)：23-32.

农地抛荒及其驱动因素

谭永忠　　汤杰仁　　冯红燕

摘　要：农地抛荒在世界许多国家普遍存在，它不仅仅是一种简单的土地利用现象，而是也是一种与区域自然环境和社会经济发展紧密相关的社会经济现象，由此导致农地抛荒的驱动因素复杂多样。本文在阐述了农地抛荒的基本概念、类型及其特点等相关理论的基础上，对农地抛荒产生的驱动因子进行了初步划分，并从自然环境、社会经济以及其他人为原因等方面，重点分析了农地抛荒产生的驱动因素；进而利用复种潜力指数估算了中国及31个省市区的耕地抛荒程度，并对中国省级尺度耕地抛荒程度的驱动因素进行了定量分析。

关键词：土地利用；农地抛荒；驱动因素；复种潜力指数

Farmland abandonment and its driving factors

TAN Yongzhong，TANG Jieren，FENG Hongyan

Abstract：Farmland abandonment is widespread in many countries of the world. It is not only a simple land use phenomenon，but also a social and economic phenomenon that is closely related to regional natural environment and social economic development，which leads to the complex and diverse driving factors of land abandonment. This paper describes the theory of the basic concepts，types and characteristics of farmland abandonment and on this basis，makes a preliminary division of the driving factors of farmland abandonment. From the aspects of natural environment，social economy and other man-made causes，it focus on the analysis of the driving factors of farmland abandonment，and use the potential multiple cropping index to estimate the degree of cultivated land abandonment in 31 provinces in China，and also quantitatively analyzed the driving factors of the degree of Chinese provincial scale land abandonment.

Key words：land use；farmland abandonment；driving factors；potential multiple cropping index

一、引言

农地抛荒（Farmland Abandonment，FLA）是指在自然、社会、政治、经济等因素的驱动下，土地生产能力下降甚至趋于零的一种动态变化过程，是土地边际化的一种重要表现形式。农地抛荒在世界范围内广泛存在[6,18]，它是经济、社会、政治、政策、自然环境等多因素综合作用的结果[8,33,41]，但是世界各个地区农地抛荒的具体原因不尽相同。在非洲、拉丁美洲以及亚洲的一些欠发达国家，至今还广泛延续着刀耕火种的原始耕作的农业生产模式，这些地方的农地抛荒一般是由于经过几年只用不养的耕种之后，土地肥力殆尽或局部自然环境恶化，以致不再适宜农业生产而被迫产生的迁移行为[4,12,40]。

西欧等一些发达国家的农地抛荒主要是由经济、社会因素引发的。在过去的几十年当中，农业用地的抛荒已经成为欧洲西部很多农村地区最重要的土地利用变化特征之一，特别是在地中海区域[26]。农业地位的边缘化，从事农收益相对低下，农村生活条件相对落后，再加上这些国家人口不断减少、农村人口流失等问题，很多农地已经退化为草地和稀疏林地[5,10,38,39]。在 20 世纪 90 年代东欧和中欧的新欧盟成员国内，有数百万公顷的农田在从集中的计划经济向市场经济的转化进程中被抛荒[23]。在 1961—2011 年间，南欧有 24.5% 的一年生作物和多年生作物面积被抛荒，其面积达 127450km^2，西班牙有 17% 的一年生作物和多年生作物面积被抛荒，其面积 35200km^2 [22]。造成这些地区农地抛荒的因素比较复杂，但归纳起来，主要包括全球化、欧盟的特定政策以及当地政府对粗放农业补贴的减少等。这导致了山地旱作农业的抛荒，并且鼓励了灌溉农业以及海岸带旅游业[19,27]的发展。

在东欧和前苏联的一些加盟国家，政治、政策因素也是导致农地抛荒的重要原因。如东欧剧变和苏联解体后，很多东欧国家和前苏联加盟国出现了严重的农地抛荒现象。原有社会主义制度下的农业生产组织与经营模式轰然瓦解，农村人口外流，政府农业补贴骤减（部分地区减少幅度可达 90.0%）及产权私有化后的土地破碎化和经济萧条是造成这些地区土地大规模荒芜的原因[2,14,21,25,39]。

中国的国情与上述国家和地区有所不同：迁移农业只占极小部分，微不足道；城市化、工业化水平与西欧等发达国家尚有较大差距，农业仍是国民经济的基础性产业，并且被视为一个重要政治问题；农业规模化和市场化水平较低，市场冲击一般不足以使农民破产而撂荒土地；土地从社会主义集体经营到农户自主经营实现了良好过渡，且国家正从农业攫取工业化发展的原始资本转变到大力补贴农业的阶段。但 20 世纪 90 年代以来，中国同样出现了严重的农地抛荒现象，且不断蔓延[45,50]。

中国出现农地抛荒现象并有相关调研和报道的地点，覆盖全国 30 多个省（市、区），其中，东部地区出现时间最早；中部地区抛荒现象出现次数最多，程度最重，涉及范围最广；西部地区抛荒现象出现次数较少，时间上无明显集中性特征。农地抛荒已绝非某一地区的偶发现象。如杨涛和王雅鹏的调查显示，湖北省荆州市 1998 年农户抛荒面积为 3.33 万 hm^2，占该市农户耕地总面积的 8.4%；2000 年抛荒面积扩大到 6.20 万 hm^2，占耕地面积的 15.6%[82]；肖顺连等 2009 年对湖南省 12 个村的调查发现，有 6 个村耕地抛荒比例超过 5.0%，其中 2 个村超过 8.0%，1 个村超过 15.0%[76]。

中央政府和不少地方政府出台了法律法规，希望通过农业补贴、收取农地抛荒费以及将抑制农地抛荒纳入政绩考核等措施来治理农地抛荒问题，但农地抛荒不断蔓延的实际情况说明这些措施并未取得良好成效。对于农地抛荒的原因探析，现有成果主要以理论研究和定性分析为主，认为农业比较利益低，土地生产条件差，农村劳动力流失，土地流转不畅等中、宏观因素是重要原因[59,70,74]。

本文首先阐述了农地抛荒的基本概念、类型及其特点等农地抛荒的相关基本理论；在此基础上，对农地抛荒产生的驱动因子进行了初步划分，并从自然环境、社会经济以及其他人为原因等方面，重点阐述了农地抛荒产生的驱动机制；最后，利用复种潜力指数，估算了中国及 31 个省市区的耕地抛荒程度及其空间分异,并对中国省级尺度耕地抛荒程度空间分异的动因进行了定量分析。

二、农地抛荒的基本理论

(一)农地抛荒的概念

农地抛荒是一个全球性的现象[20],无论是在发达国家,还是新兴的发展中国家,都表现为一种十分活跃的土地变化过程,同时农地抛荒也是一个在全球、区域和地方尺度具有环境影响的社会经济问题[35]。尽管农地抛荒这一现象普遍存在[24],但是国际上对农地抛荒却没有一个专门的定义,通常把农地抛荒(FLA)定义为给定的土地表面农业活动的停止[28],或者将土地利用发生变化使得农耕活动难以或不可能延续时的情况,描述为全部或事实性抛荒[8]。Rudel 则将农地抛荒描述为一种土地利用方式向另一种具有较低水平的经济状况的土地利用方式的变化,这种变化如果不会造成土地状况的恶化,那么可以保持(至少部分地)土地的功能[34]。

在中国,农地抛荒是指在现有土地制度和生产条件下,在社会的、经济的、自然的因素共同作用下,农民减少对耕地的投入,包括资本和劳动投入,从而导致耕地得不到充分利用的一种土地利用行为。从 20 世纪 80 年代中后期中国出现农地抛荒现象以来,至今共有三次大范围的全国农地抛荒现象,许多学者对农地抛荒的概念、形成的原因以及造成的后果等进行了研究分析。与农地抛荒相似的概念有"撂荒"、"弃耕"和"丢荒"等,但目前国内对农地抛荒尚无一个统一的定义。

(1)狭义抛荒

李孔俊认为农地抛荒是指曾经被耕种而现在不被继续耕种以致荒芜的土地[57]。文华成认为耕地撂荒一般是指农民因某种原因不愿意耕种或者因旱涝灾害,致使耕地荒芜一季或一季以上的现象,农民外出打工把土地转包或委托给他人代为耕种、未导致荒芜的土地,以及自然灾害造成的暂时性的空白田都不属于撂荒现象[72]。

(2)广义抛荒

黄建强和李录堂从劳动力的视角分析,认为耕地抛荒的实质是农业生产中耕地没有和劳动力等生产要素相结合,或结合不充分,前者为显性抛荒,后者为隐性抛荒[52]。谭术魁认为耕地撂荒可分为明荒、暗荒两种类型,或分成显性、隐性两种类型,明荒是指在本应种植的一定时段内(通常达到一季),农民不种植任何作物而让田块荒芜的现象;暗荒是指农民照旧在田块上播种农作物,但投入田块的人、财、物有意识地降低(明显达不到要求或低于常年水平),从而导致耕地利用程度下降、产出水平降低[68]。张斌、徐邓耀与翟有龙等认为,耕地处于未充分利用状态时也是一种抛荒状态,所以将耕地抛荒界定为"由于生产经营者主观原因放弃而造成的耕地处于闲置或未充分利用的状态"[84]。黄利民、张安录、刘成武从"荒地"的定义出发,定义耕地抛荒为:在现有耕地利用方式保持不变的情况下,在社会、经济与自然等因素的共同作用下,土地生产经营者在一定时期内对现有耕地停止或减少耕耘,从而导致耕地处于一种荒芜或未充分利用时的状态;当耕地因停止耕耘而处于闲置与荒地状态时,是耕地撂荒的狭义表现形式;当耕地因减少耕耘而处于未充分利用状态时,是耕地撂荒的广义表现形式。这一定义强调了耕地抛荒是在社会、经济与自然因素的共同作用下造成的[53]。

为了遏制土壤侵蚀及生态环境的退化，美国自 20 世纪 30 年代开始就逐步实施了一系列政策，防治水土流失，提高农业生产力和保护自然资源环境。1985 年以来，美国政府投入最多、影响范围最大的农业环境政策就是环保休耕计划（Conservation Reserve Program，CRP）。CRP 是一项由美国政府提供资金，美国农业部负责实施，农民自愿参与的休耕项目。该项目主要针对那些土壤极易侵蚀或环境敏感的农业用地（耕地及牧场），对农民进行补贴，使其实施 10～15 年休耕还林、还草等长期性植被保护恢复措施，最终达到控制土壤侵蚀、改善水质、改善野生动植物栖息地环境等目的（向青、尹润生，2006）。土地休耕已经成为国外改善生态环境，保持和恢复地力，保护农民利益的重要手段，在许多国家形成了关于休耕的一整套制度。

但是，农地休耕与农地抛荒具有明显的不同，归纳起来主要有以下方面：

（1）目的的不同。实施休耕的主要目的是改善土壤质量和生态环境，同时调整农业生产，增加农民收入，具体来说，休耕主要是为了恢复地力，提高土地生产能力，控制土壤侵蚀和水土流失，改善水质，保护生物多样性等。相反，农地抛荒主要是农业比较收益低下和农业生产条件恶化的结果。

（2）实施方法不同。休耕一般是政府主导，有计划地针对符合条件的土地实施的。由农民提出申请，政府对休耕土地的所有者按照一定的标准进行补贴，同时在休耕的土地上实行一系列恢复地力和改善生态环境的措施，并保证在休耕期农民按照政府要求进行。而抛荒是农民自发地、无序地和被动地减少对土地的资本和劳动投入，使土地处于不利用或不充分利用的状态。

（3）影响不同。休耕的影响主要包括社会、经济和环境三个方面，有计划的休耕能够恢复地力，改善生态环境，提高农作物价格，通过对农民的补贴增加农民收入，同时也可能降低农业机械等生产资料的需求，减少农村就业。而抛荒可能造成水土流失加剧，破坏土壤质量，耕地产出降低，从而减少农民收入。

（二）农地抛荒的类型

根据农地抛荒的表现形式、抛荒的原因、抛荒的时间长短及农户抛荒意愿等因素，可将农地抛荒分成不同类型。

（1）显性抛荒与隐性抛荒

从农地抛荒的表现形式看，农地抛荒可分为显性抛荒与隐性抛荒。显性抛荒是指在本应种植的时间段内（通常达到一季及以上），农户在现有耕地上不种植任何农作物而让田块荒芜的现象，也可表述为耕地完全没有与劳动力结合，或没有对耕地进行资金或劳动力的投入；隐性抛荒是指农户照旧在耕地上播种农作物，但投入田块的人、财、物等有意识地降低（明显低于正常水平），从而导致耕地利用程度下降，产出水平降低，也可表述为耕地与劳动力结合不充分[52,68]。

（2）全年性抛荒与季节性抛荒

根据农地抛荒时间的长短，可将农地抛荒分为全年性抛荒与季节性抛荒。季节性抛荒指农地抛荒的时间较短，只在一年中的某个季节出现抛荒现象；全年性抛荒是指耕地持续抛荒的时间至少在一年以上的现象,如果耕地将永久性处于抛荒状态,则为永久性抛荒,如果农地抛荒只是暂时性处于抛荒状态,在耕地重新利用的条件成熟的情况下,耕地又将被开发利用,则为多年性抛荒[53]。

(3)自然原因抛荒与社会经济原因抛荒

由于自然条件改变而导致的农地抛荒属于自然原因抛荒,它又可以分为两类:

1)生态型抛荒。这由于生态环境退化而导致原有耕地被迫弃耕抛荒。如内蒙古自治区的乌盟四子王旗、察右后旗、商都县、化德县、兴和县和包头市达茂旗南部等地区,近年来耕地沙化严重,每年有大量耕地因沙化而弃耕,均是典型的生态型抛荒[53]。

2)灾毁型抛荒。这是指由于自然灾害的破坏作用而导致耕地不能继续耕耘而抛荒。如2008年汶川地震造成部分耕地被埋没而无法耕种。

社会经济性抛荒是指由社会制度、相关政策与经济条件等因素引起的农地抛荒,根据具体的原因,又可进一步分为以下几种类型:

1)经济效益驱动型抛荒。由于耕地利用的经济效益不能满足农户的期望,而使其转向其他经济效益好的行业,从而导致的耕地抛荒属于经济效益驱动型抛荒[53]。

2)征而不用型抛荒。征而不用主要指政府或企业等对耕地"征而不用,征而迟用"等致使耕地无法耕种而造成的抛荒。我国20世纪90年代以来,在相当多的城市均出现了"开发区"热,不少地区的农地征而不用,出现严重的耕地闲置,这种现象就属于这一类型的抛荒[53]。

3)产权不清型抛荒。这是指由于某一地块的产权归属不清晰,引起相关方相互争执致使耕地无法耕种而造成的抛荒。

4)土地流转不畅型抛荒。这是指由于土地使用权流转不畅,致使那些不想或无力耕种土地的农户,不得不弃耕土地而造成的抛荒[81]。

(4)主动性抛荒与被动性抛荒

根据农户农地抛荒意愿,农地抛荒又可分为主动性抛荒和被动性抛荒。前者是指由于农户自身经济条件转好,生产取向发生变化,或为了恢复地力等原因,农户主动放弃或减少耕种而致使的抛荒;后者是指由于自然灾害、生态退化或政策等不可抗拒的原因,而使耕地无法耕种而造成的抛荒[53]。

(三)农地抛荒的特点

虽然目前对农地抛荒面积难以进行全面和准确的统计,但农地抛荒不论在发达地区还是欠发达地区,山区还是平原,普遍存在,并且表现出越来越复杂的特点,归纳起来主要有以下几个方面:

(1)非农经济发达地方抛荒多

宁波余姚市低塘街道是浙江省百强乡镇,宁波市十强乡镇,非农经济发达,1992—2005年每年的平均抛荒面积占耕地面积平均为18.86%,远高于浙江省0.5%(1994年)的平均水平[66]。

(2)交通便利的地方抛荒多

这些地方的农民信息灵通、思想活跃、见识较广、观念更新快、外出务工门路多,因而农地抛荒严重。如低塘街道11个行政村的抛荒程度与交通的便捷程度密切相关:距离公路越近,耕地的复种指数越低,抛荒程度越高;距离公路越远,耕地的复种指数越高,抛荒程度越低[66]。

（3）自然条件差、易旱易涝地方抛荒多

岗区水利条件较差,灌溉成本高,圩区的低洼田、水浸田,不便耕作,且十年九淹。有的农户为保口粮,种一季荒一季,有的农户有其他收入来源,干脆不种,任其抛荒。据对安徽省含山县的调查测算,该县因自然条件差易旱易涝抛荒的土地达6000亩,占抛荒土地面积的20%[86]。

（4）土壤肥力低的地方易抛荒

土壤肥力是影响抛荒最重要的因素之一,如在乌克兰西部[2,17]和俄罗斯位于欧洲的部分地区[29],在社会经济由封闭计划经济转变为开放市场经济后,农业生产盈利能力下降,使得抛荒增加,土地的生产能力下降[1],不太肥沃的土壤往往首先发生抛荒。

（5）劳动力外出多的地方抛荒多

因农业本身效益低,农民为寻找出路,绝大多数青壮劳力外出务工经商,有的甚至举家外出,丢下责任田不种,使抛荒耕地面积不断增加[62]。如重庆市忠县三汇镇苗耳、先锋、飞龙、钟台4个村外出务工人员达2256人,占三汇镇所有外出务工人员的12.8%;抛荒耕地30.9hm²,占全村耕地面积的13.1%[77]。斯洛伐克等东欧国家也表现出这样的特点,特别是从2004年开始,这些国家加入欧盟之后,西欧国家向新加入欧盟的东欧国家开启了劳动力市场,东欧国家成千上万的人开始到国外工作,造成部分东欧国家农村地区的人口大量减少,并成为农地抛荒的主要驱动力[20,30,38]。

（6）常年抛荒增多,季节性抛荒减少

一部分季节性抛荒地转变成了常年抛荒地。以安徽省为例,庐江县2001年常年抛荒的土地比2000年增长了1.77万亩,常年抛荒占抛荒总面积的比例也由2000年的56.5%上升到2001年的67.7%;肥东县常年抛荒与季节性抛荒的比例由2000年的6：7变为2001年的8.4：6.5[73]。

（7）村社管理功能弱的地方抛荒多

随着农村产业向多层次、多元化方向发展,大大增加了农民择业机会,靠非农产业为主要收入来源的一些农户,很想流转耕地经营权,甚至还有较少农户愿意放弃承包权,退还耕地。然而由于种种原因,村社集体组织无法调整土地,要求这部分农户继续承包土地,从而造成这部分耕地无人耕种而直接抛荒或采取既不施肥也不管理,收多少算多少式的隐性抛荒[72]。

三、农地抛荒的驱动因素

农地抛荒是一个复杂的多维的过程,与经济、环境、社会等方面存在着内在关联[13,17,31,39]。农地抛荒主要包括三种类型的驱动因素[31]。第一类动因与自然生态环境驱动有关,包括诸如海拔、地质、坡度、坡向、肥力、土层深度、土壤侵蚀、土地污染、土地沙化、土地盐碱化、农田水利基础设施缺失、气候和气候变化等因素,约束了农业土地利用和农业生产。第二类动因是指社会经济驱动,包括市场激励、农村人口迁移、技术进步、产业化发展、土地制度变迁、农场特征、农民年龄、交通可达性（如道路）和城市接近度等。第三类驱动力主要是指不适应的农业系统、土地权属纠纷和失当的土地管理,从而导致了土壤退化、洪涝频繁、过度开发和生产力损失等。

(一)农地抛荒的自然环境因素

1.供水条件恶化造成的农地抛荒

在干旱地区,灌溉往往是农业生产的必要条件。在瑞士内陆的一个名叫 Valais 的干旱高山峡谷地带,有着悠久的草甸灌溉的历史,为了进一步丰富这一地区物种的多样性而停止了灌溉,随着这些地区灌溉的中断,导致了农地抛荒[32]。

熊祥强等对重庆市忠县三汇镇耕地抛荒情况进行了分析,指出由于土地分割过于零碎,仅仅依靠农户个体来改善水利条件是不可能的,对于无法耕种的土地只得任其抛荒[77]。田千禧等指出农田基础设施差,排水设施多年失修、老化、不配套、渠道淤塞,导致农业生产条件日益恶化,抗御自然灾害能力下降。湖南省汉寿县洲口镇 0.37 万 hm² 耕地中,有 0.15 万 hm² 位于起排水位(2.75m)以下,占 41.2%,2000 年该镇抛荒 593.73hm²,占耕地总面积的 16%[69]。

2.水土流失造成的农地抛荒

水土流失已成为引发农地抛荒的重要因素,吉林省双阳市四家子乡曾经亩产玉米 300 多公斤,由于水土流失,现在有 450 亩地岩石裸露,不得不弃耕[68]。秦巴山区山体陡峭,宜耕农田数量较少,因人口增长所迫,陡坡开荒成为必然选择,强烈的水土流失也随之而来。在商洛地区,已有 800~900km² 陡坡地抛荒,继而沦为寸草不生的裸露石山[87]。

3.常年干旱造成的农地抛荒

常年干旱直接影响作物收成,进而引起农民抛荒耕地。山西省晋中市中元村常年干旱,人畜饮水困难,4000 多亩耕地无法浇灌,人们生活极度贫困,人口外迁严重,原本 1000 多人的村子只剩下 130 多人,大片耕地因此抛荒[68]。在安徽省定远县,站岗、卜店、蔡集等乡镇地处江淮分水岭脊背、岗高坡陡、水利条件差、缺水易旱,农民广种薄收,弃耕抛荒现象严重。至 1999 年底,仅齐岗村就有 1000 多亩地抛荒[48]。

4.土地沙化、盐碱化造成的农地抛荒

全国农业区划办公室利用卫星遥感技术,对黑龙江、内蒙古、甘肃和新疆共 53 个县级单位 1986—1996 年耕地情况监测发现,在这 10 年中,开垦总面积 2912 万亩,但将近一半(1433 万亩)的耕地因为严重沙化而抛荒。在柴达木盆地农业区,因为土壤次生盐渍化,约 28 万亩耕地已经弃耕,尽管改良治理 10 万亩,仍有 18 万亩耕地处于弃耕状态[68]。

5.地形地貌原因对农地抛荒的影响

地形地貌是影响农地抛荒的一个重要因素。在乌克兰,平原地区的抛荒速率快于山地地区的抛荒速率。抛荒在平原和喀尔巴阡山麓是普遍的,但较少发生在较高海拔地区。乌克兰北部地区的抛荒率较高,向南部地区逐渐下降。例如,北部的 Peremyshlianski 抛荒率高达 56%,而喀尔巴阡山的拉科夫斯基区域的抛荒率仅 0.2%。农田抛荒率也随着不同海拔和坡度有所区别。抛荒率最高的是在海拔 200m 和 400m(>35%)之间,而最低的位于海拔 1100m 和 1200m 之间(<2%)。出现这种情况的主要原因是,在乌克兰,质量最好的土壤主要分布在山地山麓中,在平原地区,许多抛荒土地往往土地贫瘠或者位于洪水泛滥区,特别是在德涅斯特河和普鲁特的冲积平原[2]。

6.其他自然原因造成的农地抛荒

其他突发性的自然灾害造成耕地无法耕种而不得不抛荒。如汶川地震、舟曲泥石流等突发性自然灾害造成耕地被埋没、损毁等,使耕地无法继续耕种而不得不抛荒。

(二)农地抛荒的社会经济因素

1.社会经济变革

在俄罗斯和东欧一些国家,20世纪90年代初期政治体制的崩溃导致大规模的社会经济和体制变革,这些变革造成了大量的农业土地的抛荒。俄罗斯从国家控制型经济向以市场为主导的经济转变过程中的第一个十年(1990—2000年)里,卡卢加、梁赞、斯摩棱斯克、图拉州、弗拉基米尔几个州的约150550km² 上农地抛荒的比例约为31%(170万hm²),其中斯摩棱斯克州的比例最高,农业用地的46%被抛荒,此外卡卢加州的30%、图拉州的26%、梁赞州的28%、弗拉基米尔州的27%的农业用地被抛荒。地区水平上的抛荒率甚至更高,斯摩棱斯克州的部分地区甚至达到了62%[29]。

2.农业补贴下降

苏联解体后,俄罗斯出现大规模的农地抛荒,其主要原因是苏联解体后,对农业的补贴急剧下降。在19世纪80年代中期,俄罗斯在农业补贴上每年花费约600亿,另一些账目显示甚至高达890亿,而在2000年后每年减少至150亿。2010年俄罗斯联邦补贴(主要是涉及银行收取的农业贷款的利息)总额仅上升到90亿,而1986年至1988年的补贴占农业总产值的81%,在2003至2005年期间则仅占17%。此外,从1985年至1991年俄罗斯农业获得俄罗斯联邦总投资的15%～17%,而在整个20世纪90年代低至3%,自2002年以来其份额小幅增加至5%。正如一位俄罗斯政治家指出,"亚当·斯密的手已经紧紧地抓住了俄国农民的喉咙,将很快压榨他的生命"[14]。在欧盟一些国家,农业资助的减少也是引起欧盟大范围的农地抛荒的重要因素之一,由此带来的负面环境与社会效应也引起了广泛关注[15]。

3.种田比较效益低,机会成本高

在俄罗斯,农地抛荒发生率最高的地区主要分布在苏联时期农业生产率就已经比较低下的区域、靠近森林边缘区的区域、镶嵌在森林基质中的独立的农业区域以及远离人口密集地区的区域[29]。市场原则约束着农业土地利用。在没有政府支持的情况下,利润较低的农业区域正在被迅速抛荒。接近森林的区域和独立农业区域存在较高的抛荒可能性,说明了土地利用决策中利润最大化的重要性日益上升,因为接近森林的区域和独立农业区域很可能有着更高的生产成本[9]。

导致抛荒的经济因素主要是比较收益差距,它包括两方面内容,一是从事种植业和外出打工的比较收益差距,二是种植业内部粮食作物和经济作物的比较收益差距[71]。虽然近年来国家不断加大农业投入并取消农业税,农民负担有所减轻,且国家一直对重要农产品实行保护价收购,但由于农业生产科技含量相对较低,水、化肥、农药和机械等费用高,以及其他经济因素,造成我国大部分农作物生产成本高于许多国家,农民农业收益过低造成耕地抛荒[42]。随着中国经济的快速发展,农民的非农就业机会增加,非农就业收入明显高于农业收入,农民从事农业的机会成本增大,促使农民放弃农业转向非农行业,从而造成耕地弃耕抛荒。重庆市三汇镇农业统计资料调查测算,以现有耕地资源,正常年景下,按照常规的麦—油—稻生产模式,即使减免全部农业税收,每年扣除生产成本后的纯收入仅为 5250 元/hm² 左右,如再除去劳动力成本就无利润了,种一年田的收入不及外出打工一个月收入,直接影响了农民的生产积极性,这是造成农地抛荒最根本的原因[77]。

4. 农户生产和经营规模小

根据农业生产发展的要求和社会、经济、技术条件的可能,将土地等生产要素适当集中使用,使单位农产品分摊的固定生产成本最低,边际收益和边际成本相等,是农业生产中的最佳经营规模,可以产生规模效益[82]。但目前我国农业生产仍以农户小规模经营为主,在小块和分散的土地上经营,不能适应大市场的发展要求,难以获取规模效益。据调查,江西省瑞昌市绝大多数农户耕地经营规模在 1.5～7.5 亩,且地块分散,经营规模普遍不大;其次,农产品物流主体以分散经营的小农户为主,必须通过中介组织才能进入大市场,延长了农产品流通链条,使农民获取的经营效益减少,因此农民不愿意种田而弃耕抛荒[79]。

5. 劳动力转移致使农业劳动力缺失

在欧盟一些国家,兼职农民和较年老的土地所有者比任何其他类型的土地所有者有着更大的放弃农业用地的可能性[11,16,36]。周边城市化地区的市场准入和得到更好报酬工作的可能性也影响着农地抛荒。例如,这一现象就在法国南部[37]和瑞士[10]发生了,在那里,接近行政中心和人口迅速增长的地区的农地抛荒更为常见。在后社会主义的阿尔巴尼亚和罗马尼亚,高水平的兼职农民雇佣率和农村居民外迁是农地抛荒的关键因素。在地中海地区的一些国家,农地抛荒与农村人口迁移而造成的居民减少有关。

从劳动力的角度看,农村劳动力的数量、质量、结构和价格均对耕地隐性和显性抛荒有不同的影响[51]。随着中国经济的快速发展,城市能够提供的就业机会越来越多,为追求更高的社会阶层、更好的生活质量,或因生活成本上升等原因不得不进城务工,致使原来从事农业劳动的优质劳动力大量转移到了第二、三产业,留在农村从事农业劳动的多数为老人、妇女和儿童,从而造成农业劳动力缺失,田地无力耕种而弃耕抛荒。据调查,2002—2005年,湖南省邵阳市农村 18 岁以上至 50 岁之间的劳动力转移率为 56.5%,全市外出务工青壮年劳动力达 150 余万人,老幼妇孺成为农村守望者,造成许多耕地无人或有人无力耕种[83]。

6. 农村土地制度残缺

农地所有权主体缺位,农民土地权益无法保障。目前我国实行的家庭联产承包责任制使得土地所有者并不是农户,而是农民集体,从而形成了法律上的"一权多主"、事实上"产权无主"的状况,农民权益无法保障,无心经营土地,致使农地抛荒现象的出现[63]。农村土地流转制度不健全,多数地方土地流转仍处于自发、无序、零散的状态,由此引起的纠纷呈上升势头,使得不愿耕种的农民也不愿意把土地流转给他人耕种而弃耕其土地,造成农地抛荒。

7. 农村社会保障制度不健全

目前我国农村的社会保障制度仍很不健全,土地仍然是农民的就业、医疗和养老保障,仍然是农民的"命根子",即使农业收入对农民来说已微不足道,农民不愿意从事农业劳动而转向收入更高的第二、三产业,但土地仍是他们心中的底线,出于失去其他收入来源的担心,使他们宁愿抛荒土地也不愿意放弃土地。

（三）农地抛荒的其他人为因素

1.基层政府强制调整农业结构造成的农地抛荒

1996年10月，山东省沙河站镇为了落实上级下达的种菜任务，竟然采取毁麦手段，结果因为许多农民对之前套种的菠菜连6分钱一千克也销售不出去心有余悸，没有人敢承包土地，300多亩良田被抛荒[68]。

2.征而不用造成的农地抛荒

浙江省诸暨市大房村支部书记强行与镇政府签订《征地协议书》，把村里一宗51亩土地转给镇政府作为"袜业基地"，在未取得任何土地使用审批手续情况下进行建设，后因村民举报不得不停工，然而应付给大房村的补偿费没有到位，建筑材料随意堆放，庄稼无法下种，土地不得不抛荒[68]。

3.土地遭受污染而造成的农地抛荒

在内蒙古包头钢铁公司附近，164种有害物质随着污水渗入地下，10万亩耕地丧失农用价值，被迫弃耕。浙江东阳市南马镇仁棠村，536亩良田因遭受氟化氢铵、氟化氢钾等有毒物质污染，不得不弃耕抛荒[68]。

4.土地权属纠纷造成的农地抛荒

河北省河间市1000多亩农田因土地所有权有争议，不得不抛荒，土地杂草丛生，造成土地资源浪费。武汉市江夏区团结村9组60多亩地因土地产权纠纷荒芜一年后才得以复耕，直接经济损失3万多元[68]。

5.其他人为原因造成的农地抛荒

其他人为原因如人为造成耕地地块破碎化，或距离所有权主体较远形成"飞地"，从而造成耕地被弃耕抛荒。或受采煤开矿影响，村庄搬迁，致使土地无人耕种而弃耕等皆导致大面积耕地弃耕抛荒，造成土地资源浪费。此外，从心理和观念角度看，由于城乡生活差距大，对于城市更高的社会阶层和更好的生活水平的向往，新生代农民的"恋土情节"已经淡化，使他们纷纷离开家乡到城市追求更好的生活，从而使得耕地无人耕种而弃耕抛荒[63]。

四、基于复种指数的中国耕地抛荒估算及其驱动因素

（一）耕地抛荒程度的测度方法

在研究耕地抛荒时，耕地的抛荒程度如何，需要定量描述，为此一些学者提出了定量描述耕地抛荒程度的指标，主要有耕地抛荒度、耕地抛荒面积和耕地抛荒损益等指标。

1.耕地抛荒度

（1）以耕地生产能力测度的耕地抛荒度

耕地抛荒度（D）反映了某一块耕地抛荒的程度，或粗放经营水平。其计算公式为：

$$D=1-Y_i/Y_j$$

式中：Y_i表示某时期这一地块的实际生产力，Y_j表示同期同等级耕地做相同用途时的标准生产力。D值越大，该地块经营越粗放，当$D=1$时，即为显性抛荒；当D大于某阈值时（可根据各地实际情况确定），可认为抛荒现象发生[84]。

（2）以抛荒耕地面积比率测度的耕地抛荒度

耕地面积抛荒率（P），指某一地区一年中出现抛荒的耕地面积（A）占该地区总耕地面积（A_0）的百分比，公式表示为：

$$P=(A/A_0)\times100\%$$

该指标可以较好地反映一个地区出现抛荒现象的耕地面积占耕地总面积的比例，但由于一年中抛荒时间长短不一样，及各个地区的复种指数不一样，仅以耕地抛荒面积比率并不能真实反映一个地区的真实抛荒程度[53]。

（3）以抛荒农作物播种面积测度的抛荒度（D）

指某一地区抛荒的播种面积与该地区总农作物播种面积的比率，公式为：

$$D=S_i/(S_j\times MCI)$$

式中：D 为抛荒度，S_i 为某地区实际抛荒的播种面积，S_j 为该地区的耕地面积，MCI 为该地区在正常情况下的复种指数[53]。

（4）以投入程度测度的抛荒度

即以对耕地的实际投入与为获得正常产量而应该进行的投入相比较，来计算抛荒程度。设 R 为现有技术水平下为了获得正常产量必须进行的投入，包括劳动力和资金，L 为对耕地的实际投入，隐性抛荒 $d=1-\min(L,R)/R$。整个抛荒度为 TD，$D=t/T$，t 表示耕地闲置天数，T 表示可种植作物天数，它既考虑显性抛荒又考虑隐性抛荒。$TD=D+(1-D)\times d=1-h\times\min(L,R)/TR$，$h=T-t$，表示一年中农作物种植的总时间。考虑到一年种植 n 种作物时有：

$$TD=1-\sum_{i=1}^{n}\frac{h_i\min(L_i,R_i)}{TR_i}$$

式中：h_i 为第 i 种作物种植时间，L_i 为第 i 种作物的实际投入，R_i 为第 i 种作物应该的投入。它能够反映土地与其他生产要素的结合程度，特别是与劳动力的结合程度，而 TD 也反映了农民种粮的积极性[52]。

2.耕地抛荒面积（A_D）

直接用抛荒耕地面积来表示抛荒的严重程度。

抛荒面积是指某一地区总抛荒地块的面积大小。用公式表示为：

$$A_D=\sum_{i=1}^{n}A_i$$

式中：A_i 为该地区第 i 个抛荒地块的面积[84]。

3.耕地抛荒损益

用抛荒耕地所造成的损失来表示抛荒程度。

耕地抛荒损益表示由于耕地抛荒现象的发生而造成的损失或付出的代价，可以用实物量或货币量来衡量，以实物计算的抛荒损益称为实物损益（CG），以货币计算的抛荒损益称为货币损益（CM）[53]。

设某地块第 i 种用途等级为 j，抛荒度为 D_{ij}，面积为 A_{ijD} 的某地块，由抛荒造成的实物损益为：

$$CG_{ijD}=A_{ijD}\times D_{ij}\times Y_{ij}$$

式中：Y_{ij} 为第 i 种用途等级为 j 的耕地的正常生产力或标准生产力，CG_{ijD} 为由于抛荒而造成的农业减产量。

设第 i 种用途的产品市场价格为 P_i，则单一地块抛荒所造成的货币损益（CM_{ijD}）为：

$$CM_{ijD} = CG_{ijD} \times P_i$$

也有学者提出了其他描述耕地抛荒程度的指标，如谭术魁提出了用抛荒地块宗数、抛荒农户数/区域总农户数等来描述显性抛荒，用单位播种面积资金投入、青壮年劳力所占比例、农家肥在肥料施用总量中的比例、实际抗旱次数/应抗旱次数等来描述隐性抛荒[68]。

（二）基于复种指数的中国耕地抛荒测度

复种指数是指一定时期内（一般为 1 年）在同一地块耕地面积上种植农作物的平均次数，即年内耕地面积上种植农作物的平均次数。复种指数对农业生产具有重要意义，是耕作制度研究中衡量耕地资源集约化利用程度的基础性指标，也是国家宏观评价耕地资源利用基本状况的重要技术指标[42]，它反映了农业生产在时间尺度上利用农业生产资源的程度。复种指数大，说明复种次数多，对耕地利用程度高。反之，复种指数小，说明复种次数少，对耕地利用程度低[44]。

复种潜力指数是指一个地区在充分利用光、热、水资源等的前提下，其复种指数可能达到的最大值[44]，因此，可以采用实际复种指数与复种潜力指数的差值，在宏观层面上间接估算一个区域的耕地抛荒程度。如果一个区域的实际复种指数小于复种潜力指数，则说明就整体而言，该区域存在耕地抛荒，并且，差值越大，耕地抛荒的程度越高。

1. 计算方法

由上文可知，测算区域耕地抛荒的计算方法有许多种，基于数据的可获得性等方面的考虑，本文选用复种潜力指数来测算全国及各省份的耕地抛荒程度。具体计算方法是：

$$D = [1 - S_i/(S_j \times MCI)] \times 100$$

式中：D 为耕地抛荒度，S_i 为某地区某年份实际的农作物播种面积，S_j 为该地区某年份的耕地面积，MCI 为该地区的复种潜力指数。

本文对于复种潜力指数的选取，主要参考和借鉴梁书民对中国各地区复种发展潜力与复种行为的研究成果[60]。该成果在测算了中国历年实际复种指数的基础上，利用 GIS 的空间分析功能，计算了中国及其各省份的最大复种指数和复种发展潜力。该成果显示中国的复种潜力指数为 182.1%（见表 8-1），这与史俊通等以中国的省区为单元，计算出的全国复种指数潜力结果（181%）基本相当[67]。

2. 计算结果

根据上文的计算方法，得到 2013 年全国及各省份的耕地抛荒程度的估算结果（见表 8-1）。如果按复种潜力指数 182% 估算，2013 年全国的耕地抛荒程度约为 33%。

表 8-1 中国各省份的耕地复种潜力指数与耕地抛荒程度估算

省市区	复种潜力指数(%)	2013年复种指数	2013年耕地面积(公顷)	2013年农作物播种面积(千公顷)	耕地抛荒程度估算(%)
全 国	182	121.8	135164677.3	164626.9	33.12
北 京	191	109.6	221157.3	242.5	42.69
天 津	200	108.0	438309.8	473.5	45.98
河 北	174	133.6	6551195.7	8749.2	23.03
山 西	125	93.1	4061733.3	3782.4	25.44
内蒙古	125	78.4	9198778.4	7211.2	37.39
辽 宁	113	84.3	4989841.8	4208.8	25.29
吉 林	118	77.3	7006473.6	5413.1	34.47
黑龙江	109	76.9	15864105.4	12200.8	29.18
上 海	205	200.7	188012.8	377.3	1.96
江 苏	201	167.7	4581669.0	7683.6	16.61
浙 江	244	116.9	1978506.0	2311.9	52.07
安 徽	209	152.1	5883091.7	8945.6	27.11
福 建	279	171.2	1338763.8	2292.2	38.63
江 西	253	179.9	3087314.5	5552.6	29.02
山 东	192	143.8	7633542.5	10976.4	25.23
河 南	200	175.9	8140714.0	14323.5	11.85
湖 北	233	153.5	5281817.0	8106.2	34.16
湖 南	250	208.4	4149711.7	8650.0	16.62
广 东	300	179.2	2621829.7	4698.1	40.27
广 西	295	138.9	4419447.8	6137.2	52.94
海 南	300	116.7	726716.2	848.2	61.09
重 庆	231	143.1	2456311.0	3515.9	38.04
四 川	231	143.8	6735064.1	9682.2	37.77
贵 州	194	118.5	4548356.6	5390.1	38.79
云 南	222	114.9	6219808.0	7148.2	48.30
西 藏	103	56.3	441772.3	248.6	45.21
陕 西	148	106.9	3992026.3	4269.0	27.65
甘 肃	112	77.3	5378827.1	4155.9	30.89
青 海	106	94.5	588211.9	555.8	10.44
宁 夏	147	98.7	1281124.6	1264.7	32.71
新 疆	144	101.0	5160443.5	5212.3	29.71

数据来源:复种潜力指数参考梁书民(2007)[60];耕地面积数据来源于2013年全国土地利用现状变更调查汇总;农作物播种面积数据来源于《中国统计年鉴2013》。

(三)基于省级尺度的中国耕地抛荒驱动因素分析

1.驱动因素的选取与数据来源

单个事物的变化往往是多方面因素综合影响的结果。从前文分析可知,耕地抛荒受自然环境和社会经济等因素的影响,是诸多因素综合作用的结果。本文在分析影响中国耕地抛荒驱动因素的基础上,从自然环境、农户特征、投入产出以及区域社会经济等方面,构建中国耕地抛荒驱动因素体系(见表 8-2),在省级尺度上,定量分析中国耕地抛荒的驱动机理。

表 8-2　中国耕地抛荒的驱动因素

准则层	因素层	因子层	预期影响
中国耕地抛荒的驱动因素	自然环境因素	耕地有效灌溉保障度(x_1)	－
		旱涝受灾面积比例(x_2)	＋
		农村劳动力人均耕地面积(x_3)	－
		坡耕地比例(x_4)	＋
		土地开发增加耕地面积比重(x_5)	＋
		土地整理增加耕地面积比重(x_6)	－
	农户特征因素	农村劳动力文化程度(x_7)	＋
		农民工资性收入占人均收入比重(x_8)	＋
		农村居民个人生产设备投资比重(x_9)	－
		农村居民个人农业投资比重(x_{10})	＋
	投入产出因素	农业生产资料价格指数(x_{11})	＋
		单位农作物播种面积拥有农用机械总动力(x_{12})	－
		种植业产品生产价格指数(x_{13})	－
	区域社会经济因素	乡村人口比重(x_{14})	－
		粮食作物播种面积比重(x_{15})	－
		农林水事务占公共财政支出比重(x_{16})	－

表 8-2 中耕地有效灌溉保障度、旱涝受灾面积比例、农村居民个人生产设备投资比重、农业生产资料价格指数等数据主要来源于《中国农村统计年鉴》;粮食作物播种面积比重、乡村人口比重等数据主要来源于《中国统计年鉴》;土地开发增加耕地面积比重、土地整理增加耕地面积比重等数据主要来源于《中国国土资源统计年鉴》;农林水事务占公共财政支出比重等数据主要取自各省财政统计年鉴;耕地面积、坡耕地比例等数据来自全国土地利用现状调查统计汇总数据。

2.影响机理的定量分析

(1)模型设定

本文采用 Eviews8.0 对数据进行计量分析,模型设定为多元线性方程模型,具体表达式为:

$$y=a+b_1x_1+b_2x_2+b_3x_3+\cdots+b_nx_n+\mu(1\leqslant n\leqslant 22)$$

其中因变量 y 为"耕地抛荒率"，x_n 表示为上述各个自变量，μ 表示随机变量。考虑到模型中自变量数量较多、容易存在多重共线性以及序列自相关等问题，本文采用逐步回归法对数据进行处理，筛选出对因变量 y 影响较大的因素，并在此基础上分析影响我国耕地抛荒的动因。

(2)模型结果

在对 16 个自变量进行逐步回归拟合后，余下 8 个自变量较显著(见图 8-1)：耕地有效灌溉保障度 x_1；土地开发增加耕地面积比重 x_5；农村劳动力文化程度 x_7；农村居民个人生产设备投资比重 x_9；农村居民个人农业投资比重 x_{10}；单位农作物播种面积拥有农用机械总动力 x_{12}；粮食作物播种面积比重 x_{15}；农林水事务占公共财政支出比重 x_{16}。

Dependent Variable: Y
Method: Stepwise Regression
Date: 05/17/15   Time: 23:05
Sample: 1 30
Included observations: 30
No always included regressors
Number of search regressors: 16
Selection method: Stepwise forwards
Stopping criterion: p-value forwards/backwards = 0.15/0.15

Variable	Coefficient	Std. Error	t-Statistic	Prob.*
X16	0.626982	0.082712	7.580336	0.0000
X5	1.229887	0.169528	7.254769	0.0000
X7	0.550451	0.139596	3.943159	0.0007
X10	0.498773	0.134765	3.701072	0.0012
X1	-0.385664	0.121798	-3.166421	0.0045
X15	-0.329725	0.151035	-2.183097	0.0400
X9	-0.510158	0.163577	-3.118768	0.0050
X12	-0.281676	0.133849	-2.104423	0.0470

R-squared	0.753369	Mean dependent var		0.511038
Adjusted R-squared	0.674895	S.D. dependent var		0.223341
S.E. of regression	0.127345	Akaike info criterion		-1.060662
Sum squared resid	0.356766	Schwarz criterion		-0.687009
Log likelihood	23.90993	Hannan-Quinn criter.		-0.941127
Durbin-Watson stat	1.838239			

图 8-1　Eivews 逐步回归拟合结果

考虑到模型优化问题，对上述结果进行怀特检验，结果如图 8-2 所示。从结果可知方程的异方差性并不显著，且 D.W. 值趋近于 2，表明方程的序列自相关也并不显著，因此不需要对方程进行加权或迭代修正，防止结果有偏。

(3)结果分析

定量分析结果表明，x_1(耕地有效灌溉保障度)、x_9(农村居民个人生产设备投资比重)、x_{12}(单位农作物播种面积拥有的农用机械总动力)、x_{15}(粮食作物播种面积比重)与耕地抛荒率呈负相关；而 x_5(土地开发增加耕地面积比重)、x_7(农村劳动力文化程度)、x_{10}(农村居民个人农业投资比重)、x_{16}(农林水事务占公共财政支出比重)与耕地抛荒率呈正相关。

相关系数表示自变量变化 1% 对因变量产生的影响程度，例如 x_1 表示耕地有效灌溉保

```
Heteroskedasticity Test: White
```

F-statistic	0.750711	Prob. F(9,20)	0.6606
Obs*R-squared	7.575459	Prob. Chi-Square(9)	0.5774
Scaled explained SS	3.136831	Prob. Chi-Square(9)	0.9586

图 8-2　怀特检验结果

障度，其相关系数为 -0.39%，表明区域耕地有效灌溉保障度与该地区耕地抛荒比率之间呈负相关关系，即耕地有效灌溉保障度每提高 1%，预计将导致该区域耕地抛荒比率下降 0.39%，其余同理。

x_1（耕地有效灌溉保障度）与耕地抛荒呈负相关，实际中耕地灌溉设施越完备，有效灌溉保障度越高，耕地的质量一般也会更好，不仅会使土地的种植成本降低，产量保持在较高水平，而且也会增强抗灾能力，保证农业获得较高且稳定的收成，因此有效灌溉保障程度越高的地区其耕地抛荒率一般会更低。

x_5（土地开发增加耕地面积比重）与耕地抛荒程度呈正相关，近些年来，我国通过土地开发增加的耕地许多为边际土地，不仅土地质量较为低劣，水利、交通等配套设施不完善，而且其区位条件也不理想，往往远离人口聚居区，比如浙江义乌等地在低丘缓坡垦造出来的耕地。因此，一般而言，土地开发增加耕地面积比重高的地区，其耕地抛荒率也较高。

x_7（农村劳动力文化程度）与耕地抛荒率呈负相关关系，农村地区文化程度较高的居民通常远离农业产业，更加倾向于从事非农产业、获得非农收入，因此，农村劳动力文化程度越高的地区，其耕地抛荒率往往也越高。

x_9（农村居民个人生产设备投资比重）与耕地抛荒程度之间呈负相关关系，农村居民个人生产设备投资的对象主要是农业机械设备等固定资产，一般而言，农村居民个人投资于农业生产机械设备的比重越高，其土地经营规模越大，从土地耕种中获得的规模效益会越多，其耕地抛荒率也相应地会更低。

x_{10}（农村居民个人农业投资比重）与耕地抛荒程度之间呈正相关关系，农村居民个人农业投资的对象主要是化肥、农药、种子等农业生产资料，一般而言，农村居民个人投资于农业生产资料的比重越高，说明其农业生产的投入成本越高，在农产品价格基本稳定的前提下，其从农业生产中获得的利润会相应减少，从而引发更高的耕地抛荒率。

x_{12}（单位农作物播种面积拥有的农用机械总动力）与耕地抛荒之间呈负相关关系，单位农作物播种面积拥有的农用机械总动力越大，一般而言其土地经营规模也会越大，农户从农业生产中获得规模效益的机会也越多，从而有助于降低其耕地抛荒率。

x_{15}（粮食作物播种面积比重）与耕地抛荒之间呈正相关关系，粮食作物一般为大田作物，粮食作物播种面积比重高的地区，其土地集中连片度更高，农业机械化程度也更高，土地规模经营的比重也更高，并且国家发放的"粮补"等各种补贴也会更多，这样，农户获得的收益也更高，从而有利于降低其耕地抛荒率。

x_{16}（农林水事务占公共财政支出比重）与耕地抛荒之间呈正相关关系，一般而言，农林水事务占公共财政支出比重高，会更好地改善区域农业生产条件，从而使耕地抛荒率降低。但是，我国的实际情况是农村生产支出、农业科技三项费用及农村救济费这三项资金，在国家财政支农的比重上都呈现出下降的趋势，与此同时，农村行政事业单位运转费用比重在不断地提高。据国务院发展研究中心的调查表明,我国政府农业财政支出中有相当大的比重是用于政府农业行政事业的运转费用。因此,农林水事务占公共财政支出比重与耕地抛荒之间表现出正相关关系。

五、研究结论

(1)农地抛荒现象在西欧、东欧、前苏联加盟国、地中海沿岸、非洲、拉丁美洲以及亚洲等国家和地区普遍存在,表面上看,它表现为一种十分活跃的土地变化过程,实际上,它也是一个在全球、区域和地方尺度等不同尺度都产生重要生态环境影响的社会经济问题。

(2)农地抛荒是一个受社会经济、自然环境等方面的因素综合影响的、复杂的、多维的过程,世界各地导致农地抛荒的具体原因各异,但是,归纳起来,农地抛荒的驱动因素可分为自然环境、社会经济和其他人为因素等类型。

(3)中国自20世纪90年代以来,无论是在经济发达的东部沿海地区,还是经济欠发达的中西部地区,都出现了严重的农地抛荒现象,且不断蔓延。如果按复种潜力指数182%估算,2013年中国的耕地抛荒程度约为33%。

(4)影响中国耕地抛荒的因素复杂多样,省级尺度的分析表明,耕地有效灌溉保障度、农村居民个人生产设备投资比重、单位农作物播种面积拥有的农用机械总动力、粮食作物播种面积比重等因素与耕地抛荒率呈负相关;而土地开发增加耕地面积比重、农村劳动力文化程度、农村居民个人农业投资比重、农林水事务占公共财政支出比重等因素与耕地抛荒率呈正相关。

参考文献

[1] Bakker M M, Hatna E, Kuhlman T, et al. Changing environmental characteristics of European cropland[J]. Agricultural Systems, 2011, 104(7):522-532.

[2] Baumann M, Kuemmerle T, Elbakidze M, et al. Patterns and drivers of post-socialist farmland abandonment in Western Ukraine [J]. Land Use Policy, 2011, 28(3):552-562.

[3] Benayas J M R, Martins A, Nicolau J M, et al. Abandonment of agricultural land: an overview of drivers and consequences [J]. CAB Rev Perspect Agric Vet Sci Nutr Nat Resour, 2007, 2:1-14.

[4] Carmenta R, Vermeylen S, Parry L, et al. Shifting cultivation and fire policy: insights from the Brazilian Amazon[J]. Human Ecology, 2013, 41(4):603-614.

[5] Corbelle-Rico E, Crecente-Maseda R, Santé-Riveira I. Multi-scale assessment and spatial modelling of agricultural land abandonment in a European peripheral region: Galicia (Spain), 1956—2004[J]. Land Use Policy, 2012, 29(3):493-501.

[6] Cramer V A, Hobbs R J, Standish R J. What's new about old fields? Land abandonment and ecosystem assembly [J]. Trends in Ecology & Evolution, 2008, 23(2):104-112.

[7] Norse D, Tschirley J. Agriculture and the environment: changing pressures, solutions and trade-offs [M]. In: Bruinsma J. (ed.) World Agriculture: Towards 2015/2030. An FAO Perspective.

Earthscan Publications and Food and Agriculture Organization of the United Nations，London，2003：331-356.

[8] FAO. The role of agriculture and rural development in revitalizing abandoned/depopulated areas [C]. In The 34th Session of the European Commission on Agriculture. Edited by Barjolle D，Bravo H，Riga. Food and Agriculture Organization of the United Nations，2006：1-24.

[9] Gellrich M，Baur P，Zimmermann N E. Natural forest regrowth as a proxy variable for agricultural land abandonment in the Swiss mountains：a spatial statistical model based on geophysical and socio-economic variables [J]. Environmental Modeling & Assessment，2007，12(4)：269-278.

[10] Gellrich M，Zimmermann N E. Investigating the regional-scale pattern of agricultural land abandonment in the Swiss mountains：a spatial statistical modelling approach [J]. Landscape and Urban Planning，2007，79(1)：65-76.

[11] Grinfelde I，Mathijs E. Agricultural land abandonment in Latvia：an econo-metric analysis of farmers' choice [C]. In：Agricultural Economics Society Annual Conference，Imperial College，South Kensington，London，UK，2004：1-24.

[12] Grogan K，Birch-Thomsen T，Lyimo J. Transition of shifting cultivation and its impact on people's livelihoods in the Miombo Woodlands of Northern Zambia and South-Western Tanzania [J]. Human Ecology，2013，41：77-92.

[13] Helming K，Pérez-Soba M. Sustainability impact assessment of land use changes [M]. Berlin：Springer，2008.

[14] Ioffe G，Nefedova T，Kirsten，D B. Land abandonment in Russia [J]. Eurasian Geography and Economics，2012，53(4)：527-549.

[15] Keenleyside C，Tucker G M. Farmland abandonment in the EU：An assessment of trends and prospects [R]. Report prepared for WWF. Institute for European Environmental Policy，London，2010.

[16] Kristensen L S，Thenail C，Kristensen S P. Landscape changes in agrar-ian landscapes in the 1990：the interaction between farmers and the farmed landscape. A case study from Jutland，Denmark [J]. Journal of Environmental Man-agement，2004，71：231-244.

[17] Kuemmerle T，Hostert P，Radeloff V C，et al. Cross-border comparison of post-socialist farmland abandonment in the Carpathians [J]. Ecosystems，2008，11(4)：614-628.

[18] Lambin E F，Meyfroidt P. Global land use change，economic globalization，and the looming land scarcity [J]. Proc Natl Acad Sci USA，2011，108：3465-3472.

[19] Lesschen J P，Cammeraat L H，Kooijman A M，et al. Development of spatial heterogeneity in vegetation and soil properties after land abandonment in a semi-arid ecosystem [J]. Journal of Arid Environments，2008，72(11)：2082-2092.

[20] MacDonald D，Crabtree J，Wiesinger G，et al. Agricultural abandonment in mountain areas of Europe：environmental consequences and policy response [J]. Journal of Environmental Management，2000，59(1)：47-69.

[21] Mathijs E，Swinnen J F M. The economics of agricultural decollectivization in East Central Europe and the former Soviet Union [J]. Economic development and cultural change，1998，47(1)：1-26.

[22] Gabarrón-Galeote M A，Trigalet S，van Wesemael B. Soil organic carbon evolution after land abandonment along a precipitation gradient in southern Spain [J]. Agriculture，Ecosystems & Environment，2015，199：114-123.

[23] Milenov P，Vassilev V，Vassileva A，et al. Monitoring of the risk of farmland abandonment as an

efficient tool to assess the environmental and socio-economic impact of the Common Agriculture Policy [J]. International Journal of Applied Earth Observation and Geoinformation, 2014, 32:218-227.

[24] Moravec J, Zemeckis R. Cross compliance and land abandonment [J]. A research paper of the Cross-Compliance Network (Contract of the European Community's Sixth Framework Programme, SSPE-CT-2005-022727), Deliverable D17 of the Cross-Compliance Network, 2007.

[25] Müller D, Leitão P J, Sikor T. Comparing the determinants of cropland abandonment in Albania and Romania using boosted regression trees [J]. Agricultural Systems, 2013, 117:66-77.

[26] Nunes A N, Coelho C O A, De Almeida A C, et al. Soil erosion and hydrological response to land abandonment in a central inland area of Portugal[J]. Land Degradation & Development, 2010, 21 (3):260-273.

[27] Onate J J, Peco B. Policy impact on desertification: stakeholders' perceptions in southeast Spain [J]. Land Use Policy, 2005, 22(2):103-114.

[28] Pointereau P. Analysis of farmland abandonment and the extent and location of agricultural areas that are actually abandoned or are in risk to be abandoned [M]. EUR-OP, 2008.

[29] Prishchepov A V, Müller D, Dubinin M, et al. Determinants of agricultural land abandonment in post-Soviet European Russia [J]. Land Use Policy, 2013, 30(1):873-884.

[30] Renwick A, Jansson T, Verburg P H, et al. Policy reform and agricultural land abandonment in the EU [J]. Land Use Policy, 2013, 30(1):446-457.

[31] Benayas J M R, Martins A, Nicolau J M, et al. Abandonment of agricultural land: an overview of drivers and consequences [J]. CAB Rev Perspect Agric Vet Sci Nutr Nat Resour, 2007, 2:1-14.

[32] Riedener E, Rusterholz H P, Baur B. Land-use abandonment owing to irrigation cessation affects the biodiversity of hay meadows in an arid mountain region [J]. Agriculture, Ecosystems & Environment, 2014, 185:144-152.

[33] Romero-Calcerrada R, Perry G L W. The role of land abandonment in landscape dynamics in the SPA 'Encinares del rio Alberche y Cofio, Central Spain, 1984—1999[J]. Landscape and Urban Planning, 2004, 66(4):217-232.

[34] Rudel T K. Tree farms: driving forces and regional patterns in the global expansion of forest plantations [J]. Land Use Policy, 2009, 26(3):545-550.

[35] Strijker D. Marginal lands in Europe—causes of decline [J]. Basic and Applied Ecology, 2005, 6(2): 99-106.

[36] Van Doorn A M, Bakker M M. The destination of arable land in a marginal agricultural landscape in South Portugal: an exploration of land use change determinants [J]. Landscape Ecology, 2007, 22 (7):1073-1087.

[37] Van Eetvelde V, Antrop M. Analyzing structural and functional changes of traditional landscapes—two examples from Southern France [J]. Landscape and Urban Planning, 2004, 67(1):79-95.

[38] Verburg P H, Eickhout B, van Meijl H. A multi-scale, multi-model approach for analyzing the future dynamics of European land use [J]. The Annals of Regional Science, 2008, 42(1):57-77.

[39] Verburg P H, Overmars K P. Combining top-down and bottom-up dynamics in land use modeling: exploring the future of abandoned farmlands in Europe with the Dyna-CLUE model [J]. Landscape Ecology, 2009, 24(9):1167-1181.

[40] Yadav P K, Sarma K, Mishra A K. Geospatial modeling to assess geomorphological risk for relentless shifting cultivation in Garo Hills Of Meghalaya, North East India[J]. International Journal of Environment, 2013, 2(1):91-104.

[41] Yeloff D，Van Geel B. Abandonment of farmland and vegetation succession following the Eurasian plague pandemic of ad 1347-52[J]. Journal of Biogeography，2007，34(4)：575-582.

[42] 卞新民，冯金侠. 多元多熟种植制度复种指数计算方法探讨[J]. 南京农业大学学报，1999(1)：14-18.

[43] 曹志宏，郝晋珉，梁流涛. 农户耕地撂荒行为经济分析与策略研究[J]. 农业技术经济，2008(3)：43-46.

[44] 范锦龙，吴炳方. 基于GIS的复种指数潜力研究[J]. 遥感学报，2004(6)：637-644.

[45] 范远江，郎永建. 改善库区农户抛荒耕地行为对策研究——以重庆万州区为例[J]. 生产力研究，2010，25：162-164.

[46] 冯海发. 对十八届三中全会《决定》有关农村改革几个重大问题的理解[J]. 农业经济问题，2013(11)：4-13.

[47] 封志明. 中国未来人口发展的粮食安全与耕地保障[J]. 人口研究，2007(2)：15-29.

[48] 郭建，计正山，赵鼎强. 安徽农村抛荒现象透视[J]. 调研世界，2000(8)：37-39.

[49] 韩晓宇，王芳. 西部地区农户农地流转行为影响因素分析——基于新疆三地的调查[J]. 兰州大学学报(社会科学版)，2013(3)：116-124.

[50] 贺金钟，贺春荣，王宗尧. 农村耕地抛荒问题现状及成因分析[J]. 现代农业科技，2012(23)：350-351.

[51] 黄建强，李录堂. 山区耕地抛荒困境及其原因解读与对策——以湖南省会同县为例[J]. 电子科技大学学报(社科版)，2009a(4)：11-14.

[52] 黄建强，李录堂. 从农村劳动力视角探析耕地抛荒行为——基于会同县农村的实证研究[J]. 北京理工大学学报(社会科学版)，2009b(6)：42-47.

[53] 黄利民，张安录，刘成武. 耕地撂荒及其定量分析[J]. 咸宁学院学报，2008(3)：113-116.

[54] 黄祖辉，王朋. 农村土地流转：现状、问题及对策——兼论土地流转对现代农业发展的影响[J]. 浙江大学学报(人文社会科学版)，2008(2)：38-47.

[55] 姜广辉，张凤荣，陈军伟等. 基于Logistic回归模型的北京山区农村居民点变化的驱动力分析[J]. 农业工程学报，2007(5)：81-87.

[56] 李冬梅，廖和平，唐娜等. 基于粮食安全角度的三峡库区耕地保护研究——以重庆市巫山县为例[J]. 中国农学通报，2011(6)：286-289.

[57] 李孔俊. 土地抛荒的经济学视角[J]. 广西教育学院学报，2002(5)：82-84.

[58] 李雪平，唐辉明，陈实. 基于GIS的Logistic回归在区域滑坡空间预测中的应用[J]. 公路交通科技，2005，22(6)：152-155.

[59] 李中豪. 农地抛荒的生成机理与我国农地制度的创新路径[J]. 农村经济，2013(6)：33-36.

[60] 梁书民. 我国各地区复种发展潜力与复种行为研究[J]. 农业经济问题，2007(5)：85-90.

[61] 刘洪彬，王秋兵，边振兴等. 农户土地利用行为特征及影响因素研究——基于沈阳市苏家屯区238户农户的调查研究[J]. 中国人口·资源与环境，2012(10)：111-117.

[62] 刘键，陈雩桢，肖红林等. 农村耕地抛荒问题剖析[J]. 农村经济，2002(2)：19-21.

[63] 刘润秋，宋艳艳. 农地抛荒的深层次原因探析[J]. 农村经济，2006(1)：31-34.

[64] 刘彦随，王介勇，郭丽英. 中国粮食生产与耕地变化的时空动态[J]. 中国农业科学，2009，42(12)：4269-4274.

[65] 钱万强，钱小勇，刘燕美. 促进农业基础研究保障我国粮食安全——973计划对我国粮食安全的贡献及其发展建议[J]. 中国软科学，2010(3)：9-14.

[66] 桑广书，欧玉婷，陈烨. 浙江非农经济发达地区耕地撂荒问题分析——以余姚市低塘街道为例[J]. 安徽农业科学，2007(5)：1459-1461.

[67] 史俊通，刘孟君，李军. 论复种与我国粮食生产的可持续发展[J]. 干旱地区农业研究，1998(1)：54-60.

[68] 谭术魁. 耕地撂荒程度描述、可持续性评判指标体系及其模式[J]. 中国土地科学,2003(6):3-8.

[69] 田千禧,徐植兰. 农地弃耕抛荒的生态经济学分析及其对策[J]. 农业现代化研究,2004(2):127-130.

[70] 田玉军,李秀彬,马国霞等. 劳动力析出对生态脆弱区耕地撂荒的影响[J]. 中国土地科学,2010,24 (7):4-9.

[71] 王学斌. 农村土地抛荒现象与中国的粮食安全问题[J]. 世界经济情况,2007(3):53-60.

[72] 文华成. 四川丘区农村耕地撂荒问题研究[J]. 农村经济,2003(10):18-20.

[73] 吴新慧,孙秋云. 社会学视野下的近年农村土地抛荒问题浅析[J]. 湖北民族学院学报(哲学社会科学版),2004(1):51-54.

[74] 夏卫生,林佳庆,唐雨蒙. 基本农田抛荒形式的界定研究[J]. 湖南师范大学自然科学学报,2013(4):93-95.

[75] 向青,尹润生. 美国环保休耕计划的做法与经验[J]. 林业经济,2006(1):73-78.

[76] 肖顺连,彭楚潇,沈冰心,等. 耕地抛荒状况一瞥——对湖南永州市四镇十二村的调查[J]. 中国土地,2009(7):48-49.

[77] 熊祥强,沈燕,廖和平. 农村土地抛荒问题的调查与分析——以重庆市忠县三汇镇为例[J]. 安徽农业科学,2006(11):2536-2538.

[78] 徐建玲. 收入差距、劳动力流动与粮食生产[J]. 人口与发展,2013,19(3):21-28.

[79] 徐勋元,王丽娟. 瑞昌市农村耕地抛荒成因及对策[J]. 江西农业学报,2008(11):171-173.

[80] 许恒周,郭忠兴. 农村土地流转影响因素的理论与实证研究——基于农民阶层分化与产权偏好的视角[J]. 中国人口·资源与环境,2011(3):94-98.

[81] 许丽英,彭跃辉,敬志红. 农村耕地抛荒现象原因探析[J]. 湖南农业大学学报(社会科学版),2002 (2):27-30.

[82] 杨涛,王雅鹏. 农村耕地抛荒与土地流转问题的理论探析[J]. 调研世界,2003(2):15-19.

[83] 尹侠,胡立平,袁仕海. 农村耕地抛荒:新农村建设亟须解决的问题[J]. 武汉金融,2006(9):60-62.

[84] 张斌,翟有龙,徐邓耀等. 耕地抛荒的评价指标及应用研究初探[J]. 中国农业资源与区划,2003(5):53-56.

[85] 张志国. 改革开放以来河南省耕地面积波动分析[J]. 中国农学通报,2011(14):257-261.

[86] 邾鼎玖,许大文. 农村土地抛荒问题的调查与分析[J]. 农业经济问题,2000(12):10-13.

[87] 张更生,毛夏,王礼嫱,等. 中国生态破坏分区等级研究与制图[J]. 生态与农村环境学报,1992(8):20-25.

低效用地再开发政策评价：方法与应用

谭　荣

摘　要：低效用地再开发是对土地利用的重新配置和组合。如何组织实施低效用地再开发，已经引起了广泛关注。本文辨析了中国目前面临的低效用地再开发的问题本质，给出了低效用地再开发政策评价的一种理论思路与方法。通过建立一个基于交易费用经济学的分析框架，本文首先解释了为什么不同的再开发模式会出现，然后讨论了新兴的自组织模式对传统政府主导模式的启示。研究发现，自然、社会、利益主体和制度环境等因素的变化都会造成再开发本身特征属性的变化，进而促使能够节省交易费用的治理结构的产生。这为实践中低效用地再开发政策设计和创新提供了参考。

关键词：低效用地；交易费用；层级制；市场制；自组织

Institutional Assessment on Inefficient Land Reuse：Methodology and Application

TAN Rong

Abstract：Reusing inefficient land is essentially a process of reallocating land resource. How to organize such process has been attractive to many scholars and policy makers. This paper explains the core issues of inefficient land reuse in current China，and discussed a theoretical method for assessing the governance structure of reusing the inefficient land uses. An analytical framework based on the Transaction Cost Economics has been developed，and further applied to compare two different governance structures at local China. The results show that factors such as natural and social embeddedness，characteristics of actors，and relevant formal institutions may change the attributes of the land reuse，and therefore result in discrete choice of different governance structures regarding transaction-cost-economizing criterion. The policy recommendations are proposed based on these findings.

Key words：inefficient land use；transaction cost；hierarchies；markets；self-organization

一、问题的提出

经济社会的发展必然会产生改变土地利用现状的诉求，这种诉求的背后意味着土地利用的"低效"——至少这种"低效"的论断从经济社会发展的当期需求来看是可以接受的。土地的再开发作为解决低效问题的必然途径，在世界范围内都出现了很多引人注目的制度设计和模式创新。比如，英国和美国的低效土地再开发已经成为一种城市发展资金筹集的新方式[3,4],日本的市地重划[11,12]、德国的整理置换[2,13]、荷兰的公私合作的经验[5,6]等也为城乡发展提供了必要的成本分担和利益共享机制。

低效用地再开发隶属于自然资源配置调整的范畴。它不仅仅涉及土地资源利用效率的提高,其背后的制度效率问题也同样重要。人类是通过设计规则来约束自己行为才实现诸如低效用地再开发过程中的资源利用本身以及解决不同利益冲突。人类自我约束的规则又分为两种:一种是正式制度,即一个社会正式的"游戏规则"[7];另一种是行为人在"游戏规则"下行为的具体组织方式——即所谓的治理结构[14,15]。

对于低效土地再开发这样目的的资源利用,不同国家、不同地区并没有采用统一的行为规则。不仅仅是产权或者分配制度不同,即使给定统一的正式制度也出现了政府垄断、公私合作、私人治理等治理结构上的差异。而这些差异一直是理论和实践领域关注的重点。比如,政府是否应该从自然资源管理中脱身而只承担"守夜人"的角色?

在中国,因为土地产权的公有性质,土地利用和管理一直是政府主导的。但是,当政府面临着必须提供足够的公共基础设施而自己的财力又捉襟见肘时,或者政府早期的规划面临新的发展目标而需要调整但又遭到既得利益者的反对时,如何找出一种合适的治理结构以实现土地的再开发逐渐引起了理论与实践的关注。

就中国的"低效"用地再开发而言,既有政府主导的管理模式(比如政府的收购储备模式),也有一些地方经过自发的探索形成的以市场或者社区自组织为主的模式(比如近年来成都等地方出现的村民组建集体资产公司从事土地开发的模式)。这些实践中不同的再开发模式引起了我们的思考:为什么类似的低效用地再开发,会出现多样性的政策设计?这种多样性设计的规律是什么?是否存在"最佳"的低效用地再开发政策设计?

回答这些问题实际上意味着要对实践中不同的低效用地再开发政策进行比较和评价。因此,本文的主要目的就是通过对一些典型的低效用地再开发的案例及其治理结构进行描述和比较,从而给出前面问题的初步答案,也试图为现阶段的低效用地再开发政策提供一些参考。

二、低效用地再开发问题的本质

低效用地再开发是为了适应经济社会发展的要求而进行的土地用途上的调整。外部条件变化了,资源配置进行相应调整理所当然。似乎这是一个再清晰不过的命题。然而,现实中的低效用地再开发,从来不是理论上将土地资源重新配置以追求资源配置效率的简单的过程。虽然现实的目标可能仍然是效率导向,但效率的内涵明显发生了变化。效率不仅仅是土地资源配置效率,还要考虑土地资源重新配置所付出的额外的代价,比如利益主体的"讨价还价"、"钉子户"或"搭便车"。而这些代价在传统的资源配置效率理论中被忽略。虽然低效用地再开发很可能是"皆大欢喜"的目标,但并不一定得到"皆大欢喜"的结果,人和人之间的利益冲突往往制约着现实中低效用地再开发的实现。

(一)需要把握一种"社会规律"

因此,我们需要重新审视建设用地再开发这个资源利用的过程。从物理层面上看,它意味着土地资源在使用的用途和利用的强度上的变化。这是"不以人的意志而转移"、"放

167

之四海皆准"的土地物理状态和质地上的变化。但是，当把低效用地再开发放到不同的经济社会背景下，其引起的社会变化以及反过来造成的土地再开发在财富积累、收益分配和外部效应上的变化则千差万别。这意味着在社会层面上，低效用地再开发的内涵和结果更为复杂——它不再仅仅遵循物理规律的引导，还受到人类社会不同要素的影响而必须遵循着某种"社会规律"。

这种"社会规律"实际上就是土地再开发初始状态下不同的经济社会背景、法律规章等制度上的约束、相应行为人的偏好和特征，以及土地本身的自然特征等，这些因素的相互作用形成的一种"社会规律"决定着不同国家和地区低效用地再开发的结果。如果不能把握这种"社会规律"的引致作用，就无法理解土地再开发的过程和预测再开发的结果，进而无法对特定条件下土地再开发进行"合理"的管理。然而，对这种"社会规律"进行理解和把握是个不小的难题。

(二)再开发的本质：财富增长和分配

低效用地也意味着已经存在着相应的利益主体正在利用着这些土地。再开发不再是将"荒芜的"或者"未曾利用的"土地资源进行配置以实现土地收益和人类财富的增长，而是对已经利用的土地进行再配置的过程。该过程势必影响到现有的利益主体及其相邻或相关主体的利益，进而造成(潜在)的冲突。

因此在现实中，低效用地再开发的核心除了是能够满足配置效率提升以实现财富增长之外，还必须包括如何分配这些增长的财富。只有同时满足这两个条件，再开发才有可能顺利实施。然而因为土地再开发本身的特征，比如区位异质性和土地利用的溢出效应等，使得相关利益主体并不总是按照"集体利益最大化"的原则进行决策。

比如，通过再开发改变低效用地局面对改善整个区域的土地市场价值有着正面作用，同时也会引致周边土地资产的升值——周边未参与再开发或没有为再开发投资的相关利益主体也能够不费成本地从再开发过程中获益。因为技术或制度上的成本过高，再开发的实施者基本无法避免其他利益相关者无偿分享再开发的增值收益。如果个别主体不愿意参与再开发，同时其所拥有的土地也影响再开发的实施，这种"钉子户"的问题也影响再开发的结果。

即使在主动承担再开发成本的利益主体之间，也会出现前期成本分担和后期收益分配上的"讨价还价"。公平合理的分担和分配规则是一种普世价值，然而现实中可能因为初始资源禀赋、社会地位的异同、法律法规的限制等因素的影响而出现非公平合理的局面，这些也决定着理论上的财富增长能否得以实现。

可以看出，低效用地再开发从本质上看是一个集体行动的问题，在实践过程中常常遭遇困境。简而言之，只要存在潜在"搭便车"的可能，大多数人都不愿意积极主动地承担自己应支付的成本，最终导致低效用地的价值增值这种公共物品供给不足甚至是零供给。同时，由于诸多分散的土地产权人之间拒不合作或互设障碍产生了大量交易成本，再开发所实现的增值收益这种公共物品容易面临供给上的不足。无论是哪种情况下的困境，低效用地再开发的"人为规则"决定着结果和绩效。因此，我们可以从人为规则(即不同类型和不同级别的制度)的角度出发来寻找解决再开发难题的答案。

三、低效用地再开发问题的出路:制度选择

在"社会规律"中,能够被人类主动利用来改变资源利用结果的核心途径就是所谓的制度。然而,无论是土地的产权还是收益分配,现实中土地再开发并没有统一的管理制度,甚至即使在一个国家范围之内,也同时存在不同的再开发模式。

根据福利经济学第一原理,在一定的前提下市场能够有效地实现资源的配置效率。原理的前提包括产权的清晰界定、生产和消费者面临完美的竞争条件、交易费用为零,以及没有外部性。该原理为市场的有效性提供了理论支撑——只要看不见的手能够有效运转,"帕累托最优"就能够实现。

当然,福利经济学第一原理所需要的前提假设在现实中几乎不存在,土地的再开发也不例外。任何一块土地都具有区位上的特殊性和固定性,土地的价值很大程度上也依赖于地块本身以及周边地块的用途和特征。相邻地块上的权利主体的行为往往影响着某个地块的市场价值,然而市场本身并不会对这种影响进行奖励或惩罚,即土地的市场体现着显著的外部性。

同时,土地本身的位置固定性也引起了市场的另一个失灵:市场议价能力的不平等。土地再开发往往需要若干地块的整合,这自然地引致利益主体的市场议价能力的不平等。交易过程面临着卖方"钉子户(hold-out problem)"现象和买方的"锁定效应(lock-in effect)",进一步导致买卖双方市场议价能力的变化。更严重的问题是,当再开发主体认为谈判的过程难度较大,往往会"望而却步",降低投资规模甚至退出这个市场,这最终造成再开发作为公共物品在供应上的低效率。

在这种情况下,市场就不再是低效用地再开发最优的管理方式。理论上的解决办法就是通过法定的强制力来征收相应主体的土地以满足公共利益的需要。当然,强制征收的前提是给予相关主体利益上的补偿(比如以市场价值为参照的补偿)。但是,因为市场本身不存在(或者失灵),现实中的征收补偿往往由决策者、专家或法院裁决。这种人为确定的补偿往往存在问题,并不能很好地体现土地的市场价值,更难以体现土地所有者自身的权利。

所以,虽然这种强制征收的权利能够有效解决"钉子户"和"锁定效应"这些问题带来的成本,但在确定补偿标准上的争议以及在界定是否可以行使强制征收上又面临额外的成本。更严重的是,如果利益主体不具有公平的政治或法律权利,有可能面临利益被迫受损的境地。而这反过来又有可能刺激公权力的实施者在征收土地上的动机,导致过度征收,进而降低土地再开发的配置效率。

在利益分配上,强制性的公权力实施也有着与市场机制不同的绩效。在市场机制中,土地再开发后的增值收益一般是通过供需双方在市场交易过程中的谈判确定分配的比例,不过这个过程无法实现对未参与再开发的相邻地块的权利主体"搭便车"的收益的再分配。而政府的公权力在对参与再开发主体间的利益分配上可能面临低效或有偏决策的情况,但在对相邻地块权利主体的"搭便车"的行为却可能有着更为有效的管理,比如通过税收的方式进行增值收益的再分配和管理。

很显然,市场和政府两种"常规"的手段在建设用地再开发上有着各自的优势和劣势,并不存在绝对优势的管理方式。这导致了现实中第三种管理方式的出现,即基于产权自发

调整的低效用地再开发模式(也就是常说的自组织模式,self-organization)。

为了避免市场中"钉子户"等问题,同时也避免外部强权干预的诸多劣势,现实中出现了利益主体通过自发组织的方式解决低效用地再开发的难题。产权主体将各自的土地自愿(无偿)转让一个新成立的代表集体的机构,由这个新机构开展再开发项目。这种基于自愿原则的将个人产权委托给集体机构的方式,既解决了市场机制可能的钉子户问题,又降低了外部主体购买整个项目区域土地的前期投入,还解决了政府强制面临的信息不对称和导致部分权益人无法保障自己权益的困境。自组织下的产权交换,保证了单个主体的利益不受损(实际上利益一定会增加),同时后期的收益分配又是参照项目初期相关利益主体贡献土地的比例,这也意味着自组织模式下利益主体能够很好地分享再开发的收益。

当然,我们也不能忽视自组织本身的成本或劣势。首先,自组织的集体行动存在明显的协商成本。协商成本的大小取决于这些权利主体是如何组织的,如何相互沟通以及他们之间的利益目标是否一致。其次,相关的因素,比如集体规模的大小、相互信赖的程度、声誉和互惠的意愿等都影响着自组织的协商成本。合作的历史、次数等也影响着合作的意愿和效果。另外,在收益或成本的分配上,自组织的协商成本一般也是由利益主体自己承担,而在市场或政府手段下,这些成本是由市场个体(比如开发商)或者政府承担。同时,在增值收益分配上,未参与再开发的利益主体的"搭便车"行为在自组织模式下一般也无法得到有效的应对。

综上所述,低效用地再开发的管理方式,理论上存在市场、政府和自组织三种典型的理论模式,在现实中我们也可以观察到相应模式的具体表征和内容。面对着三种手段存在各自的优势和劣势,自然而然我们想到的问题就是现实中该如何选择这些模式?

四、制度选择的权衡:过程效率的视角

三种管理模式不存在绝对的优势和劣势,意味着模式的选择是不同目标的权衡。权衡的标准可以包含很多,比如资源配置效率、收益分配偏好等。本文在对三种管理方式进行权衡评价时,主要采用了一种过程效率的权衡思路,即给定具体的再开发项目,评价再开发在实施和管理过程中的交易费用在何种模式下的交易费用最小。最小的交易费用,意味着过程中的额外损失(即经济学上的租值耗散)被尽可能地降低了。

从交易费用经济学的视角看,治理结构的选择是一种匹配的结果。把具有特定特征的"交易"和具有不同绩效的治理结构进行匹配,以达到节约交易费用的目的。对低效用地再开发而言,理论上以下因素将影响再开发过程的交易费用,进而影响到治理结构的选择。

第一,低效用地再开发本身的特征,包括再开发投资的专用性、潜在的风险或不确定性、再开发的频率和规模等。这些特征都与再开发过程中的交易费用有关系。以投资专用性为例,若专用性程度较高,投资者势必需要耗费额外的成本来保障投资的安全以及再开发目标的实现。此时,采用具有层级制特征的治理结构(比如政府主导模式)来避免再开发过程中的各类机会主义行为,从而起到降低交易费用的目的。

第二,利益主体的特征对再开发过程的交易费用也有影响。比如,个体的资金实力、个人能力以及品格等;政府的执行力、公务人员的廉洁和正直程度,以及不同级别公务人员的目标是否保持一致等;低效用地所在社区或者集体的成员数量、目标和利益的可协调性、合

作的意愿、协商机制是否存在等,这些都可能影响低效用地再开发的实际效果。

第三,低效用地再开发的外部环境,包括再开发地块所涉及的自然、经济、社会、文化等。这些要素会影响到再开发过程中的交易费用、潜在风险以及再开发主体的具体行动,进而影响治理结构的选择。譬如,一个对以集权方式管理有依赖的地区可能会倾向于选择层级制的治理结构。而一个成员间相互信任程度高的社群可能更倾向于选择自组织来管理低效用地再开发。

这种过程效率的视角,给出了理论上分析低效用地再开发的一个系统的分析框架。对应到现实中,因治理结构的表现形式具有多样性,系统的分析框架只是提供了一种分析思路,为了验证理论逻辑的可靠性以及指导实践,需要根据具体的案例来分析。这也是为什么本文的以下部分将尝试用具体的案例比较来阐释低效用地再开发管理模式的选择逻辑。

五、低效用地再开发的三种组织方式

如果城市化和经济增长不能再依赖新增建设用地投入模式,那么低效用地再开发以提高现有建设用地的使用效率则是必然的选择。目前城市建设用地单位面积的收益远远高于农村的建设用地单位面积收益,同时,农村建设用地的利用率也低于城市,比如,农村人均用地达214平方米,远超150平方米国家标准的上限,而同期的城镇人均用地仅为133平方米。所以,如果能将低效使用的农村建设用地"转移"到城市使用,不仅能够满足城市化和经济增长的需要,同时也能够避免耕地总量的降低。

在符合土地利用总体规划的前提下通过农村拆旧和城市建新实现低效用地再开发和空间上的"腾挪"——既增加了一定面积土地用于城镇建设用地,又保证农村耕地面积的增加,实现了节约集约利用建设用地、城乡用地布局更合理的目标。这本身就是一种低效用地再开发的模式。

理论上的市场制或者层级制在现实中会随着治理对象的变化而出现具体组织过程上的多样化。因此,为了讨论存量用地再开发的治理模式,我们不妨以上述城乡之间的低效用地再开发为例,即将农村低效建设用地复垦来满足城市新增建设用地使用的过程来刻画现实中典型的治理结构。

(一)城乡间低效用地再开发的一般过程

从2006年起中央政府提出了一种被称为城乡建设用地增减挂钩的政策,到2009年在全国范围试推行这种政策,虽然经历了2011年的暂停整顿,但到2012年又再次在全国进行重新推广——中央政府正在尝试一种政府主导的形式执行着这种城乡一体的低效用地再开发。而与此同时,一些地方政府也在探索一些新的实施模式,比如成都市创新设计出一种由农民集体和城市用地者自发组织实施的城乡一体的建设用地整理,我们暂且可以将其称作为"自组织的实施模式"。

有必要讨论的是,无论是政府主导的增减挂钩模式还是成都的自组织模式,其物理状态上的活动都是一致的,即将农村范围的低效用地"转移"到城市使用,而从社会活动上看,这个过程一般需要经历四个环节:立项的协调、资金的筹集、实施和监管、利益的分配。

1.立项的协调

这个环节是城乡低效用地再开发可能面临社会冲突的首个环节。项目的立项是否是在受土地复垦整理影响的相关利益者一致同意的基础上进行的，决定了初始阶段是否顺利。如果农民没有足够的意愿而是政府通过强制手段推进，至少会在实施过程面临补偿上的意见分歧或者钉子户等问题。即使强制实施了，也会不断面临农民的上访、社会舆论谴责等，即所谓的事后成本。因此，如果不能满足利益相关者的一致同意的前提条件，对于低效用地再开发来说，虽然表面上土地收益提高了，但实际却产生了额外的成本。

2.资金的筹集

这个环节是城乡低效用地再开发面临制约的第二个可能的环节。如果没有足够的初始资金来进行土地复垦、农民住宅重建，以及基础设施的提供，即使预期项目结束时是盈利的，但也可能因为启动资金不足而实施不下去。比如，若完全由政府投资，那么可能出现因为很多地方同时都有整理的意愿，但政府不可能同时开展所有的项目，进而出现整体上效率的降低。更重要的是，资金的筹集渠道决定了项目后期收益的分配格局。土地本身属于公有财产，那么增值收益分配也应该体现了社会财产的公平性。可是如果再开发项目因资金的约束或者投资主体的约束而在空间分布上出现不公，那么也就决定了后续收益分配的不公，进而可能会加剧贫富之间的差距。

3.实施和监管

这个环节是城乡低效用地再开发面临社会冲突的第三个可能的环节。在实施的过程中是否按照事先的规划和计划行事，是否存在因个人或少数人的利益而侵占集体利益等问题，使得是否存在良好的、有效的监督和惩罚机制成为关键。否则，不仅可能造成低效用地再开发总体收益的降低和分配上的不公，也可能造成更多的社会冲突。

4.利益的分配

这个环节是城乡低效用地再开发面临社会冲突的最后一个可能的环节。利益的分配是否符合最初的利益相关者的意愿，公共产权是否避免沦为决策者或者利益集团的工具，公共利益是否得到实现，不仅仅停留在土地收益的效率的提高，还体现在相应利益的分配上。

综上所述，无论采用什么样的治理结构，对于城乡低效用地再开发来说，上述这四个环节都是存在的。也就意味着当采用不同的治理结构来组织再开发的过程后，再开发的结果往往是不同的。下面我们就来看看几种典型的实施模式，即政府主导、市场参与和利益主体的自组织模式在这四个环节上绩效的异同。

(二)政府主导模式

政府主导的模式就是目前实践中的"城乡建设用地增减挂钩"的实施模式，即由政府主导的方式完成城乡土地整理的几个重要的阶段。我们以嘉兴的"两分两换"为蓝本，提炼出这种模式的基本治理结构。

首先，在立项协调阶段，一般多是以地方的土地利用总体规划为统领，由地方政府制定城乡建设用地增减挂钩专项规划和项目区规划。当然，政府在立项时也声明要充分考虑农民需要，广泛征求农民意愿，维护集体和农户合法土地权益。

具体的过程是：地方政府一般是项目的发起者(或意向者)。在初步征求意见后，地方政府会要求项目区涉及的各村民委员会、乡镇人民政府逐级向县国土资源局提报项目。县国土资源局依据提报的项目区规模和范围进行实地踏勘,编制项目区规划,经县政府研究同意后逐级报市、省政府审查批准,未经批准不得擅自实施。

其次,在资金的筹集阶段,都是以政府统筹为主,当然也不排除社会资金的介入,但这种社会资金的介入只是类似于借款还款的关系,一般不涉及项目实施后的土地收益共享。对于增减挂钩项目,政府的资金来源一般包括:

(1)使用挂钩周转指标的用地单位缴纳的新增建设用地有偿使用费、耕地开垦费、耕地占用税;

(2)使用挂钩周转指标的项目用地招拍挂实现的政府纯收益部分;

(3)单位缴纳的周转指标有偿使用费;

(4)凡使用挂钩周转指标的单位按相关规定缴纳有偿使用费;

(5)其他各类政策扶持资金。

一般来说,项目筹集的资金会存入县增减挂钩资金专户,专项用于项目区内拆迁、安置、补偿、土地复垦等工作。

再次,在项目的实施和监管阶段,由项目区所在乡镇人民政府负责组织实施。主要过程包括:

(1)制定拆迁补偿安置方案。一般由项目区所在乡镇及村委会制定。

(2)组织拆迁、建设、回迁安置。一般由乡镇人民政府聘请有资质的评估单位对村民房屋进行评估,与群众签订拆迁补偿协议;新村建设实行统一规划,统一建设;组织群众回迁安置。

(3)土地权属调整。充分征求农民个人、集体经济组织及有关单位的意见,经村民会议同意,由乡镇人民政府批准。涉及集体土地所有权调整的应报县政府审批。

(4)项目区土地复垦。县国土资源局、县财政局、县住房和城乡建设局、项目区所在乡镇,结合"腾空地"整理复垦项目,对项目区腾出的土地进行复垦。自行组织或委托招标代理机构对挂钩项目腾出土地复垦实施招投标,确定工程施工单位,签订工程承包合同,复垦出的集体土地由村集体统一收回作为农业用地使用。

(5)挂钩项目实施完成后的验收。县政府主管部门首先对项目进行自查,自查合格后报市政府主管部门进行检查验收。

(6)奖惩机制。县城乡建设用地增减挂钩工作领导小组办公室建立督导调度、巡回检查、评比通报、情况报告制度,加大监督检查力度。

最后,在利益分配阶段,土地整理后多余的建设用地指标(即城市可新增的建设用地面积)有偿使用,由县政府在全县范围进行统筹使用,优先考虑向大项目、好项目倾斜。建新地块必须按照国家产业政策和集约利用控制标准依法供地,工业用地和经营性用地应当按照规定进行国有土地使用权招标拍卖挂牌出让。需要征收集体土地的,应当依法办理土地征收手续。可以看出,挂钩指标带来的土地收益大多数由政府获得。政府在卖出指标之前,向农村支付了相应的整理的成本,包括拆迁补偿安置费用、乡镇工作费用、项目管理经费等。

(三)市场参与模式

市场参与的模式在现实中可以理解为"城乡建设用地增减挂钩"项目在实施过程中,因为资金等原因而引入企业参与实施的模式。企业参与的目的是盈利或者为了独断性获得整理后的建设用地使用权。我们以唐健等（2014）中湖北省荆门市沙洋县的案例为蓝本，总结这类模式的基本的治理结构。

首先，在立项阶段，项目的具体规划仍然需要在符合土地利用总体规划的前提下由政府设计。该步骤与政府主导的增减挂钩模式没有太大的区别。

其次，在资金筹集阶段，地方政府要么是因为地方财政预算的限制，要么是在具体项目上的成本投入有限，多向市场寻求合作。有些情况下，市场主体会全部承担项目实施的成本。比如，唐健等（2014）[1]所提供的湖北省荆门市沙洋县纪山镇的增减挂钩案例中，上海飞和实业集团作为项目的实施者，需要负担挂钩项目的所有成本，主要包括复垦成本和安置成本，此外还包括项目运行中产生的其他费用，如规划设计费用、谈判费用等。上海飞和集团参与筹资的目的是为了获得后期的建设用地使用权。飞和集团的一批建设工程项目需要 1000 亩建设用地，而地方政府又无法为其提供所需用地指标，因而该公司通过主动投资挂钩项目的方式，在政府的允许下取得建设用地指标。同时，当地政府承诺在公司自主获得指标并落地后，减免相应的供地费用和提供一定的政策优惠条件。

再次，项目的实施和监管，按照资金筹集阶段的协议，由政府和企业合作进行实施和监管。

最后，在利益分配阶段，政府不再独占增减挂钩带来的土地指标和土地增值收益，一般需要与企业进行利益分享。当然，因为企业的参与，在补偿农民和推动项目实施上也会增加投入，大多数情况下农民的利益分享比例也提高了。

（四）自组织模式

在政府或市场之外，实际上现实中还出现了一种新的模式，即所谓的自组织的模式，而在土地再开发领域这种自组织的模式逐渐引起了很多管理者的关注。国际上将这种自组织的模式称为土地置换（land readjustment）或主动的产权交换（instigated property exchange）。唐健等（2014）[1]的研究所提供的郫县花牌村、战旗村等地的案例，都是属于自组织实施城乡之间低效用地再开发的案例。

这种模式最基本的特征是利益相关者通过自主实施土地再开发，在提前支付前期的项目成本后获得后期再开发项目的土地增值。而在大多数情况下，个体的利益相关者以贡献土地的形式作为前期的成本投入。当然后期获得再开发后的土地面积一般小于前期贡献的土地面积。原则一般是市场价值至少保持不变。而前后面积上的差额，主要是用于整个再开发项目的成本，算作是一种公共物品的投资。如果以郫县花牌村的案例为蓝本，我们可以给出一个简化的土地置换的治理结构：

第一，利益相关者，包括原土地的所有者、地方政府和外来的开发商等共同组建一个机构（公司）。

第二，这个机构编制土地利用的计划，尤其是对土地整理后新的边界和新的用途进行设计，然后向利益相关者征求意见和取得支持。

第三，计划中一般明确支付原土地所有者的补偿是以整理且增值后的土地为主要形式，当然补偿的土地面积一般小于原拥有的土地面积，但是在经济价值上会有所升高。而且，补偿后剩下的土地拥有整个项目区基础设施建设或者销售给其他用途以获得经济上的补偿来弥补整个项目的投资。

第四,计划设计好后要经过公众论证,不仅包括原土地所有者,还有其他的利益相关者。

第五,当计划通过后,相应的土地所有者或者使用者需要把各自的土地"转让"给上述组建的机构或公司,作为参与项目的投入。

第六,项目的立项一般采用少数服从多数的原则,一般超过50%或者66%的原土地所有者愿意实施该项目,则项目就通过立项。

第七,如果遇到钉子户或者搭便车的现象,可以通过少数服从多数的原则来强制实施。

第八,补偿是事先通过公共听证或类似的形式协商好的,不存在事后讨价还价的可能。

第九,在土地整理的过程中,原土地所有者会临时搬迁到其他地方以满足项目建设需要。

对于上述这种自组织的治理模式,有着一些显而易见的优点。首先,多数人原则能够保障项目的实施拥有占多数的利益相关者的支持,这可以缓解使用强制权利的压力,自然也在一定程度上避免了行使强制权带来的弊端。其次,这种自组织的模式降低了初始资金的需求,因为不再需要支付土地补偿。再次,因为允许原土地所有者在原址或者相近的地方获得整理后的土地,这样项目实施以后政府与土地所有者之间冲突的可能性也相应降低了。另外,因为原土地所有者获得了整理后的增值的土地,意味着他们分享了土地再开发的增值收益。而且,相比较冲突解决机制,这种自组织的形式意味着存在一种内部的协商机制来应对可能的冲突,这比通过外界的干预手段可能更有利于解决钉子户等问题。

当然,这种自组织的模式也面临一些因素的制约。比如,自组织内部的协商成本可能也很高。这取决于协商是如何组织的,成员之间是如何交流的,以及他们的目标和利益是否一致。正如 Ostrom(2010)[9]所揭示的,组织规模的大小、相互信任程度、成员以往的声誉、互惠的意愿和传统等因素往往影响着自组织的效果。

六、制度选择的分析框架

为了进行低效用地再开发模式的比较及其选择规律的探索,需要先建立一个制度比较的分析框架。交易费用经济学给治理结构比较的选择提供了很好的视角,即所谓的"有差别的匹配假说(discriminating alignment hypothesis)[15]"。本文遵循交易费用经济学的分析范式来进行治理结构多样性的解释和相应绩效的比较。

(一)交易及其属性的影响

低效用地再开发包含着土地利用及其管理的过程,可以看作是若干具体的"交易"的综合。此处的"交易"是交易费用经济学中的理论内涵,而不必然与日常生活中的交易相联系。正如 Williamson(1985)[14]给出的定义,交易是指一个有形的物品或者无形的服务在一个技术上能够辨析的界面上发生了转移,一个活动状态终止而另一个活动状态开始。

低效用地再开发也可以由很多具体的信息的交换、服务的提供、金钱的转移、产权的变化等构成。而每一步具体的交易,都具有特定的属性(特征)。根据前面的分析,虽然还可以继续进一步细分,本文将只关注低效用地再开发的四个环节中的主要的交易,即立项的协调、资金筹集、整理的实施监管和利益分配。

1. 立项的协调

这一环节主要的交易是为了达成一致同意而需要的信息的交换，比如不同农民之间的信息交换、农民和政府之间的信息交换、农民和企业之间的信息交换等。一般情况下，这类信息交换的一些属性决定了达成交换而产生的交易费用。

第一，信息交换的频率影响显著，也即利益相关者之间协调的次数。如果次数多，很显然整体的交易费用会上升。这个时候由谁来协调就比较重要，政府的集权的协调无论从人力投入、谈判能力、双方的接受程度都不如分权的方式。比如，由村集体来协调。一个地区的经济发展速度的快慢，也可能影响这个频率的大小。经济发展快，对低效用地再开发的需求就增加，进而造成频率的增加。

第二，因为项目必须符合大多数人的利益（或者公众利益），这是一个基本要求，那么这里面就涉及立项的另一个重要的属性，即需要协调的群体的规模如何。如果众口铄金，自发的协调就不容易实现，相反一个强权的外部力量更容易促成某种集体行动（Olson，1965）；而如果相关的利益主体规模不大，自发的协调就可能是更优的选择。

第三，对于信息的交换，其内容的复杂程度，作为一种属性也引致不同的交易费用，进而对治理结构产生不同的需求。如果复杂程度高，分权的自发行为一般能够节省更多的成本；如果复杂程度不高，政府主导的方式更能够体现其优势。就一般情况看，前者的情形更贴近实际。而且，因为低效用地再开发的立项协调阶段的各类信息传递是可以分解的（比如两两之间的协商而不必要统一开会），不同利益主体的意见可以在不同的阶段由不同的人来搜集、汇总和传递。所以，当协调规模对象比较大时，越适宜用分权的方式管理。

第四，低效用地再开发立项以后可能发生的后果，包含土地再开发的结果、引致的城镇建设用地的扩张、是否符合公众利益，是否对生态环境产生破坏，是否符合社会的公平正义等，这些都是不确定的。不确定性的程度实际上也是一种属性。如果不确定性很高，则需要政府主导的方式来管理，因为集权式的控制能够更好地避免自发管理的各种不确定性。

第五，再开发立项协调中利益相关者还会对土地利用和资本投入专用性进行考虑，因为专用性的程度决定了各类资产的价值是否得到有效的利用或稳妥的保障。专用性作为交易的一种属性，包含以下四个方面：物质资本专用性、时间专用性、空间专用性和人力资本专用性。

物质资本的专用性是指将物质资本投入到低效用地再开发后能够再利用于其他用途的可能性或者难易程度。如果不能再利用，则专用性高；否则，专用性低。比如，为了土地再开发而购买了运输用的汽车，汽车可以用于其他目的，那么这种在汽车上投入的资本专用性较低；相反，如果购买了再开发工程中的一种定做的地下管线，那么这种定做的地下管线自然不适宜用到别的用途，此时资本专用性较高。当资产专用性较高时，交易费用会增加。因为交易双方为了保障资产投入的安全，而必然增加在保障措施上的投入。

同理，再开发在时间决策上也具有专用性，比如不同项目的时序选择也可能决定该再开发项目的价值。项目的价值对时序依赖越明显，越需要集权式地统筹来保障整体的价值和项目投入的安全。类似的，这个"投资"涉及原来住宅的复垦，和新的集中住宅的建设，选址不佳可能会降低"投资"的价值，这就是立项协调中的位置的专用性，也就是空间专用性，位置专用性越高，越需要集权式的统筹。

正因为此，项目的立项多需要一个前期的规划才能够获得政府的认可和批准。而设计这种规划，需要专业化的技术人员，也依赖于设计规划的人对当地信息的了解和掌握。对于从事该规划设计的人来说，自己"投资"在该专业技能和当地信息上的劳动价值能否实现，与是否有稳定的、足够的报酬有关。这揭示了人力资本专用性越高，则需要更加安全的雇佣关系，比如长期稳定的合同来满足从业者的要求。

2. 资金的筹集

这一环节主要的交易是为了实现低效用地再开发而把相应的金钱或者土地资产等投入到这个集体行动中。对于这个交易，类似于传统市场中的交易行为。任何一种投资者，都要考虑的是所谓资本的专用性、交易的不确定性和交易的频率，然后来选择相应的治理结构。

根据上面的解释，资金筹集的专用性表示的是资本投入后其价值对该项目的依赖程度，如果未来的价值可以很好地变现，那么资本专用性就较低，否则就较高。当资本专用性较高时，有一个强权式的机构或者政府保障资金的安全可能是利益相关者期望的保障方式；否则市场分权式就可以完成资金的筹集。

对于资金筹集的不确定性，主要是低效用地再开发资本投入后是否有不确定性的风险，比如项目实施意外终止、项目收益为负（指标卖不出去）等，当不确定性越高，越需要强权式的机构或者政府保障的方式才能完成资金的筹集。

而对于资金筹集的频率，指的是既定时期内项目发生的次数，所以当频率越高，分权式的方式筹集资金才可能满足要求，集权式的方式很可能面临资金或预算上的约束。

3. 实施和监督

这一环节中交易主要是提供土地拆旧和建新的工程服务，以及该工程服务是否符合立项规划中的各类要求。对于服务的提供，从实际中看无论是政府实施的项目还是自发实施的，基本上都是通过项目招标的方式让第三方的建设公司来完成拆旧建新，所以虽然这个交易理论上也有相应的专用性、频率和不确定性，但基本上因为建设公司市场化程度非常高，所以基本上选择的治理结构都是外包给第三方的建筑公司，所以这里就不再详细分析这个交易的属性。

而对于监督这个交易来说，其内容主要是指项目实施的相关信息的转移。如果监督所需的信息很复杂，这样对于监督的目的来说存在很多不确定性，那么分权的方式，更适宜获取相应的信息，集权总是受制于信息的不对称；如果需要定期进行监督，而且这个频率很高，那么集权的方式也不是合适的方式，自我监督可能更是一种合适的选择。

4. 利益的分配

这一环节主要是土地再开发后的收益的分配，因此其主要交易是将相应的收益分配给具体的利益相关者。这种交易更多的是一种物质利益上的转移，所以不确定性和频率是两个主要的属性。

不确定包括两个方面，第一个方面是指每个人所应该分配到的利益是否容易分辨。如果容易，那么自发的协调可以完成；否则通过外部强权来分配可能是更好的选择。但是，利益分配可能也会有争议性，也就是不确定性的第二个方面。如果能够建立在充分讨论的基础上，后期的争议可能会少，但又会造成前期成本的增加。

另外，收益分配的频率如果很高，也就是在既定时间内需要进行很多次的分配的决策，那么一种公开的、统一的、集权的形式更有利于交易的进行，也有利于争议的解决。

（二）行为人及其属性的影响

在城乡间低效用地再开发过程中，利益相关者一般包括农民、农民集体、项目区的决策者、各级政府、社会企业等。他们的属性特征也影响交易费用的大小和治理结构的选择。

对于这些利益相关者来说，他们是否具有相同的目标取向（比如看待再开发的价值观），将影响到他们对低效用地再开发的态度、相互信任程度，进而影响到低效用地再开发过程中的交易费用大小。一般来说，越有共同的价值观越容易达成一致，越相互信任越有利于低效用地再开发项目的立项、实施、监督和利益分配等集体行动，进而减少该过程中的交易费用。当然，一致的价值观也给自组织等非政府主导的组织形式提供可能。在一些条件下，如果被管理的资源范围小，自组织等分权管理的形式可能比集权制的交易费用更低。

特别的，对于决策者来说，如果决策能力强，能够较好地处理信息、知识以及与外界交流，将有利于号召、推进和监管低效用地再开发，并降低过程中的交易费用。当然，决策者的能力强，不一定意味着集权制或者政府主导模式的绩效是最佳的选择，因为敏锐的决策者根据外部条件能够观察到在一些情况下同意、支持市场力量参与或者村民的自组织实施低效用地再开发，将有利于项目的绩效。

另外，行为人的行为选择偏好，比如总是选择最大化个人经济利益，或者总是服从上级，或者经常选择体现自己创造力的决策等，也将影响到集体行动的过程和结果。最大化个人利益的偏好，将不利于低效用地再开发集体行动的实施，容易出现个人理性与集体非理性的困境。比如，钉子户现象，或者基层的决策者最大化自己的政治利益，虽然也可能有利于地方政策创新，但为了个人的政绩的导向也可能损害整体的利益。如果基层的决策者总是服从上级，将始终以上级的政策为准则来行动，可能集权式的管理有利于降低交易费用；反之，如果基层决策者倾向于体现自己创造力，分权式的管理可能更有利于降低交易费用。

（三）正式制度及其特征

对于城乡间低效用地再开发治理结构来说，一般情况下其制度环境（即各种正式制度的约束）都是一致的且视为给定不变的。比如土地产权、土地利用总体规划、城市规划和土地交易的市场机制等。

很显然，正式制度约束着治理结构，从而也决定着治理结构的选择。比如，对于在物理层面上相同的低效用地再开发，土地是私人所有还是国家所有，决定了治理结构的选择以及实施过程的交易费用；是否允许非公有制经济的介入，也影响着治理结构选择的可能性。因此，目前文献中经常出现的对中国土地管理市场化比例低、政府过度干预市场的批评或者质疑，实际上忽略了制度环境的影响。在不存在必要的制度环境的条件下，或者忽略了制度环境变迁的成本时，讨论治理结构的变化都是不完整的。

对于实际中的城乡间土地再开发来说，正式制度的不同已经显示了对治理结构选择的影响。比如，在上文提到的成都地区出现的自组织模式的案例中，之所以自组织的治理结构能够得到采用且绩效良好，与国家将成都确立为城乡统筹的综合改革试验区有很大关系。在这个试验区，不仅农民的土地使用权可以抵押，也允许增减挂钩指标的跨县区交易等，这些都体现了再开发不同的正式制度的影响。

(四)将"四要素"联系在一起

分析上述再开发不同环节的交易属性、行为人的属性、正式制度的特征等,目的就是为了能够通过这些属性来解释为什么特定的治理结构需要被选择或者揭示为什么实际中这些治理结构的绩效良好。

在前面分析的基础上,表 9-1 给出了不同交易属性的变化及行为人属性的变化下,两种理论上极端的治理结构(即完全集权化管理和完全分权化管理)的绩效的变化。当然,现实中不存在完全集权或者完全分权的管理结构。上述政府主导的模式偏向完全集权化的治理结构一端,而市场参与、自组织等靠近完全分权化治理结构的一端。

表 9-1　两种理论上的治理结构的绩效变化及其影响因素

	治理结构的绩效	
	完全分权管理	完全集权管理
I. 交易属性的变化		
1. 项目立项		
1.1 频率（0　＋）	0　＋	＋　0
1.2 复杂度/协调对象的规模（0　＋）	＋　0	0　＋
1.3 可分解性（0　＋）	0　＋	＋　0
1.4 不确定性（0　＋）	＋　0	0　＋
1.5 资本专用性（0　＋）	＋　0	0　＋
1.6 空间专用性（0　＋）	＋　0	0　＋
1.7 时间专用性（0　＋）	＋　0	0　＋
1.8 人力资本专用性（0　＋）	＋　0	0　＋
2. 资金筹措		
2.1 资本专用性（0　＋）	＋　0	0　＋
2.2 不确定性（0　＋）	＋　0	0　＋
2.3 频率（0　＋）	0　＋	＋　0
3. 实施和监管		
3.1 不确定性（0　＋）	＋　0	0　＋
3.2 频率（0　＋）	0　＋	＋　0
4. 收益分配		
4.1 界定的复杂性（0　＋）	＋　0	0　＋
4.2 潜在的争议性（0　＋）	0　＋	＋　0
4.2 频率（0　＋）	0　＋	＋　0
II. 行为人属性的变化		
5.1 价值观和信仰的统一性（0　＋）	0　＋	＋　＋＋

续表

	治理结构的绩效	
	完全分权管理	完全集权管理
5.2 个人利益最大化偏好(0 +)	+ 0	0 +
5.3 决策者的个人能力(0 +)	+ ++	0 +
5.4 基层决策者对上级的依赖度(0 +)	+ 0	0 +
5.5 基层决策者自我的创造性(0 +)	0 +	+ 0

注：＋代表显著；0 代表不显著；＋＋代表更加显著；0 代表变化的方向

以立项阶段的频率属性为例，当频率若从弱到强变化，市场参与或自组织的模式绩效将由弱变强，而政府主导模式的绩效将有相反的结果。但究竟在频率升高的过程中什么时候选择市场更好(放弃政府主导)，则需要根据具体条件进行比较后判断。其他属性的分析类似。

在行为人的属性中，有的属性总是利于管理绩效的(比如价值观的统一性和决策者的个人能力)，也就是无论是市场参与还是政府主导，这类属性的提高都有利绩效的改进。只是对于这些属性来说，不同治理结构的初始绩效不同。比如，假设一个村庄农民的个人价值取向完全异化，则政府主导模式的绩效明显比市场参与或者自组织好，即初始绩效政府主导比市场参与或者自组织模式更优。

给定上述属性变化及其与不同治理结构选择的关系，最终的问题就是不同属性变化下治理结构选择的权衡问题。也就是考虑单一属性的变化可以分析出治理结构选择的变化趋势，但是如果综合考虑所有的属性变化，选择的结果如何呢？这需要在辨析逐个属性的基础上，结合现实中各种属性的重要程度来进行判断。

七、模式选择的判断：一个简单的实证

为了验证上述框架的可行性，我们这里用两个实际的案例来进行对比分析。两个案例分别是浙江省嘉兴市嘉善县的城乡间低效用地再开发(一种政府主导的模式)和四川省成都市郫县的城乡间低效用地再开发(一种村民自组织的模式)。在上述框架的基础上对两个案例进行比较，可以分析为什么同样的城乡间低效用地再开发的目标，两个地方会有不同的模式选择，以及这种选择背后的规律是什么。

(一)四个环节交易属性的比较

1. 项目立项阶段

频率的大小与当地的经济发展水平有关系。经济发展较快，意味着需要更多的土地开发，当传统的计划配额有限时，城乡低效用地再开发的频率就会增加。所以，对于频率来说，虽然中国中西部都面临建设用地短缺的压力，但东部会更明显一些，所以嘉善县的增减挂钩频率更高一些。

对于低效用地再开发本身的复杂程度，可以与土地利用变化、权利重置、成本收益分配等方面相联系。所以，两个地方的低效用地再开发复杂度都比较明显，当然具体两个地方

在复杂程度上的区别不明显。

类似的，无论是在郫县还是嘉善县，低效用地再开发的可分解性、不确定性、资本专用性、空间专用性、时间专用性和人力资本专用性都比较明显，但两地之间的差异不是十分明显。

2. 资金筹措阶段

资本专用性在郫县相对于嘉善会更高一些。因为如果站在政府投资的角度看，嘉善的财政收入比郫县相对充裕一些，嘉善县政府投入某个具体低效用地再开发项目的资金的机会成本相对较低，政府还有余钱去投资其他的项目。相反，郫县的财政相对紧缺，投入某个具体项目资金的机会成本相对较高，政府需要考虑投资是否值得。这样对于具体的投资来说，郫县的资金的专用性更为明显。也预示着郫县的投资决策引致的交易费用会更高一些，政府要花费更多的成本来保障投资的效益和安全。

资金筹措后是否能够有利润，现阶段来看不确定性不是很大，基本上在城市建设用地需求旺盛的阶段，指标不担心收益。所以，不确定性在这个环节不是非常明显。

资金筹措的频率与项目立项的频率是一致的，两个地方的频率都高，相比较而言，东部的嘉善县会更高一些，因为用地需求会更旺盛一些。

3. 实施和监管阶段

项目实施阶段存在明显的资产专用性，包括购买施工设备，聘请专业技工等，对于具体项目的利益相关方而言，投资用于这些有形和无形资本的专用性很明显。相反，如果向市场购买这些服务，能够较好地解决专用性的问题。同时，市场上专业化的施工公司因市场上存在足够的需求，其专用性的资本投入能够得到持续的利用。对于双方而言，都缓解了资产专用性的困境。这从嘉善和郫县的案例中都采用委托专业化公司解决实际施工问题可以证明上述分析。

而在项目监管阶段，不确定性主要是指施工方与委托方之间的信息不对称，这种情况在两个地区都存在。

另外，对于政府来说，监管频率跟项目立项的频率相关，所以两地的频率都高，而嘉善县的频率比郫县更高些。当频率升高，政府主导的模式会给政府的工作带来更多的责任和负担。

4. 收益分配阶段

低效用地再开发立项后，成本如何共担一般是立项的前提。同样，收益分配自然也会相应进行明确。但明确的分配规则在现实中可能会面临违规的可能。因为所在社区人文社会背景的不同，私营经济相对发达的嘉善地区个人对私人收益最大化的偏好更明显，以及对集体行动的不信任可能也更明显。这样可能造成项目后期个人对集体利益分配的矛盾及冲突也会多一些，从一定意义上看嘉善县的不确定性较成都的郫县地区会更高一些。

5. 行为人的特征

如果集体内部的行为人目标一致，则容易服从集体领导的管理。对于郫县来讲，有一个特殊的背景。郫县距离 2008 年汶川大地震的震中比较近，郫县郊区的很多农民的住房都受到了损毁。尽快从灾害中恢复，把受损的房屋修缮好，是郫县人民共同的期望。这意味着在城乡土地再开发这种有利于农村居民点重新规划、建设或者修缮的集体行动，更容易得到行为人的认可。

另一方面,因为成都被国务院批准为统筹城乡发展的改革试验区,允许地方政府的改革创新,事实上成都确实出台了一些创新政策,比如允许集体建设用地使用权抵押、允许增减挂钩的跨县交易,乃至地票交易体系等。上述的分析总结见表 9-2。

表 9-2 嘉善与郫县两地城乡间存量用地再开发模式比较

	郫 县	嘉 善 县
I. 交易属性		
1. 项目立项		
1.1 频率	＋	＋＋
1.2 复杂度/协调对象的规模	＋	＋
1.3 可分解性	＋	＋
1.4 不确定性	＋	＋
1.5 资本专用性	＋	＋
1.6 空间专用性	＋	＋
1.7 时间专用性	＋	＋
1.8 人力资本专用性	＋	＋
2. 资金筹措		
2.1 资本专用性	＋＋	＋
2.2 不确定性	0	0
2.3 频率	＋	＋＋
3. 实施和监管		
3.1 不确定性	＋	＋
3.2 频率	＋	＋＋
4. 收益分配		
4.1 界定的复杂性	0	0
4.2 潜在的争议性	＋	＋＋
4.2 频率	＋	＋＋
II. 行为人属性		
5.1 目标的统一性	＋	0
5.2 个人利益最大化偏好	0	＋
5.3 基层决策者自我的创造性	＋	0

注:＋代表显著;0代表不显著;＋＋代表更加显著;0代表变化的方向

另外,在民风淳朴、相互信赖,以及在决策者的个人能力上,郫县和嘉善县可能存在相异的地方。但因为没有直接的数据或者证据,暂时无法进行对比评价。我们在后面的分析中把这些属性就忽略掉了,但前面的理论分析应仍有效。

(二)治理结构选择理论分析和现实对比

郫县和嘉善县两个地方的属性的分析和对比,可以在一定程度上解释各自治理结构选择的原因。另一方面,郫县的模式是一种创新,所以它与嘉善的比较实际上是对全国城乡建设用地增减挂钩政策的启示。

1. 项目立项阶段

两个地方的频率都比较高,前面的理论分析揭示频率高需要分权的方式可以缓解集权制下决策者精力有限和处理能力的影响。很显然,郫县模式中政府不再完全垄断低效用地再开发的过程,而是让低效用地再开发的直接利益主体农民和村集体自发组织实施,是一种分权的体现。这与嘉善县的政府主导的高度集权的增减挂钩形成了鲜明的对比。更何况,嘉善的频率更高,本更应该以分权的方式来应对。

若协调对象的规模和任务的复杂程度比较高,则需要分权的形式来管理。郫县模式是由村集体组织,村民自愿参与,符合分权管理或者理论上所谓的自组织的形式[8],能够有效降低交易费用。而嘉善县的政府主导模式是一种集权形式,不利于协调过程中的交易费用降低。

任务的可分解性在两地没有太大区别,都具有明显的可分解性。此时分权是理论上较优的选择。郫县模式符合分权的要求,而嘉善县的增减挂钩则是一种集权形式的信息沟通,基本上不征求地方的意见,由政府规划和整村推进。

不确定性、空间专用性、时间专用性这三个属性都与可能造成的外部性有关,所以需要政府的集权式的规划来管制。虽然郫县模式更偏向分权的逻辑,但是在项目审批上仍然需要遵循相应的土地利用总体规划和城市规划,因此郫县模式在这些属性上选择的依然集权的方式。相应地,嘉善县采取了更明确的集权式的治理。

2. 资金筹措阶段

两个地方都面临因为政府预算的短缺而体现较高的资产专用性。资产专用性,理论上与交易费用成正相关关系,进而需要集权的方式来管理,比如企业通过纵向一体化来避免投资风险。除了纵向一体化,如果为了降低项目投资价值受损的风险,分散投资也是降低风险的有效手段。因此多渠道筹集资金,相对于政府一家投资,将有利于分散风险。郫县模式选择的就是这种分散融资的模式,由农民和市场企业来投资。相反,嘉善县采取的是传统的政府投资。

对于现阶段土地再开发来说,无论是在郫县还是在嘉善,潜在的价值是很明显的——即收益的不确定性都比较低。因此,分权更能节省交易费用。郫县模式满足这个要求,而嘉善不满足。同时,两地的筹资频率都比较高,理论上需要分权管理的方式。因此,郫县模式满足要求,而嘉善相反。

3. 实施和监管阶段

如果信息复杂、不对称程度显著,相对分权的监管方式有利于缓解信息不对称的影响。让公众或者利益相关者参与监管,是一种解决监管困境的较好的办法。另外,频率较高意味着政府主导的模式会给政府的工作带来更多的负担,因此需要"外包"的方式来降低交易费用。这两个方面都揭示郫县模式的合理性。

4.收益分配阶段

利益界定的复杂性不高,给分权制提供了机会,也就是郫县模式出现的前提。嘉善县的传统模式,存在过度控制的可能。利益分配都会有潜在的争议,为了有效避免事后的争议,可以考虑事前的分权制的管理方式,把争议消除在争议发生之前。所以,郫县模式符合这个要求。同理,过高的频率降低了集权管理在界定利益分配和消除争议上的绩效,郫县模式则可以避免这种困境。

5.行为人的属性

郫县和嘉善两个案例中治理结构绩效及其影响因素的比较分析,如表 9-3 所示。

表 9-3　郫县和嘉善城乡之间低效用地再开发治理结构的选择比较

I.交易属性	郫　　县			嘉　　善		
	属性特征	建议的模式	实际的模式	属性特征	建议的模式	实际的模式
1. 项目立项						
1.1 频率	+	D	D	++	D	C
1.2 复杂度/协调对象的规模	++	D	D	++	D	C
1.3 可分解性	+	D	D	+	D	C
1.4 不确定性	+	C	C	+	C	C
1.5 资本专用性	+	D	D	+	D	C
1.6 空间专用性	+	C	C	+	C	C
1.7 时间专用性	+	C	C	+	C	C
1.8 人力资本专用性	+	D	D	+	D	C
2. 资金筹措						
2.1 资本专用性	++	D	D	+	D	C
2.2 不确定性	0	D	D	0	D	C
2.3 频率	+	D	D	++	D	C
3. 实施和监管						
3.1 不确定性	+	D	D	+	D	C
3.2 频率	+	D	D	++	D	C
4. 收益分配						
4.1 界定的复杂性	0	D	D	0	D	C
4.2 潜在的争议性	+	D	D	+	D	C
4.2 频率	+	D	D	++	D	C
II.行为人属性						
5.1 目标的统一性	+	D	D	0	C	C
5.2 个人利益偏好	0	D	D	+	C	C

	郫　县			嘉　善		
5.3 对上级完全服从	0	D	D	＋	C	C
5.4 自我创造性	＋	D	D	0	C	C

注:＋代表显著;0代表不显著;＋＋代表更加显著;0代表变化的方向;D代表分权的治理结构;C代表集权的治理结构

郫县的农民因为初始财富禀赋相对落后,更有一致的愿望通过集体行动来走出困境,这给郫县模式的实施提供了良好的基础,即给自组织提供了可能性。而对于嘉善县来说,因为民营经济发达,个体的价值观分异比较明显,只适合于集权的推动。相对应的就是个人利益最大化的偏好,或者说抵触为集体牺牲的意愿,嘉善更明显一些。因此,嘉善适合集权管理而郫县适合分权管理。

成都因为是政策改革实验区,在土地相关的正式制度上略微不同。同时,基层工作者在试验区内也有不断创新的激励机制,这有利于分权制管理模式的采用。相反,嘉善的案例体现出的是传统行政中的绝对服从,是目前政绩考核中更重要的一面,所以,集权对于嘉善是更合适的管理方式。

可见,郫县的实际模式全部符合根据属性判断的理论上更优的模式。相反,嘉善的以政府主导为特征的模式,也就是现阶段城乡建设用地增减挂钩的正式模式,实际上并没有完全符合嘉善当地的一些特征。这实际上能够引起我们对传统全国统一的增减挂钩模式的适宜性的思考。

(三)案例比较分析的启示

上述的比较可以有两个主要启示。第一个是解释为什么郫县会出现自组织的模式;第二个是从郫县模式反观现有的增减挂钩政策可能需要改进之处。

1. 为什么自组织模式能够出现

很明显,郫县模式出现的原因是相应交易属性发生了变化。其中最主要的是整理项目频率的增加、复杂度的增加、立项的可分解性明晰、资金筹集的资本专用性变大、监管的不确定增加、收益分配潜在争议的增加。另外,一些行为人的属性也进一步促成了郫县模式的出现。比如,价值观和目标的统一性、基层决策者的创造性和意愿。对应到现实中,具体包含以下四个方面。

第一,随着中国经济快速发展,城市化和工业化都对占用更多的土地提出了要求,这种以农村土地换取城市发展空间的做法越来越受到决策者的重视和利益主体的欢迎,所以低效用地再开发频率会增加。这为制度创新提供了最根本的驱动力。

第二,增减挂钩随着政策越来越被普通民众所熟悉,每个步骤的内容以及相应成本收益的分配也被普通民众所熟悉,当大家对集体行动的前因后果非常熟悉时,自组织的形式也就具备了前提条件。

第三,更重要的是,政府主导的低效用地再开发总是面临着财政上的困难,不可能同时推动所有农村地区建设用地的再开发以促进使用效率的提高。而低效用地再开发项目后期收益显著,且中国社会资金相对充裕,这些都为郫县模式的产生提供了必要条件。

第四,西部地区的集体贫困,也激发了一种众志成城,希望通过集体行动的改革,来改变自身的生活条件。而更关键的是中央赋予成都的在城乡统筹政策上的优势,刺激了基层决策者的创造性和主动促进改革的意愿,这些都进一步增加了成都模式出现的概率。

当然,郫县模式的出现,也有一些反面的推动力。随着城市土地价格的高涨,政府发现当新的项目需要农民退出土地时,协商的过程越来越难,时间越来越长,农民的"胃口"越来越大。如果处理不好,过于专断,很可能出现后续的上访,如果再引发舆论的关注(比如2011年前后在全国范围引起讨论的"被上楼"事件),事后成本的付出可能更多。此时,如果是由农民自发组织的低效用地再开发,将有利于缓解政府与农民之间协商的矛盾和成本。

另外,项目的实施如果是政府集权管理的话,信息的不对称和个人利益的影响,将影响低效用地再开发的绩效,传统的集权管理很显然不能适应监管上日益增加的困难。而且这种集权式的利益分配,是传统计划经济的后遗症,越来越受到民众的抵触,尤其是这个过程忽视了农民的利益。以嘉善县为例,传统的方式对农民补偿只占低效用地再开发总收益的很低的比例。这是郫县模式创新的倒逼机制。

所以,在这些正面的激励机制和反面的倒逼机制的共同作用下,郫县模式的出现是一种"交易费用最小化"的选择,符合理论的预期和现实的要求。

2. 对传统的政府主导模式的启示

增减挂钩在当前还是城乡低效用地再开发的主要模式,但是随着郫县模式出现的原因的逐渐显化,全国范围的低效用地再开发模式改进也势在必行。上述的比较对传统的政府主导模式的启示有:

第一,城乡统筹中土地制度改革可以有大作为。

城乡统筹是一个系统性的经济和社会活动。收入、产业、生活、医疗、教育等,都构成这个系统活动的一个部分。实现城乡统筹发展,各地区面临的共性问题是资金的问题,这是城市化发展导致城乡差距的必然结果。然而,土地的资产和资本效益,使得城乡统筹过程中土地制度改革可以大有作为。

从郫县模式中盘活集体建设用地存量和流量所带来的集体经济增长、农民增收乃至城市用地矛盾缓解的绩效看,农村的土地制度改革是这个绩效的源泉。所以,全国其他地区,在考虑城乡统筹发展过程中,土地制度改革是一个很重要的手段。

第二,政府是否应该放弃垄断土地收益?

长期以来,中国形成了通过二元土地市场,用土地收益的"剪刀差"来促进城市化和基础设施建设。政府在土地交易过程中具有垄断的地位,比如垄断征地"市场"需求、垄断一级市场供应。垄断在带来增值收益的同时,也付出了很多成本,包括直接成本(经济社会变化带来的制度成本)和间接成本。后者包括未来城市反哺农村、工业反哺农业阶段为了重新把更多的土地收益"还给"农村而付出的成本。

郫县模式实际上是一种还权赋能的做法,牺牲的是部分当期政府的收益,实际上换来了未来政府乃至全部成都人民的共同发展。而且,成都政府已经明确表示,当期政府已经有经济实力来让农村享有更多的集体建设用地资产价值,同时也有能力让农村的耕地资源的相应非市场价值得到体现(比如,耕地保护基金制度的实施)。所以,政府可以也应该随着经济社会发展的变化而放弃土地的直接收益。

第三,以农民集体推动为主,可以更好地保护农民利益。

农民和农村集体经济组织为主,推动集体建设用地流转,是在释放农村土地价值的同时,更好地保护了农民的利益。靠农民及其集体直接参与市场竞争,不仅促进了总体收益的提高,也防止了不同制度下可能出现的政府寻租和损害农民利益的行为。从郫县模式看,集体直接组建企业参与增减挂钩,能够很好地提高和保护农民的收益。政府此时作为一个旁观者和守夜人,理清了利益主体之间的关系。

第四,政府与市场合理分工可以做得更好。

现阶段城乡统筹发展、村庄环境整治等也面临着农民没有钱的困境。能否借鉴城市土地出让制度,通过集体建设用地出让制度来解决类似的问题?

郫县模式也给出了一些答案。成都作为一个西部发展中地区,财政资金不是非常充裕。加快城乡统筹发展的进度,探索农村集体主导、政府和社会资本共同参与的方式,很好地解决了这个问题。可以设想,如果进一步放开集体经济发展模式,允许市场力量的充分参与,必然也能进一步提高全国的城乡统筹发展的效果。

第五,郫县模式是"授人以渔"的方式。

让农民集体主导、让社会力量参与、政府引导和监管,这种模式的集体土地流转,乃至城乡统筹发展,是一种"授人以渔"而不是"授人以鱼"的方式。很长一段时间,落后地区发展、农村地区发展,都依靠政府的财政拨款和社会支付转移,但多年的经验看出,政府直接的给予,并不能有效帮助落后地区的发展,相反,可能引起对政府的依赖。而郫县模式,通过政府角色的转变,赋予了农村和农民自己的权能和发展基础,这是一种合理的长期发展模式。

八、再开发管理方式选择的逻辑

目前,无论是城市还是农村的低效用地再开发,都是以政府主导为主要管理模式。市场作为配置资源的主要手段之一,虽然逐渐引起了地方政府的重视,但总体上只是一种补充性质的手段。上述分析在对不同地区的案例进行比较分析的基础上,初步对不同管理方式选择的原因、制度绩效和当前实施过程中面临的一些难题进行了归纳总结。这些结论对于低效用地再开发的政策设计和改进还远远不足,本文的研究只是在这个研究方向上的一个开始。

另外,我们必须认识到当前低效用地再开发的模式还没有进入一个可以让决策者自由选择的状态。理论上所谓的政府、市场或者其他的方式,对于具体的地方政府来讲并不是"工具箱"中的工具,这是因为现有的制度环境的影响。我们国家的土地管理一直是以计划配置和集权式规划管理为主的体制和机制,这对讨论影响模式选择的具体的因素带来了很大的限制。因此,实践中所选择的管理方式,有可能与相应影响因素的理论分析推论不一致。我们不能草率地认为一些地方政府的实际选择能够证明相应的影响因素的理论推论,有可能是现有的体制和机制不允许做出额外的选择。

(一)研究的主要结论

本文主要做了三件事情。第一件是介绍了低效用地再开发的三种基本的管理模式,即政府主导、市场参与和自组织,尤其是以城乡之间建设用地再开发为例,给出了三种模式的一般含义。第二件是建立了一个以交易费用经济学为理论视角的低效用地再开发比较分析框架。第三件是对政府主导模式和自组织模式进行了比较分析,用于验证分析框架的适用性,同时解释了自组织模式出现的原因及其对政府主导模式的启示。

城乡低效用地再开发在当前中国的土地利用中地位越来越重要,主要是因为日益激烈的土地供需矛盾。中国政府遵循传统政府主导的土地管理方式,设计了城乡建设用地增减挂钩的政策。但是,为了更好地管理低效用地再开发,城乡增减挂钩并不是一个"万能"的解决方案。本文的分析框架揭示了低效用地再开发的治理结构应该随着低效用地再开发中各类"交易"属性的变化而变化。郫县模式的出现,正是适应相应属性变化的结果。同时,这个过程中人的因素和政府正式制度的因素,也起到了相应的促进作用。而更一般的启示,政府需要灵活改变自己的策略,营造一种更能够发挥低效用地再开发利益主体自组织效果的制度环境和提供必要的支持,将能够最大化低效用地再开发的社会收益,这个收益不仅是低效用地再开发的直接收益,还包括一些间接收益,比如城乡统筹发展的收益等。

(二)影响模式选择的主要因素

在政府主导城镇低效用地再开发的大背景下,虽然我们不能推论出决定政府主导、市场参与或者自组织等不同模式选择的影响因素,但是我们至少可以通过案例分析得出什么因素需要政府主导,什么因素引致市场和自组织的出现。而这些因素的总结,实际上为我们思考不同模式选择提供了基础。

总体上来看,如果待开发的土地的零散程度比较高、土地权属的复杂程度比较明显,以及土地规划等制度环境的约束都建议着政府主导是一种合适的管理方式。

比如南昌的万寿宫街区,由于项目所处区域为旧城历史文化旅游街区,为了维护城市传统风貌特色,保护历史文化街区、历史建筑以及不可移动文物,土地规划用途的外部性程度较高,此时市场模式难以将这些外部性内在化,而政府主导模式能够体现其作用。而在邛崃西街再开发项目中由于土地形态零散破碎的程度非常高,单一破碎的地块难以开发利用,并且面积最大的两宗土地——西街小学地块和真丝厂地块也由政府所有,所以政府主导的方式仍然是最合适的管理方式。类似的,深圳沙湖社区再开发项目被规划为盈利性较大的产业发展和生活居住用途(虽然没有明显的外部性),但土地的零散破碎化程度大、产权复杂程度较高的原因(比如仅41.8%的建设用地权属无争议),这些都揭示政府主导模式可能是最佳的管理方式。

当然,现实中的案例也揭示了政府主导并不总是具有绝对优势。很多地方案例已经引入了市场的手段来补充政府主导的模式。浙江的平湖、湖北的襄阳和四川的成都等地的市场参与城镇存量用地再开发案例一方面揭示了市场手段相对传统政府主导方式的绩效,另一方面也揭示了四类因素能够显化市场的手段的绩效。首先,再开发土地增值收益的空间应相对较大,否则失去了私人提供"公共物品"的前提。第二,市场行为主体间的利益具有一致性,存在互利互惠的可能。第三,存量用地及地上房屋权属状况相对简单,利益主体的数量和规模有限。第四,政府有"放权"的意愿并能够更好地发挥作用,比如不仅体现在为市场主体参与城镇存量用地再开发提供必要信息,促成利益主体的互惠合作,还体现在为市场参与模式的建立提供原动力。

类似的,在地方政府的引导下,社区居民可以通过自组织,协调社区集体、居民个人、地方政府之间的利益分配关系,从而推动改造地块的土地整合再开发。这种自组织的模式作为政府和市场手段之外的第三种方式,也在一些条件下可以发挥更显著的绩效。正如在深圳和成都等地案例中所揭示的，有两大类因素为自组织模式体现绩效提供了条件。

第一类因素是再开发土地本身的属性，包括土地及地上房屋的产权界定相对清晰；土地权利人众多且个体利益偏好不同；土地增值空间巨大，容易出现利益分配不均。前两种特征决定了政府主导和基于私人利益取向的市场主导的模式并不能适应城中村和棚户区的改造，存在天生的缺陷。比如，政府在面对众多权利人的不同补偿条件时往往感到力不从心，需要耗费大量的人力物力，最后还要对钉子户采取暴力拆迁的手段。而市场主体更多考虑的是自身改造的利益，也难以进行土地增值收益的公平分配。总之，地方政府在意识到其他模式在城中村和棚户区改造的过程中，容易出现拆迁补偿的纠纷和钉子户困境，才将解决的方式转向了自组织模式。

第二类因素就是外部环境的变化。地方出台的一系列鼓励自组织实施城镇低效用地再开发的政策，往往会诱发社区自组织模式的出现。也就是说，城镇自组织模式并不是自发产生的，需要有政策、法律等外部环境的推力。另外，能够有效实施自组织开发的地区，多满足三个条件，即当地具有成熟的自治组织体系；集体已经或者能够制定合理的利益共享方案；同时，当地政府角色发生了转变，对个人以及社区集体分享增值收益持鼓励的态度。比如，深圳的南布社区原有的社区基层组织作为城中村改造的自治组织，在"整村统筹"代表社区居民自主进行决策。南布社区通过与坪山新区政府制定总体改造方案，与社区居民制定拆迁补偿方案，解决了不同利益主体之间的利益分配问题。又比如，成都曹家巷的居民通过公开透明的民主选举，组建了"自治改造委员会"。"自改委"代表社区居民与金牛区政府进行了反复协商，最终确定了双方都满意认可的拆迁补偿方案。

（三）土地再开发中的政府、市场与社会

可以看出，低效用地再开发管理方式的选择有着一定的理论逻辑。政府、市场和社会实际上构成了不同管理方式在管理土地再开发上的一般性逻辑。到了这里，本文可以给出一些总结性的评述。

第一，政府应当着眼于公共利益上发力，当进则进、当退则退。政府主导城市土地再开发，在划定再开发区域和确定数量规模时主要取决于对自身需要和偏好的考虑，补偿标准的确定则依赖于实施机构与原使用权人的博弈。尽管现行规则较为模糊，但地方实践仍然取得了明显的短期绩效。然而，现行规则可能导致的长期隐患也不能忽略：一方面，由于信息失灵，当土地涉及居住、商业等经营性用途时，政府对项目空间区位和数量规模的选择往往是有偏差，再加上偏好大手笔的政绩工程和面子工程，政府主导的土地开发往往会出现规模过大的情况，从而造成政府财政压力加大、负债加重、土地和建筑闲置等状况。另一方面是补偿标准过高，部分项目中原使用权人可以得到远高于当前财产价值（含一定比例增值收益后）的补偿，从而造成了包括有损公共利益、不利社会公平、影响未来工作可持续性在内的诸多潜在隐患。

第二，政府的优势是可以因势利导实现各方利益共享。我国东部经济发达地区农村低效用地再开发的动力较大，将工作重点放在农房集聚改造上也有迹可循。一方面，东部地区，尤其是经济发达地区，农村人均宅基地面积大，再开发潜力大。另一方面，随着近年来新增建设用地指标的紧缩，政府已经很难拿出足够的指标供农民建新房。此外，随着当地农村经济的发展，越来越多的劳动力转移出农业生产。况且，在东部地区农村低效用地再开发产生的土地增值潜力很大。这些因素为政府推动项目奠定了经济基础。中部地区用地压力相对较小，地方财政较为薄弱，开展农村低效用地再开发的收益有限，一定程度上降低了政府开展这类项目的积极性。这项工作在中部需要特别关注对农民生存方式的影响。西部地区，成都作为全国统筹城乡综合配套改革试验区，重点着眼于统筹城乡发展。该模式的特别之处在于它的溢出效应，有力地引导了农村向第二产业和第三产业转移。总体而言，由于农村低效用地分布零散，面积较小，涉及农户多，需要投入大量资金，所以目前其再开发工作仍以政府主导的模式为主。

第三，市场不是万用万灵，政府还应补其不足。市场参与模式的经济激励机制能够调动企业等社会资本参与城镇存量用地再开发，实现土地资源的优化配置。但是，在不确定的市场环境下，这种激励机制同样会导致自利的市场主体再开发行为的无序和混乱，反而制约了土地利用效率的提升。就利益分配而言，由于资源禀赋和博弈能力的差异，市场参与模式也未必都能实现再开发的增值收益在利益主体间的公平分配。因此，市场参与作为城镇存量用地再开发的一种模式不一定必然是最佳的。换而言之，市场参与模式有其适用条件：

首先，行为主体间的利益具有一致性，存在互利互惠的可能。正如平湖的案例所显示的，优势企业有先进的技术和充足的资金，经营困难的企业有着存量用地资源，两家企业的资源互补性强，有着潜在的共同利益。其次，存量用地及地上房屋权属状况相对简单，利益主体的数量和规模有限。襄阳的棚户区改造涉及过多的利益主体，权属复杂分散。在市场参与模式的激励作用下，追求各自利益最大化的社会资本和诸多原业主相互讨价还价，大大增加了协商谈判和执行的成本。最后，政府能够转变职能，更好地发挥作用。在市场参与模式下，政府应为市场主体参与城镇存量用地再开发提供必要信息，促成利益主体的互惠合作；还应为市场参与模式的建立提供原动力。在不同的社会经济条件下，面对特征各异的存量用地和行为主体，市场参与模式所显示出的成本和效能有所不同。因此，当地政府应根据现实情况，想方设法发挥市场参与模式的优势，同时又要回避或弥补其不足之处。

第四，市场的运转需要立规建制，才能进一步显化集体土地价值。一个强的、好的市场经济背后一定有个强的、好的政府，只有制定和完善规章制度，才能显化集体土地价值，为市场机制提供配套保障措施。市场主导农村低效用地再开发，需要有为的政府来立规。明确界定农村低效用地使用权再开发的对象。总体上，农村低效用地进行再开发应该符合以下条件：一是土地利用总体规划、产业发展规划或者村庄、乡规划及镇总体规划确定的农村低效用地；二是依法取得的并经过确权登记颁证的农村低效用地；三是农村集体经济组织经过合法程序同意再开发的农村低效用地；四是社会需求主体，如企业、个人投资者等通过公开交易市场取得的，用于经营性用途的农村低效用地。明确农村低效用地再开发的形式。从目前成都市的实际情况来看，国土资源管理部门对农村低效用地再开发中的分割办证依然感觉到法律依据不足，大多数地方一直拖延分割办证，这直接影响到社会投资企业开发利用农村低效用地的信心。

第五，除了政府和市场的方式外，社区自治组织也能以自己的运作方式顺利完成公共物品的提供和维持。社区自治能够达成社区居民改造的集体行动，取得良好的绩效。代表社区居民的自治组织通过与地方政府的谈判协商，制定出一个双方都满意接受的改造方案，从而推动了社区居民拆迁改造的意愿。同时，自治组织通过制定内部规则，形成集体压力，可以有效地将钉子户从集体行动中排除出去，避免了钉子户的反公地悲剧行为。因此，城镇自组织模式作为一种提供公共物品的手段和途径,在提高土地利用的效率,改善社区居民的生活条件方面,更加高效。

第六,城镇自组织模式出现并取得顺利实施,是制度环境、自治组织的成熟度等一系列因素共同作用的结果。根据案例的对比总结,社区自治组织之所以出现并运转良好,是受到政府引导、制度环境的诱发、资金筹集能力、成熟的自治组织、合理的利益共享方案、特定的城镇用地类型这六个主要因素的影响。总体来说,地方实践中采用或允许城镇自组织的实施方式,是因为这符合交易成本最小化的选择逻辑。这些影响因素除了降低自组织模式在实施过程中的信息和决策成本、谈判和协商成本、监督成本等交易成本之外,还决定了改造过程中的增值收益的公平分配,并控制了自组织模式存在的风险和不确定性。

参考文献

[1] 唐健,王庆日,谭荣. 新型城镇化战略下农村土地政策改革试验[M]. 北京:中国社会科学出版社,2014.

[2] Davy B. Mandatory happiness? Land readjustment and property in Germany. In: Hong Y, Needham B. (eds.) Analyzing Land Readjustment: Economics, Law, and Collective Action [M]. Cambridge, Massachusetts: Lincoln Institute of Land Policy, 2007.

[3] Doebele W A. Land readjustment: a different approach to Finance urbanization [M]. Lexington, MA: Lexington Books, 1982.

[4] Larsson G. Land readjustment: A tool for urban development [J]. Habitat International, 1997, 21 (2):141-152.

[5] Louw E. Land assembly for urban transformation—the case of 's-Hertogenbosch in The Netherlands [J]. Land Use Policy, 2008, 25(4):69-80.

[6] Needham B. Land readjustment in the Netherlands [C]. Lincoln Institute of Land Policy Conference Paper, 2002. https://www. lincolninst. edupubsdl/643_needham. pdf.

[7] North D C. Institutions [J]. Journal of Economic Perspectives, 1991, 5:97-112.

[8] Ostrom E. Understanding institutional diversity [M]. Princeton: Princeton University Press, 2005.

[9] Ostrom E. Analysing collective action [J]. Agricultural Economics, 2010, 41:155-166.

[10] Olson M. The logic of collective action: public goods and the theory of groups [M]. Cambridge. MA: Harvard University Press, 1965.

[11] Sorensen A. Land readjustment, urban planning and urban sprawl in the Tokyo metropolitan area [J], Urban Studies, 1999, 40(2):219-247.

[12] Sorensen A. Land readjustment and metropolitan growth: an examination of suburban land development and urban sprawl in the Tokyo metropolitan area [J]. Progress in Planning, 2000, 53 (4):217-330.

[13] Tan R, Beckmann V, van den Berg L, et al. Governing farmland conversion: comparing China with the Netherlands and Germany [J]. Land Use Policy, 2009, 26:961-974.

[14] Williamson O E. The economic institutions of capitalism [M]. New York: The Free Press, 1985.

[15] Williamson O E. The mechanisms of governance [M]. New York: Oxford University Press, 1996.

地方政府失地农民就业政策的绩效评估

——基于大样本调查的实证分析

汪 晖 陈 箫

摘 要：研究目的：对当前地方政府的被征地农民就业政策的有效性进行评估。研究方法：运用多项 Logit 模型检验被征地农民非农就业的影响因素，观察政府就业政策在被征地农民非农就业过程中的作用，从而评价政府被征地农民就业政策的绩效。研究结果：(1) 政府被征地农民就业扶持政策相关的解释变量中，再就业优惠证对被征地农民就业的影响在 1% 的置信水平下显著为正。(2) 获得政府工作推荐，相对于非农就业而言，对从事农业的影响在 1% 的置信水平下显著为负。研究结论：虽然多项 Logit 模型和边际效应分析结果显示政府在帮助被征地农民就业创业上推出的相关扶持政策对被征地农民实现非农就业有正面积极的作用，但在上述计量分析中被证明有效的政策工具受惠覆盖面非常低，地方政府在帮助被征地农民实现非农就业方面的政策绩效并不高。

关键词：被征地农民；就业政策；绩效评估；多项 Logit 模型

Performance Evaluation of Local Governments Employment Policies for Land-expropriated Farmers

——based on a nationally survey data

WANG Hui，CHEN Xiao

Abstract：The purpose of this study is to evaluate the performance of local government's employment policies for Land-expropriated Farmers. Using multinomial Logit model to examine the factors influencing the non-agricultural employment of the land-expropriated farmers，testing the role of the governments' employment policies on the non-agricultural employment of the land-expropriated farmers，finally evaluating the performance of the governments' policies on the employment of the land-expropriated farmers. The results indicate that the effects of the reemployment preferential licenses on the employment of the land-expropriated farmers are significant at 1% confidence level and the effects of government job recommendations show negative impact on the agricultural employment (compared with non-agricultural employment). In general，multinomial Logit model and marginal effect analysis results show that the relevant support policies put in place by the governments in helping the employment and entrepreneurship of the land-expropriated farmers have positive effects on the non-agricultural employment of those farmers. But the coverage of the policy tools testified to be effective in the above econometric analysis is rather low，we think the local governments have low policy performance in helping the land-expropriated farmers in realizing non-agricultural employment.

Key words：land-expropriated farmers；employment policies；performance evaluation；multinomial Logit model

一、引言

随着中国工业化城市化的快速推进，农村土地被大规模征收，并带来了与日俱增的失地农民，据民进中央的调查估计，到 2020 年我国失地农民总数将达 1 亿人以上，这还不包括地方政府违法征地带来的失地农民。基于中国的国情，在城市化进程中农民失地又失业具有一定的必然性[1]，不论是经济发达地区，还是经济欠发达地区，被征地农民的就业现状都不容乐观，主要体现为：就业难、就业空间狭小、就业后职业稳定性脆弱，以及被征地农民对职业期望过高[2,3]。

影响被征地农民就业的因素主要有：(1)经济社会因素，产业结构、就业结构和劳动用工制度的调整和改革加剧了征地就业安置的压力[2]，城镇吸纳富余劳动力能力的有限[4,5]使得农村剩余劳动力大规模向城市流动形成与被征地农民争夺就业岗位的竞争态势[2]；(2)被征地农民的个人因素，年龄、性别、教育、观念、社会网络、人力资本、社会资本以及劳动技能等[6]。

鉴于此，各级政府纷纷出台被征地农民就业政策，希望能够解决农民失去土地之后的就业问题。各地的被征地农民就业政策五花八门，归纳起来主要包括职业技能培训、搭建服务平台、出台扶持政策三大方面，具体而言则包括被征地农民职业培训、被征地农民职业推介、给农民颁发就业优惠证，鼓励企业吸纳被征地农民，公益性岗位安置被征地农民、鼓励被征地农民自主创业等等。几乎所有的地方政府都宣称他们出台的被征地农民就业政策是成功的，常见的语境是，某某县出台被征地农民就业优惠政策，搭建被征地农民就业平台，大力开展被征地农民就业服务工作，帮助一千多名被征地农民顺利找到工作，诸如此类。

由此，尽管作为解决被征地农民就业问题的主要手段——地方政府的被征地农民就业政策，的确帮助了部分被征地农民找到工作，但是这部分农民是否能够代表被征地农民的整体，地方政府相关就业政策的有效性究竟如何？需要实证分析来验证。

本文采用 2009 年作者在长三角、珠三角、环渤海以及成渝地区开展的征地问题大样本抽样调查，在所有获得的 1209 份有效样本中，自 2004—2008 年以来有过明确的 1 次以上(包含 1 次)征地(拆迁)经历的农户样本一共 823 个，其中被访者 16～60 岁的样本共 683 个。通过计量分析，本文将检验哪些因素对被征地农民职业寻找有正面的效应，在这其中政府的被征地农民就业政策起到什么样的作用？政策绩效如何？

二、被征地农民就业概况

(一)被征地农民 2008 年就业及主要工作类型

本文将被征地农民就业状态分为失业、农业和非农业三种类型。在调查的全部 683 个被征地(拆迁)农民样本中，非农就业比例为 65.59%，失业比例为 25.92%，从事农业的比例为 8.49％。表 10-1 反映了 12 个被调查城市的被征地农民就业情况及其地区间差异。

表 10-1 被征地农民非农就业情况

城　　市	失　　业		农　　业		非农业		样本合计
	样本数	比例（％）	样本数	比例（％）	样本数	比例（％）	
乐清	13	30.23	10	23.26	20	46.51	43
宁波	15	28.30	3	5.66	35	66.04	53
无锡	11	18.03	2	3.28	48	78.69	61
三河	16	36.36	1	2.27	27	61.36	44
潍坊	14	23.33	1	1.67	45	75.00	60
济南	24	26.67	4	4.44	62	68.89	90
广州	6	20.69	5	17.24	18	62.07	29
中山	5	31.25	2	12.50	9	56.25	16
东莞	9	29.03	0	0.00	22	70.97	31
重庆	17	25.76	10	15.15	39	59.09	66
南充	18	20.45	12	13.64	58	65.91	88
成都	29	28.43	8	7.84	65	63.73	102
全国	177	25.92	58	8.49	448	65.59	683

资料来源：根据 2009 年全国征地大样本抽样调查数据整理

从四大都市圈来看（见图 10-1），环渤海地区非农业就业比例最高，达到 69.07％，而成渝地区最低，为 63.28％，但总体而言被征地农民四大都市区非农就业比例差别不大。环渤海地区失业率也是最高，达到 27.84％，长三角地区失业率最低，为 24.84％。总体而言，从事非农工作和失业的比例在四大都市圈差异不大，但纯务农的比例成渝地区最高，达到11.72％，环渤海地区最低，只有 3.09％。

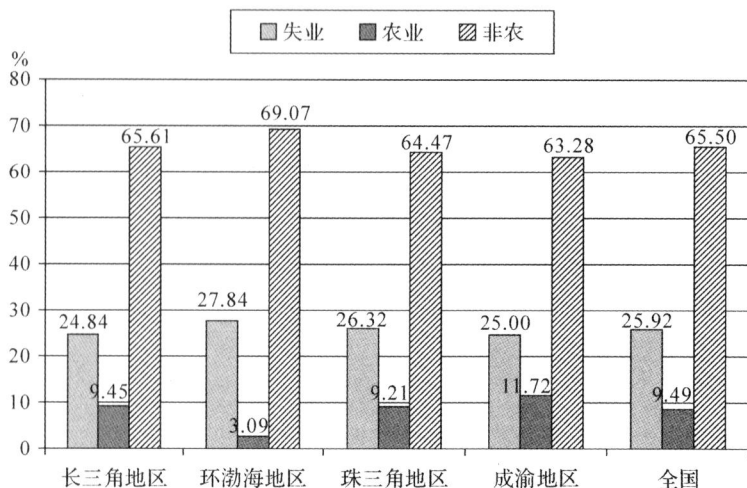

图 10-1 2008 年四大都市圈被征地农民非农就业情况

表 10-2 给出了 12 个城市 447 个被征地农民非农就业的主要工作类型。其中给企业或私人老板打工的比例超过了其他四种工作类型,达到 45.76%;其次是自营工商业达到 26.12%,经营自家或联营企业(8 人以上雇工)的比例最低、只有 8 个样本,占 1.79%。

表 10-2　被访农户 2008 年最主要的非农工作类型

城　市	给企业或私人老板打工		在政府机关事业单位		自营工商业		经营自家(联户)企业		其他类型工作		合　计
	样本数	比例(%)	样本数	比例(%)	样本数	比例(%)	样本数	比例(%)	样本数	比例(%)	
温州	8	38.10	0	0.00	9	42.86	2	9.52	2	9.52	21
宁波	15	42.86	14	40.00	6	17.14	0	0.00	0	0.00	35
无锡	26	55.32	7	14.89	10	21.28	3	6.38	1	2.13	47
三河	12	44.44	0	0.00	12	44.44	0	0.00	3	11.11	27
潍坊	10	22.22	1	2.22	16	35.56	0	0.00	18	40.00	45
济南	26	41.94	6	9.68	12	19.35	0	0.00	18	29.03	62
广州	9	50.00	1	5.56	6	33.33	1	5.56	1	5.56	18
中山	2	22.22	0	0.00	2	22.22	0	0.00	5	55.56	9
东莞	9	40.91	1	4.55	6	27.27	0	0.00	6	27.27	22
重庆	17	43.59	2	5.13	9	23.08	0	0.00	11	28.21	39
南充	40	68.97	2	3.45	9	15.52	1	1.72	6	10.34	58
成都	31	47.69	5	7.69	20	30.77	1	1.54	8	12.31	65
全国	205	45.76	39	8.71	117	26.12	8	1.79	79	17.63	448

资料来源:根据 2009 年全国征地大样本抽样调查数据整理

表 10-3 统计了被征地农民非农就业渠道,其中通过亲戚朋友(包括前雇主)介绍的比例最高,达到 50.22%;通过报纸、电视、广播、网络或招工广告以及职业介绍机构获取工作信息的比例为 6.92%;通过政府组织获取就业信息的比例为 8.04%;而通过自己寻找、学校分配等其他途径获取就业信息的比例达到 34.82%。由于笔者调查的是 12 个城市被征地农民,他们大部分居住在城市附近,有较多的就业机会,而在本地就业可以充分利用各自的社会关系获取工作信息,所以通过亲戚朋友或者自己寻找的比例远远超过媒体广告和职业介绍机构。调查还发现,通过政府组织获取就业信息的比例也非常低,其中长三角地区通过政府获取就业信息的比例高于其他地区。

表 10-3　被征地农民就业渠道的统计

城　市	亲戚朋友介绍		媒体广告和职业介绍机构		政府组织		其他途径		合　计
	样本	比例(%)	样本	比例(%)	样本	比例(%)	样本	比例(%)	
乐清	15	71.43	1	4.76	0	0.00	5	23.81	21
宁波	15	42.86	5	14.29	7	20.00	8	22.86	35

续表

城　　市	亲戚朋友介绍		媒体广告和职业介绍机构		政府组织		其他途径		合　　计
	样本	比例(%)	样本	比例(%)	样本	比例(%)	样本	比例(%)	
无锡	15	31.91	3	6.38	14	29.79	15	31.91	47
三河	14	51.85	2	7.41	1	3.70	10	37.04	27
潍坊	20	44.44	3	6.67	4	8.89	18	40.00	45
济南	30	48.39	7	11.29	2	3.23	23	37.10	62
广州	8	44.44	3	16.67	0	0.00	7	38.89	18
中山	5	55.56	1	11.11	0	0.00	3	33.33	9
东莞	8	36.36	2	9.09	2	9.09	10	45.45	22
重庆	27	69.23	2	5.13	0	0.00	10	25.64	39
南充	32	55.17	0	0.00	1	1.72	25	43.10	58
成都	36	55.38	2	3.08	5	7.69	22	33.85	65
全国	225	50.22	31	6.92	36	8.04	156	34.82	448

资料来源：根据 2009 年全国征地大样本抽样调查数据整理

（二）被征地农民职业培训

表 10-4 给出了被征地农民参加职业培训教育时间的统计。在访谈中，总共有 746 个家庭有过征地或拆迁的被访者回答了就业培训方面的问题。从全国来看，被征地农民接受职业培训的时间平均不足 3 天，其中 91.07% 的被征地农民从未接受过任何职业技术培训教育，只有 3.77% 的被征地农民参加过 1 天至 1 周（含 1 周）的职业培训，3.51% 的被征地农民参加过 1 周至 1 个月（含 1 个月）的职业培训，0.59% 的被征地农民参加过总共 1 个月到 6 个月（含 6 个月）的职业培训，0.44% 的被征地农民参加过超过半年至 1 年（含 1 年）的职业培训，0.15% 的被征地农民参加过 1 年以上的职业培训。从各城市来看，宁波市被征地农民平均参加职业培训时间最长，达到 20.87 天，远远高于其他城市；成都市被征地农民参加过职业技术培训的比例最高，达到 22.55%。

表 10-4　被征地农民参加职业培训教育情况

城　市	没有接受过职业培训		1 周以下（含 1 周）		1 个月以下（含 1 月）		半年以下（含半年）		1 年以下（含 1 年）		1 年以上		合　计	人均培训时间
	样本数	比例(%)	样本数	比例(%)	样本数	比例(%)	样本数	比例(%)	样本数	比例(%)	样本数	比例(%)		
乐清	43	100.00	0	0.00	0	0.00	0	0.00	0	0.00	0	0.00	43	0.00
宁波	46	86.79	2	3.77	3	5.66	2	3.77	0	0.00	0	0.00	53	20.87
无锡	53	86.89	4	6.56	3	4.92	1	1.64	0	0.00	0	0.00	61	1.87
三河	44	100.00	0	0.00	0	0.00	0	0.00	0	0.00	0	0.00	44	0.00
潍坊	56	93.33	0	0.00	4	6.67	0	0.00	0	0.00	0	0.00	60	1.32

续表

城 市	没有接受过职业培训		1周以下（含1周）		1个月以下（含1月）		半年以下（含半年）		1年以下（含1年）		1年以上		合 计	人均培训时间
	样本数	比例(%)	样本数	比例(%)	样本数	比例(%)	样本数	比例(%)	样本数	比例(%)	样本数	比例(%)		
济南	89	98.89	0	0.00	1	1.11	0	0.00	0	0.00	0	0.00	90	1.69
广州	25	86.21	1	3.45	1	3.45	0	0.00	2	6.90	0	0.00	29	0.24
中山	12	75.00	1	6.25	2	12.50	0	0.00	1	6.25	0	0.00	16	3.44
东莞	28	90.32	1	3.23	2	6.45	0	0.00	0	0.00	0	0.00	31	0.29
重庆	62	93.94	2	3.03	1	1.52	0	0.00	0	0.00	1	1.52	66	0.00
南充	85	96.59	0	0.00	2	2.27	1	1.14	0	0.00	0	0.00	88	1.74
成都	79	77.45	13	12.75	10	9.80	0	0.00	0	0.00	0	0.00	102	2.92
全国	622	91.07	24	3.51	29	4.25	4	0.59	3	0.44	1	0.15	683	2.89

资料来源：根据2009年全国征地大样本抽样调查数据整理

从访谈结果来看，农民土地被征收后参加过当地政府为被征地农民组织的职业培训班的比例非常低，只有6.15%（见表10-5），其中成都（16.67%）和宁波（15.09%）的比例相对较高，乐清、三河、济南、广州和重庆所有的被访者表示自从土地被征收后从未参加过当地政府为被征地农民组织的职业培训，也不知道当地有没有这一类职业培训班。

表10-5 参加政府为被征地农民组织的职业技术培训情况

城 市	接受过政府组织的职业培训		没有接受过政府组织的职业培训		合 计
	样本数	比例(%)	样本数	比例(%)	
乐清	0	0.00	43	100.00	43
宁波	8	15.09	45	84.91	53
无锡	6	9.84	55	90.16	61
三河	0	0.00	44	100.00	44
潍坊	3	5.00	57	95.00	60
济南	0	0.00	90	100.00	90
广州	0	0.00	29	100.00	29
中山	1	6.25	15	93.75	16
东莞	1	3.23	30	96.77	31
重庆	0	0.00	66	100.00	66
南充	6	6.82	82	93.18	88
成都	17	16.67	85	83.33	102
全国	42	6.15	641	93.85	683

资料来源：根据2009年全国征地大样本抽样调查数据整理

虽然被访者土地被政府征收后参加政府为被征地农民组织的职业培训教育的比例很低，但从全国来看，被访者拥有职业资格证书的达到13.03％（见表10-6），说明其中有一大部分被访者是在土地征收前获得的职业资格证书。其中宁波、无锡、济南、广州、无锡、中山和东莞被征地农民拥有职业资格证书的比例相对较高，均超过15％，而乐清、三河和重庆被访者拥有职业资格证书的比例相对较低，不超过10％。乐清市被访者中没有1人拥有职业资格证书，农民土地被征收后没有一个人参加职业培训教育的，这或许跟乐清市农民自主创业比例较高有关，从事非农行业的被征地农民自营工商业或自己经营（联营）企业的比例高达52.38％，远远高于全国的27.91％。

表 10-6　被征地农民拥有职业资格证书情况

城　市	有职业资格证书		没有职业资格证书		合　计
	样本数	比例（％）	样本数	比例（％）	
乐清	0	0.00	43	100.00	43
宁波	10	18.87	43	81.13	53
无锡	10	16.39	51	83.61	61
三河	3	6.82	41	93.18	44
潍坊	6	10.00	54	90.00	60
济南	15	16.67	75	83.33	90
广州	4	13.79	25	86.21	29
中山	3	18.75	13	81.25	16
东莞	5	16.13	26	83.87	31
重庆	5	7.58	61	92.42	66
南充	9	10.23	79	89.77	88
成都	19	18.63	83	81.37	102
全国	89	13.03	594	86.97	683

资料来源：根据2009年全国征地大样本抽样调查数据整理

（三）工作能力获得

表10-7统计了被征地农民非农工作技能的获取途径。在调查中，笔者向每一位被访者询问了如下问题："请您考虑一下，您目前的主要工作能力是从哪里获得的？1＝主要来自征地前工作的经验积累或职业培训；2＝征地后政府组织的职业培训；3＝主要来自其他专门的职业培训；4＝主要来自成人教育、自学考试教育等；5＝主要来自正规的学校教育；6＝其他请注明"。统计结果发现，只有13位被访者认为自己的工作技能是从征地后政府组织的职业培训中获得的，仅占1.90％，而98.10％的被访者认为自己当前的工作技能来自征地前工作积累或职业培训、成人教育、正规学历教育以及其他途径。

表 10-7 被征地农民工作技能取得途径

城　市	征地后政府组织的职业培训		其　他		合　计
	样本数	比例(%)	样本数	比例(%)	
乐清	0	0.00	43	100.00	43
宁波	3	5.66	50	94.34	53
无锡	0	0.00	61	100.00	61
三河	0	0.00	44	100.00	44
潍坊	1	1.67	59	98.33	60
济南	2	2.22	88	97.78	90
广州	0	0.00	29	100.00	29
中山	0	0.00	16	100.00	16
东莞	1	3.23	30	96.77	31
重庆	1	1.52	65	98.48	66
南充	1	1.14	87	98.86	88
成都	4	3.92	98	96.08	102
全国	13	1.90	670	98.10	683

资料来源:根据 2009 年全国征地大样本抽样调查数据整理

(四)地方政府被征地农民就业和创业扶持政策

表 10-8 统计了被征地农民从地方政府获得就业或创业扶持的情况,这些扶持包括获得地方政府颁发的再就业优惠证、获得政府职业推荐、获得用地单位就业优先协议、获得政府扶持性创业贷款以及得到政府创业税收优惠等。

再就业优惠证:被征地农民再就业优惠证通常是由地方政府劳动保障部门颁发的享受当地就业优惠政策的证书,获得再就业优惠证的被征地农民可以在创业税收、小额担保贷款获得一定扶持,同时政府通过税收减免、社保补贴等措施鼓励企业吸纳获得再就业优惠证的农民就业。从表 10-8 来看,只有 28 个被访者获得了地方政府颁发的再就业优惠证,占被征地农民总样本的 4.10%,其中成都获得再就业优惠证的比例最高,占 18.63%,乐清、三河、潍坊、济南、广州、中山和重庆无一访谈者获得再就业优惠证。

政府职业推荐:政府职业推荐是指地方政府邀请企事业单位,为被征地农民举办各种职业推介会,通过被征地农民与用人单位面对面交谈获得就业机会的一项举措。从表 10-8 可见,只有 3.07% 的被征地农民通过政府职业推荐获得过工作,其中宁波比例最高,但也不足被征地农民的 10%;乐清、广州、中山和重庆被访者无一从政府职业推荐活动中获得过工作,或者根本不知道有没有这一类政府扶持被征地农民就业活动。

用地单位优先就业协议:在一些地区征地拆迁过程中,地方政府和用地单位为了顺利获得土地进场施工,会与村委会进行包括优先就业等内容的谈判,如果谈判顺利,用地单位就会与村委会签订一份优先就业协议,用地单位承诺项目施工和建成开工后提供若干合适的岗位给被征地农民。但从调查来看,通过优先就业协议获得过工作的访谈者只有 4 人,占被征地农民总样本的 0.59%。

政府扶持性贷款：地方政府为了鼓励被征地农民自主创业而推出的小额担保贷款政策。从调查来看，有 9 位被访者获得过政府扶持性贷款，占被征地农民总样本的 1.32%，其中济南有 6 位被访者获得过政府扶持性贷款，成都有 3 位被访者获得过政府扶持性贷款，其余 10 个城市无一被访者获得过此类帮助。

税收优惠：地方政府为了鼓励被征地农民自主创业而推出的税收优惠政策，具体包括营业税、城市维护建设税、教育费附加和个人所得税等方面的减免，各地优惠幅度不同。从表 10-8 看共有 31 个被访者获得过当地政府税收优惠政策，占被征地农民总样本的 4.54%，主要集中在成都和南充；乐清、潍坊、广州和重庆无一被访者获得过此类帮助。

表 10-8　被征地农民获得政府就业或创业支持情况

城　　市	获得再就业优惠证		获得政府职业推荐		获得用地单位优先就业协议		获得政府扶持性贷款		得到政府税收优惠支持		样本数
	样本数	比例（%）	样本数	比例（%）	样本数	比例（%）	样本数	比例（%）	样本数	比例（%）	
乐清	0	0.00	0	0.00	0	0.00	0	0.00	0	0.00	43
宁波	3	5.66	5	9.43	0	0.00	0	0.00	2	3.77	53
无锡	1	1.64	2	3.28	1	1.64	0	0.00	1	1.64	61
三河	0	0.00	1	2.27	0	0.00	0	0.00	2	4.55	44
潍坊	0	0.00	3	5.00	0	0.00	0	0.00	0	0.00	60
济南	0	0.00	1	1.11	1	1.11	6	6.67	1	1.11	90
广州	0	0.00	0	0.00	0	0.00	0	0.00	0	0.00	29
中山	0	0.00	0	0.00	0	0.00	0	0.00	1	6.25	16
东莞	2	6.45	1	3.23	0	0.00	0	0.00	1	3.23	31
重庆	0	0.00	0	0.00	0	0.00	0	0.00	0	0.00	66
南充	3	3.41	2	2.27	2	2.27	0	0.00	6	6.82	88
成都	19	18.63	6	5.88	0	0.00	3	2.94	17	16.67	102
全国	28	4.10	21	3.07	4	0.59	9	1.32	31	4.54	683

资料来源：根据 2009 年全国征地大样本抽样调查数据整理

三、地方政府就业政策的绩效评估

（一）研究变量选择

1. 被解释变量

本文的被解释变量定义为被访者（16～60 岁）在 2008 年处于的就业状态，归类为失业、纯务农以及在非农就业岗位工作三种类型。失业定义为 2008 年没有从事固定或临时的非农工作，人均耕地在 0.3 亩以下，或者虽然人均耕地超过 0.3 亩，但已经将家里的耕地转包出去，总体而言 683 个样本中有 177 个被访者，家庭人均耕地面积只有 0.04 亩，绝大部分是完全被征地农民。纯务农定义为家庭收入绝大部分以农业收入为主,不在固定或临时的非农工作岗位工作,所谓非农就业岗位,调查中定义为包括在党政机关和企、事业单位工作及打工、自营工商业、经营自家(联户)企业,以及家庭收入以非农收入为主的兼业农民;其中自营工商业指以盈利为目的,自己当老板或合伙人,规模在8人及以下的行业,例如小卖部、理发店、包工头、个体运输、粮食加工等,还包括大规模饲养家禽或家畜等,其中"大规模"可以理解为"专业户"。调查中,683个征地(拆迁)样本中,有448个被访者在2008年从事非农工作。

2. 就业政策解释变量

本文着重检验被征地农民非农就业的影响因素,观察政府就业政策在被征地农民非农就业过程中的作用,从而评价政府被征地农民就业政策的绩效。为此,我们选择了3个变量作为解释变量,分别是:

工作推荐:获得政府职业推荐、享受用人单位优先就业协议,或者工作机会是从政府专门给被征地农民提供的工作信息中获得。

职业培训:参加过政府组织的职业培训或工作能力从政府相关被征地农民就业项目中获得。

政府颁发相关证书:再就业优惠证。

3. 工作技能变量

一般职业培训:征地后参加过职业培训的时间。

职业资格证书:有没有获得职业资格证书。

由于一般情况下,创业者只有在已经创业后才能享受扶持性贷款和税收优惠政策等创业扶持政策,因而和被解释变量有因果关系倒置问题,所以尽管我们在前面对地方政府创业扶持政策有统计性描述,但不作为解释变量处理。

4. 控制变量

我们还选择了一系列反映农户个人和家庭基本特征,以及家庭社会经济情况的解释变量。它们包括:

个人特征变量:被访者年龄、性别、婚姻状态、户口类型、教育程度,是否是党员、是否是村干部、是否参过军。

家庭特征变量:土地面积[①]、家庭成员是否有党员、家庭成员是否有干部、家庭成员是否有参过军、家庭成员是否有外出打工的人[②],家里有多少成员在读书、家里是否有人得过重大疾病[③],是否有在乡以上政府担任干部或在新闻媒体担任记者的亲戚、是否有在乡以上政府担任干部或在新闻媒体担任记者的朋友、是否有在外地打工的亲戚[④]。

上述自变量均通过了共线性检验。各个变量的定义及测度见表10-9。

---

① 土地面积可能影响农民是否选择外出打工,土地越少,出去打工的概率越高。

② 家庭成员是否有党员、家庭成员是否有干部、家庭成员是否有人参过军以及家庭成员是否有外出打工这一组控制变量控制家庭其他成员的社会地位和关系对被访者非农就业的影响。

③ 家里有多少成员在读书以及是否有人得过重大疾病会影响家庭经济负担,从而影响农民外出打工的决定。

④ 是否有在乡以上政府担任干部或在新闻媒体担任记者的亲戚,是否有在乡以上政府担任干部或在新闻媒体担任记者的朋友,是否有在外地打工的亲戚,这一组控制变量控制社会网络关系对被征地农民非农就业的影响。

表 10-9　变量描述及测度

变　量	测　度
被解释变量	
就业状态	类别变量，失业＝1，纯务农＝2，非农就业＝3
就业政策	
政府工作推荐	征地后是否获得政府直接工作推荐、享受用人单位优先就业协议，或者工作机会是从政府专门给被征地农民提供的工作信息中获得，虚拟变量，是＝1，否＝0
政府职业培训	是否参加过政府组织的职业培训或工作能力从政府相关被征地农民就业项目中获得，虚拟变量，是＝1，否＝0
政府颁发证书	征地后是否获得再就业优惠证，虚拟变量，是＝1，否＝0
工作技能	
职业资格证书	有没有职业资格证书，虚拟变量，有＝1，没有＝0
社会职业培训时间	参加社会职业培训时间，从没参加过＝0，参加过1周以内培训（含1周）＝1，1个月以内（含1月）＝2，半年以内（含半年）＝3，1年以内（含1年）＝4，1年以上＝5
控制变量	
年龄	2008年实际年龄（岁）
性别	虚拟变量，男＝1，女＝0
教育程度	正规全日制学校教育年数（年）
户口类型	虚拟变量，非农业户口＝1，其他＝0
婚姻状态	虚拟变量，已婚＝1，其他＝0
党员	虚拟变量，本人是党员＝1，不是＝0
村干部	虚拟变量，本人是村干部＝1，不是＝0
参军	虚拟变量，本人参过军＝1，不是＝0
人均耕地	2008人均耕地（亩/人）
家庭成员党员	家里是否有党员，虚拟变量，有＝1，没有＝0
家庭成员村干部	家里是否有村干部，虚拟变量，有＝1，没有＝0
家庭成员参军	家里是否有人参过军，虚拟变量，有＝1，没有＝0
外出打工者	家里是否有外出打工的人，虚拟变量，有＝1，没有＝0
就读	2008年家庭在读的人数（人）
患病	家里是否有人得过重大疾病，虚拟变量，有＝1，没有＝0
干部亲戚	有没有任干部的亲戚，虚拟变量，有＝1，没有＝0
干部朋友	有没有任干部的朋友，虚拟变量，有＝1，没有＝0
亲朋外出打工者	有没有在外地打工的亲戚朋友，虚拟变量，有＝1，没有＝0

（二）计量模型设定

本研究中的被解释变量是类别变量，有失业、务农或非农工作这三种相互排斥的可能

性,适合使用多项 Logit 模型(Multinomial Logit Model)[7],设定的模型如下:

$$\log\left(\frac{P_j}{P_J}\right) = \alpha + \sum_{i=1}^{k} \beta_i T_i + \varepsilon$$

其中,P_j = 第 j 就业状态发生的概率,$j = 1,2,3$,$J = 3$。$j = 1$(失业),$j = 2$(务农),$j = 3$(非农)。α 为常数项,β_i 代表第 i 个自变量的参数,T_i 代表第 i 个变量的观测值。ε 是服从标准正态分布的误差项,控制其他不可观测的影响因素。

解释变量和控制变量统计性描述见表 10-10。

表 10-10 解释变量和控制变量描述性统计

自变量	样本数	均 值	方 差	最小值	最大值
政府颁发证书	683	0.040996	0.198425	0	1
政府工作推荐	683	0.035139	0.184266	0	1
政府职业培训	683	0.04246	0.201783	0	1
职业资格证书	683	0.130308	0.336888	0	1
社会职业培训时间	683	0.162518	0.581938	0	5
年龄	683	45.80381	9.573432	18	60
性别	683	0.713031	0.452679	0	1
婚姻状态	683	0.942899	0.232206	0	1
户口类型	683	0.352855	0.478208	0	1
教育程度	683	8.295022	3.244848	0	19
党员	683	0.215227	0.411281	0	1
村干部	682	0.067449	0.250982	0	1
参军	683	0.080527	0.272307	0	1
人均耕地	683	0.111484	0.270553	0	1.87
家庭成员党员	683	0.342606	0.474929	0	1
家庭成员村干部	683	0.065886	0.248264	0	1
家庭成员参军	683	0.190337	0.392855	0	1
外出打工者	683	0.623719	0.484807	0	1
就读	683	0.650073	0.755593	0	4
患病	683	0.304539	0.460549	0	1
干部亲戚	683	0.376281	0.484807	0	1
干部朋友	683	0.366032	0.482072	0	1
亲朋外出打工者	683	0.45388	0.498233	0	1

(三)回归结果分析

表 10-11 报告了在控制了 12 个城市后的多项 Logit 模型的回归结果,表 10-12 估计了各自变量对被征地农民就业的边际效应。

表 10-11　多项 Logit 模型的估计结果

变　量	就业状态	
	失　业	务　农
政府颁发证书	−35.25***	−34.65***
	(0.413)	(0.838)
政府工作推荐	−1.450	−33.83***
	(1.114)	(0.561)
政府职业培训	0.248	0.498
	(0.516)	(0.988)
职业资格证书	−1.295***	−1.030
	(0.416)	(0.757)
社会职业培训时间	−0.0401	−0.364
	(0.178)	(0.305)
年龄	−0.00809	−0.00734
	(0.0131)	(0.0234)
性别	0.449**	0.975**
	(0.225)	(0.413)
婚姻状态	−1.801***	−1.251*
	(0.436)	(0.671)
户口类型	0.305	−0.144
	(0.272)	(0.452)
教育程度	0.0311	0.0808
	(0.0375)	(0.0561)
党员	−0.112	0.212
	(0.272)	(0.515)
村干部	−0.292	−2.047
	(0.416)	(1.307)
参军	0.114	0.766
	(0.373)	(0.557)
人均耕地	−2.336**	1.863***
	(0.915)	(0.497)
家庭成员党员	0.123	−0.699*
	(0.228)	(0.404)
家庭成员村干部	−0.863*	−0.561
	(0.467)	(0.908)
家庭成员参军	−0.0407	0.795*
	(0.279)	(0.477)
外出打工者	−0.246	−0.0916
	(0.198)	(0.362)
就读	0.126	−0.202
	(0.136)	(0.227)
患病	0.0736	0.253
	(0.213)	(0.375)

续表

变　量	就业状态	
	失　业	务　农
干部亲戚	0.198 (0.202)	−0.153 (0.361)
干部朋友	0.193 (0.212)	0.687* (0.360)
亲朋外出打工者	−0.0197 (0.199)	−0.603* (0.340)
宁波	−0.298 (0.515)	−1.978*** (0.695)
江阴	−1.137** (0.535)	−2.448*** (0.920)
三河	−0.107 (0.516)	−2.872** (1.238)
潍坊	−0.618 (0.494)	−3.785*** (1.337)
济南	−0.282 (0.468)	−2.960*** (0.878)
广州	−0.460 (0.630)	−1.387* (0.756)
东莞	−0.610 (0.602)	−36.15*** (0.547)
南充	−1.456*** (0.550)	−0.703 (0.683)
成都	−0.364 (0.515)	−1.946** (0.786)
常数项	1.332 (0.945)	−0.350 (1.474)
Log pseudolikelihood	−470.191	
Wald chi2(68)	35500.6	
Prob> chi2	0.0000	
Pseudo R^2	0.1759	
Observations	683	

注:1.以非农就业为对照组

2.括号里是稳健估计下的标准差绝对值

3.*、**、***分别表示统计检验在10%、5%和1%的水平上显著

表 10-12　被征地农民就业的多项 Logit 模型的边际效应估计

变　量	就业状态		
	失　业	务　农	非农就业
政府颁发证书	−0.255***	−0.00308***	0.258***
	(0.0224)	(0.000813)	(0.0224)
政府工作推荐	−0.0585**	−0.00302***	0.0615***
	(0.0230)	(0.000804)	(0.0230)
政府职业培训	0.0188	0.000554	−0.0194
	(0.0430)	(0.00144)	(0.0432)
职业资格证书	−0.0616***	−0.000646	0.0623***
	(0.0136)	(0.000394)	(0.0137)
社会职业培训时间	−0.00274	−0.000334	0.00308
	(0.0123)	(0.000266)	(0.0123)
年龄	−0.000558	−6.22e−06	0.000564
	(0.000900)	(2.14e−05)	(0.000904)
性别	0.0287**	0.000740**	−0.0294**
	(0.0133)	(0.000315)	(0.0133)
婚姻状态	−0.237***	−0.00139	0.239***
	(0.0906)	(0.00138)	(0.0908)
户口类型	0.0219	−0.000152	−0.0218
	(0.0204)	(0.000399)	(0.0205)
教育程度	0.00214	7.25e−05	−0.00221
	(0.00260)	(5.32e−05)	(0.00261)
党员	−0.00754	0.000217	0.00733
	(0.0178)	(0.000531)	(0.0179)
村干部	−0.0181	−0.000920***	0.0190
	(0.0231)	(0.000273)	(0.0232)
参军	0.00809	0.000983	−0.00908
	(0.0279)	(0.000968)	(0.0280)
人均耕地	−0.161***	0.00188***	0.160***
	(0.0576)	(0.000518)	(0.0575)
家庭成员党员	0.00868	−0.000597*	−0.00808
	(0.0163)	(0.000306)	(0.0163)
家庭成员村干部	−0.0439**	−0.000384	0.0443***
	(0.0170)	(0.000529)	(0.0171)
家庭成员参军	−0.00285	0.000969	0.00188
	(0.0189)	(0.000713)	(0.0190)
外出打工者	−0.0175	−6.77e−05	0.0175
	(0.0143)	(0.000336)	(0.0143)
就读	0.00873	−0.000195	−0.00854
	(0.00930)	(0.000200)	(0.00933)
患病	0.00513	0.000241	−0.00537
	(0.0150)	(0.000390)	(0.0151)

变　量	就业状态		
	失　业	务　农	非农就业
干部亲戚	0.0140	−0.000152	−0.0138
	(0.0146)	(0.000312)	(0.0146)
干部朋友	0.0136	0.000692*	−0.0143
	(0.0153)	(0.000404)	(0.0154)
亲朋外出打工者	−0.00132	−0.000549	0.00186
	(0.0137)	(0.000336)	(0.0138)
宁波	−0.0185	−0.000924***	0.0194
	(0.0288)	(0.000269)	(0.0289)
江阴	−0.0541***	−0.00104***	0.0551***
	(0.0174)	(0.000316)	(0.0175)
三河	−0.00702	−0.00105***	0.00807
	(0.0330)	(0.000273)	(0.0330)
潍坊	−0.0345	−0.00125***	0.0358
	(0.0224)	(0.000277)	(0.0224)
济南	−0.0177	−0.00129***	0.0190
	(0.0273)	(0.000319)	(0.0274)
广州	−0.0266	−0.000726***	0.0273
	(0.0305)	(0.000253)	(0.0305)
东莞	−0.0331	−0.00475***	0.0379
	(0.0257)	(0.00125)	(0.0258)
南充	−0.0665***	−0.000467	0.0669***
	(0.0166)	(0.000407)	(0.0167)
成都	−0.0226	−0.00105***	0.0236
	(0.0286)	(0.000347)	(0.0287)
Observations	683	683	683

注:1.在计算自变量对被访者就业的边际效应时,对于虚拟变量是按照从0到1计算的;对于连续变量则是根据变量的均值进行计算的

2.括号里是稳健估计下的标准差绝对值

3. *、**、***分别表示统计检验在10%、5%和1%的水平上显著

政府被征地农民就业政策:根据回归结果来看,模型中引入的跟政府被征地农民就业扶持政策相关的三个解释变量结果各不相同。

政府颁发证书:即再就业优惠证对被征地农民就业的影响在1%的置信水平下显著,拥有再就业优惠证的被征地农民更倾向于从事非农就业工作,而从边际效应上来看,拥有再就业优惠证使被征地农民失业概率下降了25.5%,从事农业的概率下降了0.308%,而从事非农业工作的概率上升了25.8%。

政府工作推荐:获得政府工作推荐(包括优先就业协议和从政府那里获取就业信息),相对于非农就业而言,对从事农业的影响在1%的置信水平下显著为负,也就是说获得政府工作推荐,相对于非农就业而言,被征地农民从事农业的概率下降,而从边际效应来看,获得政府工作推荐,使被征地农民从事农业的概率下降0.302%,从事非农业的概率上升

6.15％。虽然获得政府工作推荐，相对于非农就业而已，对失业的影响不显著，但是边际效应使被征地农民失业的概率下降5.85％，且在1％的置信水平下显著。

政府职业培训：政府职业培训（包括从政府相关培训项目中获得工作技能）对被征地农民就业的影响及边际效应不显著，没有统计学意义。

工作技能：相对从事非农工作而言，拥有职业资格证书对失业的影响显著为负，即从事非农工作和失业，拥有职业资格证书导致失业的概率下降；从边际效应来看，拥有职业资格证书使失业的概率下降6.16％，非农就业的概率上升6.23％。职业资格证对务农的影响及边际效应不显著，尽管从边际上看拥有职业资格证使务农的概率下降0.646％。而参加职业培训的时间长短，尽管对农民就业的影响及边际效应符合预期，即培训时间越长失业和务农的概率越低，并在边际上下降，但统计均不显著，不具有统计学意义。工作技能可以从工作中积累获取，边学边干或者跟着师傅学，也可以从职业技能培训获取，职业资格证书是拥有某项或多项工作技能的证明，而参加培训并不代表真正获得了工作技能，只有通过了能够证明拥有某项技能的考试，才能获得职业资格证书，从而证明自己拥有某项技能。企事业单位招聘员工，相对于学习时间，通常更看重具备某项才能的证书，因为那毕竟是通过技能考试获得的，因而在农民获得招聘面试机会时发挥着重要的作用。从这个意义上来说，职业资格证书对就业的影响统计上显著，而职业培训，不论是一般职业培训还是政府组织的职业培训，对就业的影响不显著，是合理的。这对政府制定和实施被征地农民就业政策也有极为重要的参考价值。与相关职业资格证书颁发机构合作，持久地、广泛地推行被征地农民职业技能培训项目，让农民不仅真正获得工作能力，更重要的，也获得相关职业资格证书，而不是搞形象工程，邀请新闻媒体，做一两个曝光率高的职业培训项目或被征地农民职业推介活动，可能对被征地农民实现充分就业更具实质意义。

控制变量：在年龄、性别、婚姻、户口类型、教育程度、党员、村干部以及参军等个人特征变量中，只有性别和婚姻对被征地农民就业具有显著影响，相对于非农就业而言，男性失业或务农的概率更高，在边际上男性较之女性失业的概率高出2.87％，务农的概率高出0.74％，而从事非农就业的概率下降2.94％。相对于非农就业而言，已婚者失业和务农的概率均显著下降，在边际上，已婚者较之其他婚姻状态者，失业的概率下降23.7％，而从事非农业工作的概率上升23.9％，务农的概率下降0.139％，但对务农概率边际上的影响统计上不显著。

在家庭特征、社会关系等方面，相对于非农就业，人均耕地越高，失业的概率越低、务农的概率越高，从边际上看，人均耕地每增加1亩，失业的概率下降16.1％，务农的概率上升0.188％，而从事非农工作的概率上升16％；家里有干部的农民，相对于非农就业而言，失业的概率显著下降，边际上下降4.39个百分点，而从事非农就业的概率上升4.43％，但对从事农业工作的概率的影响尽管在影响方向上符合预期，但统计上不显著。家里有人参过军或有干部的朋友均导致从事农业工作的概率上升，但参军因素的边际效应不显著，有干部的朋友，从事农业工作的概率边际上增加0.0692％，虽然统计上显著，但实际影响甚小。有在外地打工的朋友，相对于非农就业而言，从事农业的概率下降，但其边际效应不显著。

预期中家庭供养和负担情况以及亲戚朋友中是否有干部对非农就业的影响并不显著。同时，被访者的教育程度对非农就业的影响也不显著，这与预期有落差。通常教育程度越高，获取信息和职业技能的能力越强，越容易获得就业机会。然而，生活在中国农村的居民教育程度普遍不高,在正规学历教育中获得专业技能的大中专生绝大多数已经迁移出农村地区,绝大部分生活在农村的农民只受到过基础教育,我们的调查显示683个被访者平均教育年龄只有7.88年,换言之被征地农民受到的正规基础教育平均而言只相当于一个初中一年级学生。受过这一阶段基础教育的农民在职业技能和就业信息获得方面,教育程度高低或许对其实现就业的影响的确不显著。笔者另一项基于2008年全国6省30县1200个纯农区农户调查数据的农民创业研究显示,教育程度低的农民比教育程度高的农民更倾向于自主创业,不过在已经创业的农民中教育程度高的农民平均收入高于教育程度较低者,这或许从另一个角度印证了上述解释。

四、结论

总体而言,多项Logit模型和边际效应分析结果显示政府在帮助被征地农民就业创业上推出的相关扶持政策对被征地农民实现非农就业有正面积极的作用,其中代表地方政府被征地农民就业政策的三组政策变量中再就业优惠证对降低失业或务农的影响在1%的置信水平下显著,并在边际上获得该证书的农民失业概率下降达到25.5%之多,从事非农就业的概率提高25.8%之多,显然对就业的影响不仅显著而且很大;而获得政府工作推荐(包括优先就业协议和从政府那里获取就业信息)对被征地农民非农就业的帮助边际上只能提高6.15%的概率,其影响比再就业优惠证明显就小得多。至于政府组织职业培训对被征地农民的影响根本不显著。这说明这三组政策工具中,包含了一系列就业创业优惠政策在内的再就业优惠证对被征地农民实现非农就业更具有实质性的正面意义。

尽管如此,本文认为地方政府在帮助被征地农民实现非农就业方面的政策绩效并不高,因为在上述计量分析中被证明有效的政策工具受惠覆盖面非常低(见表10-13)。

表10-13　政府被征地农民就业政策覆盖面(%)

全　国	从政府获得工作信息	接受过政府组织的职业培训	从政府相关职业培训项目中获得工作能力	获得再就业优惠证	获得政府职业推荐	获得用地单位优先就业协议
乐清	0.00	0.00	0.00	0.00	0.00	0.00
宁波	20.00	15.09	5.66	5.66	9.43	0.00
无锡	29.79	9.84	0.00	1.64	3.28	1.64
三河	3.70	0.00	0.00	0.00	2.27	0.00
潍坊	8.89	5.00	1.67	0.00	5.00	0.00
济南	3.23	0.00	2.22	0.00	1.11	1.11
广州	0.00	0.00	0.00	0.00	0.00	0.00
中山	0.00	6.25	0.00	0.00	0.00	0.00
东莞	9.09	3.23	3.23	6.45	3.23	0.00
重庆	0.00	0.00	1.52	0.00	0.00	0.00
南充	1.72	6.82	1.14	3.41	2.27	2.27

续表

全　国	从政府获得工作信息	接受过政府组织的职业培训	从政府相关职业培训项目中获得工作能力	获得再就业优惠证	获得政府职业推荐	获得用地单位优先就业协议
成都	7.69	16.67	3.92	18.63	5.88	0.00
全国	8.04	6.15	1.90	4.10	3.07	0.59

资料来源：根据 2009 年全国征地大样本抽样调查数据整理

从表 10-13 可以看到，在 448 个实现非农就业的被访者中，通过政府组织获取就业信息的比例为 8.04%；土地被政府征收后参加政府为被征地农民组织的职业培训教育的比例为 6.15%，仅占 1.90% 的被访者认为自己的工作技能是从征地后政府组织的职业培训中获得的，仅占 4.10% 的被访者获得了地方政府颁发的再就业优惠证，仅占 3.07% 的被征地农民通过政府职业推荐获得过工作，仅占 0.59% 的被访者通过优先就业协议获得过工作。这说明地方政府在被征地农民就业政策的制定和实施力度上还有非常大的提升空间。尤其是原本为国企下岗工人量身定做的再就业优惠证，包含着一系列鼓励就业创业措施，如在创业税收、小额担保贷款获得一定扶持，通过税收减免、社保补贴甚至现金奖励等措施鼓励当地企业吸纳再就业优惠证持有者等等，对被征地农民实现非农就业有实质性的帮助和影响，这从上面的计量分析中已经得到印证。然而在 448 个实现非农就业的被访者中只有 28 人获得过当地政府颁发的就业优惠证，在 683 个总样本中也只有 28 人获得过当地政府颁发的就业优惠证。换言之，在 235 个尚未实现非农就业（继续务农或处于失业状态）的被征地农民中无一人拥有再就业优惠证，可见提高包含一系列就业优惠政策的再就业优惠证覆盖面，让更多的被征地农民从中受惠可能对实现被征地农民充分就业具有更好的政策效果。

参考文献

[1] 李富田. 失地与失业：城市化进程中失地农民就业状况调查[J]. 江汉论坛，2009(2):125-129.
[2] 楼培敏. 中国城市化过程中被征地农民生活状况实证研究——以上海浦东、浙江温州和四川广元为例[J]. 中国农村经济，2005(12):35-45.
[3] 张晓玲，卢海元，米红. 被征地农民贫困风险及安置措施研究[J]. 中国土地科学，2006,20(1):3-6.
[4] 孙绪民. 我国失地农民保护问题研究[J]. 理论探讨，2006(5):111-113.
[5] 李培林. 中国就业面临的挑战和选择[J]. 中国人口科学，2000(5):1-8.
[6] 陆飞杰. 对城郊失地农民再就业问题的思考[J]. 城市问题，2006(3):51-55.
[7] 王济川，郭志刚. Logistic 回归模型——方法与应用[M]. 北京：高等教育出版社，2001.

中国土地财政与城市化的耦合协调关系演变

蔡　潇　范　辉　刘卫东

摘　要：以"卖地财政"为核心的城市化发展模式给经济社会带来了诸多负面影响。探索土地财政与城市化的耦合协调关系，为寻找城市化可持续发展模式、加快人口城市化步伐、建立城乡统一的土地市场等，均提供了理论支撑。本研究从国家和省级行政单位两个层面，采用协调发展度模型和计量模型等探索土地财政与城市化之间的关系。研究结果表明：1)在土地管理学科视野下，土地财政模式的形成是城乡二元土地市场、集体土地所有权主体虚位、规划频繁修改和地方政府土地经营职能错位等多种因素共同作用的结果。2)土地管理视角下的城市化模式，与"伪"城市化、城市规模级别行政化、规划中资源和利益分配人情化等因素有关。3)通过全国层面的研究发现，土地财政与城市化之间的协调性逐渐降低。土地财政收入的增加并不一定能带来城市化水平的速率提高，土地财政依赖度是影响城市化的关键因素。随着城市化水平的提高，土地财政收入和土地财政依赖度两者的增速均将放缓。4)在省级研究层面，土地财政与城市化的耦合协调关系逐渐恶化，两者之间不存在明显的因果关系。最后，本研究提出了促进地方政府土地财政转型、城市化可持续发展的建议和措施。

关键词：土地财政；城市化；协调发展度模型

Evolution of Coupling and Coordination Correlation of Land Finance and Urbanization in China

CAI Xiao，FAN Hui，LIU Weidong

Abstract：Urbanization development pattern centering with land sales brings about many negative impacts for economic and society. Exploring the coupling and coordination correlation of land finance and urbanization，to look for sustainable urbanization development pattern，to speed up the pace of urbanization，to establish a unified urban and rural land market，etc.，provides theoretical support. This research from two aspects，the national and provincial administrative units，adopting the coordinated development degree model and econometric models，explores the relationship between land finance and urbanization. The results show that：1) In the perspective of land management discipline，the formation of land financial model is the result of many factors joint action，such as urban and rural the two land markets，absent subject in collective land ownership，plans frequently revised and local government managing land with the functional dislocation. 2) Urbanization model under the perspective of land management is related to the "fake" urbanization，city scale level security administration，resources and profit distribution in human feeling in planning and other factors. 3) At the national level，the coordination of land finance and urbanization is gradually reducing. The increase of land revenue can not necessarily promote the improvement of urbanization level，but land financial dependency is the key factor influencing urbanization. With the improvement of urbanization level，the growing speed of land revenue and land financial dependence will both slow. 4）At the provincial level，the coupling and harmonious relationship between land finance and urbanization is deteriorating，which not exist obvious causality. Finally，this study proposes suggestions and measures of promoting local government land fiscal transition and sustainable urbanization.

Key words：land finance；urbanization；coordinated development degree model

近年来，我国的城市化发展取得了举世瞩目的成就。然而，由于1994年的分税制改革，使我国的城市化发展模式发生了显著的改变。在收支存在严重不平衡的状态下，地方政府必须自筹资金以达到收支平衡。同时，对地方政府绩效考核的"锦标赛模式"、"有意模糊"的农村土地产权制度、政府对农转非的垄断等制度或治理结构存在的弊端，使地方政府通过扩大城市用地规模、获取土地出让金来发展经济、支持公共基础设施建设等。这种以土地财政为主的城市化发展模式，出现了不同领域的社会负面效应。基于此，土地财政转型也成为国内外学者探索的热点之一。

一、城市化与土地财政转型的国内外研究进展

（一）国外研究进展

城市化是一把"双刃剑"，它在促进人类社会发展的同时，也会带来诸多弊端，主要包括土地利用问题、环境与资源配置、社会公平稳定等方面。在城市化的过程中，各种各样的问题都会出现，比如耕地流失、土地污染和退化等；而中国的土地利用问题带有典型的中国特色，由城乡双层制度、经济发展和土地利用政策等相互交织在一起[8]。中国城市化的"大跃进"，结果不均衡的发展战略导致了经济社会的不可持续发展，主要包括收入差距增大、资源浪费、环境退化、自然和文化遗产的破坏、社会不稳定的增加，以及对世界其他国家和地区的影响[1]。城市化经常引起土地资源在城镇和乡村之间的竞争，这样的竞争导致城乡之间存在冲突，导致了城市化进程中存在大量的社会风险，以及对农村社会的严重摧毁[14]。在不同的条件下，自然资源产品对城市化起到促进或阻碍的作用[9]。中国是世界上最大的碳排放国。低碳生态城市发展的实施，能够解决这些挑战。低碳生态城市发展是中国城市化和工业化的使用途径[15]。

城市化对交通、城市空间格局等也产生了很大的影响。自2000年以来，为了适应城市化发展，中国密集投资地铁系统，而对地铁系统的建设主要是通过土地财政模式进行的，显然这种模式自身的缺点也影响到地铁系统的持续发展[2]。在规划城市化路径和格局时，交通发挥了重要的作用，不同交通技术对住房市场绩效产生不同的影响；因此，在城市化和空间增长中期的城市或地区，当选择交通技术时，除了资本成本，未来的开发或者再开发也应该被考虑[16]。当前的以土地财政为主的城市化模式，导致政府过多地关心土地出让收入，忽视了城市居民对公共绿地空间的需求[3]。城市化发展过程中，必然进行建成区土地的再调整或者再开发，也会影响到区域甚至整个城市的基础设施投资或者土地价增值收益等。区域基础设施投资可以通过土地再调整（land readjustment）技术来创造；同时，通过土地再

调整技术能够使迅速增加的边缘地区受益[10]。

然而,在中国城市化的过程中,各种问题都与土地财政模式有密切的联系。不管是交通系统,还是公共绿地的减少,以及地方政府对土地市场的干预等。土地市场中的政府干预,对房地产市场运行绩效产生深刻的影响;中国政府加强对土地市场的干预之后,住房供给的弹性显著下降[13]。相邻地方政府之间为争取投资,会降低土地出让金收入[12],导致工业用地的粗放利用。地方政府偏好的土地财政模式已经失控,在一些地区已经出现了无人居住的"鬼城",没有任何制度的反馈将会限制这个问题;同时,补偿失地农民的失败引起的社会问题,危害了社会稳定[17]。引领地方政府在土地出让金方面的行为基础是,土地出让金可以被自由决定使用,用于可以得益于地方政府政治晋升方面的项目上;假如土地出让金不能完全被淘汰的话,其主要作用应该逐渐减弱,不动产税应该被很快地展开实施[5]。现行的土地管理制度是不可持续的,主要因为土地供给的有限性;此外,整笔拨款(lump sum grant)的制度扭曲了土地的供给者和需求者的利益,不动产税可以解决以上问题,而且是地方政府税收的一个可替代的财政来源[4]。在土地财政走到尽头和产生诸多弊端的背景下,很多学者对不动产税取代现行的土地出让金达成了相对一致的看法。因此,土地财政转型势在必行。

(二)国内研究进展

我国土地财政转型必须基于我国城市化发展的进程和阶段特征。关于土地财政与城市化的研究,主要包括土地财政对城市化的效应、土地财政与城市化的相互关系、土地财政对城市化的驱动机制、土地财政模式的纠正等方面。一些研究表明,土地财政为地方政府扩大地方财政收入、为基础设施建设提供土地和资金、扩大城市规模等方面促进了城市化发展,同时此种模式也损害了被征地农民的土地权益、导致城市土地粗放利用、房价非理性上涨和累计金融风险等弊端,使城市化发展误入歧途[19,26,31,32]。在土地财政推动城市化发展机制方面,不同的学者有各自的研究视角。陈多长、沈莉莉(2012)[18]从城市化引起的人口和非农产业向城市集聚、城市国有土地市场垄断等视角阐述了两者之间的作用机制。而王玉波(2013)[31]则从分税制和征地制度、地方政府"经济人"角色和政绩考评体系等方面进行了探索。纠正现有土地财政模式是我国城市化可持续发展亟须解决的问题之一。以土地财政模式为主的城市化发展模式存在的主要原因是地方政府没有找到更好的可替代方案,只有改变现行的城市化动力机制才能消除土地财政[25]。土地财政转型的措施主要包括:引导地方政府角色转变、产业经济转型升级、增强城市集聚效应、开征物业税等[30]。学术界关于土地财政与城市化两者之间关系的研究取得了一定的成果。与此对比,关于城市化对土地财政影响的探索却鲜有报道。并且,在已有的研究成果中,多采用理论分析的方法,实证研究明显不足。在探索两者的关系的同时,对土地财政依赖度与城市化增长率之间的耦合协调关系没有给予重视。这是探索土地财政与城市化两者关系的一个新视角。

因此,本研究将采用协调发展度等模型,从全国和省级行政区划两个研究视角,探索土地财政依赖度的空间演变,及其与城市化增长率之间的协调关系,以期为土地财政转型和城市化发展提供政策和建议。

二、土地财政与城市化耦合协调的理论分析

分税制改革是地方政府土地财政形成的一个关键推手。分税制改革使地方政府逐渐

走上了以土地征收、开发和出让为主的发展模式，从而形成了土地财政[27]。事实上，土地财政模式是由一系列不合理的制度或特定的因素而组成的。我国财政制度改革后地方政府在财政政策制定上，符合渐进主义模型，即公共政策视作政府过去行为活动的延续，其中伴随着渐进的调整与修正[29]。此外，土地财政的形成还与政绩考核体系、城市化发展阶段、上下级官员之间的委托—代理关系、地方政府职能的错位和土地制度的弊端等多种因素有关。本研究主要从土地管理的视野下，分析土地财政与城市化之间的关系。

（一）土地管理视野下的土地财政

1.土地财政模式建立的缘由

（1）城乡二元土地市场的存在使土地转用前后产生了巨大的利益空间。目前，城市土地市场发展基本完善，而相比之下农村土地市场才刚刚起步，部分地区在进行试点。除试点地区外，农村集体经营性建设用地和宅基地等不能直接进入城市土地市场，农村集体土地的权能设置和结构也存在问题，造成了城乡土地"同地但不同权、不同价"的歧视性社会现状，也形成了政府对于城市土地市场的垄断，"任何单位和个人进行建设，需要使用土地的，必须依法申请使用国有土地"。现行的国家土地征收制度是建立在征收集体土地补偿标准低，而出让由集体土地转变而来的国有土地市场价格高基础上的，以出让金的名义将大量财富从农民集体转移到各级地方政府手中[7]。

（2）集体土地产权的模糊促使了土地财政模式的形成。经过改革开放三十余年的发展，在三大生产资料中资金和劳动力都实现了私有化，唯有土地牢牢掌握在国家和集体手中。中国农村改革之所以成功，关键在于将农村土地产权制度隐藏在模棱两可的迷雾中，即"有意的制度模糊"[22]。当然，这种"有意的制度模糊"降低了扩大城市规模而需要花费的土地获取成本，推动了我国城市化的迅速发展。然而，由于土地产权的模糊性、土地潜在收益分配的不公平，以及农民与集体、地方政府讨价还价能力的局限，导致了农民失去的不仅是土地，还有一系列附加的利益[8]。因此，产权界定的不清晰，也是土地财政形成的主要原因之一。

（3）地方政府对"两规"频繁修改削弱了规划的控制功能。经有关部门批准后的《土地利用总体规划》和《城市总体规划》具有法律效应，地方政府不得擅自修改。《土地管理法》第二十一条第4款规定，"土地利用总体规划一经批准，必须严格执行"。但是，在土地利用总体规划的实施过程中，地方政府为了获取大量土地出让收益，往往按照土地使用者的意愿进行规划的频繁修改，使规划的城市规模能够尽快扩大，土地出让能够迅速找到买家，形成"有水快流"的局面。另外，通过土地整理、开发和复垦等措施，尽量扩大耕地保护的政策限制，努力获取上级规划管理部门的追加建设用地指标；通过耕地或基本农田易地代保等措施，也使得实际供给建设用地面积远大于规划原定控制建设用地规模。

（4）地方政府土地经营职能的错位与监管不力。自1994年分税制改革以来，地方政府通过税收获得的财政收入比例减少，但是有关管理事务并没有相应减少，为了弥补地方财政收支缺口，地方政府便提出了"城市土地经营"。地方政府开展城市土地经营，使得它既是运动员，又是城市土地市场的裁判员。地方政府的利益追求，例如区域竞争、政绩考核以及少数官员的腐败和寻租，使得地方政府经营土地缺乏有效的监管，从目前我国现状来看，这种职能带来了诸多的社会问题，也是土地财政形成的条件之一。

2.土地财政模式的弊端

(1)征地引起的社会冲突。因征地而引起的失地农民上访、干群冲突等,给社会稳定带来了潜在威胁。与失地农民生活境况类似的网民,也对因征地事件同情失地农民,增加了对地方政府的仇视。这些均对社会和谐发展产生威胁。

(2)粮食安全和生态安全的威胁。由于地方政府通过土地出让收入来获取地方财政预算外收入,因此,作为"经济人"和有自己"利益函数"的地方政府存在过度征收土地的冲动,进而通过城乡土地差价来获取收益。谭荣、曲福田(2006)[28]通过研究发现,我国在1989—2003年间合理的农地非农化度应不超过实际非农化数量的78.3%。农用地的过度非农化,进而影响到粮食产量和区域的生态系统平衡,从而对粮食安全和生态安全产生威胁。

(3)阻碍人口城市化的进程。根据系统科学的理论,城市化应包括土地城市化和人口城市化,而且只有当两者协调发展时其城市化进程才是协调的、可持续的[20]。在土地财政模式的发展下,地方政府为了获取更多土地出让收益,通过抬高土地价格从而促使房价非理性上涨。这已经超出了农民工或留守农户在城镇购房的经济承受范围,阻碍了人口城市化发展。

(4)造成城市土地的闲置和粗放利用。从成本—收益的视角,在城市内部低效利用土地更新和新增建设用地两种模式比较下,地方政府倾向于后者,因为新增建设用地的成本相对较低。改革开放以来,我国城市建成区内部的低效利用土地和闲置土地并没有充分利用,而主要是通过征地的方式来扩大城市规模,获取用途变更前后的土地收益差价。

(二)土地管理视角下的城市化模式之殇

(1)"半"城市化模式。我国户籍制度中存在农业人口和非农业人口的区别,导致了"城市要地不要人"的半城市化模式的出现[11]。进城农民为城市发展提供了丰富的人力资源,却难以享受到非农业人口的市民待遇。各地城市政府不愿意让进城农民完全市民化以减少地方财政负担,而进城农民为了预防未来生活的不确定性又不得不将城市务工收入用于农村建房,造成了我国城市化过程中城市建设用地迅速扩大的同时,而农村居民点建设用地并没有相应减少。进城农民完全城市化,将来他们也面临农村巨额资产严重贬值的威胁。

(2)城市行政区官位级别差异。我国城市体系中存在着大、中、小城市行政区级别的差异,直接影响着城市发展的资源供给和潜力空间,导致了城市化发展过程中的区域不公平。每个城市为了提高自己的行政区级别,时刻都有扩大规模的冲动。我国的县城提出建立中等城市,中心城镇提出建设小城市,中等城市提出建立区域中心城市,大城市提出建设国际城市,甚至世界城市。事实上,中国农民自发地建立城市举步维艰。

(3)规划成为资源和利益分配的工具。我国近年来国民经济和社会发展规划、土地利用总体规划、城市规划等适应社会主义市场经济的发展,规划观念、规划编制方法和规划管理取得了巨大的进步。"多规融合"、规划控制手段和公众参与等方面更加合理,人们对于规划作为"资源优化配置指南"和"利益保护工具"的意识明显增强。但是,对于我国各种规划成为利益和资源分配的工具的合理性和公平性值得怀疑,例如,土地利用总体规划中新增城镇建设用地指标多,就意味着土地资产增值收益大;相反,耕地和基本农田保护任务多,就意味着经济发展空间制约大,耕地和基本农田保护投入大。规划用地指标的分配主要是依靠行政因素决定，而不用付出获得指标的代价；这样也容易导致规划寻租，导致规划人情化。

（三）土地财政与城市化耦合协调的理论分析

1. 系统的层次性和子系统的划分

根据系统科学的理论，系统具有层次性。在不同的层次上，系统的功能和表现形式是有差异的。同时，系统是由因素构成的。当系统的要素很多且彼此之间的差异不能被忽略时，系统可以且应该进行细分，即形成若干子系统。

子系统的划分需要满足两个条件[34]：① S_i 是 S 的一部分（子集合），即 $S_i \subset S$；② S_i 本身是一个系统，基本满足系统的要求。这里 S 指系统，S_i 指子系统。子系统具有相对独立性。根据系统的层次性和深入研究的需要，在满足上述两个条件的前提下，子系统还可以继续细分。在系统满足继续划分的前提下，人们可以根据研究的需要从不同的视角对其进行细分。

2. 土地财政与城市化的关系

土地财政和城市化都是城市发展的重要组成部分，可以看作是城市发展这个系统的两个子系统，而且土地财政和城市化均符合子系统划分的要求。学术界对土地财政和城市化进行了探索，并取得了一定的成果。

1975 年美国地理学家诺瑟姆（Ray M. Northam）通过研究世界各国城市化发展轨迹，把城市化进程概括为一条稍被拉平的"S"形曲线，并将城市化进程分为三个阶段，即城市化起步发展阶段、城市化加速发展阶段和城市化成熟稳定发展阶段[23]。当然，对城市化发展阶段的划分，也有不同的看法[21]。城市化动力机制上，谢文蕙、邓卫（2008）[33]认为农业发展是城市化的初始动力，工业化是城市化的根本动力，第三产业是城市化的后续动力。

现阶段我国的城市化处于加速发展阶段，从理论上讲工业化应该是城市化的动力机制。而日前以土地财政为动力的城市化发展模式，可以理解为土地制度、行政体制、城市化发展战略、税收制度等一系列制度在特殊社会经济背景下，共同作用所生成的一个"产物"。这个"产物"对城市发展、"三农"和社会稳定等领域带来诸多负面影响，也说明了土地财政模式转型的必要性。

根据已有的研究成果和对城市发展的观察，土地财政和城市化之间应该是相互影响、相互作用的。土地财政和城市化可能存在双向的推动机制。本研究正是基于这种假设而进行的。研究方法可以划分为定性研究和定量研究。定量研究便于刻画两者之间的相互关系，而定量研究的关键在于指标的选择。本文采用土地财政依赖度和城市化（环比）增长率两个指标，通过采用协调发展度模型、相对发展度模型，并结合相关分析和回归分析等计量方法，分别从全国和省级行政区划两个层面来探索土地财政与城市化两者之间的关系。

三、数据来源与研究方法

（一）数据来源

在全国层面土地财政与城市化协调关系研究中，使用的数据来自《中国统计年鉴》（1994—2014 年）和《中国土地年鉴》（1994—1998 年）或《中国国土资源年鉴》（1999—2013

年）。在省级层面土地财政与城市化协调关系研究中，除了使用上述统计年鉴外，还使用了各省（自治区、直辖市）的统计年鉴，主要年份有 1994、1995、1999、2000、2004、2005、2012 和 2013 年。部分数据经计算所得。

考虑到城市化不仅仅指在城市工作，还指享受到城市的各项福利政策和生活方式的改变等，因此本研究中使用的城市化水平是指非农业人口占总人口的比重。城市化水平年度增长指相邻两年的城市化率直接相减，以便于衡量每年城市化的实际进程。土地财政收入包括土地出让收入、耕地占用税、契税、城镇土地使用税、土地增值税、房产税、营业税、城市维护建设税、固定资产投资方向调节税等。土地财政依赖度是指土地财政收入与地方财政一般预算收入的比值。

(二)研究方法

本研究中使用了协调发展度模型、相关分析和回归分析。在研究中对相关分析和回归分析均作了说明，此处仅介绍协调发展度模型。协调发展度模型主要包括以下步骤：

(1)数据标准化。由于评价指标的单位和数据大小不同，为了便于不同指标间的对比，对评价指标进行了标准化处理。处理方法如下：

越大越好的指标

$$X'_{ij} = X_{ij}/X_{jmax} \tag{11-1}$$

越小越好的指标

$$X'_{ij} = X_{jmin}/X_{ij} \tag{11-2}$$

式中：X_{ij}、X'_{ij} 分别为第 i 年第 j 列指标的原始值和标准化的数值；X_{jmax}、X_{jmin} 分别为第 j 列指标的最大值和最小值。考虑到土地财政模式的弊端，本研究认为土地财政收入、土地财政依赖度的属性为越小越好，而城市化水平的属性为越大越好。

(2)计算协调发展度和相对发展度等指数。根据土地财政与城市化关系的已有探索，并借鉴相关研究成果，本研究采用的计算公式如下：

$$C = n\sqrt[n]{\frac{\prod_{k=1}^{n}F_k}{\left(\sum_{k=1}^{n}F_k\right)^n}} \tag{11-3}$$

$$T = \sum_{k=1}^{n}a_kF_k \tag{11-4}$$

$$D = \sqrt{C \cdot T} \tag{11-5}$$

式中：C、T、D 分别为协调度、综合评价指数、协调发展度和相对发展度；F_k、a_k 分别为标准化后的因素分值和因素的权重。考虑到土地财政与城市化两者在互相作用过程中是平等的关系，因此在计算土地财政收入与城市化水平的协调关系时，权重均取 0.50；在测算土地财政依赖度与城市化水平的协调关系时，亦是如此。

协调发展度 E 的计算公式为前后两个标准化后的数据（如土地财政收入与城市化水平）之比，在此不列出。

(3)协调发展阶段类型划分。根据我国土地财政与城市化关系的实际情况，本文将两者的内部协调性划分为 3 个阶段，即拮抗阶段、磨合阶段和协调阶段；并根据相对发展度的大小，细分为 6 个具体阶段(见表 11-1)。

表 11-1　土地财政与城市化的耦合协调发展阶段划分

协调发展度	相对发展度	类　型	协调发展类型特征	发展阶段
(0,0.40]	(0,0.80]	I	城市化水平滞后于土地财政收入,制约两者的协调发展,系统趋于退化	高度拮抗阶段
	(0.80,1.20]	II	城市化水平同步于土地财政收入,推动两者的协调发展,系统趋于优化	低度拮抗阶段
	(1.20,∞)	III	城市化水平超前于土地财政收入,制约两者的协调发展,系统趋于退化	高度拮抗阶段
(0.40,0.75]	(0,0.80]	IV	城市化水平滞后于土地财政收入,制约两者的协调发展,系统趋于退化	低度磨合阶段
	(0.80,1.20]	V	城市化水平同步于土地财政收入,推动两者的协调发展,系统趋于优化	高度磨合阶段
	(1.20,∞)	VI	城市化水平超前于土地财政收入,制约两者的协调发展,系统趋于退化	低度磨合阶段
(0.75,1.00]	(0,0.80]	VII	城市化水平滞后于土地财政收入,制约两者的协调发展,系统趋于退化	低度协调阶段
	(0.80,1.20]	VIII	城市化水平同步于土地财政收入,推动两者的协调发展,系统趋于优化	高度协调阶段
	(1.20,∞)	IX	城市化水平超前于土地财政收入,制约两者的协调发展,系统趋于退化	低度协调阶段

四、土地财政与城市化关系的全国性分析

(一)土地财政收入与城市化水平概述

在研究期间,全国土地财政收入可以划分为两个阶段。1993—2000 年全国土地财政收入基本保持稳定,且年收入处于 340 亿～650 亿元。然而,自 2001 年全国的土地财政收入以飞速发展,从 2001 年 1295.89 亿元增长到 2013 年的 41266.18 亿元。土地财政收入的变化规律与我国地方政府经营土地实际情况相吻合。

近年来,我国城市化水平取得了显著提高,从 1993 年的 22.00% 提高到 2013 年的 36.10%。从图 11-2 可以看出,20 年来城市化发展比较稳定且相对匀速,没有经历大起大落。相比较,我国的土地财政依赖度在发展历程上明显经历了两个阶段。1993—2002 年全国的土地财政依赖度基本保持在 40.00% 以下,大部分年份低于 30.00%。2002—2013 年间,全国的土地财政依赖度迅速增加,虽然随着年份有所波动但大多研究年份处在 60.00%～80.00% 区间内,个别年份甚至更高。这也反映了我国的地方政府在近 10 年通过土地财政模式发展城市的策略在增强。

从图 11-1 和图 11-2 可以看出,在研究期间全国城市化水平发展相对比较稳定,而土地财政收入和土地财政依赖度均呈现"先平稳后增长"的演变历程。这三个指标反映了我国地方政府以土地财政为动力的城市化模式,但并没有使人口城市化的发展与土地城市化相协调;很明显,人口城市化落后于土地城市化,也反映了当前地方政府经营城市的弊端之所在。

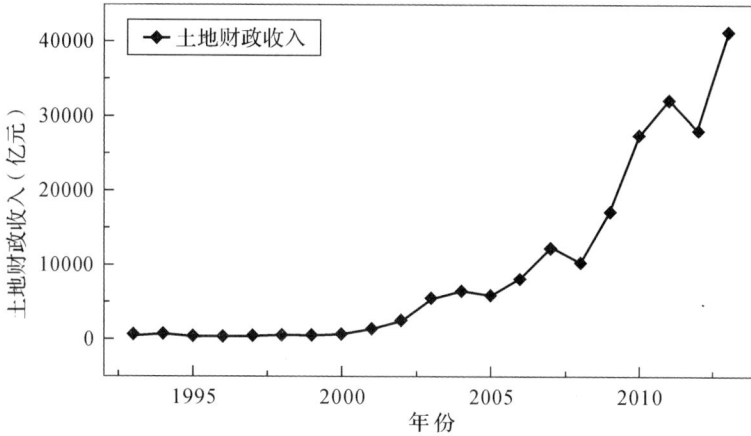

图 11-1　全国土地财政收入

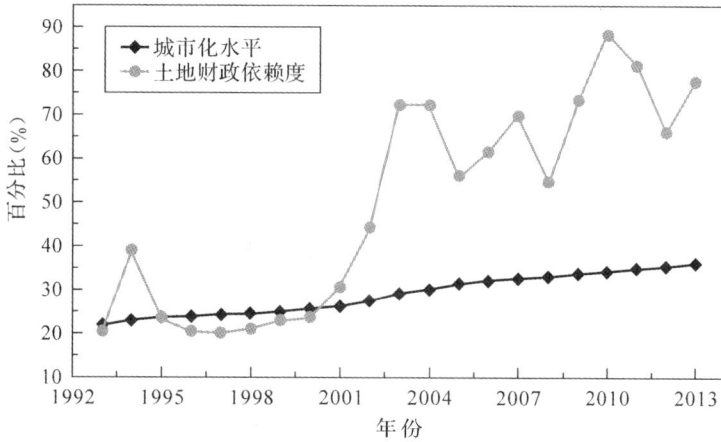

图 11-2　全国城市化水平与土地财政依赖度

(二)土地财政与城市化的相互关系检验

1.土地财政与城市化的相关性分析

为了检验土地财政与城市化之间的相互关系,本研究分析了土地财政收入、土地财政依赖度分别与城市化水平、城市化水平年度增长(前后两年城市化率相减)之间的相关关系,以便于揭示两者之间是否存在关系,以及关系强度和方向等。通过绘制散点图,判断两者之间是否具有相关性,然后在 SPSS 19.0 的帮助下计算相应的相关系数。

根据计量结果(见表 11-2、表 11-3),城市化水平与土地财政收入、土地财政依赖度均存在相关关系,且相关系数 0.905 和 0.905 均≥0.80,属于高度相关;通过双侧检验,在 0.01 水平上显著相关。相反,城市化水平年度增长与土地财政收入、土地财政依赖度相关关系不明显。从相关系数来看,因为|−0.055|<0.30,所以,城市化水平年度增长与土地财政收入之间不相关;而城市化水平年度增长与土地财政依赖度的相关系数 0.30≤|0.341|<0.50,两者之间存在低度相关。根据以上分析,可以看出城市化水平与土地财政收入和土地财政依赖度均存在高度相关关系,而城市化水平年度增长与两者的相关程度较弱。因

此,还需要使用回归分析检验城市化水平分别与土地财政收入、土地财政依赖度的关系。

表 11-2　城市化水平与土地财政收入、土地财政依赖度的相关关系

		城市化水平	土地财政收入			城市化水平	土地财政依赖度
城市化水平	P. C.	1		城市化水平	P. C.	1	
	Sig. 2				Sig. 2		
土地财政收入	P. C.	0.905＊＊	1	土地财政依赖度	P. C.	0.905＊＊	1
	Sig. 2	0.000			Sig. 2	0.000	

注：＊＊表示在 0.01 水平（双侧）上显著相关

表 11-3　城市化水平年度增长与土地财政收入、土地财政依赖度的相关关系

		城市化水平增长率	土地财政收入			城市化水平增长率	土地财政依赖度
城市化水平年度增长	P. C.	1		城市化水平年度增长	P. C.	1	
	Sig. 2				Sig. 2		
土地财政收入	P. C.	−0.055	1	土地财政依赖度	P. C.	0.341	1
	Sig. 2	0.812			Sig. 2	0.131	

2. 土地财政与城市化的回归分析

为了探索城市化与土地财政之间的关系,本研究对土地财政依赖度和城市化水平也进行计量分析。为了减少异方差、消除变量量纲的影响和探索变量之间的弹性关系,故采取对数回归分析。

根据回归分析可以得知(见表 11-4),方程(a)显示土地财政收入对城市化水平的弹性很小,即当土地财政收入变化时,其对城市化水平的影响可以忽略。方程(b)的计量结果表明,土地财政依赖度每变化 1％时,会引起城市化水平变化 2.35％,即土地财政依赖度对城市化水平的提高有很大的影响。

土地财政与城市化之间的回归分析表明,土地财政收入的增加并不能推动城市化水平的提高,而城市化水平的提高促使土地财政收入的增速逐渐降低;土地财政依赖度的增加能够推动城市化水平的提高,而城市化水平的提高促使土地财政依赖度的增速降低。由此可见,土地财政依赖度是影响城市化的关键因素。

表 11-4　土地财政与城市化之间的回归分析

序　号	回归分析方程	R^2	F
a	LnUrb＝0.094＊LnLFI＋2.594	0.954	$F＝394.628$
	(0.000) (0.000)		(0.000)
b	LnUrb＝2.347＊LnLFD＋0.267	0.813	$F＝82.449$
	(0.000) (0.000)		(0.000)

注：Urb 表示城市化水平,LFI 表示土地财政收入,LFD 表示土地财政依赖度

（三）土地财政与城市化的耦合协调关系

通过计算土地财政收入与城市化水平、土地财政依赖度与城市化水平两者的协调发展度和相对发展度，可以探索两两变量的耦合协调关系以及演变。

1. 土地财政收入与城市化水平的耦合协调关系

在 1993—2013 年研究期间，全国土地财政收入与城市化水平的协调关系，局部虽有波动但总体上呈现出协调关系逐渐降低的演变历程（见表 11-5）。这与研究后期地方政府过度强调土地财政收入有密切联系。根据相关发展度指标，在 2002 年以后土地财政收入与城市化水平之间的相对关系已经发展到"畸形"的程度。因此，修正地方政府的土地财政模式已经到了十分迫切的地步，否则将严重影响未来城市化的持续发展。

从耦合协调阶段划分的角度分析（见表 11-6），在研究前期土地财政收入与城市化水平的关系处于协调阶段，而在研究中期两者的耦合协调关系则主要处于磨合阶段，在研究后期两者的耦合协调关系处于拮抗阶段。很明显，土地财政收入与城市化水平的耦合协调关系与我国的实际情况相吻合。

表 11-5　土地财政与城市化的耦合协调关系指标

年　份	土地财政收入与城市化水平				年　份	土地财政依赖度与城市化水平			
	协调度/C	综合评价指数/T	协调发展度/D	相对发展度/E		协调度/C	综合评价指数/T	协调发展度/D	相对发展度/E
1993	0.9984	0.6462	0.8032	0.89	1993	0.9724	0.7947	0.8791	0.62
1994	0.9968	0.5844	0.7632	1.17	1994	0.9946	0.5722	0.7544	1.23
1995	0.9874	0.7758	0.8753	0.73	1995	0.9913	0.7522	0.8635	0.77
1996	0.9787	0.8297	0.9012	0.66	1996	0.9802	0.8225	0.8979	0.67
1997	0.9952	0.7424	0.8596	0.82	1997	0.9802	0.8349	0.9046	0.67
1998	1.0000	0.6821	0.8259	0.98	1998	0.9853	0.8158	0.8966	0.71
1999	1.0000	0.6835	0.8267	1.01	1999	0.9931	0.7796	0.8799	0.79
2000	0.9954	0.6483	0.8033	1.21	2000	0.9964	0.7760	0.8793	0.84
2001	0.8886	0.4978	0.6651	2.69	2001	0.9986	0.6897	0.8299	1.11
2002	0.7332	0.4516	0.5754	5.25	2002	0.9672	0.6050	0.7650	1.68
2003	0.5231	0.4360	0.4776	12.54	2003	0.8721	0.5422	0.6877	2.92
2004	0.4797	0.4443	0.4617	15.31	2004	0.8653	0.5556	0.6934	3.01
2005	0.4887	0.4653	0.4769	14.68	2005	0.9078	0.6138	0.7464	2.45
2006	0.4202	0.4671	0.4430	20.61	2006	0.8848	0.6078	0.7333	2.75
2007	0.3449	0.4658	0.4008	31.59	2007	0.8552	0.5948	0.7132	3.15
2008	0.3715	0.4756	0.4203	26.94	2008	0.9027	0.6412	0.7608	2.51
2009	0.2887	0.4775	0.3713	45.98	2009	0.8363	0.6036	0.7105	3.43
2010	0.2284	0.4811	0.3315	74.67	2010	0.7886	0.5880	0.6809	4.19

续表

年　份	土地财政收入与城市化水平				年　份	土地财政依赖度与城市化水平			
	协调度/C	综合评价指数/T	协调发展度/D	相对发展度/E		协调度/C	综合评价指数/T	协调发展度/D	相对发展度/E
2011	0.2096	0.4892	0.3202	89.00	2011	0.8042	0.6068	0.6985	3.93
2012	0.2226	0.4964	0.3324	78.72	2012	0.8490	0.6414	0.7380	3.24
2013	0.1824	0.5042	0.3033	118.17	2013	0.8073	0.6289	0.7125	3.88

表 11-6　土地财政与城市化的耦合协调阶段划分

耦合协调阶段划分		城市化发展水平与土地财政收入的关系	城市化发展水平与土地财政依赖度的关系
拮抗阶段	高度拮抗阶段/Ⅰ	2009、2010、2011、2012、2013 年	—
	低度拮抗阶段/Ⅱ	—	—
	高度拮抗阶段/Ⅲ	—	—
磨合阶段	低度磨合阶段/Ⅳ	—	—
	高度磨合阶段/Ⅴ	—	—
	低度磨合阶段/Ⅵ	2001、2002、2003、2004、2005、2006、2007、2008 年	2003、2004、2005、2006、2007、2009、2010、2011、2012、2013 年
协调阶段	低度协调阶段/Ⅶ	1995、1996 年	1993、1995、1996、1997、1998、1999 年
	高度协调阶段/Ⅷ	1993、1994、1997、1998、1999 年	2000、2001 年
	低度协调阶段/Ⅸ	2000 年	1994、2002、2008 年

2.土地财政依赖度与城市化水平的耦合协调关系

根据两者的协调发展度(见表 11-5)，土地财政依赖度与城市化水平的协调关系总体上处于稳定的演变态势；不过在 1993—2003 年之间两者的协调程度高于 2004—2013 年的状况。从耦合协调发展阶段划分的视角分析(见表 11-6)，在研究前期两者的耦合协调关系主要处于协调阶段，而在研究后期两者的关系则演变为磨合阶段，表明土地财政依赖度与城市化水平的协调关系逐渐降低。分析结果表明，地方政府在以后的城市化发展中，必须降低土地财政依赖度，寻求可持续的城市化发展模式。

五、土地财政与城市化关系的省际分析

(一)省级行政区划土地财政与城市化概述

(1)城市化水平。全国各省级区划单位的城市化水平在逐渐增加，其城市化水平平均值由 1995 年的 26.86% 提高到 2012 年的 36.09%。根据极差、标准差和离散系数，在四个不同的研究年份不同省级行政区划之间省级城市化水平的离散程度在逐渐缩小，这说明全国省级行政区划之间的城市化水平呈现出相对集中的发展态势。从偏态系数和峰度系数上看，在研究期间全国省级区划单位的城市化水平分布逐渐由正偏分布向负偏分布演变、

由陡峭逐渐向平缓演进。

（2）城市化水平年度增长。在研究期间，全国 30 余个省级区划单位的城市化水平年度增长没有出现明显的演变规律，从均值上看在 2005 年城市化水平增幅较大。相比较，在 1995 年和 2000 年全国省级行政区划单位城市化水平增速缓慢。根据判断离散程度的 3 个指标，总体上呈现出"先离散后集聚"的演变特征。结合前面的城市化水平方面的分析，可以判断出全国省级行政区划的城市化发展增速逐渐放缓、不同省级单位之间的差异也逐渐缩小。

（3）土地出让收入。全国省级行政单位的土地出让收入逐渐增加，其呈现出前期增速缓慢、后期激增的演变态势。这与分税制改革、土地经营模式的成熟等因素有密切联系。不同省级单位之间的土地出让收入出现了离散程度逐渐增大的演变态势。这与土地出让规模和单位土地价格有直接关系。根据偏态系数和峰度系数，在研究期间 30 余个省级单位的土地出让收入一直呈现右偏和陡峭的分布状态，但程度时有变化。

（4）土地财政依赖度。全国省级层面的土地财政依赖度逐渐提高，而且经历了前期增速较小、后期增速较大的演变历程。不同研究年份土地财政依赖度的离散程度基本呈现出"先缩小后增大"的变化态势。在研究期间，土地财政依赖度在空间上的分布逐渐由右偏转变为左偏、由陡峭分布演变为平缓分布（见表 11-7）。

表 11-7　全国省级行政区划土地财政与城市化的统计指标

	研究年份	均　值	极　差	标准差	离散系数	偏态系数	峰度系数
城市化水平	1995	26.86	51.96	13.46	0.50	1.39	1.36
	2000	28.44	47.63	12.60	0.44	1.23	0.74
	2005	33.45	45.39	12.31	0.37	0.54	−0.53
	2012	36.09	36.84	10.28	0.28	−0.04	−0.96
城市化水平年度增长	1995	0.10	6.85	1.48	15.31	−2.89	8.20
	2000	−0.06	7.35	1.84	−31.43	−1.29	1.40
	2005	0.84	13.77	2.34	2.80	0.16	4.62
	2012	0.38	7.61	1.34	3.51	2.72	10.34
土地出让收入	1995	21.53	92.58	26.02	1.21	1.96	3.01
	2000	56.20	204.44	58.78	1.05	1.54	1.38
	2005	302.43	1369.83	334.55	1.11	1.86	3.30
	2012	1461.45	5801.51	1258.58	0.86	1.71	3.71
土地财政依赖度	1995	24.85	156.47	29.92	1.20	3.64	15.43
	2000	24.73	45.47	9.60	0.39	2.09	5.30
	2005	57.23	82.72	24.52	0.43	0.78	−0.36
	2012	69.62	90.12	23.61	0.34	−0.45	−0.65

注：均值和极差的单位相同，它们分别为：城市化水平（％）、城市化水平年度增长（％）、土地出让收入（亿元）和土地财政依赖度（％）

(二)省级区划单位土地财政与城市化的相互关系检验

1. 土地财政与城市化的相关性分析

根据研究的实际需要,本研究分别对土地财政收入、土地财政依赖度与城市化水平、城市化水平年度增长,相互之间做了 4 种相关性分析,且进行了 5 种情况,即 1995 年、2000年、2005 年、2012 年和全部数据的相关分析。

根据计量结果,仅 1995 年和全部数据中出现了通过显著性检验的相关关系。在其他年份、其他两两关系的相关性检验中,有的属于正相关关系,也有的属于负相关关系,且相关系数均较小,所以没有通过显著性检验。

从表 11-8 和表 11-9 可以看出,城市化水平、城市化水平年度增长与土地财政收入、土地财政依赖度之间并没有出现不同年份完全一致的相关关系。仅在部分研究年份,省级行政单位层面城市化水平与土地财政收入、土地财政依赖度呈现一定的相关关系,且相关程度并不高,相关系数均小于 0.50。

表 11-8　1995 年全国省级行政单位土地财政与城市化的相关性指标

		城市化水平	土地财政收入			城市化水平年度增长	土地财政收入
城市化水平	P. C.	1		城市化水平年度增长	P. C.	1	
	Sig. 2				Sig. 2		
土地财政收入	P. C.	0.415*	1	土地财政收入	P. C.	−0.479**	1
	Sig. 2	0.020			Sig. 2	0.006	

注:* 表示在 0.05 水平(双侧)上显著相关,* * 表示在 0.01 水平(双侧)上显著相关

表 11-9　全部省级行政单位土地财政与城市化的相关性指标

		城市化水平	土地财政收入			城市化水平	土地财政依赖度
城市化水平	P. C.	1		城市化水平	P. C.	1	
	Sig. 2				Sig. 2		
土地财政收入	P. C.	0.294**	1	土地财政依赖度	P. C.	0.187*	1
	Sig. 2	0.001			Sig. 2	0.038	

注:* 表示在 0.05 水平(双侧)上显著相关,* * 表示在 0.01 水平(双侧)上显著相关

2. 土地财政与城市化的回归分析

由于其他研究年份或部分变量之间的相关性不显著,因此不再继续做对数回归分析。在 1995 年,全国省级行政单位城市化水平每变动 1.00%,引起土地财政收入同方向变动0.75%。相反,土地财政收入每变动 1.00% 引起城市化水平同方向变动 0.12%。这说明城市化水平的提高推动了土地财政收入的增加,而土地财政收入对城市化的促进作用却可以忽略。在全部 4 个研究年份,城市化水平每变动 1.00% 引起土地财政收入同方向变动2.30%。相反,土地财政收入每变动 1.00% 引起城市化水平同方向变动 0.09%,影响十分有限(见表 11-10)。

通过典型年份对全国省级行政单位土地财政与城市化之间的计量分析表明,大部分研

究年份(2000 年、2005 年和 2012 年)土地财政与城市化之间并不存在明显的因果关系。

表 11-10 省级行政单位土地财政与城市化的回归分析

序 号	回归分析方程	R^2	F
全部研究年份	LnUrb＝0.090 * LnLFI＋2.958	0.207	31.918
	(0.000) (0.000)		(0.000)
1995 年	LnUrb＝0.118 * LFI＋2.897	0.089	2.816
	(0.000) (0.104)		－0.104

注:Urb 表示城市化水平,LFI 表示土地财政收入,LFD 表示土地财政依赖度

(三)全国省级行政单位土地财政与城市化之间的耦合协调关系

(1)土地财政收入与城市化水平的耦合协调关系演变。从总体上看,在研究期间土地财政收入与城市化水平两者之间的协调发展程度逐渐降低。其中,在 2005 年和 2012 年两个研究年份阶段划分格局基本相似。不同省份之间的协调发展度离散程度逐渐变小。根据两者之间的相对发展度,在 1995 年和 2000 年两者之间基本处于协调状态,而到后 2 个研究年份则土地财政收入远远偏离于城市化的相应水平,导致两者处于拮抗状态。在研究期间,不同省份之间的相对发展度在离散程度上逐渐增大。从地域空间上分析,在 4 个研究年份欠发达省级行政单位的协调发展程度和相对发展程度均优于经济发达地区。

(2)土地财政依赖度与城市化水平的耦合协调关系演变。在研究期间,土地财政依赖度和城市化水平的耦合协调阶段均以磨合阶段为主。两者之间的协调发展程度呈现出"先降低后稳定"发展态势;不同研究年份,省级行政单位之间协调发展度的离散程度经历了"先缩小后稳定"的变化特征。协调发展度在地域空间分布上,没有明显的特征。两者之间的相对发展程度逐渐恶化,但在 1995 年和 2000 年处于基本稳定状态,后期恶化速度加快。离散程度呈现出"先集中后分散"的发展态势。在空间分布上,两者的相对发展没有明显的特征(见表 11-11)。

表 11-11 省级行政单位土地财政与城市化的耦合协调关系

协调变量	研究年份	拮抗阶段			磨合阶段			协调阶段		
		高度拮抗阶段/Ⅰ	低度拮抗阶段/Ⅱ	高度拮抗阶段/Ⅲ	低度磨合阶段/Ⅳ	高度磨合阶段/Ⅴ	低度磨合阶段/Ⅵ	低度协调阶段/Ⅶ	高度协调阶段/Ⅷ	低度协调阶段/Ⅸ
城市化发展水平与土地财政收入的关系(个)	1995	0	0	15	4	1	11	0	0	0
	2000	0	0	22	1	0	8	0	0	0
	2005	0	0	29	0	0	2	0	0	0
	2012	0	0	31	0	0	0	0	0	0
城市化发展水平与土地财政依赖度的关系(个)	1995	0	0	2	14	4	8	1	1	1
	2000	0	0	0	6	6	19	0	0	0
	2005	0	0	3	0	0	28	0	0	0
	2012	0	0	2	1	0	28	0	0	0

六、研究结论与政策建议

(一)研究结论

(1)在土地管理的视野下分析,我国地方政府土地财政模式的建立主要原因包括城乡二元土地市场分割、集体土地产权主体的虚置、"两规"控制的乏力和地方政府土地经营职能的错位与监管的不到位。现行的土地财政模式是一种卖地财政,在社会稳定、粮食安全、生态安全、人口城市化和城市土地的节约集约利用等方面均存在弊端。

(2)土地管理视角下的现阶段城市化发展模式与城乡分割的户籍制度、"伪"城市化和城市规模级别行政化、规划对资源和利益分配的人情化等因素有关。以土地财政为动力的城市化发展模式具有不可持续性,土地财政转型应该由卖地财政转变为管地财政,通过政府职能转变,缩小征地规模和范围,优化土地税费结构等措施来实现。

(3)根据对全国1993—2013年的研究,地方政府的土地经营规模不断扩大,使人口城市化与土地城市化更加脱节,阻碍了城市化的可持续发展。城市化水平与土地财政收入、土地财政依赖度高度相关。土地财政收入的增加并不能有效地转变为城市化水平的提高速率,而随着城市化水平的提高土地财政收入的增速将放缓;土地财政依赖度的提高能够促进城市化的发展,同样城市化的发展将会降低土地财政依赖度的增速。

(4)根据全国层面研究的结果,土地财政收入与城市化水平之间的协调性逐渐降低,特别是2002年以后两者的协调程度恶化剧烈。土地财政依赖度与城市化水平之间的耦合协调关系处于基本稳定的演变状态,不过从1993—2003年间协调程度要优于剩余研究年份。

(5)在省级行政单位研究层面,土地出让收入和土地财政依赖度在研究期间均逐渐增加,而且两者都出现了"前期增速慢、后期增速快"的演变态势。只有个别研究年份,土地财政与城市化存在相关关系,且相关程度均不高;在大部分研究年份,土地财政与城市化之间不存在明显的因果关系。土地财政与城市化的耦合协调关系逐渐恶化。

(二)政策建议

(1)理顺税收制度、土地制度、官员考核体系和城市发展战略之间的关系。以卖地财政模式为主体的城市化发展策略,其弊端十分明显而且影响深远。要统筹税收制度、土地制度、官员考核体系和城市发展战略之间的作用机制和相互影响。优化官员考核体系,使其向有利于人民福祉的方向发展;建立城乡同地同权同价的制度体系;改革现行税费体系,考虑地方政府的税费收支平衡;寻找可持续发展的城市化动力。更重要的是,做到以上四个方面的统筹与兼顾。

(2)转变城市化发展模式,寻求可持续发展的城市化动力机制。以卖地财政为动力的城市化发展机制即将走到尽头,地方政府在遵循城市化发展规律的基础上,要切实结合区域的地域优势、产业优势和资源优势等,因地制宜地寻找出适合当前国民经济发展"新常态"的城市化发展动力。在城市化的发展过程中,使人口城市化、土地城市化和生活方式城市化等多系统协调统一。

(3)基于"机会平等"的理念,城乡土地"同权"、"同价"。城乡二元土地制度是我国特殊社会经济背景下形成的,有其历史性意义。在新的社会背景下,应该构建城乡一体化的土地市场,使城乡土地在权属结构、交易制度和价值等方面实现"机会平等"。此外,随着土地稀缺性的不断提高农村土地价值不断显现,明晰农村集体土地所有权主体,以减少在土地增值过程中因土地权属模糊而引起的社会冲突。

(4)明晰政府职能,平衡政府干预与市场体制的关系。合理确定地方政府的自由裁量权,在城市化发展和土地经营等方面恰当限制地方政府的职能,并完善中央政府与地方政府之间的委托—代理关系,加强对地方政府职能的监督。

参考文献

[1] Cao S, Lv Y, Zheng H, et al. Challenges facing China's unbalanced urbanization strategy [J]. Land Use Policy, 2014, 39:412-415.

[2] Chang Z. Financing new metro—The Beijing metro financing sustainability study [J]. Transport Policy, 2014, 32:148-155.

[3] Chen W Y, Hu F Z. Producing nature for public: Land-based urbanization and provision of public green spaces in China [J]. Applied Geography, 2015, 58:32-40.

[4] Cho S, Choi P P. Introducing property tax in China as an alternative financing source [J]. Land Use Policy, 2014, 36:580-586.

[5] Ding C, Niu Y, Lichtenberg E. Spending preferences of local officials with off-budget land revenues of Chinese cities [J]. China Economic Review, 2014, 31:265-276.

[6] Du J, Peiser Richard B. Land supply, pricing and local governments' land hoarding in China [J]. Regional Science and Urban Economics, 2014, 48:180-189.

[7] Lin George C S, Ho Samuel P S. The state, land development processes in contemporary China [J]. Annals of the Association of American Geographers, 2005, 95(2):411-436.

[8] Liu Y, Fang F, Li Y. Key issues of land use in China and implications for policy making [J]. Land Use Policy, 2014, 40:6-12.

[9] Liu Y. Is the natural resource production a blessing or curse for China's urbanization? Evidence from a space-time panel data model [J]. Economic Modeling, 2014, 38:404-416.

[10] Mittal J. Self-financing land and urban development via land readjustment and value capture [J]. Habitat International, 2014, 44:314-323.

[11] Shen J, Feng Z, Wong K. Dual-track urbanization in a transitional economy: the case of Pearl River Delta in South China [J]. Habitat International, 2006, 30:690-705.

[12] Wu Y, Zhang X, Skitmore M, et al. Industrial land price and its impact on urban growth: A Chinese case study [J]. Land Use Policy, 2014, 36:199-209.

[13] Yan Si, Ge J X, Wu Q. Government intervention in land market and its impacts on land supply and new housing supply: Evidence from major Chinese markets [J]. Habitat International, 2014, 44:517-527.

[14] Yu A T W, Wu Y, Zheng B, et al. Identifying risk factors of urban-rural conflict in urbanization: A case of China [J]. Habitat International, 2014, 44:177-185.

[15] Yu L. Low carbon eco-city: New approach for Chinese urbanization [J]. Habitat International, 2014, 44:102-110.

［16］Zhang M，Meng X，Wang L，et al. Transit development shaping urbanization：Evidence from the housing market in Beijing［J］. Habitat International，2014，44：545-554.

［17］Zheng H，Wang X，Cao Shi. The land finance model jeopardizes China's sustainable development［J］. Habitat International，2014，44：130-136.

［18］陈多长,沈莉莉. 工业化、城市化对地方政府土地财政依赖的影响机制［J］. 经济与管理,2012(11)：73-77.

［19］陈志勇,陈莉莉. 财政体制变迁、"土地财政"与产业结构调整［J］. 财政研究,2011(11)：7-11.

［20］范辉,刘卫东,吴泽斌,等. 浙江省人口城市化与土地城市化的耦合协调关系评价［J］. 经济地理,2014,34(12)：21-28.

［21］方创琳,刘晓丽,蔺雪芹. 中国城市化发展阶段的修正及规律性分析［J］. 干旱区地理,2008,31(4)：512-523.

［22］何·皮特. 谁是中国土地的拥有者:制度变迁、产权和社会冲突［M］. 北京:社会科学文献出版社,2008：5-6.

［23］廖鸿志,郑春敏. 西部地区城镇化——云南城镇化与经济发展研究报告［M］. 北京:科学出版社,2003：23-25.

［24］廖重斌. 环境与经济协调发展的定量评判及其分类体系:以珠江三角洲城市群为例［J］. 热带地理,1999,19(2)：171-177.

［25］刘守英. "土地财政"出路在于改变城市化动力机制［J］. 农村经营管理,2011(5)：27.

［26］刘玉萍,郭郡郡,李馨鸾. 经济增长中的土地财政依赖:度量、变化及后果［J］. 云南财经大学学报,2012(1)：65-70.

［27］孙秀林,周飞舟. 土地财政与分税制:一个实证解释［J］. 中国社会科学,2013(4)：40-60.

［28］谭荣,曲福田. 中国农地非农化与农地资源保护:从两难到双赢［J］. 管理世界,2006(12)：50-60.

［29］托马斯·R. 戴伊. 理解公共政策［M］. 北京:中国人民大学出版社,2011：15-16.

［30］王玉波. 土地财政对城市化的正负效应［J］. 同济大学学报(社会科学版),2013,24(8)：56-62.

［31］王玉波. 土地财政推动经济与城市化作用机理及实证研究［J］. 南京农业大学学报(社会科学版),2013,13(3)：70-77.

［32］吴东作. "土地财政"的政治经济学分析:基于马克思地租"国债(国税)"理论视角［J］. 经济问题,2010(8)：9-12.

［33］谢文蕙,邓卫. 城市经济学［M］. 北京:清华大学出版社,2008：34-35.

［34］徐国志,顾基发,车宏安. 系统科学［M］. 上海:上海科技教育出版社,2000：18-19.

美国的城市增长管理：回顾与借鉴^①

张　亮　岳文泽　金　敏

摘　要：第二次世界大战后，美国经历了经济快速增长、城市加剧蔓延阶段。大规模低密度、不连续的居住郊区化引发了开放空间锐减、城市交通拥堵、环境恶化、中心城区衰退及社会分层等一系列负面影响。为应对城市蔓延带来的各类问题，美国较早开始了对城市增长进行管理的理论与实践探索。鉴于美国对城市增长管理的丰富实践经验和部分对策的良好表现，本文主要通过文献综述的方法，从边界设定、基础设施引导、开发权控制以及经济手段等 4 个方面介绍不同政策工具的背景、内涵、案例以及管理效果等相关情况。最后，总结美国城市增长管理实践的经验与教训，为中国的城市增长管理提供基本的借鉴与参考。

关键词：城市增长；增长管理；政策工具；美国

The Lessons and Implications of
Urban Growth Management in the United States

ZHANG Liang, YUE Wenze, JIN Min

Abstract：Since the Second World War，as a result of the rapid growth of domestic economy and city expansion，the United States has faced a wide range of negative effects such as the cultivated land loss，urban traffic congestion，environmental degradation caused managers and scholars began to explore urban growth management. In the view of good performance and remarkable achievements，their urban growth management policies were used for reference by other States. Through the method of literature review，this chapter combed background and evolution process of their policies for urban growth management and introduce main policy tools，the specific examples and the effect from perspective of the boundary setting，infrastructureguidance，development right and economic measures in the United States. Finally，it summarizes the experiences of their urban growth management practice to provide theoretical reference for China.

Key words：urban growth；growth management；policy tools；the United States

一、背景

二战后，美国在经历了战时的物质匮乏和消费管制后，压抑的消费欲望爆发，经济开始

---

① 　＊国家社科基金重点项目（14AZD124），新型城镇化背景下城市边界划定与管理对策研究阶段性成果。

快速增长，社会福利不断提升。大规模退伍军人的归乡，美国迎来了"婴儿潮"（baby booming）的时代，导致人口的大规模增加。加之联邦和各州政府都出台多项刺激政策，以促进战后的重建。例如，住房政策方面，通过住房抵押贷款优惠政策刺激来推动远郊区大面积新住宅以及配套新式商业中心建设。同时，美国推行的规划分区（Zoning）政策，强调将居住与就业、购物、娱乐及教育等功能性用地分离的规划思想，进一步加剧了郊区新开发居住社区的不连续（大量文献称之为"蛙跳式"）的空间拓展模式[1-10]。另外，在这一时期，家用小汽车制造技术成熟、生产成本降低，美国联邦政府对部分州政府开始加大对新建州际高速公路的补贴，以及对支柱型汽车产业进行补贴，实现了家庭汽车普及的目标。免费高速公路网的建成和家庭小汽车的普及更是为当时如火如荼的郊区化插上了"翅膀"，大多数城市空间发展都突破原有的界线，并以空前的速度和尺度向广大的乡村地区扩张、蔓延[1-3]。

到了20世纪60—70年代，随着大城市的大规模、无控制地向周边地区蔓延，城市在空间上主要都呈现出低密度、分散、不连续的城市形态；在城市通勤上，呈现出高度依赖机动车等蔓延特征；在城市中心区，随着中产阶级外迁至环境更优美的郊区，低收入群体被置换进来，导致中心区开始衰落，带来一系列如外围开敞空间锐减、城市交通拥堵、土地利用效率降低、环境恶化等经济、社会、生态与文化问题，对可持续的城市发展带来广泛的负面影响[4-13]。在经历了城市蔓延导致的一系列城市问题的困扰后，作为政策制定者的政府管理人员、规划师、不同学科的学者与研究机构都开始反思美国战后的城市增长模式，探索和制定城市增长管理和土地利用管制的政策与实践手段。各类管理政策与措施纷纷出现，以期通过有效的管理，控制城市蔓延，促进城市化高效、和谐、有序发展。当前，对城市无序增长进行管理已经逐渐发展成为一个世界性的热点议题[1-14]。

2014年我国住房与城乡建设部联合国土资源部和国家发展与改革委员会等相关部门，在全国范围内选择了14个大城市，开展划定城市开发边界的试点工作，以遏制当前我国部分城市高速、无序扩张的势头，提高土地利用效率，保护珍贵的耕地资源。可见，我国在经历连续30多年的快速经济扩张、城市规模粗放增长、城市空间无序扩张后，对城市增长管理政策具有更为紧迫与现实意义上的需求。相对于美国，我国的城市增长管理政策研究还处于起步阶段，借鉴国外多年探索与实践形成的宝贵经验，服务于我国的城市管理工作，具有重要的现实意义。本文通过文献的梳理，对以美国为代表的城市增长管理实践进行介绍，以期能为我国城市管理研究者、政策制定者提供参考。

二、城市增长管理探索过程的演变

（一）基本概念与内涵

城市增长英文为"urban growth"，在国内文献中有"城市增长"、"城市生长"和"城市成长"等诸多称谓，但都是指城市空间的扩大和规模增加[1]。"增长管理"的概念最早出现于美国20世纪60年代后期的社区发展管理中，主要针对社区人口规模的不断增大。到了20世纪70年代中期，急需科学的理论为指导解决城市发展中出现的问题，学者们开始广泛探讨增长管理的相关问题，为增长管理的深入研究和概念普及奠定了基础[3]。

在概念界定上，通过文献追溯，"增长管理"的明确概念最早出现在 1975 年的《增长的管理和控制》(*Management & Control of Growth*)一书，其定义为："政府利用各种传统及改良的技术、工具、计划与方案，企图指导地方上的土地使用形态，包括土地开发的理念、区位单元、速度及性质等"[15]。学者 Chintz 在 1990 年给出的定义是："增长管理不同于单纯的增长控制，是积极的、能动的，旨在保持发展与保护之间、各种形式的开发与基础设施同步配套之间、增长所产生的公共服务需求与满足这些需求的财政供给之间，以及进步与公平之间的动态平衡"[16]。另一著名学者 Porter 则在此基础上进一步将增长管理概括为："解决因社区特征变化而导致的后果与问题的种种公共努力"[17]，它是"一种动态过程，在此过程中，政府预测社区的发展并设法平衡土地利用中的矛盾、协调地方与区域的利益，以适应社区的发展"[18]。1999 年福多尔认为增长管理是"泛指用于引导增长与发展的各种政策和法规，包括从积极鼓励增长到限制甚至阻止增长的所有政策和法规"[19]。梅兰妮黑尔认为有效的增长管理是一种为了预测和适应发展需要的动态过程[20]。

虽然"增长管理"的概念至今都并未形成统一的定义，但张进将 Porter 对增长管理的概括进行总结，提出了城市增长管理可表达为以下几个方面的特征[3,17]：

(1)它是一种以引导私人开发过程为目标的政府的公共政策行为。

(2)它不仅仅是编制规划和后续的行动计划，更是一种动态的、长期的过程[3]。

(3)它的主要目的是预测并适应城市发展过程，而并不仅仅是限制城市发展[3]。

(4)它提供了可能的机会和程序来决定如何在相互冲突的发展目标之间取得适当的平衡，这是非常重要的[3]。

(5)它必须确保地方的发展目标，同时兼顾地方与区域之间的利益平衡[3]。

(二)城市增长管理的基本目标

城市发展离不开规模经济和集聚经济，但集聚发展的同时也带来了城市拥挤和环境恶化等一系列城市病。因此，城市的发展亟需合理的人口密度、有效的资源配置和有力的城市空间布局调控。城市增长管理区别于城市控制，并不仅仅着眼于控制城市规模与空间扩张，其有更为广泛的公共目标，即通过"平衡增长"的方式，合理引导城市发展方向，维持城市增长管理空间结构平衡，减缓城市发展的压力，从而实现城市协调发展[1]。

自产生至今，城市增长管理的关注重点不断变化。早期的城市增长管理提出主要针对环境恶化、内城萧条的情况，强调在城市化过程中对城市内部原有基础设施的复兴和再开发，保护城市周边自然环境以改善人们生活质量，维护社会公平[1-10]。随着城市的进一步发展，城市增长管理逐渐转变为协调经济效益和公共利益之间的矛盾，塑造具有经济价值、建筑美学价值和环境价值的城市开发模式[1]。在 2002 年，Nelson 等人对增长管理的目标进行了系统、完善的归纳，将其划分为五大主题：保护公共产品、最大限度地利用土地、弱化其负外部性、注重社会公平、提高城市生活质量以及最大限度地减少财政支出[21]。在这五大主题的把握下，控制城市发展，并反馈城市系统运转情况，最终逐步去接近或达到城市增长管理的目标，实现城市系统整体协调运行[1]。

三、美国的城市增长管理政策

美国的城市空间增长管理主要利用综合规划、分区条例、土地分割管制和基础设施改造计划这 4 类政策来实现对城市扩展的总量、效率、结构、位置、时序等方面进行约束与引导,同时各地结合自身的情况进行增长管理的实践和创新,创造出新的管理工具[3]。现阶段,经总结定义的单项政策工具已达 57 项之多,包括各种特殊类型的管理法规、计划、税收政策、行政手段、审查程序等[22]。从作用方式上主要分为 4 种政策类型:第一,政府的刚性控制政策。即对城市开发的区域、总量或时间做出刚性规定的政策工具,主要包括绿带、城市增长边界、公共土地征收、开发许可等。第二,基础设施引导政策。通过基础设施保障引导土地开发利用活动。第三,区域差异调节政策。针对不同区域设置灵活的差异性政策,实现对土地开发行为的调控。第四,经济手段诱导政策。主要是通过税费等调节土地开发行为。不同的政策工具,其特征以及实施效果不尽相同。边界设定作为城市空间增长管理的最基本工具,在以控制城市蔓延、保护开放空间和塑造城市空间增长形态为目标的边界控制手段中已得到广泛采用[14]。下面主要对常用的边界设定、基础设施引导、开发权控制以及经济手段引导这 4 类进行总结。

(一)边界设定

边界设定是城市空间增长管理的基本工具,是以控制城市蔓延、保护开放空间和塑造城市空间增长形态为目标的容纳式城市发展政策(urban containment policy),主要有三种表现形式:城市增长边界(Urban Growth Boundary,UGB)、城市服务边界(Urban Service Boundary,USB)和绿带(greenbelt)[23]。绿带和城市增长边界主要通过"推力"将城市增长限制在开放空间、重要农业用地以及生态敏感用地之外;而城市服务边界则通过基础设施建设,采用"拉力"将城市增长"吸引"到有基础设施保障的边界之内[14]。Pendall 和 Bengston 等人认为,绿带、城市增长边界和城市服务边界对于城市发展的限制严格程度是逐次递减的[23-24]。绿带政策在英国表现较为典型,而在美国,采用较多的则是城市增长边界与服务边界这两种容纳式城市发展政策。

1. 城市增长边界相关政策

城市增长边界即在地方全面规划内划定的城市开发边界。地方政府定期审核,决定是否应该扩大或调整边界范围[1]。城市增长边界最早在 1976 年由美国的塞勒姆市(Salem)提出,通过确定"城市土地和农村土地之间的分界线"划定了塞勒姆都市区的发展范围,用于解决当时塞勒姆市与其相邻的波尔克(Polk)和马里恩(Marion)两县在区域管理中的冲突,规定边界以内的土地可以用做城市建设用地而进行开发,而边界以外的土地则不可以开发为城市建设用地[25]。至今,城市增长边界作为一个城市增长管理的重要工具在欧美等各国得到了广泛应用[23,25-29],其中,最著名的案例是位于美国俄勒冈州波特兰大都市地区划定的城市增长边界。

通常,UGB 是基于城市居民生活、生产的需求以及环境保护等因素而划定的。因此,UGB 的建立应使其满足规划期内的住房、工业、商业、休闲娱乐及其他城市用地的需求,且每隔 5 年还需对 UGB 的土地供给能力进行检验,以判断是否需要扩大已有的边界以及选择扩大的时机和范围[14]。

(1)内涵演变

城市增长边界这一概念提出后,西方学者对城市增长边界的定义与内涵进行了不断补充,Bhatta 提出以一条界线明确城市增长区域,划定允许开发的范围[8]。Sybert 认为"城市空间增长边界(UGB)是在城市外围划定的一条遏制其城市空间无限制进行扩张的线"[30]。Porter 在 1997 年提出:"城市增长边界将城市增长限制到某个特定的区域,并且阻止城市延伸到外围村庄"[17]。Benfield 认为是对城市发展时序和空间位置的综合控制,通过把城市发展限制在明确的地理位置上,控制城市无序蔓延,引导城市健康发展[31]。Williams 则提出,UGB 是"城市地区周围抑制市区范围增长的一条边界线,边界以外土地,应保持在低得多的密度,不提供供水和排水服务,形成城市和农村明确的分界线"[32]。Staley(1999)认为 UGB 是加诸某一政治划定地区上的土地开发限制,其目的在于抑制蔓延,保护空地,鼓励内城的再开发[33-34]。Bengston 等将 UGB 定义为"将城市化地区与郊区生态保留空间进行区分的重要界线,由政府在地图上予以标示",通过区划(zoning)及其他政策工具保障实施[35]。Chan(2004)认为 UGB 是围绕某一城市或大都市地区而划定的一条管控界线,在规定的时间内,位于其外的土地将不能用于城市开发[36]。Cho 等(2008)将其定义为一条用于控制城市化形态的地域界线,边界范围内土地进行高密度的城市开发,而其外土地则进行低密度的农村开发[37-41]。

通过以上的阐述,城市增长边界可分为两种类型。一类以有无提供给排水等基础设施来作为 UGB 内外开发状态的区别之一(类似城市服务边界)。第二类则为一般意义上定义的 UGB,强调 UGB 对于城乡土地开发的划分作用。这一类型中,有学者认为可将自然或人为景观作为城市或大都市区边界[42],也有学者认为城市增长边界本身包含控制与引导两重含义,对内约束城市蔓延、鼓励集约利用和紧凑开发,促进内城更新;对外维持乡村特色、保护开放空间的功能,因此,其构成也相应地包括乡村边界与城市边界[43],这两条线可能重合也可能分开[44]。Porter(1997)、Staley 等(1999)和 Cho 等(2008)的定义则结合了两个方面,较全面地诠释了 UGB 的内涵[17,33-34,40]。

综上,尽管不同学者对于城市增长边界内涵的解析存在差异,但其对这一概念理解的出发点都是源于解决城市快速发展下的蔓延现象。因此,在某些观点上具有共识。首先,城市增长边界是一种多目标的控制手段,通过划定增长边界,提高界限内集约利用程度,促进城市更新,将建设控制在适宜的地区,使城市发展避开生态敏感地区,以实现生态、经济与社会效益的综合最大化[45]。其次,从构成上,城市增长边界可分为乡村边界、城市边界等多种类型,以实现不同区域的管制需求,体现增长与约束、需求与供给、发展与保护之间的平衡。最后,城市增长边界可以是动态边界与静态边界的集合。边界内包含的未来城市发展所需的空间随城市发展而不断扩张,且需要每隔一定年限按规则进行评估与调整[46],才能保证边界随着城市外部环境变化而调整。因此,城市增长边界需要多种边界的集合,通过短期的、长期的、动态的、静态的区分,保障近期发展和远期调控,体现弹性与刚性的统一。

(2)边界的划定

国内外对城市增长边界划定方法的探讨较多,但尚未形成统一的方法。从研究切入点看,对城市增长边界的划定方法研究主要从城市空间扩展、城市土地适宜性评价、多指标综合评价等方面入手。对城市空间扩展的研究集中在对城市用地增长规律、影响因子分析和扩张模拟与预测等[47]。近年来随着地理信息技术的广泛应用,为不同尺度城市空间扩展分析提供了技术支持,也为增长边界科学划定提供了进一步深入研究的手段。城市土地适宜性评价方面主要有基于人口预测和人口映射乘数的用地规模预测[48],线性外推法[8],基于生态、自然、城市建设等角度进行土地适用性评价[49]。多指标综合评价主要有 4 种指标体系，分别为 1976 年联合国粮农组织（FAO）颁布的"目标—判断—结果"型指标体系、由经济合作与发展组织 1990 年发展完善的"压力（pressure）—状态（state）—响应（response）"指标体系，常用的"生态—经济—社会"评价指标体系以及建设部门 2009 年颁布的城乡用地评定标准指标体系。

从方法属性看，已有文献中定量划定城市空间增长边界的方法主要有增长法、排除法和综合法三大类[50]。增长法与城市空间扩展的研究相同，以模拟预测为主要手段，采用元胞自动机（Cellular Automaton，CA）和约束性元胞自动机（Constrained CA）等动态模拟技术模拟城市增长来此划定城市增长边界[51-53]。也有学者在元胞自动机基础上加以改进，如基于城市增长模型和土地利用/土地覆盖 Deltatron 模型耦合的动态城市模型（SLEUTH 模型）[54]，以及通过土地利用转化及影响模型和人工神经网络模型制定城市增长边界[55]。排除法类似于土地适宜性评价，即排除由于建设条件受限或生态环境敏感等原因而形成的不宜或不可建用，识别城市建设用地可能范围的最大值，主要应用于刚性增长边界的划定。这一类方法常利用 RS 与 GIS 等技术手段[56-57]，根据不同价值导向将建设引导向适宜地区作为界定城市增长边界的参考[58-59]。综合法即在考虑城市增长的限制性因素的基础上结合对增长趋势的预测，主要应用于弹性增长边界的划定。

综上，学者们对城市增长边界的划定方法进行了大量探索但并未形成统一的标准，且许多方法的科学性与适用性还需要更多的实践来验证。城市增长边界的划定过程是社会过程、政治选择和技术方法的综合过程[14]。城市增长边界的确定需要从价值判断出发，明确未来城市发展的定位、需求，根据区域具体情况选取适当的划定方法，才能保证城市增长边界适应城市发展，有效管理城市空间扩展。另一方面，单一技术方法不一定能够适合不同的增长边界的类型。需要不断探索适合不同类型的增长边界划定的技术方法，形成边界划定的技术体系，才能更好地、更科学地、更有针对性地划定城市增长边界。

（3）政策效用

以解决城市蔓延为目的的城市增长边界的管理作用和效果需要较长时间才能完全显现。城市增长边界政策的有效性问题，有许多学者通过建立一系列指标体系或模型来评价城市增长边界政策的实施效果，论证其对控制城市蔓延、保护开放空间等方面的作用与效果[21,60]。

城市增长边界的管理效果研究最具代表性的当属 Whitelaw、Knaap 及 Nelson 等人的研究成果，他们分别从土地供应、开发时间以及地理位置这三个维度对城市增长边界在限制城市蔓延方面的作用进行了详细的评价与论证[61-62]。从方法来看，测度 UGB 对于土地无序开发或者城市蔓延现象的方法主要可分为三类。第一类以 UGB 为分类根据对比各项指标和数据，进而分析 UGB 的影响[63-67]；第二类通过建立解释变量涵盖 UGB 变量的统计模型[37,39,63-65,67]；第三类从开发费用以及城市开发在短期内建设供给来分析 UGB 的长期影响[68]。

从研究结论来看，目前关于 UGB 是否能够遏制城市蔓延仍然存在着争议。Nelson 和 Moore（1993）、Wassmer（2002）、Cho 等（2006）、Dierwechter 和 Carlson（2008）都认为 UGB 成功遏制了城市蔓延[37,63-65,67]；Weitz 和 Moore（2007）认为城市蔓延的遏制只能部分地归功于 UGB 的实施[65]。Cho 等在 2007 年指出了其 2006 年的研究在假设前提和模型设计上存在不足,推翻了之前的观点[37,39],Hepinstall-Cymerman 等(2013)认为 UGB 在遏制城市蔓延方面并不有效[66]。Robinson 等人(2005)的研究结果表明:尽管城市增长边界的划定达到了提高边界内住房密度,限制边界外开发密度的预期目标,但是边界外乡村地区的低密度开发更严重,自然栖息地减少,景观破碎化[69],利用低密度分区来限制开发在某种程度上加剧城市的广域扩展[70]。还有一类研究虽然也认定 UGB 在控制城市蔓延上的失败,但将其失败的原因进一步归于 UGB 实施的制度和文化因素[71]。同样,在对房地产的影响方面,也存在争议。Gustafson 等(1982)认为,包括 UGB 在内的一系列城市增长管理措施的目的在于通过将土地开发机会局限在 UGB 内部,来影响土地市场[72],故而土地市场也能用来评估 UGB 的效果[73]。Cho 等(2008)认为 UGB 会显著地提高住房价格[40-41],而 Staley 和 Mildner(1999)、Phillips 和 Goodstein(2000)认为 UGB 对提高住房价格的作用并不强[33,74],Chan(2004)和 Marin(2008)认为 UGB 的影响受住房、土地特征等其他因素影响[36,75],Jun(2006)则认为 UGB 对住房价格并无影响[76]。另外,Staley 和 Mildner(1999)以及 Staley 等(1999)认为 UGB 对住房市场的影响并不仅仅局限于价格,高密度的发展引导也会减少住房的多样性,从而降低消费者的总体福利[33-34]。许多学者在研究中都采用标准的特征价格模型,主要区别体现在其所选取的指标[73,77]。还有学者在此基础上继续发展,提出了众多特征价格模型的变形[39,41,75]。在交通影响方面,Brueckner(2007)基于 Pines 和 Sadka(1985)的研究,提出了一个基于通勤成本测算的经济学模型,得到"UGB 虽然不会恶化标准单中心城市中的交通情况,但与拥堵费相比它也不会改善拥堵情况"这一结论[78]。Anas 和 Rhee(2006)在 Brueckner(2005)基础上提出了一个改良的模型,同样模拟对比了 UGB 和拥堵费的效果,结论与 Brueckner(2007)相反:UGB 无论在何种情形下都是无效率的[79]。

虽然不同的学者之间在城市增长边界的管理效果评价上还存在一定的争议,但是总体而言,城市增长边界作为城市增长管理政策的典型代表已经得到了较为广泛的认可,并且在许多城市有了较好的应用实践[80]。

(4)典型案例

波特兰市隶属于美国西海岸波特兰—温哥华都市统计区,该都市区域跨两个州,分别为俄勒冈州的波特兰和华盛顿州的温哥华,其中波特兰人口占整个都市区域的 80% 左右。因其人口增长较快且引发了城市发展问题,因此,波特兰市较早地引入并实施了城市增长边界这一管理政策。

波特兰市由大都市区居民直接选举产生区域委员会(METRO)来负责管理波特兰地区的一切发展事务[81-82]。在俄勒冈州《俄勒冈全州规划和增长管理法案》指导下,委员会在1979 年提出了一条 20 年期限的城市增长边界,同时还提出了 10 年发展的中期增长边界[82-83]。委员会需要每五年审查土地供给的状况来决定是否扩展边界[81,83]。最初划定的边界包含 24 个城市、60 余个特别服务区等,共 932.4 平方公里,其中,336.7 平方公里的面积为空置及未开垦用地[82]。在城市增长边界实施的 30 年来已经进行了 30 余次微调,其中变动较大的有 3 次,分别在 1998 年、2002 年以及 2004 年,边界内土地增长量分别为 14.16平方公里、76.34 平方公里和 7.91 平方公里,主要用于独立住房建设以及工业发展[2]。

在多年的实施经验基础上,波特兰市政府形成了其特有的城市增长边界划定技术体系。一方面,发展了 Metroscope 模型。通过模型的 3 个主要模块——经济模块、土地利用模块和交通模块来完成对未来人口、就业、行业的空间分布、用地需求分析以及不同交通网络的需求与供给预测，为UGB扩张政策的评估、城市管理评估、交通基础设施影响评估等方面提供技术支持，并为城市远期规划提供依据与参考[2]。另一方面，采用情景分析和逐层细化法划定城市增长边界。通过城市发展分析工具和模型预测，模拟多种不同的城市发展情景，综合比较各种情景后初步形成了城市增长边界，并结合土地利用现状、服务中心和主要街道的位置、环境敏感区和生态脆弱区等不适宜开发用地的位置等要素对城市增长边界进行不断细化，最终形成相应的城市空间增长管理策略[45,81]。

波特兰市的城市增长边界政策实施在一定程度上缓解了城市蔓延，促进了市中心的再发展，保持了中央商业区的活力[2]。将城市发展疏导在基础设施较完善的地区，有利于提高土地利用和公用设施利用效率等。但实施城市增长边界这一政策也存在争议。首先，由于规划者很难正确地判定城市发展的速度，难以就土地的供应量做出准确的预测，在此基础上划定的UGB的范围容易过大而使其失去控制城市蔓延的作用[82]。其次，对土地的控制导致边界范围内土地价值过高，将低收入人群排除在边界范围内，并不有利于保护乡村景观；同时，土地控制导致的建筑空间供给有限，限制了商业零售业发展的选择[2]。

2.城市服务边界

城市服务边界是指由政府划定提供城市公共服务的区域范围，政府提供资金建设基础设施，在此边界外则不提供公共基金建设城市服务和基础设施[84]。其实质是指从城市中心到政府所能够提供城市公共服务的最大综合影响距离[85]。相对于城市增长边界来说，城市服务边界更具灵活性，引导作用更强。城市服务边界实施的原动力是出于经济上的激励——尽可能地降低区域基础设施的配套成本[82]。

(1)边界划定

每个城市的服务边界并不仅有一条，从空间横向来看，城市快速发展过程中的人口与功能疏导，可能在城市边缘会出现跳跃式的卫星城或新城，这就会产生多条城市服务边界；从时间纵向来看，可以划分为城市现状服务边界和城市规划期末服务边界[86]。城市现状服务边界界定主要是从居民和现有公共服务设施的相互作用关系角度出发的，而城市规划期末服务边界则更多考虑在规划用地结构影响下的城市公共服务设施所能提供的标准服务范围[86]。

1963年美国经济学教授哈夫在引力模型基础上提出了哈夫模型，通过这一模型可以计算需求者在其不同选择行为下使用某种设施的概率情况，用以判断设施的吸引力[87]。对于城市的现状服务边界，可以通过这一方法计算居民点与设施点之间的相互作用力来求得。但是对于规划期末的城市服务边界来说，则需要考虑在规划期预期的用地布局下，公共服务设施提供的服务能够覆盖的最大影响范围。传统研究主要运用缓冲区分析来模拟规划建设的公共服务设施服务覆盖区域（服务半径），但这种方法并没有考虑交通和地形因素对设施服务区的影响[86]。随着地理信息技术与城市地理学的深入结合，采用网络分析法模拟公共服务设施服务半径，通过对路径分析的扩展，结合交通成本，得到到达设施点的最短路径，最终产生的服务区要比同心圆式的缓冲区明显偏小，且精确度更高[88]。但最短距离并不意味着最合理距离，在实际情况下，还需要考虑不同道路的承载力和出行者行为选择，研究道路网结构和公共服务设施可达性之间的关系[89]。

不论是城市现状服务边界划定还是规划期末城市服务边界划定，城市服务边界的界定大体包括3个步骤：首先，对城市规划期间的人口与用地规模进行预测；其次，建立区域内公共设施服务水平标准（在城市空间形态相关研究上表现为公共设施服务半径标准）；最后，运用模型划定城市服务边界[90]。

现阶段城市公共设施的分类、标准化服务半径多样化，对城市服务边界划定模型研究不足，制约了城市公共设施的高效利用和土地的集约利用，从而无法保证城市服务边界的有效实施[91]。

（2）政策效用

实施城市服务边界政策最根本的目标是提高公共服务设施的利用效率，促进城市集中发展的同时保护开敞空间和农田等不受城市蔓延的侵蚀[21]。政府通过提供合理的公共交通系统以及高质量的城市服务来保障城市内部填充式的开发，提高城市集约化水平，增强城市经济活力和综合竞争力。而城市服务边界范围外缺乏相应的基础设施和公共服务，开发商往往不能承受高额的基础设施费用，迫使他们将大量的开发活动转移到城市服务边界内，从而确保重要的农业用地、生态环境以及自然资源得到有效保护[85]。

虽然城市服务边界是引导城市发展的有效手段，但是城市发展使得土地价格不断地上升，造成城市内部经济发展不均衡，部分低收入者被迫迁移，而非居住在城市服务边界内[85]。同时，政府控制边界内高密度开发时，将影响开发商通过提高开发密度增加利润，不同利益主体间的博弈会影响土地供需[91]。因此，城市服务边界这一措施的实施需要进一步的政策保障来降低对土地价格以及开发活动的负面影响。

（3）典型案例

美国城市服务边界实施很大程度上依赖于《基础设施充足供应条例》和层级体系（tier system）[82]。最早实施《基础设施充足供应条例》的是美国纽约州的拉马波（Ramapo）镇。随后在1985年和1990年，该政策还分别被佛罗里达州和华盛顿州相继采用[91]。《基础设施充足供应条例》是一种保障土地利用规划有效执行的规章制度，明确了城市任何地块在开发之前必须有与之匹配的充足基础设施，否则不予发放许可证[92]。层级体系是介于《基础设施充足供应条例》和绿带政策之间的一种城市限制政策。通过基础设施容量、当前的开发水平、乡村资源脆弱性评价等来确定适合当前开发、未来开发和限制开发的区域[92-94]。

在城市服务边界实施中，两者通常结合使用。一方面，根据功能而非行政边界来设定城市层级体系[93]，如典型的可用于大城市地区的层级体系包含层级Ⅰ（中心城市）、层级Ⅱ（城郊的内环）、层级Ⅲ（城市增长活跃地区）、层级Ⅳ（农村保护地区）[94]。另一方面，在规划城市化区域，通过《基础设施充足供应条例》保证集中开发区域的基础设施供应。

美国的明尼阿波利斯和圣保罗双子城在1975年在将城市设定了层级Ⅰ、Ⅱ、Ⅲ后，为未来25年划定了总面积为57.6万英亩（2330.9平方公里）的城市服务边界，边界包含47%的已开发土地、20%的正在开发或者闲置土地以及33%的限制开发土地[82]。在实施后的18年间，边界范围调整了60次，并且1996年在新的区域发展规划指导下，边界扩充了8万英亩（323.7平方公里）待开发土地为未来大都市区发展[82]。

实施期间双子城城市服务边界内人口密度大幅下降，城市服务边界的面积在不断地增加[82,95]。双子城的城市服务边界实施情况说明城市服务边界相比于城市增长边界，虽灵活性更大但是对城市蔓延的控制力较弱。

值得注意的是，不论是实施城市增长边界或城市服务边界政策，都有可能因为边界设定后,城市发展带来城市内部高房价,使得低收入人群被迫迁移到边界外部。不仅造成乡村景观破碎,还将产生社会不公平现象。因此,这两种政策工具的使用不仅要考虑如何保证边界的控制效力和有效执行,还需要考虑采取何种配套政策和措施以保障低收入人群的利益,以维持社会公平,防止出现居住隔离和社会矛盾。

(二)基础设施引导

基础设施引导是指要求城市土地的利用开发活动和基础设施与公共设施的建设保持同步进行。其中最为常用的政策工具有足量公共设施要求、公交导向性开发(Transit Oriented Development,TOD)。

1.足量公共设施要求

足量公共设施要求即同步配套要求,是指在新的开发项目要开展时,必须保证为项目区域内新居民提供足够容量的基础设施服务,例如,供水、排水、警察、消防以及紧急设施服务。若社区无力承担建设这些设施,可要求开发商提供,作为取得开工许可证的条件[3]。

足量公共设施要求这一城市增长管理工具被美国佛罗里达、马里兰州和加利福尼亚州等地广泛采用。如华盛顿州要求地方政府在开发前,必须确定项目是否具备足够的公共配套设施,这些公共设施可由政府建设或开发单位负责在项目建设前或在开发期间配套建设[69]。纽约市的拉马波(Ramapo)社区通过中低密度开发的综合规划以及区划条例要求社区内居住区的开发建设必须先完成基础设施配套,且对设施的完善程度进行评分,不满15分的建设项目推迟到配套完成才能建设[3]。这一条例的实施使社区内住宅建设量立即下降了三分之二,虽然由镇一级政府来控制基础设施的供给导致了对这一制度的批评,但这一条例的实施中创新的规定、积极的司法支持和广泛的宣传,仍然为增长管理的实践提供了宝贵经验[3]。

2.公交导向性开发

公交导向性开发(TOD)是一种基于"交通—土地利用"相互关系的土地开发模式,强调整合公共交通与土地利用的关系,通过增加步行、自行车和公交等各种出行方式的换乘,以达到高效率的交通运行和集约化的土地利用[70]。

美国各层次地方政府都出台了保障政策用以推动TOD模式的实现。郝振清等[96]2013年对美国TOD保障政策进行总结,认为美国具有代表性的典型TOD保障政策主要在州政府、大都市区以及县市三个层面上。如加利福尼亚州针对TOD的规划建设和购买环节,规定从州高速公路投资基金中开支,优先资助TOD规划工作,最高额每年为300万美元[96];西雅图都市区每年约有100万美元预算用于TOD项目开发可行性研究[96]。西雅图市为TOD基础设施开发商提供资金担保和贷款[96]。截至2002年的研究显示,全美国有多达137个大众运输导向开发的个案已完成开发、正在开发或规划中[97]。TOD模式将土地开发与轨道交通建设相互整合,且重视常规公交系统和步行、自行车系统的建设,通过混合的土地利用模式与友好的步行环境,将公交系统与完善的行人和自行车设施结合起来[98]。

TOD在城市发展的层面上可以有效刺激沿线土地的开发与周边房地产的增值,但是TOD的成败将受限于城市的环境及经济条件,使得TOD开发的执行须针对地区条件进行调整,在推动的过程中制定不同的策略、行动方案及实施工具,并结合政府部门、交通运营机构、开发商等多主体力量来共同完成[97]。

（三）开发权控制

开发权控制是指针对不同区域设置灵活的差异性政策，实现对土地开发行为的调控，主要有公共土地征收、开发权购买和转移、暂停开发、建筑许可等。

1.公共土地征收

公共土地征收是指政府出资征用或购买部分开放空间用地的产权，防止其转换为建设用地。这一手段是保护重要的生态环境的最直接的方法之一。国家购买土地开发权之后，发展受限制地区的土地仍归原土地所有人所有，但土地的用途仅限于对土地现状的利用，而不能对土地做不利于保护农地、环境敏感地带和历史古迹的深度开发，以使其得到永久性保护[99]。

这种方法对于土地与生态环境的保护迅速且有效，但也存在一定问题。一方面，公共土地征收是政府与土地所有人之间在平等自愿基础上的产权交易行为，需要双方协商一致才能购买[99]。因此，通过这一方法保护农地、敏感地带以及历史古迹时往往受到土地所有人的意愿限制，容易出现方法失灵的情况。另一方面，购买土地开发权大量资金需要国家财政支付，给国家财政带来沉重负担，也正是由于这个原因，国家购买土地开发权的项目成功案例很少[99-100]。

2.开发权购买和转移

开发权购买和开发权转移是城市空间增长管理中常用的另一种产权控制方式。在城市空间增长管理中，可以通过开发权的购买和转移来保障土地所有者的权益，减少规划实施的阻力，将城市高强度开发引导至规划设定的区域内，以保障规划中的边界控制得到有效实施[99]。到目前为止，国际上已有的开发权购买实例主要集中于农地和生态敏感用地的保护方面，而开发权转让的实例则主要集中于历史建筑的保护方面[14]。

开发权购买与移转制度的实施需要在政府主导下建立一个开发权市场，并将土地分为受限制开发区和可开发区。受限制开发区是需要进行保护以阻止土地利用性质发生改变的区域，即开发权的发送区域；可开发区是划定为可超过现有区域限制、土地利用强度能更高的区域，即接收区域[101-103]。受限制开发区通常是需要得到保护的区域，如农业用地区、自然环境脆弱区、野生动植物栖息区、历史性建筑保护区以及环境保护区等，是土地发展权交易的供应方；可开发区通常是城市中心或城郊地带，是土地发展权交易的需求方[103-105]。

由国家或地区规划确定所有的土地相应的土地发展权（即相应的土地开发强度）。不同土地的开发强度不同。因此，受限制开发区的土地所有者可以将其土地发展权转让给可开发区的土地所有者，后者在支付一定价格后获得土地发展权，以增加其持有的土地的开发强度。受限开发区能转让多少开发权取决于该土地上政府确定的开发强度，强度越大的土地所有者的出让意愿越大，土地被保护的概率也越大，也是土地价值所决定的[106]。土地开发权价值是土地转换后价值扣除转换前价值以及转换成本后的差额[107]。定价的基本模型分为基于土地最佳利用法则的用途转化模型和强调不同开发情况对开发权价值影响的土地开发变动模型[101,108-109]。开发权市场由政府主导组织建立，规划主管部门对项目进行审批，开发权转移银行作为独立的中介机构，组织开发权的购买与转移[110]。土地开发权的购买与转移通过市场引导、政府决策、民众表决、规划保障的方式，在土地受限制开发区和可开发区之间架起了一道桥梁，用来调节这两类地区因土地用途管制而产生的利益不平衡问题[99,106,111]。

在美国，开发权购买和开发权转移已广泛应用于历史建筑、开放空间以及环境敏感区、生态脆弱区等资源与环境的保护中[106,112-114]。通过开发权购买与转移这种充分发挥市场作用来配置土地资源的方式在实际操作中还存在一定问题。这一政策的顺利实施首先必须有规划作为保障，设定不同土地的开发强度，建立开发权市场。但只有存在较强发展压力的地区才迫切需要进行开发权购买和转移，政策适用范围有限，无法在更大范围形成一定规模的发展权市场[115]。其次，开发权的定价直接影响交易后接收区域的开发成本，定价过高将推高开发成本，最终转嫁于消费者身上，导致区域的高房价与高开发强度，甚至导致城市局部交通拥挤和环境污染[116]。再次，这一政策只是对发展受限制地区的土地所有者进行补偿，而没有对社会进行补偿的功能，受影响区域内非土地拥有者利益容易被忽视，无法实现社会经济发展利益在全社会中的公平分配[14,90]。

(四)经济手段引导

经济手段主要是利用税收杠杆实现对土地开发行为的激励和限制，如开发影响费、保护减税、双轨税率等，主要配合其他强制性增长管理政策使用。

1.开发影响费

开发影响费是指地方政府本着受益者付费的原则，要求土地开发者就其对公共设施所可能造成的影响程度缴付一定的费用[70]。开发影响费必须用于为开发商提供所需道路、给水、排水、公园、学校、固体废弃物排放、雨水排放等基础设施。向开发商征收开发影响费，即要求开发商在获得经济效益的同时承担起基础设施开发和公共服务的花费，从而有效地减轻政府财政负担，增加公共设施资金来源，是地方政府新建和改善公共基础工程的重要组成部分[117]。

开发影响费用的征收，必须深入研究新的开发项目和其所需基础设施的成本之间的关系，根据资本投资运作计划，结合法律规定的必要设施标准确定影响费用的收费标准[90]。如2005年马里兰州对新建独户房屋收取开发影响费用，Anne Arundel 县的统一标准为4394美元，Frederick 县标准则为10016美元，Montgomery 县根据区位差异而设置不同费用标准，最高收取17500美元[118]。

2.税收调节

税收调节主要有保护减税以及双轨税率等方法。保护减税是指为了鼓励对开放空间的保护，自愿将土地的开发权转移给非营利性组织的土地所有者，国家给予一定的税负减免[70]。双轨税率是对土地价值较高地区以高税率征税，而对建筑物的改良课以较低的税率，达到鼓励土地集约利用的目的[70]。

税收调节是与边界设定相配套实施的城市空间增长管理手段之一。通过对边界内外不同目标用途的土地开发设定不同的税率，保障城市空间理性增长。对于绿带、城市增长边界、城市服务边界等不同的边界类型，通过边界内外税收种类、方式和税率的不同来将城市扩展引导至边界内，减少和控制边界外的开发行为[14,119-121]。

通过对边界设定、基础设施引导、开发权控制以及经济手段引导这四类城市增长管理政策的对比，刚性控制政策的实施容易取得短期内效果，但其成功实施除了需要科学的预测外，还需要强有力的法律与经济手段等不同政策的协调配合。同时，从刚性政策到经济手段,涉及不同的利益主体,不仅体现了城市增长管理政策关注点的不断变化,也说明城市增长管理不仅仅是政府的单一职责,还需要多主体的广泛参与,才能充分发挥政策效用。

四、启示与借鉴

美国的城市增长管理从起源至今已经历半个多世纪,其基础理论、方法体系已趋于完善,且进行了大量实践探索,具有较强针对性与可操作性[1]。现今的美国城市增长管理摆脱了狭隘的增长关注,不再单纯追求城市经济增长与空间范围的扩张,更为关注城市系统中资源、环境、生态的协调共生,将城市的发展逐渐从内部均衡转为与外部的互动与协调,关注城市土地开发的利益相关者群体,通过外部互动、内部以及利益相关者的协调来保障政策的贯彻实施[70]。其城市增长管理中的经验对我国城市化战略的选择、城市迅速发展中的增长管理具有重要意义。

(一)复合多元化的政策工具

城市空间增长管理工具复杂多样,具有较强的环境依赖性[14]。不论是控制性增长管理政策还是引导性政策都具有鲜明的自身特点,针对不同的城市问题而设计,其优势以及适用范围存在差异。控制性政策工具方面,绿带、城市增长边界和城市服务边界对于城市发展的限制程度逐次递减,而实施的灵活性和复杂程度则逐次递增[23-24]。不同城市需要根据自身的社会经济发展水平和管理特点,选择合适的边界控制形式[14]。因此,在我国城市增长管理中政策工具的选择应充分考虑到不同的价值判断、管理的目标以及管理地区的经济和文化特点,并注意控制性政策工具与引导性政策工具的搭配选择。如城市周边的环境脆弱区、生态敏感区和基本农田保护区等可采用设定绿带的形式保证永久性或长期保护。在对规划期城市规模充分研究和科学论证的基础上,划定近期、远期的城市发展边界,防止城市边缘区受到城市化侵蚀。同时,在城市发展边界内部可采用基础设施引导等方式,将城市开发集中于配套环境较好、资源环境承载力高的地区,使城市土地利用高效集约。同时,包含税收、产权管理等内容的综合性引导政策工具对于城市空间增长管理的实施也具有极为重要的作用[14]。通过对城市空间增长边界内外税率的调节,可以加大边界外开发的成本,将城市扩展引导到设定的边界内。而在城市增长边界内部,可根据城市开发时序,结合近远期发展边界,对不同地区设定差异税率,以保障边界内城市土地开发合理有序,抑制跳跃性的土地开发,促进城市高效合理利用。随着市场的发展和完善,我国可以对各种与边界配套的税收调控手段进行研究和尝试。

另外,由于我国土地制度与国外存在差异,开发权控制这一政策工具在我国的具体实施还存在一定难度。我国需在对开发区控制方面积极探索的基础上,累积一定的理论与实践经验后,可尝试采用开发权控制的方式,在保护优质耕地、历史和文化遗址、生态敏感地区时,通过建立土地开发权转移的市场和转移银行,在充分保护开发者利益的条件下实现土地资源配置的优化[14]。

(二)相对完备的空间规划体系

在我国,国土、住建、环保等不同部门都编制实施具有部门权利特征和职能特征的规划,划定了大量的空间管制边界。由于部门间缺乏沟通协调以及缺乏相对完善和规范的边界划定规程，无法保证边界划定的全面性和可操作性，甚至各条边界存在矛盾，使得边界管理政策的实施充满了不确定性，大大阻碍了公众对政策的了解以及有效的监督。我国正在尝试不同规划的统一协调，探索"三规合一"、"多规合一"的规划路径，以此为契机，统筹协调规划法规体系、规划行政体系、规划实施体系，形成完备的空间规划体系，保证城市边界管理政策在编制上的科学合理性、实施的可操作性以及有效的监督与科学评价。

美国城市增长边界的实施结果研究表明，城市增长边界发挥了较好的作用，主要归功于3个方面：当地政府的通力合作、区域政府的权力和影响力以及通过立法强制要求地方和区域政府合作[80]。因此，我国的城市增长管理的成功实施需要地方政府间、部门间的合作。首先要提高地方政府对土地利用和规划问题的重视，增强地方政府的执行能力。为保证其成功实施，需要重视各级政府、各部门之间的合作。在理顺各部门权力、职责的基础上，整合不同部门以及不同层级政府间的规划，深入分析城市扩张的动力机制，在统一的工作基础与数据基础上，进行城市规模、人口以及各类用地预测，形成明确、稳定的各类型边界，以达到保护城市开敞空间、环境敏感区、农业用地、城市历史文化遗产等目标。

除在管理上协调一致、共同合作外，建立完备的空间规划体系需要通过设置合理的边界划定、调整程序和周期以达到刚性与灵活性的统一。同时，不同类型的空间规划需要以定期的城市用地空间需要评估以及上一阶段规划实施效果评价为基础[99]，协调长期的管理效力和分期的发展弹性，形成连续动态化的城市空间增长管理。在利益平衡基础上的多方参与并达成共识，建立弹性与刚性兼顾的连续动态空间规划体系是边界管理政策执行力的必要保证。

（三）综合性的配套政策

西方大量边界设定的成功实践表明，明确、稳定的边界和综合性的配套政策是城市发展政策成功的关键因素。明确、稳定的边界可以显著地提高公众对政策的监督力度以及政策执行力，综合性的配套政策则可以增强政策的灵活性和适应性，使政策能够充分应对复杂多变的城市发展外部环境，从而减少政策实施的阻力[82]。

我国的城市规划和土地利用规划等规划中虽然有多种类型的城市发展边界被划定，但规划实施中没有强大有效的法律和政策保障，强调指标控制，缺乏必要的城市空间控制力。边界设定与调整、评价程序无法律保障，缺乏灵活、有效的措施使得边界设定沦为简单的划线措施，可行性大打折扣[82]。同时，边界划定后，边界内部土地利用管制规则和基础设施建设以及不同地区税费制度等配套措施都未能和边界设定相配合，无法形成强有力的引导与控制。再次，不论是控制性的政策还是税收等经济手段，其制定实施都是由政府主导，缺乏利益相关者的广泛参与，使其在制定后公众认知程度较低，造成对政策的支持与配合不足。我国许多发达城市已经进入快速城镇化阶段，北京、上海、广州等一线城市所在的珠江三角洲、长江三角洲等经济发达、城镇密集地区出现土地资源供需矛盾、环境污染等问题。这与美国城市增长管理政策的出台背景较为相似，且地方政府、大量学者以及当地城市居民都关注这类问题，具有良好的群众基础[80]。可以考虑优先在这些地区进行城市增长管理政策的实践，借鉴美国的成功经验，在我国实施中不断吸收好的经验，总结教训，形成我国特有的城市增长管理理论体系和方法体系，为指导其他地区的城市增长管理奠定基础。

从美国城市增长管理政策提出的背景、演变以及主要的政策工具的介绍中可以看到，其政策的提出与发展都有其要解决的现实问题,政策的关注点与针对的主要问题都在发生变化。对于我国来说,城市增长管理政策的借鉴需要建立在准确分析城市发展问题的基础上,找准问题所在,才能根据不同政策工具提出的背景、政策实施、政策效用等来探索不同政策工具在不同尺度、不同城市中的适用性,选择最适宜自身发展的管理政策。同时,城市增长管理是动态管理过程,需要在政策实施中进行不断的调整与评估,应对发展中的环境变化。准确的定位、多手段结合、完备的规划体系以及完善的法律、政策和措施保障,才能达到提高城市管理政策实施效果的最终目的。

参考文献

[1] 丁翠翠. 城市增长管理研究综述[J]. 河南科技学院学报,2014(3):10-17.

[2] 丁成日. 城市增长边界的理论模型[J]. 规划师,2012(3):5-11.

[3] 张进. 美国的城市增长管理[J]. 国外城市规划,2002(2):37-40.

[4] Brueckner JK. Urban growth boundaries: an effective second-best remedy for unpriced traffic congestion? [J]. Journal of Housing Economics, 2007, 16(3):263-273.

[5] Freeman L. the effects of sprawl on neighborhood social ties: an explanatory analysis [J]. Journal of the American Planning Association, 2001, 67(1):69-77.

[6] Frank JE, Institute UL. The costs of alternative development patterns: a review of the literature [M]. Urban Land Institute Washington, Dc, 1989.

[7] Fulton WB, Group SR. Growth management ballot measures in California [M]. Solimar Research Group, 2002.

[8] Bhatta B. Modelling of urban growth boundary using geoinformatics [J]. International Journal of Digital Earth, 2009, 2(4):359-381.

[9] Brenner B. The geography of nowhere: the rise and decline of America's man-made landscape [J]. Journal of Professional Issues in Engineering Education and Practice, 1999, 125(2):68-68.

[10] Duncan J. The search for efficient urban growth patterns: a study of the fiscal impacts of development in Florida [M]. State of Horida Department Community Affairs,1989.

[11] Ewing R. Is Los Angeles-style sprawl desirable? [J]. Journal of the American Planning Association, 1997, 63(1):107-126.

[12] Burchell R W, Shad N A. The evolution of the sprawl debate in the United States [J]. Hastings W.-NWJ Env. L. & Pol'y, 1999, 5:137-361.

[13] Burchell RW, Shad NA, Listokin D, et al. The Costs of Sprawl-Revisited: Transportation Research Board Report 39[M]. National Academy Press, 1998.

[14] 吴次芳,韩昊英,赖世刚. 城市空间增长管理:工具与策略[J]. 规划师,2009(8):15-19.

[15] 刘宏燕,张培刚. 增长管理在我国城市规划中的应用研究[J]. 国际城市规划,2007(6):108-113.

[16] Chinitz B. Growth management: good for the town, bad for the nation [J]. Journal of the American Planning Association, 1990, 56(1):3-8.

[17] Porter D R. Managing growth in America's communities [M]. Island Press, 2007.

[18] 翁羽. 城市增长管理理论及其对中国的借鉴意义[J]. 城市,2007(4):53-57.

[19] Fodor E. Better not bigger：How to take control of urban growth and improve your community [J]. Human Ecology Review，1999，6(2)：127.

[20] 刘荣增，王淑华. 美国大都市边缘区土地开发增长边界管理研究[J]. 城市，2008(10)：3-7.

[21] Nelson AC，Dawkins CJ. Urban containment in the United States[J]. Chicago：American Planning Association，2004.

[22] 刘海龙. 从无序蔓延到精明增长——美国"城市增长边界"概念述评[J]. 城市问题，2005(3)：67-72.

[23] Pendall R，Martin J，Fulton WB. Holding the line：urban containment in the United States [M]. Center on Urban and Metropolitan Policy，the Brookings Institution，2002.

[24] Bengston D N，Fletcher J O，Nelson K C. Public policies for managing urban growth and protecting open space：policy instruments and lessons learned in the United States [J]. Landscape and Urban Planning，2004，69(2)：271-286.

[25] Knaap G，Nelson AC. The regulated landscape：lessons on state land use planning from Oregon [J]. Panning，1992.

[26] Han H，Lai S，Dang A，et al. Effectiveness of urban construction boundaries in Beijing：an assessment [J]. Journal of Zhejiang University Science a，2009，10(9)：1285-1295.

[27] Han H，Lai S. Reformulation and assessment of the inventory approach to urban growth boundaries [J]. Land Use Policy，2012，29(2)：351-356.

[28] Anderson HA. Use and implementation of urban growth boundaries [J]. An Analysis Prepared By the Center for Regional and Neighborhood Action，1999.

[29] Nelson A C，Duncan J B. Growth management principles and practices [M]. American Planning Association，1995.

[30] Sybert R. Urban growth boundaries [C]. Governor's Office of Planning and Research(california) and Overnor's Interagency Council on Growth Management，1991：161.

[31] Benfield FK，Terris J，Vorsanger N. Solving sprawl：models of smart growth in communities across America [M]. Island Press，2003.

[32] Kolakowski K，Machemer P L，Thomas J M，et al. Urban growth boundaries：a policy brief for the Michigan Legislature [M]. Urban and Regional Planning Program，Department of Geography，Michigan State University，2000.

[33] Staley S，Mildner G C. Urban-growth boundaries and housing affordability：lessons from Portland [M]. Reason Public Policy Institute Los Angeles，1999.

[34] Staley S，Edgens J G，Mildner G C. A line in the land：urban-growth boundaries，smart growth，and housing affordability [M]. Reason Public Policy Institute，1999.

[35] Bengston DN，Youn Y. Urban containment policies and the protection of natural areas：the case of Seoul's greenbelt [J]. Ecology & Society，2006.

[36] Chan S. Drawing the line：the effect of urban growth boundaries on housing prices in the San Francisco bay area [J]. Public Policy Department，Stanford University，2004.

[37] Cho S，Chen Z，Yen S T，et al. Estimating effects of an urban growth boundary on land development [J]. Journal of Agricultural and Applied Economics，2006，38(2)：287.

[38] Cho M. Congestion effects of spatial growth restrictions：a model and empirical analysis [J]. Real Estate Economics，1997，25(3)：409-438.

[39] Cho S，Omitaomu OA，Poudyal NC，et al. The impact of an urban growth boundary on land development in Knox County，Tennessee：a comparison of two-stage probit least squares and multilayer neural network models [J]. Journal of Agricultural and Applied Economics，2007，39(3)：

701.

[40] Cho S, Chen Z, Yen ST. Urban growth boundary and housing prices: the case of Knox County, Tennessee [J]. The Review of Regional Studies, 2008, 38(1):29-44.

[41] Cho S, Poudyal N, Lambert DM. Estimating spatially varying effects of urban growth boundaries on land development and land value[J]. Land Use Policy, 2008, 25(3):320-329.

[42] Duany A, Plater-zyberk E. The lexicon of the new urbanism [J]. DuanyPlater-zyberk & Company, 1999.

[43] 吕斌,徐勤政. 我国应用城市增长边界(UGB)的技术与制度问题探讨[C]. 规划创新:2010 中国城市规划年会论文集,2010:871-884.

[44] Watson D, Plattus AJ, Shibley RG. Time-saver standards for urban design [M]. Mcgraw-hill New York, 2003.

[45] 王颖. 苏州城市增长边界(UGB)初步研究[D]. 北京:清华大学,2013.

[46] Knaap GJ, Hopkins LD. The inventory approach to urban growth boundaries [J]. Journal of the American Planning Association, 2001, 67(3):314-326.

[47] Turnbull GK. Urban growth controls: transitional dynamics of development fees and growth boundaries [J]. Journal of Urban Economics, 2004, 55(2):215-237.

[48] Jantz CA, Goetz SJ, Shelley MK. Using the sleuth urban growth model to simulate the impacts of future policy scenarios on urban land use in the Baltimore-washington Metropolitan Area [J]. Environment and Planning B, 2004, 31(2):251-272.

[49] Avin U, Bayer M. Right-sizing Urban Growth Boundaries [J]. Planning, 2003, 69(2):22-26.

[50] 祝仲文,莫滨,谢芙蓉. 基于土地生态适宜性评价的城市空间增长边界划定——以防城港市为例[J]. 规划师,2009(11):40-44.

[51] 曹滢,王鹰翅. 城市增长边界的理论与实施探讨[C]. 转型与重构——2011 中国城市规划年会论文集,2011:7144-7151.

[52] 龙瀛,毛其智,沈振江,等. 综合约束 CA 城市模型:规划控制约束及城市增长模拟[J]. 城市规划学刊,2008(6):83-91.

[53] 龙瀛,沈振江,毛其智,等. 城市增长控制规划支持系统:方法、开发及应用[J]. 城市规划,2011(3):62-71.

[54] 龙瀛,韩昊英,毛其智. 利用约束性 CA 制定城市增长边界[J]. 地理学报,2009(8):999-1008.

[55] Clarke K C, Gaydos L J. Loose-coupling a cellular automaton model and gis: long-term urban growth prediction for San Francisco and Washington/baltimore [J]. International Journal of Geographical Information Science, 1998, 12(7):699-714.

[56] Verburg PH, Soepboer W, Veldkamp A, et al. Modeling the spatial dynamics of regional land use: the clue-s model [J]. Environmental Management, 2002, 30(3):391-405.

[57] Tayyebi A, Pijanowski BC, Pekin B. Two rule-based urban growth boundary models applied to the Tehran Metropolitan Area, Iran [J]. Applied Geography, 2011, 31(3):908-918.

[58] Tayyebi A, Pijanowski BC, Tayyebi AH. An urban growth boundary model using neural networks, GIS and radial parameterization: an application to Tehran, Iran [J]. Landscape and Urban Planning, 2011, 100(1):35-44.

[59] 周建飞,曾光明,黄国和,等. 基于不确定性的城市扩展用地生态适宜性评价[J]. 生态学报,2007,2(2):774-783.

[60] 杨建军,周文,钱颖. 城市增长边界的性质及划定方法探讨——杭州市生态带保护与控制规划实践[J]. 华中建筑,2010(1):122-125.

［61］Nelson AC. Comparing states with and without growth management analysis based on indicators with policy implications［J］. Land Use Policy，1999，16(2)：121-127.

［62］Knaap G. The price effects of an urban growth boundary：a test for the effects of timing［D］. University of Oregon，1982.

［63］Knaap G J. The price effects of urban growth boundaries in Metropolitan Portland，Oregon［J］. Land Economics，1997，62(1)：26-35.

［64］Wassmer RW. Fiscalisation of land use，urban growth boundaries and non-central retail sprawl in the Western United States［J］. Urban Studies，2002，39(8)：1307-1327.

［65］Nelson AC，Moore T. Assessing Urban Growth Management：the Case of Portland，Oregon，the USA's Largest Urban Growth Boundary［J］. Land Use Policy，1993，10(4)：293-302.

［66］Weitz J，Moore T. Development inside urban growth boundaries：Oregon's empirical evidence of contiguous urban form［J］. Journal of the American Planning Association，1998，64(4)：424-440.

［67］Hepinstall-cymerman J，Coe S，Hutyra LR. Urban growth patterns and growth management boundaries in the Central Puget Sound，Washington，1986—2007［J］. Urban Ecosystems，2013，16(1)：109-129.

［68］Dierwechter Y，Carlson T. Effects of urban growth boundaries on residential development in Pierce County，Washington［J］. The Professional Geographer，2007，59(2)：209-220.

［69］Robinson L，Newell JP，Marzluff JM. Twenty-five years of sprawl in the Seattle Region：growth management responses and implications for conservation［J］. Landscape and Urban Planning，2005，71(1)：51-72.

［70］蒋芳，刘盛和，袁弘. 城市增长管理的政策工具及其效果评价［J］. 城市规划学刊，2007(1)：33-38.

［71］Mubarak FA. Urban growth boundary policy and residential suburbanization：Riyadh，Saudi Arabia［J］. Habitat International，2004，28(4)：567-591.

［72］Gustafson GC，Daniels TL，Shirack RP. The Oregon land use act implications for farmland and open space protection［J］. Journal of the American Planning Association，1982，48(3)：365-373.

［73］Nelson A C. Demand，segmentation，and timing effects of an urban containment program on urban fringe land values［J］. Urban Studies，1985，22(5)：439-443.

［74］Phillips J，Goodstein E. Growth management and housing prices：the case of Portland，Oregon［J］. Contemporary Economic Policy，2000，18(3)：334-344.

［75］Marin MC. Impacts of urban growth boundary versus exclusive farm use zoning on agricultural land uses［J］. Urban Affairs Review，2007，43(2)：199-220.

［76］Jun M. The effects of Portland's urban growth boundary on housing prices［J］. Journal of the American Planning Association，2006，72(2)：239-243.

［77］Katz L，Rosen KT. The interjurisdictional effects of growth controls on housing prices［J］. Journal of Law and Economics，1987：149-160.

［78］Pines D，Sadka E. Zoning，first-best，second-best，and third-best criteria for allocating land for roads［J］. Journal of Urban Economics，1985，17(2)：167-183.

［79］Anas A，Rhee H. Curbing excess sprawl with congestion tolls and urban boundaries［J］. Regional Science and Urban Economics，2006，36(4)：510-541.

［80］张润朋，周春山. 美国城市增长边界研究进展与述评［J］. 规划师，2010(11)：89-96.

［81］李旭锋. 哈尔滨城市空间增长边界设定研究［D］. 哈尔滨：哈尔滨工业大学，2010.

［82］韩昊英，冯科，吴次芳. 容纳式城市发展政策：国际视野和经验［J］. 浙江大学学报(人文社会科学版)，2009(2)：162-171.

［83］徐小磊. 我国城市空间增长边界制度的构建对策研究［D］. 武汉：华中科技大学，2010.

［84］韩昊英，赖世刚. 城市增长边界扩展机制研究——土地存量模型的应用［M］. 南京：东南大学出版社，2011.

［85］Gabrielson S，Yorg J，Keith R. Urban containment principles：services，growth boundaries and zoning ［J］. Greater Lansing Urban Service Committee. Available at Http：//www. Greaterlansingurbanservice. Org/. Accessed：January，2008，3.

［86］秦萧，沈山，武廷海. 基于服务边界的城市空间增长调控［J］. 城市问题，2012(7)：7-12＋29.

［87］Huff D L. A probabilistic analysis of shopping center trade areas ［J］. Land Economics，1963，39(1)：81-90.

［88］Oh K，Jeong S. Assessing the spatial distribution of urban parks using GIS ［J］. Landscape and Urban Planning，2007，82(1)：25-32.

［89］Chin-hsien L，Hsueh-sheng C. Exploration assessment of the service distance based on geographical information systems and space syntax analysis on the urban public facility［C］. Environmental and Computer Science，2009. Icecs'09. Second International Conference on，Ieee，2009：289-292.

［90］吴冬青，冯长春，党宁. 美国城市增长管理的方法与启示［J］. 城市问题，2007(5)：86-91.

［91］沈山，秦萧. 国外城市服务边界研究进展及启示［J］. 城市与区域规划研究，2012(2)：148-158.

［92］White SM，Paster EL. Creating effective land use regulations through concurrency ［J］. Nat. Resources J，2003，43：753.

［93］Freilich RH. From sprawl to smart growth：successful legal，planning，and environmental systems ［C］. American Bar Association，1999.

［94］张振龙，于淼. 国外城市限制政策的模式及其对城市发展的影响［J］. 现代城市研究，2010(1)：61-68.

［95］Poradek J. Putting the use back in metropolitan land-use planning：private enforcement of urban sprawl control laws ［J］. Minn. L. Rev.，1997，81：1343-1675.

［96］郝振清，卢毅，李理. 美国 TOD 相关法律政策及其启示［J］. 交通企业管理，2013(6)：74-75.

［97］赵晶. 适合中国城市的 TOD 规划方法研究［D］. 北京：清华大学，2008.

［98］付雷. 城市快速轨道交通站点地区 TOD 模式研究［D］. 成都：西南交通大学，2009.

［99］刘明明. 英美土地开发权制度比较研究及借鉴［J］. 河北法学，2009(2)：169-174.

［100］Richards D A. Downtown growth control through development rights transfer ［J］. Real Property，Probate and Trust Journal，1986：435-483.

［101］Danner J C. TDRS-great idea but questionable value［J］. Appraisal Journal，1997，65：133-142.

［102］Machemer P L，Kaplowitz M D. A framework for evaluating transferable development rights programmes ［J］. Journal of Environmental Planning and Management，2002，45(6)：773-795.

［103］Walls M，Mcconnell V. Transfer of development rights in US communities ［J］. Evaluating Program Design，Implementation，and Outcomes，Resources for the Future. Washington DC. Cerca Con Google，2007.

［104］Costonis J J. Development rights transfer：an exploratory essay ［J］. Yale Law Journal，1973，83：75-128.

［105］Veseth M. Alternative policies for preserving farm and open areas：analysis and evaluation of available options ［J］. American Journal of Economics and Sociology，1979，38(1)：97-109.

［106］黄婷婷. 中美土地开发权转让比较研究［D］. 武汉：华中科技大学，2012.

［107］Plantinga A J，Miller D J. Agricultural land values and the value of rights to future land development ［J］. Land Economics，2001，77(1)：56-67.

［108］Wiebe KD，Tegene A，Kuhn B. Partial interests in land：policy tools for resource use and conservation [M]. Us Department of Agriculture，1996.

［109］Nickerson C J，Lynch L. The effect of farmland preservation programs on farmland prices [J]. American Journal of Agricultural Economics，2001，83(2)：341-351.

［110］李晃. 美国开发权转移研究及其启示[D]. 广州：华南理工大学，2013.

［111］唐黎标. 英、美、法三国土地发展权制度启示录[J]. 上海农村经济，2012(12)：40-42.

［112］Miller A J. Transferable development rights in the constitutional landscape：Has Penn central failed to weather the storm [J]. Nat. Resources J.，1999，39：459.

［113］Rielly M R. Evaluating farmland preservation through Suffolk County，New York's purchase of development rights program [J]. Pace Envtl. L. Rev.，2000，18：197.

［114］Stenvenson S J. Banking on TDRS：the government's role as banker of transferable development rights [J]. Nyul Rev.，1998，73：1329-2064.

［115］Pruetz R. Beyond takings and givings：saving natural areas，farmland and historic landmarks with transfer of development rights and density transfer charges [M]. Arje Press，2003：61-63.

［116］Tavares A F. Can the market be used to preserve land？The case for transfer of development Rights [C]. European Regional Science Association 2003 Congress，2003.

［117］宋彦，张纯，刘志丹，等. 美国公共基础设施实施保障的经验及借鉴——深圳南山区案例的评估与反思[J]. 国际城市规划，2014(3)：97-102.

［118］Cohen JR. Maryland's "smart Growth"：using incentives to combat sprawl in urban sprawl causes，consequences and policy responses [J]. Publication of Urban Institute，2002.

［119］冯小杰. 城市增长边界(UGBs)理论与应用探析[D]. 西安：西北大学，2011.

［120］皇甫玥，张京祥，陆枭麟. 当前中国城市空间增长管理体系及其重构建议[J]. 规划师，2009(8)：5-10.

［121］陈锦富，任丽娟，徐小磊，等. 城市空间增长管理研究述评[J]. 城市规划，2009(10)：19-24.

美国城市弹性测度研究进展

朱鹏宇　　王利平

摘　要：美国城市弹性测度研究开展较早并形成了较为完整的体系，对我国城市弹性的测度与建立具有重要的借鉴与参考意义。尤其在城市面临重重危机与挑战的今天，对城市弹性进行客观与准确的测度的需要更为迫切。本文对美国城市弹性的定义、城市弹性的测度标准进行了梳理，并对美国城市弹性的几种主要测度模式进行了比较，挖掘不同测度模式的优缺点以便吸收与改进。

关键词：美国；城市弹性；测度研究

Research progress on metrics of urban resilience in America

ZHU Pengyu，WANG Liping

Abstract：Long research on metrics of urban resilience has yielded systematic achievements，which provide good guides and references for relative study in China，where emergences of endless problems and challenges during rapid urbanization at present make it high necessity to measuring and improving urban resilience．This chapter reviewed the concept and measuring criteria，and made a comparative analysis of different measuring patterns of urban resilience in America with the purpose to find out their merits and demerits and hence to take better advantage of them.

Key words：urban resilience；measuring standards；measuring patterns；America

一、城市弹性的定义

在美国，自然与人为的灾害平均每年会造成约 570 亿美元的损失，类似卡特丽娜飓风这样的重大灾害一次性造成的损失就超过 1000 亿美元。系统相互依存关系使故障往往发生连锁反应，建成环境与基础设施的功能则经常会随一系列连锁故障的发生而丧失，或需要拆除，或需要长期修复。城市弹性是一种思考如何将城市作为整体来运行的新兴方式。在此，将城市弹性定义为城市面临重大灾害事件能够抵抗、吸收、适应并恢复的能力。灾难则是重大灾害事件带来的后果，对城市功能和日常活动造成严重、长期、负面的破坏。所谓弹性的城市，是指一个城市既需要能承受可预见的灾害事件本身的影响，还需要能及时有效地恢复以防止后续更为严重的长期社会经济后果。城市弹性有可能通过预先设定性能目标、事先采取应对措施、有计划开展事后恢复来实现。由此，可基于城市需求设定建筑物或基础设施的性能目标并设定系统恢复功能所需时间来建立一个弹性城市。

灾害有多种形式，且对我们生活的方方面面均会产生直接或间接的影响。野火、干旱、飓风、海啸、洪水、地震、龙卷风等均会造成每年数十亿美元的损失。处理灾害的复杂性使得城市弹性本身就难以实现，而且也很难具化成一个无所不包的理想模式。因此，弹性的测度必须是可变的，既适用于一种或多种灾害，还必须考虑系统的相互依存关系。

城市弹性建立需要考虑两个主要方面：一是城市的社会稳定性，二是环境功能的持续性。二者间的相互作用亦非常重要，建成环境为城市系统提供服务，是城市系统运行的基础。如果建成环境受损而丧失其服务功能，那么城市系统也极有可能崩溃。通过建立一个有弹性的建成环境，可以为城市各项社会功能的恢复打下坚实基础。当然这并非说，不需要考虑城市社会的其他方面；而是说，如果人们能够得到"基础供给"（如水、电、食品、污水处理等），便能迅速地恢复工作及生活，那么城市作为一个整体就不太可能面临由人口迁移、收入丧失等引发的严重后果。

城市弹性可通过设定某一建筑物或基础设施在使用期限内遭受预期灾害时的性能目标来实现。识别一个城市可能面临的灾害并预期灾害带来的损害程度，包括对医院、警察局、紧急管理设施、避难所等以及水电、污水处理、运输线路等基础设施系统的损害，是设定性能目标的关键要素。不能强求其在重大灾害事件中也能有良好表现，但对于一些强度较低、发生频繁的事件则应有更高的性能目标和更短的恢复时间。考虑系统的相互依存关系可以减少连锁故障发生的可能性，并可以在事后较短时间内尽快恢复城市功能。在面临极端灾害时，则应尽可能地保持主干系统不受损害并能继续使用，以便及时地开启整个系统的恢复过程。

美国国家标准与技术研究院（National Institute of Standards and Technology，NIST）当前已建立了灾害恢复框架与标准（Disaster Resilience Framework and Disaster Resilience Standards Panel，DRSP），这个框架与标准正逐渐发展成为总统气候行动计划（The President's Climate Action Plan，PCAP），并通过宣传工作告知利益攸关者且要求利益攸关者对该框架与标准进行修改与完善。结合该标准与框架，并通过比较已有几种城市弹性测度模式的优缺点，可建立城市弹性测度准则与标准。

二、城市弹性的测度标准

城市弹性测度的主要目的是为了建立测度标准以跟踪弹性建成的进度。开展弹性测度时需考虑以下几个关键要素：符合目标、限定时间（包括事前与事后）、提供可预测和可操作的信息、设定客观标准、兼具一致性与灵活性、足够简洁以便普通用户使用。任何拟议的测度标准还需要适于各种类型的灾害与不同规模的城市，且应尽量涵盖系统的相互依存特征。

如果测度标准与目标不符，将会失去其价值，也会浪费资源。确保测度标准与目标的直接关联至关重要，因为如此，才能很好地跟踪弹性建立的进展并能做出合理的响应。在保持基准测度的基础上适时变动测度标准，对于监测不同灾害事件的应变能力非常有价值。通过基准测量确定弱势区域，能更有效地分配资源并监测弹性改进的进展，从而切实改善建筑物和基础设施性能。破坏性事件的突然发生还可以测试建成环境的性能表现,此时弹性测度应该聚焦在恢复率以及与事前估计的性能表现之间的差异程度。

测度标准需要兼备一致性和灵活性。涉及城市弹性的客体范围十分广泛,因此要让测度标准同时保持一致性与灵活性是非常困难的,尤其是在面临不同灾害的情况下。某一测度标准对于某一城市面临的某一危害至关重要,却可能对同一城市面临的其他危害作用甚微甚至毫无作用。此外,资源的规模及其可及性也会影响测度标准的使用情况。为在一致性的基础上保持灵活性,需要提出一个较为概化的标准,这个标准可以根据某一城市的具体目标进行修订,也会优先考虑该城市所面临的特定灾害。也就是说,通过设定通用的性能和目标可以确保一致性,而通过修订具体的标准可以保持灵活性。

测度标准还应该是明确的、客观的、简洁的。首先,应当明确是为怎样的测度任务服务,提出一条不明确的标准不仅不利于行动,反而会造成诸如资源浪费之类的问题;其次,应当为行动提供无偏依据,不能受限于个人意见、信仰或假设;最后,应当使测度标准简洁明了,过于复杂的测度标准会降低那些专业知识不够但持支持态度的测度主体的参与度,那必然有损于弹性测度的绩效。

三、城市弹性的测度模式

以下通过具体的模式阐述与剖析来探讨不同城市或区域如何开展城市弹性测度工作,以比较不同模式的优缺点并提供借鉴与参考。

(一)旧金山规划和城市研究(San Francisco Planning and Urban Research, SPUR)

1.弹性测度指标体系

SPUR 模式在一个地震研究中提出了城市弹性的定义,即"城市遭受大地震后保持安全和持续运行的能力"。这立即引发了一个问题,"什么是大地震"? 为了让 SPUR 模式能发挥一定程度的作用,地震事件及相应的性能目标被划分成"常规、预期、极端"三个层级。对于"预期"事件来说,可能会在客体结构的设计周期内发生,或者 50 年内有 10% 的发生几率;"常规"事件发生频率较高,50 年内有 70% 的发生几率;"极端"事件则可能 50 年内只有 2% 的发生几率。基于不同层级事件的定义,可以有针对性地设定城市弹性的性能目标。

灾后恢复的时间也分三个阶段:1~7 天、30~60 天、长时期,根据不同的时间段再设定不同的恢复步骤,可建立一个全面的灾后恢复计划。这便是城市弹性规划与设计的雏形,比如更关注关键区域以提高其灾后性能表现,优先恢复对整个城市起支撑作用且能最大化城市弹性的区域等。

客体灾后的性能表现也是城市弹性规划与设计的重要依据,有 A~E 五个划分等级:最高级为 A 级,预期建筑客体灾后依然安全可用,所有生命线只遭受轻微损坏,备份系统可以弥补任何可能的运行中断。新的必要设施,如医院或紧急行动中心等,需要达到这个等级。B 级表示建筑在修复期间安全可用,所有居住者有其避难之所。这个等级允许服务有一定程度的中断和损坏,但总体结构需健全。C 级表示建筑经修复后才能安全可用,其主体结构可能遭受损坏。重新使用前需修复,所需时间 4 个月至 3 年不等。这个等级主要是一些新的非必要设施需达到的要求。D 级意味着建筑的灾后表现只能勉强接受,还算安全,但已无法修复,通常只能维持残存结构或正在修复时的性能目标水平。这个等级上,建筑遭受结构性的破坏,濒临倒塌,且大多情况下修复是不经济的。最后一级 E 级表示建筑已不安全,事后局部或彻底倒塌并导致明显的伤亡情况。

SPUR 模式还专门针对公用设施的性能表现和恢复时间进行分类,分 3 个类别:类别 I 预计在 4 小时内完全恢复使用,主要指紧急住房等关键性设施;类别 II 预计在 72 小时内 90％恢复使用,30 天内 95％恢复使用,4 个月内完全恢复使用,主要指普通住房与居民区等;类别 III 预计在 72 小时内 90％恢复使用,30 天内 95％恢复使用,3 年内完全恢复使用,主要指大部分公用设施。

SPUR 模式里各项设定的提出主要依据这样一个理念,即保护居民使其免于流离之苦的最好方式是在预计灾害发生的 24 小时内能就地为 95％的居民提供避难之所。利用 SPUR 模式可识别需要重点关注和投资的区域。

2.弹性的分析方法

SPUR 模式与 NIST 正在构建的用灾害恢复框架与标准进行测度方法相似,均聚焦于创建一个有弹性的建成环境来承受灾害事件带来的影响,以使得对社会结构的影响最小。正因如此,SPUR 模式是非常客观的。但是,两者之间也有一个显著区别,即 SPUR 模式只关注地震这一种灾害事件。SPUR 模式创建于旧金山地区的中心地带,主要关注该区地震灾害事件中的建成环境和基础设施表现,缺乏灵活性,与 NIST 框架的目标不符,很难运用于不同尺度的城市或不同类型的灾害。如果要使 SPUR 模式适用于所有的灾害事件,那么需要非常大的修改;但如果将 SPUR 模式用于不同尺度城市的地震灾害,则改动较小。

所有的测度标准在时间上是可追踪的,通过设定恢复正常功能的时间目标,可促使估计性能更接近于实际性能。对 SPUR 模式的评测可以为未来的弹性测度措施的改进与发展提供依据,因为通过评测可提供了一个非常有效的结构图,很好地展示了当前性能表现估计、未来性能目标以及事后恢复时间表。其结果也非常简洁,能用一种较易较快吸收的方式清楚地提供信息。

总体来说,SPUR 模式似乎是一个测度建成环境弹性的有效方式。尤其是,其测度标准的一大优点是能够通过建筑物以及基础设施弹性的优先区域、性能目标、恢复时间来考虑系统的相互依存性。依据性能目标及恢复时间,可以识别弹性恢复的优先区域,如电力和运输等关键系统。但遗憾的是,对地震的强烈关注使 SPUR 模式不适于所有类型的灾害事件,同时 SPUR 模式也没有为该模型如何用于其他地方提供任何指引或建议。

(二)联合国弹性记分卡(United Nations Resilience Scorecard, UNRC)

1.弹性测度指标体系

UNRC 是由 IBM 和 AECOM 根据联合国灾难恢复国际战略(United Nations International Strategy for Disaster Resilience,UNISDR)灾难管理"十大要点"而制作。记分卡由灾难恢复能力的"期望定义"发展而来,它预期世界上没有一个城市能获得完美分数且大多城市的分数会低于 50％。这个关于城市弹性的定义有其深刻内涵,首先,它鼓励城市对现有灾难恢复水平做一个基准测度,识别投资与行动的优先次序,并跟踪行动进展;其次,这个定义表示城市弹性总有改进的空间,即使采取准备措施也不可能完全规避风险。

UNRC 模式共有 85 个测度指标,涵盖了研究、组织、基础设施、反应能力、环境和恢复等方面。每个指标从零计分,"最佳情况"可获得 5 分。根据"十大要点"可将指标分为 10 个不同类别:(1)组织和凝聚力,(2)财务计划和预算,(3)风险评估,(4)关键基础设施,(5)教育和医疗基础设施,(6)规划/土地利用/建筑法规,(7)公众意识和能力,(8)生态系统服务,(9)早期预警系统,(10)事后恢复的规划。每个类别又可细分为多个具体测度指标,如应急计划的组织结构图、基层组织的有效性与关键基础设施组件的损失判断公式等。

2.弹性的分析方法

UNRC 模式指标详细且全面,涵盖更深层次的社会、结构以及应急计划等。IBM 和 AECOM 在发展 UNRC 模式时,采取了非常广泛的指标以便适用于所有灾害和任何城市,但对系统的相互依存性却考虑较少。

为了完成 UNRC 模式,需要大量的详细信息,部分信息甚至需要专家审查。一个指标的测度需要 2~3 人至少 1 周才能完成,而一个详细的记分卡则需要 2~3 人大约 2 个月的时间去完成。虽然大多数指标测度在时间上是可追踪的,但是收集详细信息的绝对数量以及所需时间却令人望而止步。这使得 UNRC 模式的使用频率并不高,尤其在一些缺乏资源的小城市。

拥有大量可用信息的好处在于可以识别出脆弱的、需要加强灾害恢复能力的区域。大部分得分低的区域会做出怎样的反应,追求什么样的目标,哪些指标可以用来指导灾害恢复投资或行动,这些都是显而易见的。这个 0~5 分的计分系统,为弹性测度和行动提供了一个坚实而又客观的基础。尽管计分系统包含信息广泛且全面,但通过不对 85 个指标确定权重可以保持测度的灵活性。这给其他城市运用记分卡系统进行弹性测度提供了可能,其他城市可根据自身需要来修改记分卡指标;同时也为覆盖系统的相互依存关系提供了途径。

(三)城市与区域弹性研究所(Community and Regional Resilience Institute, CARRI)

1.弹性测度指标体系

CARRI 是 2010 年在美国田纳西州橡树岭国家实验室成立的研究所,主要致力于从城市与区域发展、全球环境变化、社会公正、社会和生态交互、经济发展、灾害应对能力和行为科学等多角度去研究城市弹性的概念、测量方法与理论框架。CARRI 模式通提出四组变量并构建变量组合机制来聚焦于社会的脆弱性,开展城市弹性的测度。这四组变量包括社会脆弱性、建筑环境脆弱性、暴露、风险规避/恢复计划。CARRI 模式不提供除社会脆弱性以外的其他具体指标,但列出了可以分类别进行弹性测度的多个变量。

社会脆弱性可通过社会脆弱性指数(SoVI)来测量,测量结果可在地图上标注。经测量,社会脆弱性指数越高,建筑环境的脆弱性也越高,其灾难发生概率也越高。这三类指标汇总以后便可以提取出风险规避/恢复计划的得分,开展城市弹性衡量。针对每个县重复这个测量过程可获取相应的弹性得分并进行图形显示。总体得分越高,城市弹性越强。

2.弹性的分析方法

CARRI 提出测度系统,仅提供了诸如 SoVI 这样的少数实际测度指标,但并不表示该系统比其他测度系统的用处小。事实上,CARRI 模式的用处一方面表现在将 4 个类别组合起来的机制上,一方面则体现在将每一次测量落实到具体地理位置并以图形的方式显示。而且正因为测度系统的 4 个类别中有 3 个类别都缺乏具体测量指标,相较而言反而更易于应用到各种类型的灾害和不同尺度的城市。使用组合式的方法，可以有针对性地修订具体指标从而运用于某一区域弹性测量，只要在整个区域内保持指标一致性即可。但如果相邻区域面临急剧的灾害变化，那将很难保持指标的一致性。

地图展示综合得分，可以比较容易地识别出需要加强弹性能力的区域。一旦某一区域被确定为脆弱性区域，将通过更具体的指标测量，进一步加强和优化该区弹性能力。遗憾的是，这个系统缺乏建成环境、灾害发生概率、灾害缓解等方面的具体指标。但该系统的主要优势在于其整体组合机制构建并且图形化展示区域弹性的方法，SoVI 也证实在识别社会脆弱性方面是非常有用的。

四、结论与讨论

美国城市弹性及其测度的研究开展较早，已发展出不同理念、不同视角的理论框架与测量方法，但由于出发点、关注点以及学科背景等的差异，不同测度模式都有其优劣势。SPUR 模式通过性能目标、恢复时间以及信息吸收总结等对系统的相互依存性能够很好地覆盖，能够较易识别加强弹性的优先区域，但对地震的强烈关注使 SPUR 模式不适于所有类型的灾害事件；UNRC 模式因其详细而全面的信息含量囊括了建筑环境、社会适应能力、应急规划与响应等城市弹性的诸多方面，也保持了较大的灵活性可用于其他灾害与其他城市，但正因为其大而全的信息含量却大大降低了其可操作性和实用性；CARRI 模式创先提出了一个关于社会脆弱性、建成环境、暴露和灾害缓解等结合的弹性测度机制并以图形方式显示衡量结果，但相较而言，却缺乏建成环境、灾害发生概率、灾害缓解等方面的具体指标。此外，俄勒冈州的灾难恢复计划也是一种非常有效的弹性测度模式，本应纳入此次综述，但由于该计划与 SPUR 模式比较相似，故不再另作深入分析。这两种方式的主要区别在于 SPUR 模式主要是为旧金山中心区域设计，而俄勒冈州的计划是为整个俄勒冈州设计的。两种方式提出的指标均是源于地震灾害，但由于俄勒冈州的地域面积广阔，故根据受灾程度将整个州划分为几个不同类别。俄勒冈州计划已在局部地区开始实施并将逐渐扩展到该州的其他区域。

综上所述，弹性测度的发展方向应该是提出一个能将不同模式优势结合起来的新模式。一种可能的途径是，将 CARRI 提出的机制融进 UNRC 模式，并根据 SPUR 模式提出的具体性能目标、恢复时间等进行改进。国外城市弹性测度的理论与方法为中国城市弹性的测度提供了广阔的视野和方法论基础，但需要看到的是这些模式的理论论述与实际论据均是基于美国的政治、经济、文化和社会背景，在我国的适用性以及如何应用等都有待检验和讨论。但是，如何应用城市弹性测度进行灾害与风险管理是迫切需要却难以解决的问题。尤其是我国国情复杂，不同地区的自然经济与社会文化差异巨大，不同的城市发展阶段与人口规模，在面对不同的灾害事件，如 98 洪水、汶川地震等，所以在引进和应用美国城市弹性测度时更应该考虑到中国特色与区域差异，使城市弹性测度本身更为"弹性"。本文通过关于美国城市弹性衡量最新研究的探讨，期望我国更多的学者能关注这一较新的研究领域。

土地生态环境重金属污染及其防治研究综述

李　艳　司雨丹

摘　要：近30年来，随着我国工业化、城市化、农业高度集约化的快速发展，土地生态环境重金属污染日益加剧，并呈现出多样化的特点，已对粮食及食品安全、饮用水安全、区域生态安全以及经济社会可持续发展构成了严重威胁。在今后相当长的一段时期里，土地环境安全将面临更严峻的挑战。本文首先对土地重金属污染现状和污染控制、修复和治理的相关国家政策进行了回顾，然后对当前土地重金属污染评价的方法、污染治理和修复的方法进行了总结归纳，最后，分别从土地利用/覆被变化对土壤重金属累积的影响、土地整理与耕地重金属污染防治以及土地利用规划与重金属污染防治，提出基于土地管理和利用视角下的土地重金属污染防治方法。

关键词：土地重金属污染；污染防治

Current situation and perspective of research on land heavy metal pollution and prevention

LI Yan，SHI Yudan

Abstract：In the past 30 years，with the rapid development of urbanization，industrialization and highly intensive agriculture in China，heavy metal pollution on land environment has greatly intensified and is posing a serious threat to food security，drinking water security，regional ecological security，and economic and social sustainable development. For a long period of time，the land environment security will face more severe challenges. This paper reviews first the current status of heavy metal pollution in land and the relevant national policies of pollution control，restoration and management. Then the methods of heavy metal pollution assessment，heavy metal pollution control and remediation are summarized. Finally，the relationship between the land use /cover change and heavy metal accumulation in soil，land consolidation and the prevention and control of heavy metal pollution in cultivated land，land use planning and the prevention and control of heavy metal pollution were analyzed，the countermeasures were proposed based on the viewpoint of land resource use and management.

Key words：land heavy metal pollution；pollution and prevention

一、土地重金属污染现状回顾

(一)耕地污染严重,农产品安全难以保障

由于工业"三废"排放、农药化肥高频投入、污水灌溉、大气干湿沉降等活动,使我国耕地土壤环境安全问题日益突出。据中国环境状况公报,2000 年在 30 万 hm^2 基本农田保护区土壤有害重金属抽样监测中,有 3.6 万 hm^2 的土壤重金属含量超标,超标率达 12.1％。在一些传统农业区,土壤重金属镉超过国家二级土壤环境质量标准的面积达 35.9％,超过国家一级土壤环境质量标准的面积竟达 89.4％。据农业部进行的全国污灌区调查结果,在约 140 万 km^2 的污水灌区中,遭受重金属污染的土地面积占灌区总面积的 64.8％,其中轻度污染的占 46.7％,中度污染的占 9.7％,严重污染的占 8.4％。土壤重金属污染也引发了农产品的质量安全问题,据 2000 年对全国 2.2 亿公斤粮食调查发现,粮食中重金属铅、镉、铬、汞、砷超标率近 10％。为全面、系统、准确地掌握我国土壤污染的真实"家底",国家环保总局和国土资源部于 2005 年 4 月至 2013 年 12 月开展了全国首次土壤污染状况调查,2014 年 4 月 17 日公布的调查结果显示,全国土壤环境状况总体不容乐观,部分地区土壤污染较重,工矿业废弃地土壤环境问题突出,耕地土壤环境质量堪忧。我国耕地受到中、重度污染的面积约 5000 万亩,耕地污染超标率为 19.4％,超标面积达 3.5 亿亩。特别是大城市周边、交通主干线及江河沿岸的耕地重金属污染物严重超标。随着"镉米"等由耕地污染引发的食品安全问题的出现,这些中重度污染耕地是否能继续耕种已经被广泛关注。土壤的重金属污染具有隐藏性、长期性和不可逆转性,一旦土壤对重金属的消纳容量达到饱和,这些污染物对耕地生产能力的潜在毁灭性破坏便可能一触即发。据测算,全国每年受重金属污染的粮食高达 1200 万吨,相当于 4000 万人一年的口粮;因重金属污染而导致粮食减产高达 1000 万吨,总计经济损失至少 200 亿元。

(二)矿区及油田地区土地重金属污染问题不容忽视,严重威胁生态安全和饮用水源地安全

2009 年国土资源部调查显示,全国已开展资源储量核查的矿区近 9000 个,长期大规模的矿产资源开采与冶炼对我国矿山周围及下游土地环境造成了严重的多种重金属复合污染。我国油田区内污染场地 20 余万处,呈现点、片、面交叉的污染态势,污染面积约 20 万 km^2,高浓度石油污染土壤及油泥沙积存量逾 200 万吨,对土壤、地下水和人体健康造成了极大威胁。同时,也威胁到以地下水为饮用水源的地区、集中式饮用水水源保护区、自然保护区等地土壤环境质量,影响饮用水源地安全。最近的研究显示,矿区及油田复合污染严重影响到土壤生物多样性,已经导致一些土壤微生物和动物种群的衰减,甚至消失,危害到土壤生态系统安全。

(三)全国工业企业搬迁遗留场地污染土地总体状况触目惊心,城市人居环境安全与健康令人担忧

随着我国城市化进程的迅速发展,大量工业企业搬迁、停产、倒闭所遗留的土地污染普遍存在,也成为工业变革与城市扩张的必然产物。在我国,目前企业搬迁已成为潮流。污染企业搬迁成为快速改善城市环境和督促企业升级改造,以及调整经济结构和转变经济发

展方式的有效手段。随着国家"退二进三"、"退城进园"旧城改造政策的实施,全国几乎所有的大中城市正面临着化工、冶金、石化、制药、废旧物资回收加工等重污染行业的大批企业关闭和搬迁问题。据不完全统计,至 2008 年,在北京、江苏、辽宁、广东、重庆等地的污染企业搬迁达数千家,已置换约 30 余万亩工业用地。这些搬迁企业遗留场地存在着重金属、农药、挥发性和持久性有机毒害物等污染物的严重污染。与欧美等发达国家遗留遗弃污染场地的环境问题相比,我国的场地土壤复合及混合污染问题更为复杂。在沈阳、广州、天津、兰州和上海等许多重点地区,场地土壤及地下水污染已经导致癌症等疾病的发病率和死亡率明显升高。由此引发的环境污染事故和对人体健康伤害事件时有发生,已经成为城市土地开发利用中的环境隐患,大中小城市人居环境安全问题令人担忧。

重金属污染土地对环境产生危害主要有下列途径,一是土地中的重金属通过雨水淋溶作用向下渗透,可能导致地下水的污染;二是受污染的土地直接暴露在环境中,通过土壤颗粒物等形式能直接或间接地为人和动物所吸收;三是外界环境条件的变化如酸雨等提高了土壤中重金属的生物可利用性,使重金属较容易为植物吸收利用而进入食物链,对食物链的生物产生毒害[29]。

土地是人类赖以生存和生活的基础和载体,也是社会经济发展不可或缺的重要资源。土地污染是人类不能承受之重。人类生命活动所需要的能量,约有 88% 直接或间接来自于土地上所生产的农作物。随着一系列重金属污染事件的爆发,土地污染的新旧问题集中凸显,已经引起了中央政府和民众的警觉,修复和治理土地重金属污染显得十分紧迫。

二、土地重金属污染控制、修复和治理相关政策

针对目前我国土地污染的严峻形势,污染修复相关工作已得到中央政府的高度重视。国家环保部已经审议并原则通过了《土壤污染防治行动计划》,计划明确提出,到 2020 年,农用地土壤环境得到有效保护,土壤污染恶化趋势得到遏制,部分地区土壤环境质量得到改善。农业部已于 2014 年启动了重金属污染耕地修复综合治理工作,并先期在湖南省长株潭地区开展试点。土壤环境保护立法进程也在加快推进。环保部已经制定发布了《污染场地土壤修复技术导则》、《场地环境调查技术导则》、《场地环境监测技术导则》、《污染场地风险评估技术导则》、《污染场地术语》等 5 项污染场地系列环保标准,旨在为各地开展场地环境状况调查、风险评估、修复治理提供技术指导和支持,为推进土壤和地下水污染防治法律法规体系建设提供基础支撑。此外,环境保护部还将会同财政部、国土资源部、农业部、卫生计生委等部门组织开展土壤污染状况详查,在全国首次土壤污染状况调查基础上,进一步摸清土壤环境质量状况。对典型地区组织开展土壤污染治理工程示范,逐步建立土壤污染治理修复技术体系,有计划、分步骤地推进土壤污染治理修复。国家还将强化土壤环境监管职能,建立土壤污染责任终身追究机制,加强对工农业活动中可能出现的土壤污染活动进行管控。

2011 年 2 月,国务院正式批复《重金属污染综合防治"十二五"规划》(以下简称《规划》),这是我国第一个"十二五"专项规划。该《规划》明确了重金属污染防治的目标,即到 2015 年,重点区域重点重金属污染物排放量比 2007 年减少 15%,非重点区域重点重金属污染物排放量不超过 2007 年水平,重金属污染得到有效控制。《规划》也明确了地方政府的责

任,环境保护部将会同有关部门建立部门联动机制,研究制定《规划》实施情况考核办法,明确地方政府和相关部门责任,统筹推进《规划》实施。对《规划》实施达不到要求的地区,要严肃追究有关人员的责任。各地要把重金属污染防治成效纳入经济社会发展综合评价体系,并作为政府领导干部综合考核评价和企业负责人业绩考核的重要内容。2012 年《国家环境保护"十二五"规划》明确指出,"十二五"期间要推进重点地区污染场地和土壤修复,以大中城市周边、重污染工矿企业、集中治污设施周边、重金属污染防治重点区域、饮用水水源地周边、废弃物堆存场地等典型污染场地和受污染农田为重点,开展污染场地、土壤污染治理与修复试点示范。另外,湖南等省也出台相关的重金属污染防治规划,特别是关于湘江流域的。2011 年 3 月,国务院批复了《湘江流域重金属污染治理实施方案》,规划项目 927个,总投资 595 亿元;涉及湘江流域的长沙、株洲、湘潭、衡阳、郴州等 8 个市,七大重点区域。要求经过治理,铅、汞、镉、铬、砷等重金属,排放总量在 2008 年的基础上削减 70%左右。规划初步确定实施按三个阶段进行,第一个阶段从 2011 年至 2012 年为近期;从 2013 年至2015 年为中期;远期展望到 2020 年;力求通过 5～10 年时间基本解决湘江流域重金属污染重大问题。

三、土地重金属污染风险评价方法

土地重金属污染风险评价是了解重金属污染危害和环境风险的有效手段,是污染控制、修复和治理的重要前提。

目前土地重金属污染风险评价方法众多,主要分为三类:传统评价模型、综合评价模型[11,38,39]和地统计学评价法[40]。

(一)传统评价模型

传统的评价模型主要为指数法,以数理统计为基础,将土壤污染程度用比较明确的界限加以区分,较常用的方法有单因子污染指数评价法、内梅罗综合污染指数法、几何均值综合评价模式、污染负荷指数法、地积累指数法、沉积物富集系数法、潜在生态危害指数法等。

单因子污染指数法是以土壤元素背景值为评价标准来评价重金属元素的累积污染程度,这是目前环境各要素评价中应用较广泛的一种指数,这种方法的优点是以土壤环境质量标准作为基础,目标明确,但只能反映某个污染物的污染程度,不能全面、综合地反映土壤的污染程度,但单因子污染指数法是其他环境质量指数、环境质量分级和综合评价的基础。内梅罗综合污染指数法同时考虑了污染物的平均值和最大值,该方法突出了高浓度污染物对土壤环境质量的影响,可以全面反映各污染物对土壤的不同作用,是国内普遍采用的综合评价方法之一。几何均值综合评价模式能体现出较大数值污染因子在综合污染指数中的贡献作用。污染负荷指数法能直观地反映各个重金属对污染的贡献程度以及重金属在时间、空间上的变化趋势。地累积指数法是一种是用来反映沉积物中重金属富集程度的常用指标,它可以分为几个级别,不同级别分别代表不同的重金属污染程度。它不仅反映了重金属分布的自然变化特征,而且可以判别人为活动对环境的影响,是区分人为影响的重要参数。沉积物富集系数法通过测定沉积物中重金属的含量来反映污染程度,富集系数愈大,表示沉积物被重金属污染程度愈高。该方法考虑到沉积物中重金属的背景值,能反映重金属污染的来源、化学活性。潜在生态危害指数法是用于土壤或沉积物中重金属污染程度及其潜在生态危害评价的一种方法,该法不但考虑了土壤重金属含量,而且将重金属的生态效应、环境效应和毒理学联系起来综合考虑重金属的毒性在土壤和沉积物中的迁移转化规律和评价区域对重金属污染的敏感性,体现了生物有效性和相对贡献及地理空间差异等特点,是综合反映重金属对生态环境影响潜力的指标,适合于大区域范围沉积物和土壤进行评价比较。

(二)综合评价模型

综合评价模型综合考虑了土壤环境质量的模糊性及各污染因素的权重,使评价更具有科学性,概括起来有模糊综合评价法、灰色聚类法、层次分析法、主成分分析法、神经网络法和物元分析法等。

土地(壤)重金属污染级别的定义是一类模糊的概念,而解决这些具有模糊边界的问题最为有效的是模糊综合评价法,该评价方法来源于模糊数学。模糊数学法是基于重金属元素实测值和污染分级指标之间的模糊性,运用模糊线性变换原理,通过隶属度的计算首先确定单种重金属元素在污染分级中所属等级,进而经权重计算确定每种元素在总体污染中所占的比重,最后运用模糊矩阵复合运算,得出污染等级[41]。模糊数学法在土地(壤)重金属污染评价中的应用,充分考虑了各级土壤标准界限的模糊性,使评价结果接近于实际,在确定各指标权重时采用最优权系数法,避免了确定评价指标权重的任意性,该方法简单直观,用于土壤重金属污染评价有较好的效果。如何合理确定各指标的权重成为应用模糊数学法进行污染评价是否成功的关键。

灰色聚类法是在模糊数学方法基础上发展起来的,相对于模糊数学方法,优点在于不丢失信息,在权重处理上更趋于客观合理,用于环境质量评价所得结论比较符合实际,具有一定可比性。灰色聚类法通过计算土壤重金属污染因子的权重来确定聚类系数,再根据"最大原则法"或"大于其上一级别之和"法确定土壤环境污染程度[38]。其主要步骤是:构造白化函数,引入修正系数,确定污染物权重,再计算聚类系数,实现土壤样本的环境质量等级的评判与排序[42]。

由于一般灰色聚类法最后是按聚类系数的最大值进行分类,忽略了较小的上一级别的聚类系数且完全不考虑它们相互之间的关联性,从而导致分辨率降低,有可能使评价失真。鉴于此,人们对灰色聚类法进行了改进,开发出灰色关联分析、宽域灰色聚类分析等多种模型,较好地克服了这一缺点。两者的区别在于确定聚类对象所属级别的差异,一般灰色聚类法以"最大原则法"判定,而改进灰色聚类法根据"大于其上一级别之和"法进行判定[40]。

环境质量综合评价,只有通过加权综合,才能揭示不同评价因子间的内在联系,使综合评价结果更接近和符合环境质量的实际情况。加权因子的确定,有多种方法,层次分析法及其改进法就是其中之一。层次分析法(简称 AHP 法),是美国运筹学家萨得在 20 世纪 70年代初提出的。这是一种定性和定量相结合的、系统化、层次化的分析方法,特别适用于分析难以完全定量的复杂决策问题,因而很快在世界范围得到重视并在多种领域广泛应用[14]。其基本出发点是:在一般决策问题中,针对某一目标,较难同时对若干元素做出精确的判断。这时可以将这些因素相对于目标的重要性以数量来表示,并按大小排序,以此为决策者提供依据。

人工神经网络（ANN）是一种用计算机模拟生物机制的方法，它具有自学习和自适应的能力，可以通过预先提供的一批相互对应的输入—输出数据，分析掌握两者之间潜在的规律，最终根据这些规律，用新的输入数据来推算输出结果。人工神经网络由于其强大的非线性映射能力及自组织性、自学习、自适应等特点，能够智能地学习各个采样点的空间位置与该点各重金属含量之间的映射关系，并能够稳健地对各个空间插值点处的土壤重金属含量进行预测[43]。在土壤重金属污染评价方面，BP 神经网络是应用较多的一种模型。人工神经网络在样点分布较稀疏和样点数较少的情况下表现出明显的优势，并在不符合克里格法对样本数据分布要求的情况下是一种可行的替代方法[44]，同时它对训练样本数据的分布等没有任何要求和限制[45]。但人工神经网络缺乏严密理论体系的指导，同时应用效果也取决于使用者的经验，在实际应用中由于缺乏问题的先验知识，往往需要经过大量费力耗时的实验摸索才能确定合适的神经网络模型、算法及参数设置，因此神经网络的建立是应用中的一大难题。

（三）地统计学评价法

土壤特性在空间上是连续变化的，空间相近的点比空间分散的点在理化性质等方面具有更大的相似性。也就是说，它们在统计学意义上相互依赖。这是地统计学应用的前提。地统计学（Geostatistics）是应用数学迅速发展的一个分支，它首先被采矿工程师 Krige 和统计学家 Sichel 应用于南非的采矿工作中。20 世纪 60 年代法国工程师 Matheron 在做了大量理论工作的基础上提出了区域化变量理论，形成了地统计学的基本框架。在 70 年代，随着计算机的出现，这项技术由最初的预测矿石储量进而被引进地学领域，随后又被应用于其他的领域，如土壤科学、农业、气象、生态、海洋、林学和人口遗传学等。经过 30 年的发展，地统计学已经在需要评估空间和时间变异的许多领域得到了广泛应用。国内的一些地统计学工作者认为："地统计学是以区域化理论为依据，以变异函数为主要工具，研究那些在空间分布上既有随机性又有结构性，或空间相关性和依赖性的自然现象的一门科学"[46]。

土壤重金属污染物具有高度的空间连续性及空间变异性。重金属浓度的空间分布状况可以反映重金属污染物对人类健康和环境的潜在影响，对于污染源的风险分析和后续评价也非常重要。传统的评价方法不能反映土壤污染在空间上的变化，不能分析区域土壤污染状况和空间变化趋势，尤其在分析大尺度区域的土壤污染时，传统评价方法和手段就显示出其本身固有的缺陷和不足。地统计学弥补了传统研究方法的不足，它不仅可以对土壤性质的空间分布特征进行分析，而且可以进一步用于开展重金属污染评估、污染风险评估、重金属污染修复等研究领域。

在进行区域环境调查和研究时，常常采用制图方法来表示各种环境现象的空间分布特征和数量质量指标。绘制土壤重金属空间分布图时，主要采用地统计学中的克里格法进行空间插值。而克里格插值过程的必要前提是先对数据进行空间分布分析，通过对半变异函数的计算和拟合，将重金属空间分布特征定量化、模型化，为克里格插值提供理论支持和重要参数，同时在一定程度上揭示影响重金属空间分布的主要因素和作用方式。在区域土壤重金属污染研究中，利用地统计学进行空间分布分析，并在此基础之上插值，在国内外都已经得到广泛应用。如 Chang（1999）[2] 等对整个台湾省土壤中砷的空间变异进行了半方差分析和克里格制图，发现台湾西南地区砷的含量超过了整个台湾省土壤中砷含量的平均值。

Facchinelli(2001)[5]等对意大利皮埃蒙地区受污染土壤进行的研究表明,Cr、Co和Ni的区域性分布和在大范围内的变异主要受母岩控制,而Cu、Zn、Pb则是受人类活动的影响。李艳霞等(2007)[47]运用地统计学方法对阜新市矿业密集区周围农田土壤重金属含量的空间结构特征进行了定量描述,并探讨了研究区重金属空间结构的主要影响因素。王纪华等(2008)[48]对北京市某生态农场的大田进行研究,应用地统计学分析方法进行了变异函数的计算和模型拟合,建立了计算土壤重金属含量的最适空间插值理论模型,随后运用克里格估值方法绘制了田块尺度上土壤重金属的空间分布图,并与土壤重金属污染标准进行比较。

将地统计学空间分析方法应用于区域土壤重金属污染评价,可充分反映土壤重金属污染在二维甚至三维的分布变化,使评价结果更加准确,并可将评价结果可视化,便于决策管理和进一步深入研究。如Korre(1999)[9]将传统统计学方法(主成分分析)与地统计学结合起来,对希腊一废矿区土壤中重金属污染情况进行了污染评价。钟小兰等(2007)[49]以长江三角洲地区的江苏省太仓市为研究区,采用地统计学方法对耕层土壤中Cd、Cr、Cu、Ni、Hg、Pb、Zn和As等8种重金属结构特征和空间分布格局进行了分析,并用模糊数学法综合评价了土壤重金属的污染程度。

总之,土地(壤)重金属污染风险评价是土地管理的重要决策支撑。土地重金属污染风险评价能够灵活地组织和运用各种数据、信息和假设,建立模型,拟合土地(壤)重金属污染的真实状况,并进行定性和定量分析,为土地环境风险管理和决策提供依据。

目前,有关土地重金属污染风险评价的众多应用研究案例仍集中在对污染物浓度的测定或简单的风险指数的计算,与土地重金属污染的真实情况往往仍有较大的偏差。在运用各种评价分析手段进行研究时,还存在主观性强、分辨率和信息利用率不高、综合评价精度较低等问题,仍有待作进一步的探索和改进。今后,对重金属污染评价的研究需要从单一污染转向复合污染的毒性研究,在评价的技术上,污染物毒性的半定量和定量的要求越来越高。另外,由于重金属污染具有复杂性,对土地重金属污染的风险评价研究还需要解决评价过程中的不确定性问题以及对评价模型进行进一步优化,特别是从实验室到野外尺度、从中高浓度到低浓度以及不同物种间的外对处理上,都有许多工作需要开展。

四、土地重金属污染治理和修复方法

污染土地的控制、治理和修复一直是各国关注的焦点。美国20世纪90年代预算投数千亿巨资进行污染土壤修复。修复技术原理主要是采用物理、化学和生物的方法,改变污染物在环境中的生物有效性,降低污染物的生态风险;采用工程措施,通过恢复受损生态系统,达到区域环境污染治理的目的。与其他有机化合物的污染不同,重金属具有富集性和难以自然降解的特性,一旦进入土壤环境,会长期蓄积并破坏土壤的自净能力,使土壤成为污染物的"储存库"。在这类土地上种植农作物,重金属能被植物根系吸收,造成农作物减产或产出重金属"毒粮食"、"毒蔬菜"。重金属污染物在土壤环境中不断累积,当其含量超过一定的限度或土壤环境条件发生变化时,重金属元素被活化,会对整体生态系统构成严重威胁,即所谓"化学定时炸弹"[30]。因此,一些发达国家比较早地实施了土地修复计划,建立了专门基金,开展污染土地调查、建档与修复技术的研究。荷兰早在20世纪80年代即已花费约 15 亿美元进行土壤修复。德国于 1995 年投资约 60 亿美元用于净化土壤。美国于80 年代初就启动了规模巨大的超级基金计划,对数以千计的毒害化学品高污染区进行分类、确认、清理和修复。对每一修复区的地理位置、面积大小、污染种类和水平、调查时间、风险级别、修复规划、修复状态等均一一记录在案,可通过信息系统方便检索查询。1994年,美国发起并成立"全球土壤修复网络(Global Soil Remediation Network)",而且,美国联邦政府当时拟投资数百亿到上千亿美元制定并实施土壤和地下水修复计划。美国在植物修复领域已申请了 300 多项技术专利并且已经开始进入产业化初期阶段。

目前,治理土壤重金属污染的途径主要有两种,一是改变重金属在土壤中的存在形态,使其固定,降低其在环境中的迁移性和生物可利用性;二是从土壤中去除重金属,使其存留浓度接近或达到背景值。围绕这两种治理途径,已相应地提出各自的物理、化学和生物的治理方法[31]。

(一)重金属污染土壤的工程治理措施

(1)客土、换土法。客土法是根据被污染土壤的污染程度,将适量清洁的土壤添加到被污染的土壤中,降低土壤中重金属污染物的含量或减少污染物与植物根系的接触;换土法是部分或全部挖除污染土壤而换上非污染土壤。实践证明,这是治理农田重金属严重污染的切实有效的方法。在一般情况下,换土厚度愈大,降低作物中重金属含量的效果愈显著。但采用这种方法,用做客土的非污染土壤的 pH 等性质最好与原污染土壤相一致,以免由于环境因子的改变而引起污染土壤中重金属活性的增大。另外,要妥善处理被挖出的污染土壤,使其不致引起二次污染[32]。在有些情况下也可不挖除污染土壤,而将其深翻至耕层以下,这对于防止作物受害也有一定效果,但效果不如换土法。该方法具有见效快、效果好的优点,但需要花费大量的人力与财力,只适用于小面积严重污染土壤的治理[29]。

(2)固化技术。固化技术是将重金属污染的土壤按一定比例与固化剂混合,经熟化最终形成渗透性很低的固体混合物。固化剂的种类主要硅酸盐、高炉矿渣、石灰、窑灰、飘尘、沥青等。固化后的土壤不仅可以降低重金属的移动性和生物有效性,还可以应用于建筑材料和路基的铺设。但是,固化技术存在着要破坏土壤、对生态系统的扰动较大、需要使用大量的固化剂成本较高等不足,因此,只适用于小面积的污染治理。

(3)电动力学法。电动力学法是在土壤中插入一些电极,把低强度直流电导入土壤以清除污染物,把电流接通后,阳极附近的酸就会向土壤毛细孔移动,并把污染物释放在毛细孔的液体中,大量的水以电渗透方式开始在土中流动,这样,土壤毛细孔中流体就可移至阳极附近,并在此被吸收到土壤表层而得以去除。但对于渗透性较高、传导性较差的土壤,电导力学方法所能起的作用较弱,此法不适于对砂性土壤重金属污染的治理。

(二)重金属污染土壤的化学治理措施

(1)化学提取。化学提取修复是运用试剂和土壤中的重金属作用,形成溶解性的重金属离子或金属—试剂络合物,最后从提取液中回收重金属,并循环利用提取液。化学提取的总体效率既与提取剂和污染物之间的作用有关,也与提取剂本身的物理化学性质及土壤对污染物、化学提取剂的吸附作用有关。提取法费用较低,操作人员不直接接触污染物。但仅适用于砂壤等渗透系数大的土壤或轻质土壤的地表污染的修复,且引入的提取剂易造成二次污染,淋溶重金属的同时也会使有益营养元素淋失。所以应选择生物降解性好、不易造成二次污染的提取剂。

（2）施用改良剂。施用改良剂来降低重金属在环境中的迁移能力和生物有效性，减轻它们对生态系统的危害。常用改良剂有石灰、磷酸盐、硅酸盐、沸石、含铁的氧化物材料等，不同的改良剂有不同的修复机理。化学改良剂修复能暂时减轻污染土壤中重金属的危害，恢复污染环境的部分功能，且成本低廉，易于推广，但重金属仍保留在土壤中，只是改变了存在形态而已，长期施用改良剂也破坏土壤，而且关于修复后的土壤的长期稳定性和对生态系统（植物/动物）的影响的研究还很缺乏[29]。

（三）土壤重金属污染的生物修复

生物修复是利用各种天然生物过程而发展起来的一种现场处理各种环境污染的技术。重金属生物修复技术就是利用生物（主要是微生物、植物）作用，削减、净化土壤中的重金属或降低重金属毒性。

由于重金属污染的特点是不能被降解而从环境中彻底消除，只能从一种形态转化为另一种形态，从高浓度变为低浓度，且能在生物体内积累富集，所以重金属的生物修复有两种途径：①通过在污染土壤上种植木本植物、经济作物以及生长的野生植物，利用其对重金属的吸收、积累和耐性除去重金属；②利用生物化学、生物有效性和生物活性原则，把重金属转化为较低毒性产物或利用重金属与微生物的亲合性进行吸附及生物学活性最佳的机会，降低重金属的毒性和迁移能力。根据利用对象不同，生物修复可分为微生物修复和植物修复。

（1）微生物修复法

微生物能够改变金属存在的氧化还原状态，从而降低土壤中重金属的毒性。如一些微生物对 As^{5+}、Se^{4+}、Cr^{6+}、Fe^{3+}、Hg^{2+} 等元素有还原作用，而另一些微生物对 As^{3+}、Fe^{2+} 等元素有氧化作用。在微生物的修复中，也常利用微生物的氧化反应，如在高浓度重金属的污泥中，加入适量的硫，微生物即把硫氧化成硫酸盐，降低污泥的 pH，提高重金属的移动性。另外，许多微生物与重金属具有很强的亲合性，能富集多种重金属，如藻类对铜、铀、铅、镉等都有吸收富集作用。

（2）植物修复法

重金属污染土壤的工程或化学修复技术往往成本较高，并容易造成二次污染。近年来国内外研究者提出基于重金属超积累或耐性植物萃取能力的植物修复技术。迄今为止，全世界已发现了数百种重金属超富集植物。植物修复技术不仅具有适用范围广、费用低廉等优点，而且对环境扰动小，是一种真正的"绿色净化"技术。螯合诱导植物修复作为一种强化植物吸收技术也倍受关注和青睐，美国一家公司成功地应用该技术修复铅污染土壤。发达国家的植物修复技术已开始进入商业化初期阶段，已有近 100 家企业开始涉足植物修复技术领域。我国科学家已在全国 20 多个省（市）200 多座矿山开展了污染土地及其植被调查，在矿区发现了多种超富集植物，并筛选出 19 种对铜、铅、锌、镉、镍、钴、锰等重金属具有潜在超富集功能的植物；利用发现的超富集植物及其优良生态型，研制出了几种强化植物修复的化学和微生物添加剂，优化了植物修复的成套技术。

所谓植物修复就是筛选和培育超富集植物，利用植物把土壤中的有毒重金属元素吸收起来，再将植物收获，回收植物中的重金属物质。重金属超富集植物是指对重金属的吸收量超过一般植物 100 倍以上的植物。超富集植物积累的 Cr、Ni、Cu、Pb 的含量一般在 0.1%以上，积累的 Mn、Zn 含量一般在 1%以上。在被重金属污染的土壤上，植物对重金属的吸收由于环境浓度差异大而存在被动吸收。但超累积植物对土壤溶液中的金属离子的吸收可能存在主动吸收的过程[29]。植物修复既能大量减少土壤中的重金属污染，又为回收利用重金属资源提供了可能。与传统的土地污染治理手段相比，植物修复技术具有永久性去除污染、不产生二次污染、修复成本低、操作性强等优势，已成为国际环境保护和农业科学领域的热点和前沿方向。还可通过建立超富集植物与经济作物间作的修复模式，实现边修复污染土壤、边开展农业生产的良性治理目标。这种间作的模式适用于大规模的农田修复，不破坏土壤性质，而且还可以获得一定的经济效益。

(四)土壤重金属污染的联合修复

由于土壤污染越来越呈现出复合性，并且不同地区在污染程度、土壤类型、区域条件、再利用要求方面都存在较大差异。因此，单一的修复方法已经不能达到既定的修复效果。如何因地制宜地开发复合修复技术，成为土壤重金属修复研究的方向。目前，应用较多的联合修复技术类型有植物—微生物联合修复、动物—植物联合修复、工程—化学—生物联合修复。植物—微生物联合修复作为一种强化植物修复技术逐渐成为国内外研究的热点。与其他修复方法相同的是，植物—微生物联合修复技术在应用中也会受到诸多因素的影响，如土壤重金属污染的程度、重金属的有效性、植物自身的特性等。

当前土壤重金属污染问题越来越严重，关于土地污染修复技术的研究也越来越受到关注。目前，绝大部分工作尚处在实验室实验和模拟实验阶段，达到现场应用程度的成熟方法很少[29]。在选择修复技术时，应根据污染物的性质、土壤条件、污染程度、预期的修复目标、实践限制、成本、修复技术的适用范围等因素加以综合考虑，选择最适合的修复技术或其组合，达到高效、低耗的双重效果。

五、土地管理视角下的重金属污染防治

(一)土地利用/覆被变化(LUCC)对土壤重金属积累的影响

土地利用/覆被变化(LUCC)是驱动环境演变的最重要的人类活动之一，对重金属在环境或者生态系统中的累积、分布、运移等行为影响巨大[3,4,7]。研究发现，土地利用方式和覆被变化是控制土壤重金属空间累积和分布的重要因子，土地覆被可以直接吸纳重金属，亦能通过改变土壤物理、化学和生物性质从而控制重金属在土壤中的移动性和活性，造成土壤中重金属的累积直至污染[19,26,27]。

植物是 LUCC 的重要介质，是土壤重金属累积的重要控制因素。单株植物一方面通过根际表面吸收或固定化作用，从而降低重金属淋失；另一方面，通过根际有机酸活化作用、根际微生物活化或者有机质分解增加重金属淋失，而重金属的累积取决于两种作用的强度[34]。以往单株植被研究多偏重于富集效应或者淋失效应，目前国外学者开始关注植物对土壤中重金属积累综合效应的研究，并在恢复实践中开始选择既能固定土壤又能从中大量富集重金属的植物。可见，针对特定重金属污染物，通过筛选并恢复对其有超稳定和超萃取特性的植被，可以减弱土壤中重金属污染物的移动性和毒性，减小其伴随土壤水蚀、风蚀

和淋失的总量,超富集植物还能从土壤中大量摄取重金属,实现重金属的从土壤到植物的有效转移,从而控制或者稳定污染区面积。

在农用地尺度上,土地利用以改变植物种类和植被类型为核心内容,改变了覆被(尤其是植被)组成及其结构,促进或者减缓了生态水文过程,进而改变了土壤理化性质、土壤和植被特性,最终改变了多种来源的重金属的迁移和扩散过程,造成其在土壤中的累积[34]。因此,农业用地类型决定了重金属带入的强度,对土壤重金属的累积有重要影响。例如,研究发现菜地、污灌农田和设施农地的土壤重金属含量普遍高于常规农田[21,23]。

工业、交通等都是重金属的重要释放源,对土壤重金属的累积特点具有重要影响。释放源的特点和空间格局决定了土壤中重金属的累积特点[13]。工矿企业及其废物堆放场地往往形成点污染源,影响范围超过数公顷,形成以工矿为中心的污染场地,距离污染点越近,土壤重金属累积越高。交通用地周围往往沿路域形成条带式的重金属污染格局。Lin等(2002)[10]分析了台湾省昌华县土壤重金属污染和景观格局的关系,发现土壤铬、镉和镍浓度和景观多样性指数呈显著正相关,而景观多样性和城市化程度(工厂数量)正相关,表明了城市化和工业化对污染格局有很大影响。Chang等(1999)[2]指出一个 2.69km² 的场地上,重金属空间分布格局与厂矿、灌溉沟渠的位置显著相关。Blake等(2007)[1]研究景观修复对 Fendrod 湖底沉积物的重金属污染影响后,认为掩埋于修复景观下的矿山废料增加了土壤中重金属的异质性,降雨的空间变异进一步促进了部分土壤中的重金属释放,使得重金属污染过程变得复杂。

由于 LUCC 和重金属污染过程伴随着强烈的人类活动,而城市又是人口密集、活动强烈、土地利用/覆被变化剧烈的地域,因此,区域尺度上 LUCC 与土壤重金属累积和污染关系的研究集中在城市土壤研究上[34]。城市土壤重金属的累积和污染的原因较多,其重金属含量远比未利用地和乡村径流中的污染物含量高[15]。而工业活动对城市土壤重金属的累积影响最为重要,尤其由于金属矿物的开采利用,铅、镉、汞已成为主要的危害人类和环境的有毒物质。如 Imperato 等(2003)[7]研究了那不勒斯市城市土壤,发现工业区土壤铜、铅和锌含量显著超过公园和居住区,工业区铜的含量甚至接近铁路和轨道旁土壤。潘根兴等(2000)[25]研究了江苏省吴县不同环境下土壤铜和铅的活化率,发现工业发展对土壤环境带来了强烈的重金属污染冲击。康玲芬等(2006)[20]通过对兰州西固区 5 种土地利用类型下的土壤重金属含量进行研究发现,铅、锌、铜、镉和汞的含量在不同土地利用类型下差异显著,综合污染指数为:工业区>农业>道路两侧>居民区>公园。可见,矿业等工业活动相关的土地利用方式伴随着重金属元素的大量释放,不仅造成了工业区土壤重金属的大量累积,而且工业废气和粉尘沉降及工业废水灌溉导致了受体土壤重金属的累积。李恋卿等(2003)[21]和荆旭慧等(2007)[18]在太湖地区以乡镇环境为单元,研究了不同土地利用对水稻土耕作层重金属累积的影响,发现工业环境下农田表层土壤重金属有效态含量、总量和污染指数均高于非工业环境。李晓燕等(2010)[22]通过对北京市大规模的取样调查,系统探索了土地利用方式对土壤重金属的累积特征,发现砷、镉、铜、镍、铅和锌的综合累积程度由高到低的顺序为工业区>公园>商贸区>校园>住宅区>城市广场>交通边缘带。马建华等(2011)[24]在城市不同功能区分别于 1994 年和 2006 年在同地点采集表层土壤砷、铅、镉和汞含量并进行重金属污染评价,发现城市土壤重金属含量及其污染程度空间变异十分明显,工业区污染最严重,土壤利用方式变化和土地权属变更对城市土壤重金属污染具有明显影响。郊区农田转变为城市用地后，土壤重金属污染程度有加重趋势，且重金属污染变化与经济发展具有明显的正相关性。可见，城市土壤重金属含量的空间分布具有明显的空间异质性，主要受城市产业布局、功能分区、工业活动及距污染源距离的影响。

以上分析表明土地利用方式决定了工业用地的工业活动类型和强度，以及农业用地的施肥量和耕作管理制度，而这些因素进一步导致了某种土地利用类型下土壤重金属含量空间分异[28]。另外，区域尺度的 LUCC 对水土流失过程会产生很大影响，加上降雨和大气沉降的时空变异，造成"源"和"汇"景观在特定条件下相互转化，而重金属的累积及其生态效应取决于景观的源汇特性[8]，重金属的累积是其迁移扩散过程的直接结果，作为一类物质流，其迁移扩散过程往往为景观格局决定[17]，所以"源汇"格局改变引起重金属污染格局改变。

总之，不同的土地利用/覆被类型及其搭配组合控制生态系统中重金属元素的输入和输出能力各异，构成重金属污染的源—汇镶嵌格局，合理的土地利用/覆被类型及其搭配组合有利于重金属在生态系统或者景观间的截持或者运移。所以通过优化土地利用/覆被格局可以最大限度地控制或者减弱重金属在土壤中的累积和分布，明确景观毒理生态学中的毒物—景观要素—景观格局—生态过程关系，从而有助于达到重金属污染防治、风险预测、甚至修复污染土壤的目的。

（二）土地整理与耕地重金属污染防治

土地整理是目前我国补充耕地面积和提高土地利用效率的重要手段。土地整理最早出现在中世纪的欧洲，其中以德国的土地整理历史最悠久，苏联、法国、加拿大、日本、韩国等国也适时开展了本国土地整理。尽管我国有关土地整理的工作很早就已开展，但土地整理概念的正式提出还是以《中华人民共和国土地管理法》（1998）的颁布为标志，并因此形成符合我国当前经济社会发展需求的土地整理概念：依据土地利用总体规划并结合土地利用现状，采取行政、经济、工程、技术和法律等手段，通过合理配置土地资源、调整土地利用结构，来提高土地利用率，改善和保护生态环境，促进土地资源可持续利用与社会经济可持续发展。在土地整理问题的研究上，国外主要集中在土地整理与农业、农村发展的关系、整理模式、整理效应、整理评价以及整理技术等方面，研究重点由早期的着力改善农业生产条件、促进农村和人口密集地区的发展逐步过渡到保护自然和生态景观、维护土地生态安全、重建土地生态系统，研究中重视吸收景观生态学的理论和方法，重视生态学、社会学、经济学等多学科联合，重视科学研究与工程技术的联合。国内的研究主要涉及土地整理理论、整理规划设计、整理效应评价、整理技术、整理潜力、整理模式、整理资金来源、公众参与等方面。

虽然我国土地整理在增加耕地面积、提高土地利用效率和改善农业生产条件上发挥了重要作用，但也出现了诸如"重数量、轻质量、轻生态"等问题，尤其随着新时期我国工业化、城镇化进程的加快，耕地污染问题日趋严重。我国耕地污染主要是由采矿、冶炼、化工等工业产生的"三废"以及污水灌溉、农药和化肥的不合理施用等引起的。农业部组织的全国污灌区调查表明，中国目前污水灌区面积约 140 万 hm^2，遭受重金属污染的土地面积占污灌总面积的 64.8%，其中轻度污染面积占 46.7%，中度污染面积占 9.7%，严重污染面积占8.4%，并且以汞和镉的污染面积最大[33]。另外，据调查，我国 320 个重点污染区中，污染超标的农田农作物种植面积为 $6.06 \times 10^5 \mathrm{hm}^2$，占监测调查总面积的 20%；其中重金属含量超标的农产品产量与面积约占污染物超标农产品总量与总面积的 80% 以上，尤其是 Pb、Cd、Zn、Cu 及复合污染最为突出[57]。

目前土地整理实践中，在整理工作开始前很少考虑到耕地污染情况，很少对耕地污染进行调查、评价和修复，这就导致工程竣工后虽然耕地面积增加、土地利用率提高，却极容易出现污染面积扩大、污染物二次转移、污染情况复杂化等新问题[57]。土地整理工程性措施是人类对土地生态系统的强烈干扰[51]，土地平整的方式、方法和技术措施不当可导致土壤结构、肥力和生物学性状发生变化，对土地生产力构成不良影响，从而导致土地退化[52]。例如，土地平整工程中的机械化填埋容易造成土壤板结，破坏表土熟化层，致使土壤中微生物大量减少[12,16]，有机质含量降低，土壤生态系统失衡，从而破坏土壤结构。机械化平整和土地整理后农作物的单一化连片种植会使生物多样性减少，增强雨水对土壤的冲刷淋洗[6]，使土壤养分失衡，不利于水土保持，从而影响整个农田生态系统的稳定[53-55]。而对污染耕地进行土地整理更是会伴随耕地土壤质量恶化、作物产量和品质下降等现象。

我国有 3 亿亩耕地受重金属污染，占全国总耕地面积的 1/6。重金属污染具有持久性、难降解性和高毒性等特点，一旦进入土壤很难清除。目前我国土壤重金属污染修复的重点，仅局限于矿区复垦地、工业三废排放区等污染极其严重的小范围区域，所用的修复手段大多数为价格低、针对性强、操作易的植物或微生物修复方法[56]。这些方法虽然能够改善土壤环境质量，但修复周期长，易造成土地闲置，并不适用于大面积低污染的耕地土壤重金属污染修复[57]。与美国等国家重金属污染土壤大多面积或体积较小故主要采取固化填埋的处理方式所不同的是，我国的耕地土壤重金属的污染修复，目的是恢复土壤的农业生产功能，满足农业的生产要求，这就决定了我们的产业技术是固化、稳定化污染物，即在土壤原有位置上用化学药剂与重金属元素发生化学反应，使其不再被雨水浸出或被植物根系吸收。但由于原位化学稳定化药剂配方往往不够合理，必须要添加很多才能起到稳定效果，导致修复成本过高、土壤性质改变和植物减产等后果。

可以说，目前重金属污染耕地修复仍然面临多重困境。哪些污染耕地该修复？修复后能否满足耕种需要？若不能满足应如何调整其地类用途？这些问题都不应与土地整理分道而行。由于土壤本底中自然就含有一定数量不同种类的重金属，外源污染又会增加重金属含量，当耕地质量下降、土壤酸化等造成其活性增强时，就可能被农作物吸收并形成积累。通过采取农艺耕种等措施，可以调控农作物对重金属的吸收和积累状况。污染较重的耕地调整土地利用类型和农作物种植结构，不再种植农作物而改种经济作物，并对残余物去向进行监控，不得再回流进入耕地。国内学者已认识到运用土地整理工程手段对浅层耕地重金属进行修复，可以在成本较低的情况下降低耕地的环境风险水平。但土地整理过程中污染修复技术选择、污染物暴露途径阻隔和土地用途改变等问题仍需深入探讨。

总结起来，至今已开展了 10 多年的土地整理，不仅是补充耕地的一种手段，更是提高耕地质量、提升耕地产能的有效途径。但在过去的工作中，这种有效性更多是通过完善"田、水、路、林、村"基础设施体现出来，而非通过改善治理耕地质量来提升耕地产能。从砷、镉、铬等各种土壤污染事件，到中毒的商品粮生产基地，面对经济快速发展和城镇化所带来的耕地污染问题，传统的土地整理工程对此并没有充分地考虑。借助土地整理的契机，将污染防治纳入到土地整理任务中十分必要，国家已将这一概念放入生态文明建设顶层设计之中，财政部联合农业部已于 2014 年启动了重金属污染耕地修复综合治理工作，并先期在湖南省长株潭地区开展试点。在土地整理过程中控制污染物扩散和修复现有污染，需要调动环保、农业、水利等多个部门，需要融合管理学、生态学、地理学、环境科学和建筑工程学等多个学科，需要在土地整理工程技术、整理模式方面进行创新研究，需要得到配套政策支持。这项工作对于提高土地整理的效益具有实际的应用价值，对于提高农产品质量、保障粮食安全具有重大意义。

(三) 土地利用规划与重金属污染防治

当前，土地污染、大气污染和水污染等多种污染问题涌现，与土地利用规划及后期管理中环境公义设计和管制模式的缺失不无关系。关小克和李乐（2013）[35]指出，土地利用规划必须体现环境公义的特征，避免因经济发展造成对周边的环境污染和落后地区公共服务设施的忽视；土地利用规划的本质在于对未来用地的规划，需要对过去因不恰当的土地利用行为或不合适的土地政策造成的污染问题进行制约。因此，规划部门可以通过改变土地规划用途对当前重金属污染产业用地进行限制，也可以通过土地用途管制对污染土地实行修复与用途管制相结合的法律治理。

1. 建立工业用地空间缓冲带

工业用地的不合理利用会对周边区域或更远区域的生态环境造成严重的负面影响，也是重金属面源污染的主要根源。因此，必须建立工业用地与居住用地之间的缓冲带，使其与具有污染性的工业用地保持一定的安全距离；制定相关政策规范工业用地的选址，对特定工业用地类型及其附属设施用地进行限制，对现状工业用地集中区域进行专门管制和规划。在工业用地和人口聚集区之间规划缓冲性用地类型，如开放空间、环境负效应低的产业类型、绿化带等，尽量不把人口聚集程度较高的地类考虑其中。

2. 已污染工业用地的整治

缓冲带主要对当前或规划工业用地周边一定范围内土地的未来使用情况进行限制，而直接对现有已被重金属污染的工业用地进行用途变更可对其重复性利用和规模增加进行有效约束。更重要的是，对于规划变更的工业用地，若直接在原用地上进行居住、教育等人口聚集程度高的用地类型建设，会引发新的环境不公义。工业生产所形成的重金属污染物会长期滞留在原工业用地及周边土地内，容易危害到新建居住区、学校等人口密集用地区人们的健康。规划部门有必要依据现有污染性工业用地的空间布局特征，对新增人口聚集区用地进行优化布局，避免新增人口聚集区受到污染物的侵害，实现在兼顾人口聚集区安全性同时，提高土地利用的高效性和集约性。同时，加强对这些具有污染性的工业废弃用地的整治，保证土地的可持续利用。

3. 重金属污染耕地的用途管制

为了应对严峻的耕地重金属污染形势，如何在预防与治理污染的同时，通过优化土地用途管制的内涵，由政府运用管制工具对污染耕地加以及时的管控，是一个具有理论和现实双重价值的问题。

目前，重金属污染耕地修复和治理存在多方面阻碍，如农民环保水平和自主修复能力有限、修复的技术条件不够完备、修复资金短缺等，这决定了污染耕地的修复需要与土地用途管制相结合[36]。据估计，到"十二五"末期，修复被污染的土壤需要 1000 亿元。中国目前的环保投入不管是从政策上还是经济上,均无法提供如此大力度的支持。当然,意识到资金困境以及其所导致的阻碍问题,并不是主张将污染耕地弃之不予修复,而是主张修复必须与管制相结合,这样才能保证污染耕地综合治理的效益,防止污染农产品危害人类健康。

由于不同农产品对重金属污染物的吸收能力存在差异,不同的环境场景和土地利用方式将会构成不同的风险水平。基于风险管理方法,在考虑制定耕地修复计划时,应主要考虑污染程度及未来用途,而并非一刀切式地追求完全修复。结合环境科学的研究,使重金属污染耕地的种植接受一定指导,不但能防止农产品污染带来的风险,而且可以净化土壤。研究表明,通过采用科学方法、遵循科学规律来规划污染耕地的空间利用,对污染耕地实施适当和及时的用途控制,能从源头上控制污染农产品的产生。同时,种植具有较强重金属吸收能力的作物,并对这些成熟作物进行适当的处理,是一种便于操作的改善土壤的方法。结合污染耕地的土壤修复转变传统的土地利用思维,不但能保障农产品安全,还能逐渐治愈土壤。

由于污染耕地的修复需要一个长期的过程,修复期间不产生经济收益,对污染耕地实行用途上的管制,可以在土壤污染尚不能完全进行修复时,指导农民对污染耕地的整体利用,在一定程度上有效遏制了污染耕地对农产品生产的不良影响,控制了危害农产品的生产与流通。

对污染耕地实行用途管制必须建立在土地监测的基础上,通过对污染状况的评价和分析将耕地划分为不同的区域,实现分区管理,再结合管制工具实现有效的行政控制。土地用途管制的落实,主要依靠编制总体规划和计划、限制审批权限、耕地占补平衡、农田特殊保护和执法监管这五个方面。对污染耕地实行用途管制时,污染耕地业经监测与划定范围后,管制权归属及如何运行是根本问题。在土壤污染领域,耕地污染情况经由环保部门监测和确定后,应由县级以上环保部门会同农业部门和国土部门制定相关规划,并报请同级人民政府批准并公布实施。由于环境污染导致耕地危害,这种情况下管制权应当归属环保部门,并应确立环保部门的牵头地位,以赋予其对污染土地的控制权。环保部门在掌握污染数据的同时,必须根据污染空间和污染程度规划污染耕地的用途管制范围及方式。在实施过程中,土地权利人需要对特定耕地进行用途调整与变更的,须报请环保部门批准。在管制内容上,应全面考虑到耕地直接关系着农产品生产,涉及公共安全,在农产品有影响公共健康之虞时,对受重金属污染耕地应采取休耕的管制,或在土地利用规划中改变其利用类型。根据土壤污染监测结论,对污染耕地应区分用途进行有针对性的管制,如对污染严重的耕地可以开展有偿开发利用试点,突破二元制土地所有制的束缚。

对重金属污染耕地实行用途管制的具体实现方式,可以借鉴"用途分类＋用途分区＋用途变更许可"的体系展开[37]。一是,由环保部或农业部在污染监测的基础上,对耕地重金属污染程度进行分级,选出高风险污染耕地。已经有地方出台地方规范性文件,对重金属污染土壤区分重点防控区和非重点防控区,并采取不同的环境管理政策。根据实践经验,耕地污染程度等级划分应在环保部门监测数据的基础上开展,会同国土部门和农业部门进行耕地用途分类规划,确定特定污染地块不适宜种植的农作物的种类,或提供种植种类的范围。二是,对于重金属污染耕地实施管制性行政指导。具体地说,重金属污染耕地用途管制中的行政指导应遵循的原则是:首先,在改变污染耕地利用类型方面,应主要以农用为主,能够通过调整种植结构、改变耕作制度有效减少重金属进入食物链或减缓农产品污染的,不变更土地利用类型。其次,调整后种植农作物仍然会产生食品安全危害的,或污染达到不适宜种植农作物程度的,尽量在二级土地类型内进行调整,以减少繁冗的行政程序;如污染级别特别高,不适宜耕作种植粮食和蔬菜,应先行种植林木等,并对行政相对人予以一定经济补偿。第三,对污染特别严重的耕地,应划定为禁止生产区,在权利人利用土地前,必须经环保部门用途管制许可通过。目前,面对中国土壤污染严重的现实,有人提出对严重污染的农田进行封闭,治理达标后再使用,或者将农田用地改为建筑用地。对此,比较合理的做法是:对于污染特别严重的土地建立禁止生产区,对于危及生存的甚至需要进行生态移民。具体实施方案由环保部门报告地方政府研究划定,并对污染耕地采取登记制度,对其利用实行严格的许可制度,可以转化为其他用途,供投资者有偿开发。另外,环保部门可以会同国土和农业部门形成联合机制,参照《基本农田保护条例》的规定,以环保部为主管部门,对于污染耕地进行登记并可供查阅,由乡镇政府与村民委员会签订污染耕地土地利用承诺书。针对污染严重的耕地,经过一段时间的管制或修复,权利人可以申请恢复种植或恢复土地用途,但需要经过环保部门的批准。通过对污染耕地实行用途管制,能够在全国土壤修复全面开展之前,有效遏制农产品污染和危害。

参考文献

[1] Blake W H，Walsh R P D，Reed J M，et al. Impacts of landscape remediation on the heavy metal pollution dynamics of a lake surrounded by non-ferrous smelter waste [J]. Environmental Pollution，2007，148(1):268-280.

[2] Chang T K，Shyu G S，Lin Y P，et al. Geostatistical analysis of soil arsenic content in Taiwan [J]. Journal of Environmental Science and Health (Part A)，1999，34(7):1485-1501.

[3] Derome J，Nieminen T. Metal and macronutrient fluxes in heavy-metal polluted Scots pine ecosystems in SW Finland [J]. Environmental Pollution，1998，103(2-3):2190-228.

[4] De Vries W，Lofts S，Tipping E，et al. Impact of soil properties on critical concentrations of cadmium，lead，copper，zinc，and mercury in soil and soil solution in view of ecotoxicological effects [J]. Reviews of Environmental Contamination and Toxicology，2007，191:47-89.

[5] Facchinelli A，Sacchi E，Mallen L，et al. Multivariate statistical and GIS-based approach to identify heavy metal sources in soils [J]. Environmental Pollution，2001，114(3):313-324.

[6] Fleischer A，Tsur Y. Measuring the recreational value of agricultural landscape [J]. European Review of Agricultural Economics，2000，27(3):385-398.

[7] Imperato M，Adamo P，Naimo D，et al. Spatial distribution of heavy metals in urban soils of Naples city(Italy) [J]. Environmental Pollution，2003，124(2):247-256.

[8] Johnson A R. Landscape ecotoxicology ecotoxicology and assessment of risk at multiple scales [J]. Human and Ecology Risk Assessment: An International Journal，2004，8(1):127-146.

[9] Korre A. Statistical and spatial assessment of soil heavy metal contamination in areas of poorly recorded complex sources of pollution Part 1: factor analyse for contamination assessment [J]. Stochastic Environmental Research and Risk Assessment，1999，13(4):260-287.

[10] Lin Y P，Teng T P，Chang T K. Multivariate analysis of soil heavy metal pollution and landscape

pattern in Changhua County in Taiwan [J]. Landscape and Urban Planning，2002，62(1)：19-35.

［11］Perrodin Y，Boillot C，Angerville R，et al. Ecological risk assessment of urban and industrial systems：A review [J]. Science of the Total Environment，2011，409(24)：5162-5176.

［12］Pruckner J G. Agricultural landscape cultivation in Austria：an application of the CVM [J]. European Review of Agricultural Economics，1995，22(2)：173-190.

［13］Ross S M. Retention，transformation and mobility of toxic metals in soils. In：Ross S M. Toxic Metals in Soil -Plant Systems. Wiley，New York，1994：63-152.

［14］Saaty T L. Decision making with the analytic hierarchy process [J]. International Journal of Services Sciences，2008，1(1)：83-98.

［15］Sartor J D，Boyd G B，Agardy F J. Water pollution aspects of street surface contaminants [J]. Journal of Water Pollution Control Federation，1974，46(3)：458-467.

［16］Tsai M H A. Study of paddy rice fields external benefit [J]. Operation of Water Resource Consortium，1993(12)：1-66.

［17］傅伯杰,吕一河,陈利顶,等. 国际景观生态学研究新进展[J]. 生态学报,2008,28(2)：798-804.

［18］荆旭慧,李恋卿,潘根兴. 不同环境下土壤作物系统中重金属元素迁移分配特点[J]. 生态环境,2007,16(3)：812-817.

［19］靳治国,施婉君,高扬等. 不同土地利用方式下土壤重金属分布规律及其生物活性变化[J]. 水土保持学报,2009,23(3)：74-77.

［20］康玲芬,李锋瑞,化伟,等. 不同土地利用方式对城市土壤质量的影响[J]. 生态科学,2006,25(1)：59-63.

［21］李恋卿,郑金伟,潘根兴,等. 太湖地区不同土地利用影响下水稻土重金属有效性库变化[J]. 环境科学,2003,24(3)：101-103.

［22］李晓燕,陈同斌,雷梅,等. 不同土地利用方式下北京城区土壤的重金属累积特征[J]. 环境科学学报,2010,30(11)：2285-2293.

［23］陆安详,王纪华,潘瑜春,等. 小尺度农田土壤中重金属的统计分析与空间分布研究[J]. 环境科学,2007,28(7)：1758-1583.

［24］马建华,李灿,陈云增. 土地利用与经济增长对城市土壤重金属污染的影响——以开封市为例[J]. 土壤学报,2011,48(4)：743-750.

［25］潘根兴,成杰民,高建琴,等. 江苏吴县土壤环境中某些重金属元素的变化[J]. 长江流域资源与环境,2000,9(1)：51-55.

［26］谢婧,吴健生,郑茂坤,等. 基于不同土地利用方式的深圳市农用地土壤重金属污染评价[J]. 生态毒理学报,2010,5(2)：202-207.

［27］于兴修,杨桂山,王瑶. 土地利用/覆被变化的环境效应研究进展与动向[J]. 地理科学,2004,24(5)：627-633.

［28］赵淑苹,陈立新. 大庆地区不同土地利用类型土壤重金属分析及生态危害评价[J]. 水土保持学报,2011,25(5)：195-199.

［29］杨海琳. 土壤重金属污染修复的研[J]. 环境科学与管理,2009,34(6)：130-135.

［30］林凡华,陈海博,白军. 土壤环境中重金属污染危害的研究[J]. 环境科学与管理,2007,32(7)：74-76.

［31］夏星辉,陈静生. 土壤重金属污染治理方法研究进展[J]. 环境科学,1997,18(3)：72-76.

［32］张从,夏立江. 污染土壤生物修复技术[M]. 北京：中国环境科学出版社,2000.

［33］陈志良,仇荣亮,张景书,等. 重金属污染土壤的修复技术. 环境保护,2002(6)：21-23.

［34］宋成军,张玉华,刘东生,等. 土地利用/覆被变化(LUCC)与土壤重金属积累的关系研究进展[J]. 生态毒理学报,2009,4(5)：617-624.

[35] 关小克,李乐. 土地利用规划须重视环境公义——谈当前土地利用规划的发展与完善[J]. 中国土地, 2013(5):46-47.

[36] 高明俊,张秀秀. 论污染农用地的用途管制[J]. 沈阳工业大学学报(社会科学版),2015,8(1):82-86.

[37] 杨惠. 土地用途管制法律制度研究[M]. 北京:法律出版社,2010.

[38] 范拴喜,甘卓亭,李美娟,等. 土壤重金属污染评价方法进展[J]. 中国农学通报,2010,26(17): 310-315.

[39] 林晓峰,蔡兆亮,胡恭任. 土壤重金属污染生态风险评价方法研究进展[J]. 环境与健康杂志,2010 (8):749-751.

[40] 高瑞英. 土壤重金属污染环境风险评价方法研究进展[J]. 科技管理研究,2012(8):45-50.

[41] 檀满枝,陈杰,徐方明,等. 基于模糊集理论的土壤重金属污染空间预测[J]. 土壤学报,2006,43(3): 389-396.

[42] 刘思峰,谢乃明. 灰色系统理论及其应用[J]. 北京:科学出版社,2008.

[43] 胡大伟,卞新民,王书玉,等. 基于 BP 模型的南通市农田土壤重金属空间分布研究[J]. 安全与环境 学报,2007,7(1):91-95.

[44] 沈掌泉,施洁斌,王珂,等. 应用集成 BP 神经网络进行田间土壤空间变异研究[J]. 农业工程学报, 2004,20(3):35-39.

[45] 周志华,陈世福. 神经网络集成[J]. 计算机学报,2002,25(1):1-8.

[46] 王政权. 地统计学及在生态学中的应用[M]. 北京:科学出版社,1999.

[47] 李艳霞,徐理超,熊雄,等. 典型矿业城市农田土壤重金属含量的空间结构特征——以辽宁省阜新市 为例[J]. 环境科学学报,2007,27(4):679-686.

[48] 王纪华,沈涛,陆安详,等. 田块尺度上土壤重金属污染地统计分析及评价[J]. 农业工程学报,2008, 24(11):226-229.

[49] 钟小兰,周生路,李江涛,等. 长江三角洲地区土壤重金属污染的空间变异特征——以江苏太仓市为 例[J]. 土壤学报,2007,44(1):33-38.

[50] 王岩. 基于土地整理的农田污染防治综合技术研究——以福建长乐基本农田示范区为例[D]. 济南: 山东师范大学,2012.

[51] 刘城刚,孙崔兰. 当前我国农村土地集约利用存在的问题和对策[J]. 河南国土资源,2005(4):10-12.

[52] 柳民顺. 土地利用变化研究方法的探讨——以西吉县 80 年代土地利用变化为例[J]. 水土保持学报, 2002,16(5):60-66.

[53] 向海霞. 土地整理生态环境影响评价的研究[D]. 成都:西南大学,2009.

[54] 梁小虎. 无锡太湖保护区土地生态修复与土地整理研究[D]. 无锡:江南大学,2010.

[55] 李岩. 土地整理的区域生态环境影响及其综合效益评价研究[D].济南:山东农业大学,2007.

[56] 鲍桐,孙丽娜,孙铁珩,等. 重金属污染土壤植物修复技术强化措施研究进展[J]. 环境科学与技术, 2010(S2):458-462.

[57] 王岩,成杰民. 重金属污染农田土地整理技术研究[J]. 环境科学与技术,2012,35(5):164-168.

附　录

浙江大学土地资源管理学科近年发表的 SSCI/SCI 论文

[1] Zhang X，Zhou L，Wu Y，et al. Resolving the conflicts of sustainable world heritage landscapes in cities：fully open or limited access for visitors? *Habitat International*，2015，46：91-100.

[2] Tan R，Zhou T. Decentralization in a centralized system：Project-based governance for land-related public goods provision in China. *Land Use Policy*，2015，47：262-272.

[3] Hui E C M，Wu Y，Deng L，et al. Analysis on coupling relationship of urban scale and intensive use of land in China. *Cities*，2015，42：63-69.

[4] LiuY，Yue W，Fan P，et al. Suburban residential development in the era of market-oriented land reform：The case of Hangzhou，China. *Land Use Policy*，2015，42：233-243.

[5] Wu C，Li G，Yue W，et al. Effects of Endogenous Factors on Regional Land-Use Carbon Emissions Based on the Grossman Decomposition Model：A Case Study of Zhejiang Province，China. *Environmental Management*，2015，55(2)：467-478.

[6] Ann T W，Wu Y，Zheng B，et al. Identifying risk factors of urban-rural conflict in urbanization：A case of China. *Habitat International*，2014，44：177-185.

[7] Gao J，Wei Y D，Chen W，et al. Economic transition and urban land expansion in Provincial China. *Habitat International*，2014，44：461-473.

[8] Shi Y，Zhu P. The impact of organisational ageing and political connection on organisation technology innovation：an empirical study of IT industry and pharmaceutical industry in China . *Asian Journal of Technology Innovation*，2014，22(2)：234-251.

[9] Tan R，Wang R，Sedlin T. Land-Development Offset Policies in the Quest for Sustainability：What Can China Learn from Germany? . *Sustainability*，2014，6(6)：3400-3430.

[10] Teng H，Shi Z，Ma Z，et al. Estimating spatially downscaled rainfall by regression kriging using TRMM precipitation and elevation in Zhejiang Province，southeast China. *International Journal of Remote Sensing*，2014，35(22)：7775-7794.

[11] Wang L G，Han H，Lai S K. Do plans contain urban sprawl? A comparison of

Beijing and Taipei. ***Habitat International***，2014，42：121-130.

[12] Wu Y，Zhang X，Skitmore M，et al. Industrial land price and its impact on urban growth：A Chinese case study. ***Land Use Policy***，2014，36：199-209.

[13] Yang X，Yue W，Xu H，et al. Environmental consequences of rapid urbanization in Zhejiang province，East China. ***International Journal of Environmental Research and Public Health***，2014，11(7)：7045-7059.

[14] Yuan F，Wei Y D，Chen W. Economic transition，industrial location and corporate networks：remaking the Sunan Model in Wuxi City，China. ***Habitat International***，2014，42：58-68.

[15] Yue W，Fan P，Wei Y D，et al. Economic development，urban expansion，and sustainable development in Shanghai. ***Stochastic Environmental Research and Risk Assessment***，2014，28(4)：783-799.

[16] Yue W，Gao J，Yang X. Estimation of gross domestic product using multi-sensor remote sensing data：A case study in Zhejiang province，East China. ***Remote Sensing***，2014，6(8)：7260-7275.

[17] Yue W，Ye X Y，Xu J，et al. A brightness-darkness-greenness model for monitoring urban landscape evolution in a developing country-A case study of Shanghai. ***Landscape and Urban Planning***，2014，127：13-17.

[18] Yue W，Zhang Y，Ye X，et al. Dynamics of multi-scale intra-provincial regional inequality in Zhejiang，China. ***Sustainability***，2014，6(9)：5763-5784.

[19] Zhang W，Wang W，Li X，et al. Economic development and farmland protection：An assessment of rewarded land conversion quotas trading in Zhejiang，China. ***Land Use Policy***，2014，38：467-476.

[20] ZhangX，Wu Y，Skitmore M，et al. Sustainable infrastructure projects in balancing urban-rural development：Towards the goal of efficiency and equity. ***Journal of Cleaner Production***，2014：1-10.

[21] ZhangX，Wu Y，Shen L，et al. A prototype system dynamic model for assessing the sustainability of construction projects. ***International Journal of Project Management***，2014，32(1)：66-76.

[22] Zhu P，Liu C Y，Painter G. Does residence in an ethnic community help immigrants in a recession? ***Regional Science and Urban Economics***，2014，47：112-127.

[23] Cao Y，Wu Y，Zhang Y，et al. Landscape pattern and sustainability of a 1300-year-old agricultural landscape in subtropical mountain areas，Southwestern China. ***International Journal of Sustainable Development & World Ecology***，2013，20(4)：349-357.

[24] LiY，Shi Z，Wu H X，et al. Definition of management zones for enhancing cultivated land conservation using combined spatial data. ***Environmental Management***，2013，52(4)：792-806.

[25] Liu Y，Wang C，Yue W，et al. Storage and density of soil organic carbon in urban

topsoil of hilly cities：A case study of Chongqing Municipality of China. **Chinese Geographical Science**，2013，23(1)：26-34.

[26] Long Y，Han H，Lai S K，et al. Urban growth boundaries of the Beijing Metropolitan Area：Comparison of simulation and artwork. **Cities**，2013，31：337-348.

[27] Lu C，Wu Y，Shen Q，et al. Driving force of urban growth and regional planning：a case study of China's Guangdong Province. **Habitat International**，2013，40：35-41.

[28] Su F，Tao R，Wang H. State fragmentation and rights contestation：rural land development rights in China. **China & World Economy**，2013，21(4)：36-55.

[29] Guo Y，Shi Z，Zhou L，et al. Integrating remote sensing and proximal sensors for the detection of soil moisture and salinity variability in coastal areas. **Journal of Integrative Agriculture**，2013，12(4)：723-731.

[30] Yang X，Yue W，Gao D. Spatial improvement of human population distribution based on multi-sensor remote-sensing data：an input for exposure assessment. **International Journal of Remote Sensing**，2013，34(15)：5569-5583.

[31] Yue W，Liu Y，Fan P. Measuring urban sprawl and its drivers in large Chinese cities：The case of Hangzhou. **Land Use Policy**，2013，31：358-370.

[32] Zhang X，Shen G Q P，Feng J，et al. Delivering a low-carbon community in China：Technology vs. strategy? **Habitat International**，2013，37：130-137.

[33] ZhuP，Dong H，Wu C. Do Residents of Smart Growth Neighborhoods in Los Angeles，California，Travel "Smarter"? **Transportation Research Record：Journal of the Transportation Research Board**，2013(2397)：61-71.

[34] Zhu P. Telecommuting，household commute and location choice. **Urban Studies**，2013，50(12)：2441-2459.

[35] Zhu P，Brown J R. Donor states and donee states：investigating geographic redistribution of the US federal-aid highway program 1974—2008. **Transportation**，2013，40(1)：203-227.

[36] Zhu P，Yu T，Wang H. Building Resilient Regions：Urban and Regional Policy and Its Effects. **Journal of Urban Affairs**，2013，35(4)：498-500.

[37] Han H，Lai S K. Reformulation and assessment of the inventory approach to urban growth boundaries. **Land Use Policy**，2012，29(2)：351-356.

[38] Long Y，Gu Y，Han H. Spatiotemporal heterogeneity of urban planning implementation effectiveness：Evidence from five urban master plans of Beijing. **Landscape and Urban Planning**，2012，108(2)：103-111.

[39] Shen L，Peng Y，Zhang X，et al. An alternative model for evaluating sustainable urbanization. **Cities**，2012，29(1)：32-39.

[40] Tan R，Beckmann V，Qu F，et al. Governing farmland conversion for urban development from the perspective of transaction cost economics. **Urban Studies**，2012，49(10)：2265-2283.

[41] Wang H，Su F，Wang L，et al. Rural housing consumption and social stratification in transitional China：evidence from a national survey. ***Housing Studies***，2012，27 (5)：667-684.

[42] Wang H，Wang L，Su F，et al. Rural residential properties in China：land use patterns，efficiency and prospects for reform. ***Habitat International***，2012，36(2)：201-209.

[43] Wu Y，Peng Y，Zhang X，et al. Development priority zoning (DPZ)-led scenario simulation for regional land use change：The case of Suichang County，China. ***Habitat International***，2012，36(2)：268-277.

[44] Yue W，Liu Y，Fan P，et al. Assessing spatial pattern of urban thermal environment in Shanghai，China. ***Stochastic Environmental Research and Risk Assessment***，2012，26(7)：899-911.

[45] Zhang X，Wu Y，Shen L. Application of low waste technologies for design and construction：A case study in Hong Kong. ***Renewable and Sustainable Energy Reviews***，2012，16(5)：2973-2979.

[46] Zhu P. Are telecommuting and personal travel complements or substitutes? ***The Annals of Regional Science***，2012，48(2)：619-639.

[47] Chau N H，Zhang W. Harnessing the forces of urban expansion：the public economics of farmland development allowances. ***Land Economics***，2011，87(3)：488-507.

[48] Han H，Lai S K. Decision Network：a planning tool for making multiple，linked decisions. ***Environment and Planning B***，2011，38(1)：115.

[49] Liu Y，Yue W，Fan P. Spatial determinants of urban land conversion in large Chinese cities：a case of Hangzhou. ***Environment and Planning B：Planning and Design***，2011，38(4)：706-725.

[50] Tan R，Qu F，Heerink N，et al. Rural to urban land conversion in China—How large is the over-conversion and what are its welfare implications. ***China Economic Review***，2011，22(4)：474-484.

[51] Tan R. Reforming China's Land Policy for its Green Target. ***Environment：Science and Policy for Sustainable Development***，2011，53(6)：29-33.

[52] Shen L，Wu Y，Zhang X. Key assessment indicators for the sustainability of infrastructure projects. ***Journal of Construction Engineering and Management***，2010，137(6)：441-451.

[53] ShenL，Wu Y，Tan Y，et al. An alternative approach of competitiveness evaluation for real estate developers. ***International Journal of Strategic Property Management***，2011(1)：10-25.

[54] Wang H，Tong J，Su F，et al. To reallocate or not：Reconsidering the dilemma in China's agricultural land tenure policy. ***Land Use Policy***，2011，28(4)：805-814.

[55] Wu Y，Chanhda H，Zhang X，et al. Tea industry development and land utilization

along the China-Laos border: A case study of Komen Village in Laos. *African Journal of Business Management*, 2011, 5(11):4328-4336.

[56] Wu Y, Zhang X, Shen L. The impact of urbanization policy on land use change: a scenario analysis. *Cities*, 2011, 28(2):147-159.

[57] Zhang X, Shen L, Wu Y. Green strategy for gaining competitive advantage in housing development: a China study. *Journal of Cleaner Production*, 2011, 19(2): 157-167.

[58] Zhang X, Wu Y, Shen L. An evaluation framework for the sustainability of urban land use: A study of capital cities and municipalities in China. *Habitat International*, 2011, 35(1):141-149.

[59] Zhao K, Liu X, Zhang W, et al. Spatial dependence and bioavailability of metal fractions in paddy fields on metal concentrations in rice grain at a regional scale. *Journal of Soils and Sediments*, 2011, 11(7):1165-1177.

[60] Ren L, Yue W, Li J, et al. Impact of economic development on wetlands in Hangzhou Bay Industrial Belt. *Journal of Geographical Sciences*, 2010, 20(3):406-416.

[61] Shen L, Wu Y, Zhang X. Key assessment indicators for the sustainability of infrastructure projects. *Journal of Construction Engineering and Management*, 2010, 137(6):441-451.

[62] Tan R, Beckmann V. Diversity of practical quota systems for farmland preservation: a multicountry comparison and analysis. Environment and Planning. *C, Government & Policy*, 2010, 28(2):211.

[63] Wang H, Tao R, Wang L, et al. Farmland Preservation and land development rights trading in Zhejiang, China. *Habitat International*, 2010, 34(4):454-463.

[64] Yue W, Liu Y, Fan P. Polycentric urban development: the case of Hangzhou. *Environment and planning. A*, 2010, 42(3):563-577.

[65] Liu X, Zhang W, Zhang M, et al. Spatio-temporal variations of soil nutrients influenced by an altered land tenure system in China. *Geoderma*, 2009, 152(1): 23-34.

[66] Tan R, Beckmann V, van den Berg L, et al. Governing farmland conversion: Comparing China with the Netherlands and Germany. *Land Use Policy*, 2009, 26 (4):961-974.

[67] Wang H, Tao R, Tong J. Trading land development rights under a planned land use system: the "Zhejiang Model". *China & World Economy*, 2009, 17(1):66-82.

[68] Yue W. Improvement of urban impervious surface estimation in Shanghai using Landsat7 ETM+data. *Chinese Geographical Science*, 2009, 19(3):283-290.

[69] Zhang X, Shen L, Wu Y, et al. Competitiveness assessment for real estate enterprises in China: A model-procedure. *International Journal of Strategic Property Management*, 2009, 13(3):229-245.

［70］ Zhao K，Zhang W，Zhou L，et al. Modeling transfer of heavy metals in soil-rice system and their risk assessment in paddy fields. *Environmental Earth Sciences*，2009，59(3)：519-527.

［71］ Yue W，Xu J，Tan W，et al. The relationship between land surface temperature and NDVI with remote sensing：application to Shanghai Landsat 7 ETM ＋ data. *International Journal of Remote Sensing*，2007，28(15)：3205-3226.

［72］ Yue W，Xu J，Wu J，et al. Remote sensing of spatial patterns of urban renewal using linear spectral mixture analysis：A case of central urban area of Shanghai (1997—2000). *Chinese Science Bulletin*，2006，51(8)：977-986.

［73］ ZhangW，Shi M，Huang Z. Controlling non-point-source pollution by rural resource recycling. Nitrogen runoff in Tai Lake valley，China，as an example. *Sustainability Science*，2006，1(1)：83-89.

索　引